本书翻译由中央民族大学"双一流"建设专项资金支持

跨学科研究对考古学的贡献

[美]周 南／著 李冬冬 喻明玥／译

给考古学家的统计学：
一种常识性方法

译自英文第二版

中国社会科学出版社

图字：01-2019-3547号

图书在版编目（CIP）数据

给考古学家的统计学：一种常识性方法／（美）周南著；李冬冬，喻明玥译.
—北京：中国社会科学出版社，2021.6（2021.11重印）
书名原文：Statistics for Archaeologists：A Common Sense Approach
ISBN 978-7-5203-8521-3

Ⅰ.①给… Ⅱ.①周…②李…③喻… Ⅲ.①考古学—应用统计学
Ⅳ.①K851-32

中国版本图书馆CIP数据核字（2021）第097038号

First published in English under the title
Statistics for Archaeologists：A Common Sense Approach
by Robert D. Drennan, edition：2
Copyright Springer-Verlag US, 2009 *
This edition has been translated and published under licence from
Springer Science + Business Media, LLC, part of Springer Nature.
Springer Science + Business Media, LLC, part of Springer Nature takes no responsibility
and shall not be made liable for the accuracy of the translation.

出 版 人	赵剑英
责任编辑	郭　鹏
责任校对	刘　俊
责任印制	李寡寡

出　　版	中国社会科学出版社
社　　址	北京鼓楼西大街甲158号
邮　　编	100720
网　　址	http://www.csspw.cn
发 行 部	010-84083685
门 市 部	010-84029450
经　　销	新华书店及其他书店

印刷装订	北京君升印刷有限公司
版　　次	2021年6月第1版
印　　次	2021年11月第2次印刷

开　　本	710×1000　1/16
印　　张	24.5
字　　数	350千字
定　　价	108.00元

凡购买中国社会科学出版社图书，如有质量问题请与本社营销中心联系调换
电话：010-84083683
版权所有　侵权必究

作者序

本书意在向考古学家们介绍统计学的基本原理和方法。这本书的撰写主要是基于我多年来为考古学本科生和研究生教授定量分析课程的经验。本书特别注重立足于考古学的学科背景，这不是因为书中处理的问题独属于考古学范畴，而是因为许多人发现在熟悉的学科背景中理解定量研究方法会更容易。相应的，以考古学背景和材料为基础，考古学家们可以轻松理解数据的性质和技术的应用。诚然，这些原理和方法的适用范围远不止于此。体质人类学家、文化人类学家、社会学家、心理学家、政治学家以及其他领域的专家同样在应用这些原理和方法。但是特定主题的组合、相对重点和在此给出的方法的确反映了我个人所认为的"对考古学专业数据分析有用的方法"。

我们一定都会注意到，考古学的信息在许多方面都是数字化的，考古分析也不可避免地包含有定量的成分。在将标准的统计方法应用于考古学问题时，人们或是采用简单直接的方式，或是使用一些少见的精妙方法，或是发明解决特殊难题的新技术。考古学定量分析著作的数量已是相当可观。其中一部分著作非常优秀，但另一些则停留在对统计学基本原理非常初步的理解上。还有一类文章试图对已发表作品进行分类评述。本书并不是以这样的方式进行评述或者批判，但部分内容是被这样的想法所驱使——我们需要对考古工作者进行必要的定量分析训练，但其结果只能说是喜忧参半。因此，本书一部分讨论的是定量数据分析在考古学中的应用，但更多则是在讨论定量数据分析怎样被应用到考古学中。本书坚持以基本原理为重点，并介绍它们

作者序 ◆◆◆

如何能在考古学中得到有效运用。对考古学家来说，讨论统计学应用在数据分析时的差异，并且举例说明考古学家应如何将这些原理付诸实践，这些内容都很有吸引力。而我努力尝试着抵制这种吸引力，始终将重点放在统计学的基本原理上，并提供简短而清晰的解释。为了保持这一特点，本书正文中应用的案例和每章最后的练习题并非挑选自真实的考古数据，而都是编写出来的。我认为本书的读者都已经对考古学有了足够的了解，不需要我们再对柱洞、房屋居住面、刮削器或者陶片进行描述和配图——我们都知道"进行区域调查并测量53个遗址的面积"是什么意思。

无论是对于1920—1950年间发展出的"经典（classical）"统计学来说，还是对于之后产生的"探索性数据分析"学派而言，本书中使用的大多数技术都是相当标准的。本书的方法（更为重要的是本书所采用的一般态度）都来自于John W. Tukey以及他的同事和学生。他们是探索性数据分析（或可简称为EDA）的先驱。和其他统计学著作一样，本书正文中并未包含引用书目，但是文末有建议阅读的内容。本书倾向于采用EDA术语，尽管文中会经常提到同义的传统术语。为了让处于考古学背景下的解释更加易懂，我们一般不使用标准统计学术语。

考古学家（其他人也一样）有时对统计学保持着谨小慎微的态度，就好像是学生们遇见了学校里最严格的老师一样。统计学规则的基本原理看起来艰深晦涩，如果对其稍有违反，后果可能就像是被用戒尺打了手背一样。有些人责备考古学著作打破了统计学的神圣法则，这无疑更是强化了上文所言的态度。令许多人感到惊讶的是，很多统计学原则可能存在着多种相互矛盾的内容。与其他学科的从业者一样，统计学家们常常对什么是高效的方法和什么是合理的应用持有不同意见。使用统计技术通常需要进行主观判断。为了给此类判断提供可靠的依据，介绍性文本通常试图将其简化为明确的规则，而将真正的基本原则与一些主观判断的指导互相混淆了。

总之，统计学的规则并不是如摩西十诫一般不可违抗。本书公开

◆◆◆ 作者序

提倡推翻某些文本中的规则（通过理性和常识，而非强制与暴力）。由于本书旨在对统计学原则进行介绍，所以不宜在此对其他方法提出长篇大论的反对意见。然而，有一个问题至关重要，在此不得不提。在显著性检验时，本书并没有默守成规地遵循对"零假设"拒绝或者无法拒绝这样的原则。在考古学中，绝大多数情况下需要指出这个零假设为正确的可能性有多大。这样的方法所提供的有效信息会更多。与其他著作不同，本书对零假设的严格构想也没有过分关注。关于显著性检验所用的方法和几个与抽样相关的问题，我依照的是 George Cowgill 的指导（见本书末尾的推荐阅读），尽管我并没有把他提出的那些十分周到且明智的建议全部付诸实践（正如他所言，这些实践的障碍是，很少有电脑统计程序会在输出结果中提供必需的信息）。对于那些认为显著性检验是建立在能否拒绝零假设的基础上的人们，我的建议是多去深入思考一下 Cowgill 的见解。

显著性检验方法表明，对总体、样本和抽样步骤的思考尤为重要。事实上，在很多情况下，仅靠样本推测总体要比显著性检验更有吸引力。正因如此，本书对样本和抽样的处理比介绍性的统计学书籍通常所交代的要详细得多。本书的第一部分选取了一些自身有趣且有效的方法来探索数组，而当数组是从更大的总体中抽取出来的样本时，这些方法的重要性则更为凸显。第二部分扩展了数组作为样本的概念，并对样本与总体相关的若干中心原则进行正面突击。第三部分则提出了一套相当标准的强度和关联显著性检验的基本方法，以及直接由抽样估算衍生出来的多种方法。第四部分回归到一系列关于抽样的问题上——这也是在考古学中特别重要的问题。这里的章节与第二部分有最直接的关系，但是它们被放到了后面，以免打断第二和第三部分间的稳步递进关系。最后，第五部分则简要介绍了如何在多变量数据集中发现规律。这使我们又回到了第一部分的重要内容——探索性数据分析的态度。

与其他大多数领域一样，考古学中的定量概念对一些人来说非常简单，但对另一部分人来说却需要花费大量的精力来学习。人们对数

作者序 ◆◆◆

学推理缺乏一种自然的倾向和意愿。这种缺乏往往会因为人们认为数学可以被忽略而得到加强——这种观念往往来自于"数学是一门神秘而专业的学科，对大多数人而言毫无用处"的言论。如果一个在其他方面受过良好教育的人能够承认自己的语言能力有限，因此只能识图而无法识字，那么即使他（或她）声称只能理解数学中的简单加减法，也不会招致他人的蔑视。

人们在数学方面拥有不同程度的天赋，这与人们在写作、踢足球或其他活动上拥有不同天赋的道理一样。然而，一些观点认为数学只是小学课程中的万恶之源，这就鼓励了那些认为定量推理很难的人去有意淡化它的重要性，并且极力避免学习对自己有帮助的定量技能。这又使欠缺数学教育的问题雪上加霜。因此，许多考古学研究生似乎只具备高中代数知识——我自己在大一的上学期也得到过同样糟糕的建议，我的指导老师不屑地取消了我本来打算修习的数学课，因为他认为这与我的兴趣无关。和我一样，很多学生也是类似的受害者。

我希望这本书既能为天生擅长定量推理的人，也能为觉得数学很难甚至很可怕的人提供有效的考古学定量分析工具。向已经熟悉并擅长数学思维的人介绍统计学并非一件难事，我们只需要在正确的方向上推他们一把就足够了。然而，长期以来，和本书一样的统计学类书籍面临的是，如何有效地向那些不擅长定量分析的人展示定量分析的方法和过程。正是出于对后一类人的特别关注，本书才选择了这种写作方法。这种方法中的一部分就是直接跳到本书所讨论的工具上，而不是通过一系列的铺垫。这种方法的重要性只有到了后面才会显现出来。对于这些"基础"，本书会在需要它们的地方尽可能简短地进行讨论。

所幸的是，用常识和常用语言来讲解基本的统计工具是可行的。这就可以让我们在讲述统计工具的使用机制时，能够真正理解这些工具的操作方式。统计工具在考古学中富有成效的使用，与其说是来自抽象的数学知识，不如说是来自对原理的坚实理解，并辅以常识和对所需的最终结果（即最终研究目标）的专注。需要强调的是，这本书从根本上讲是探讨相关工具（用于识别数值特征的工具），以及用其

◆◆◆ 作者序

来评估我们在数据中识别到的特征能够在何种程度上精确、可靠地代表更广泛世界中的真实规律,这才是我们真正在意的结论。统计工具就好比木匠使用的工具一样,我们不需要完全知道这些工具是怎么被制作出来的,也可以熟练地使用它们。因此,我并没有试图说明统计方程如何通过数学逻辑从某些假设中被推导出来(这是一些统计书籍所采用的方法)。尽管抽象的数学语言非常强大而优雅,但对许多考古学家来说,它仍然是无法被完全理解的。我一直认为,避免使用抽象的数学方法对理解统计方法很有帮助。这对于那些一想到数学就害怕的人而言特别重要。

虽然学习使用台锯并不需要具备制造它的能力,但想要熟练使用它确实需要了解其工作原理。如果没有理解这些基本原理,我们将会犯错误,切割得不均匀,甚至偶尔会切到自己的手指,或者发生更糟糕的意外。同理,熟练地运用统计工具也需要真正理解它的基本原理。如果没有这样的理解,再精确的统计工具也只能产生粗糙的结果,并且会造成一些损伤(虽然不是皮肉的损伤)。

出于这种原因,我在写作时尽量避免使用应用统计学书籍中常见的"烹饪指南"式的写法。尤其是对那些害怕数学的人来说,像食谱一样简单的统计分析方法具有强烈的吸引力。它看似不需要耗费脑力劳动,不需要掌握晦涩难懂的概念,只要仔细遵循指示即可,但这种方法实际上只适用于那类以固定的格式且有规律地产生特定数据的学科。这种方式只能成功解决那些最常规的数据分析任务,但考古学的数据永远不是常规的。基于考古记录的特有性质和数据提取方式,其他很多学科从业者需要避免的数据获取方式,在考古数据中不可避免地被使用。处理如此混乱的数据就需要考古学家更好地掌握数据分析方法所蕴涵的基本原则,这远超于"烹饪指南"式的方法所提供的内容。

因此,本书试图在其中寻求一种平衡。本书虽然不只是简简单单地向读者提供统计工具的使用指导,但也并不会为读者提供完整的数学证明。我的目的是帮助读者充分理解统计工具背后的原理,以便使

作者序 ◆◆◆

其在分析考古数据时熟练地运用这些原理。在本书的写作过程中，我脑海中的读者群体主要是刚开始学习考古数据分析的考古专业研究生或是本科生。我也曾经想在课程中使用已有的教材，但是我一直没有找到合适的现成教材，所以才自己进行编写。对那些想要提高和巩固统计工具运用能力的考古学家来说，无论他们是否学习过这门课程，我都希望这本书能对他们有所帮助。

这本书中讨论的统计工具绝非考古学家需要的全套工具。这些只是基本的通用工具，除此之外还存在很多其他的专用工具。这里介绍的部分工具非常简单而且使用方便，它们只需要笔和纸，或是一个普通的计算器。其他一些则比较复杂，或许会涉及非常繁琐的计算。我认为严肃的考古数据分析工作理应在电脑的帮助下完成。在学习使用统计工具的过程中，最好也一并学习统计软件的使用。所以在本书中，对于如何手工计算复杂的统计数据，我省略了耗时且复杂的解释。虽然手工计算可以促进我们对一些技术的理解，但我们很快就会发现自己可能全神贯注于计算的原理，却分散了本该直接放在基本原理上的注意力。

本书中的很多结果和实例都是用 SYSTAT 生成的，其他可以使用的程序也有许多，此处无法全部将其列出。因为不同软件的选择余地实在太多（并且一直在改变），所以在书中译叙统计软件的使用说明并没有意义。但我认为这本书应该和一些统计软件程序以及相应的手册一起使用，书中也包含了对这些统计软件的通用说明。

几乎所有统计软件都会涉及本书没有讨论到的选项和选择。一些软件的使用说明书为那些有兴趣了解更多知识的人提供了关于这些选项的解释及其所引用的参考书目，而另一些软件的说明中是没有这些内容的（这是选择数据分析软件时值得考量的一个因素）。如果我们偶然发现数据分析软件中的一些选项有用，也可以将其应用在数据分析中，从而可以拓展数据分析方式。但它们也会使研究者的注意力从手头上的任务中转移开，并纠结于其他一些可以从事却并无必要的事情。专业的木匠不是先挑一件好看的工具，之后再去看哪里可以使用它。因此，熟练的数据分析者应该首先决定自己要做什么分析，然后再去决定使用铅笔、纸、计算器还是电脑等工具，并选择合适的工具完成手头工作。复杂的计算和复杂的电脑软件操作都会转移人们的注意力，让人无法专心于工作的核心问题。就像许多运动中老生常谈的一样，在运用统计学时，我们也需要时刻提醒自己"把球盯紧"。

周南（Robert D. Drennan）

宾夕法尼亚州，匹兹堡

作者致谢

关于本书所体现的对于统计学的态度，最应该感谢 Lee Sailer 把他的这种态度"传染"给我（这是他的用词，不是我的）。Mark Aldenderfer 和 Doug Price 对本书第一版的稿件提供了非常有用的反馈，而我固执地拒绝接受他们三人的一些慷慨建议，所以本书的任何缺陷都不能怪他们。因为我在讲授考古数据分析课程时用了不喜欢的教材，所以让我的太太 Jeanne Ferrary Drennan 忍受了我不少的牢骚。她还花费了几乎整个 12 月份（1994 年）的假期帮助我完成这本书的初稿，好让我能在 1995 年 1 月份的课堂上使用。在将第二版稿件寄给出版社之前的准备工作中，她再一次帮忙，并和 Adam Menzies 与 Scott Palumbo 一起对这本书的完成做了重要贡献。我特别想感谢的还是我的研究生和本科生（以及助教）。在这本书完成之前，他们曾经因为我在课上使用不同的考古学数据分析教材或者根本没有使用教材而备受折磨，他们所做的贡献远比他们自己知道的和这里所提及的都要多。

周南（Robert D. Drennan）
宾夕法尼亚州，匹兹堡

译者序

本书的作者周南（Robert Dick Drennan）教授是国际著名考古学家，美国科学院院士，匹兹堡大学杰出教授，曾担任匹兹堡大学人类学系主任等职，现为该校比较考古研究中心主任，拉美考古出版中心负责人。周南教授的主要研究方向为早期文明及社会复杂化比较、酋邦社会、考古定量分析等。他曾在中东、北美、中美、拉美和中国等地从事考古发掘和区域调查工作。近二十年来，周南教授及其团队在中国内蒙古和辽宁等地持续开展田野考古调查和发掘工作，对中外文明比较研究做出过重要贡献。《给考古学家的统计学——一种常识性方法》（*Statistics for Archaeologists: A Common Sense Approach*）的第一版出版于1996年，第二版出版于2010年，这本书是周南先生对考古研究方法的重要贡献。本书自出版以来，逐渐成为北美、拉美和中国很多大学考古统计学课程的教材，深受学界好评，并先后被译成西班牙文、韩文和中文等多种文字。

2010年我有幸投入周南先生门下，开始了为期六年的博士生涯。在这期间，周南教授的学术思想深深地影响了我。对于考古量化分析和GIS技术在考古学中的应用，先生有着深入的研究和独树一帜的见解。至今，每每读起先生的文字和课堂上的笔记，我就仿佛回到了先生的课堂上。回想在匹兹堡的时光，无论是每周一次的学术见面，还是日常的邮件往来；无论是定期举行的游泳俱乐部活动，还是每年都为我们精心准备的感恩节大餐……先生总能让我们这些身在异国他乡

译者序

的学子们感受到家一般的温暖。六年间，由于我个人的健康原因，先生于我的照顾也更多了几分。在我困于人生疑惑时，先生亲自登门与我长谈；在我生病时，先生带我求医问药；在我顺利毕业时，先生眼中隐隐闪过泪光……凡此种种，历历在目，今生难忘。时至今日，先生在我毕业之际所赠"Do good research and never publish anything you are not proud of"之言仍然萦绕耳畔。回国任教已四年有余，而今忆起先生，总感忝列门墙，思之汗颜。为了让先生在量化技术方面的独到研究能够帮助更多的考古学者，也为了让先生的学术思想能够得到发扬，我和我的研究生喻明玥一起翻译了先生的这本著作。

我在2010第一次读到这本书时，就有了将其译介给中文读者的想法。后来听先生说本书的翻译版权已被国内学者购买，所以中途只好作罢。2017年，经过和Springer出版社核实，确认本书第二版的翻译版权尚未被购买。同年，为了授课需要，我开始翻译本书，并在2017年底基本完成了第一稿的翻译。后来，我得知同门蔡彦博士和王文婧博士也在翻译此书，但由于两人忙于毕业和求职，便将其翻译稿（大部分章节）慷慨相赠，于是我得以将两个翻译版本对照校正，并在周南先生的帮助下完成了本书的翻译工作。在2019年末至2020年上半年的疫情期间，我受困于广州，校稿工作被迫延缓。2020年5月回京后，我和喻明玥重新开始校对，并在年底完成了全书的校稿工作。本书的中文版对英文原著中出现的少许错误进行了修正。

考古学家需要通过研究古代人类留下的遗存来重建历史，阐释古代社会和揭示古代社会的发展规律。在这点上，无论是中国考古学家"透物见人"的理念，还是西方考古学家"考古研究应该回答与人有关的问题"的研究目的，二者在本质上可谓殊途同归。从有限的材料中发掘尽可能多的信息，并实现透物见人的目标，便成为考古学家首先要解决的问题。但是，考古学家几乎总是受限于不完整的考古材料。如果想研究的"总体"是一个区域内的所有遗址，可以肯定的是，总有部分遗址已经被后来的人类活动或者自然活动完全破坏。对

译者序

小到一处遗址或大到一个区域的研究，都面临着这样的问题。在以上情境中，无论是通过调查还是发掘，我们几乎都无法获得想要考察的总体全部。即使可以获得总体全部，我们可能也无法对其进行完整研究。这主要是因为：第一，在对总体全部进行研究时，我们无法保证人力、物力、财力和时间上全方位无止境的投入；第二，我们的研究在很大程度上具有破坏性。鉴于考古资料的有限性和不可再生性，我们需要通过对样本的研究来推断总体；第三，相较于对总体全部进行研究，我们对少量样本的研究可以更加仔细，并能从中获取更多更精确的知识，而且能够对总体进行合理的推断。只要承认以上几点，我们就应该积极接受并采用有效的统计方法，更加合理地取样和分析，从而达到推断总体和揭示规律的目的。这也是统计技术在考古学应用中应该遵循的基本理念。

其实，我们几乎每天都在主动或被动地应用统计学知识。在考古研究中，无论是发掘还是调查，无论是分类还是分期，无论是碳十四测年还是陶器成分分析……这些分析和由此做出的推断都有统计学基本原理作为支撑。因此，考古学家必须要熟悉考古学数据的获取和分析背后的统计学原理。可以说，考古学研究从一开始的田野规划、调查、发掘和材料收集，到后期的室内整理、数据获取和分析都需要运用统计学知识。但是一提到统计学，人们就会想到艰涩难懂的数学公式及其背后纷繁复杂的数学原理。对大多数考古从业者来说更是如此。

本书通过对基本统计逻辑进行抽丝剥茧式的讲解，剖析统计学最核心的原理，既为天生擅长定量推理的人，也为惧于数学的人提供有效的考古学定量分析工具。本书的另一个特点是语言上的去术语化，这为没有统计学基础的考古学家理解统计学提供了非常难得的机会。这种从常识入手，手把手式的指导摆脱了单纯用令人生畏的数学公式进行推导的讲解方式，能够让读者更深刻地理解统计学原理。在具体内容上，本书涵盖基本的统计学分析技巧，分为数值探索、取样、两

译者序 ◆◆◆

个变量之间的关系和多变量分析等几个部分，共计二十五章。各章节之间逻辑关系清晰，层层递进。读者可以反复研读，并根据自己的实践经验理解统计学在考古学中的应用逻辑。此外，部分章节后也设置了习题，这为实践统计学分析提供了非常宝贵的机会。

  在过去的十年里，逐渐有更多高校的考古专业开设统计学课程，也有考古统计学类的书籍出版和不少涉及考古统计方法的文章发表。在此基础上，我们希望通过这本书的翻译，能够为国内高校考古学专业的教学和考古从业者的统计学训练提供备选书目。

李冬冬

2021年1月5日傍晚于北京房山

译者致谢

在本书翻译过程中，我的学生喻明玥在校稿和绘图等方面做了大量的辅助工作；中央民族大学考古文博系学生方璐瑜、张铜沅、尹未名、李彧白和蔡紫嫣也为翻译提供了帮助；匹兹堡大学人类学系蔡彦博士和王文婧博士翻译的章节也为我们校稿提供了参照；中国人民大学考古学系丁山（James Williams）博士、匹兹堡大学人类学系赵潮博士、中央民族大学人类学系博士生范思迪、中央民族大学中国少数民族语言研究院宗晓哲博士和中国人民大学考古学系刘翀博士为翻译稿提出了宝贵的修改意见。在此，本人向以上学者和同学表示衷心的感谢！

我还要特别感谢中央民族大学民族学与社会学学院麻国庆教授对本书翻译提供的大力支持，也非常感激中国社会科学出版社郭鹏先生对本书翻译和校稿提出的宝贵意见！

翻译中难免有错误之处，这都是由于本人水平有限所致，与其他人无关，希望读者予以谅解。

李冬冬
2021 年 1 月 5 日傍晚于北京房山

目 录

第Ⅰ部分　数值探索

第一章　数组 ·· (3)

　　茎叶图 ·· (4)

　　背靠背茎叶图 ·· (10)

　　柱状图 ·· (13)

　　多束或多峰 ··· (14)

　　练习 ··· (16)

第二章　数组的水平或中心 ·· (18)

　　均值 ··· (18)

　　中值 ··· (20)

　　异常值和耐抗性 ·· (21)

　　去除异常值 ··· (21)

　　截尾均值 ··· (22)

　　要使用哪个指数？ ··· (24)

　　双中心数组 ··· (25)

　　练习 ··· (27)

目 录

第三章　数组的离散 ……………………………………………（29）
　　极差 ……………………………………………………………（29）
　　中间离散或四分位差 …………………………………………（31）
　　方差和标准差 …………………………………………………（32）
　　截尾标准差 ……………………………………………………（35）
　　要使用哪个指数 ………………………………………………（38）
　　练习 ……………………………………………………………（39）

第四章　数组比较 ………………………………………………（40）
　　箱点图 …………………………………………………………（40）
　　消除中心差异 …………………………………………………（44）
　　消除离散差异 …………………………………………………（48）
　　异常性 …………………………………………………………（50）
　　基于平均值和标准差的标准化 ………………………………（52）
　　练习 ……………………………………………………………（53）

第五章　数组的形状或分布 ……………………………………（55）
　　对称 ……………………………………………………………（55）
　　变换 ……………………………………………………………（58）
　　对非对称分布的修正 …………………………………………（62）
　　正态分布 ………………………………………………………（66）
　　练习 ……………………………………………………………（67）

第六章　分类 ……………………………………………………（69）
　　列比例和行比例 ………………………………………………（74）
　　比例和密度 ……………………………………………………（77）
　　条形图 …………………………………………………………（79）
　　分类和子数组 …………………………………………………（82）
　　练习 ……………………………………………………………（84）

第Ⅱ部分　抽样

第七章　样本（Samples）和总体（Populations） ……………………（87）
　　什么是抽样？ …………………………………………………（88）
　　为什么抽样？ …………………………………………………（89）
　　我们应该如何抽样 ……………………………………………（91）
　　代表性 …………………………………………………………（94）
　　不同类的抽样和偏见 …………………………………………（95）
　　非随机样本的使用 ……………………………………………（98）
　　目标总体 ………………………………………………………（104）
　　练习 ……………………………………………………………（107）

第八章　同一总体的不同样本 ……………………………………（109）
　　既定容量的所有可能样本 ……………………………………（109）
　　更大既定容量的所有可能样本 ………………………………（112）
　　特殊数组 ………………………………………………………（121）
　　标准误差 ………………………………………………………（122）

第九章　置信度和总体平均值 ……………………………………（126）
　　从一个随机样本开始 …………………………………………（127）
　　样本可能从什么样的总体中得来 ……………………………（129）
　　置信度与精确度 ………………………………………………（135）
　　概率上更精确的值——t 检验（Student's t） ……………（138）
　　特定置信度的误差范围 ………………………………………（142）
　　有限总体 ………………………………………………………（145）
　　一个完整的案例 ………………………………………………（146）
　　我们需要多大的样本 …………………………………………（148）

目 录 ◆◆◆

假设和稳健方法（抗干扰方法）……………………………………（150）
练习…………………………………………………………………（153）

第十章 中值和再抽样……………………………………………（155）
自助法（The Bootstrap）…………………………………………（158）
练习…………………………………………………………………（161）

第十一章 类别比例和总体比例…………………………………（162）
我们需要多大容量的样本…………………………………………（165）
练习…………………………………………………………………（167）

第Ⅲ部分 两个变量之间的关系

第十二章 比较两个样本的均值…………………………………（171）
置信度、显著性和强度……………………………………………（176）
用 t 检验比较………………………………………………………（177）
一个样本的 t 检验…………………………………………………（181）
零假设………………………………………………………………（182）
统计结果和解释……………………………………………………（185）
假设和稳健方法……………………………………………………（186）
练习…………………………………………………………………（188）

第十三章 比较两个以上样本的均值……………………………（190）
估计均值和误差范围的比较………………………………………（192）
通过方差分析进行比较……………………………………………（194）
差异的强度…………………………………………………………（199）
总体之间的不同和变量之间的关系………………………………（201）
假设和稳健方法……………………………………………………（204）
练习…………………………………………………………………（206）

· 4 ·

第十四章　比较不同样本的比例…………………………（207）

　　利用估计比例和误差范围对不同总体进行比较…………（207）
　　用卡方检验比较……………………………………………（209）
　　衡量强度……………………………………………………（213）
　　样本大小的影响……………………………………………（216）
　　总体之间的不同和变量之间的关系………………………（218）
　　假设和稳健方法……………………………………………（219）
　　附言：理论预期和比例的比较……………………………（221）
　　练习…………………………………………………………（224）

第十五章　一个测量型变量与另一个测量型变量的相关性……（226）

　　从宏观上着眼………………………………………………（227）
　　线性关系……………………………………………………（229）
　　最佳拟合直线（the best‐fit straight line）………………（231）
　　预测…………………………………………………………（235）
　　最佳拟合的效果……………………………………………（236）
　　显著性和置信度……………………………………………（239）
　　残差分析……………………………………………………（242）
　　假设和稳健方法（抗干扰方法）…………………………（246）
　　练习…………………………………………………………（250）

第十六章　等级的相关性……………………………………（252）

　　计算斯皮尔曼等级相关系数………………………………（253）
　　显著性………………………………………………………（256）
　　假设和稳健方法……………………………………………（258）
　　练习…………………………………………………………（258）

目 录 ◆◆◆

第Ⅳ部分 抽样专题

第十七章 分组抽样（Sampling a Population with Subgroups） …… （263）
  合并估算 ……………………………………………………… （265）
  分层抽样的优点 ……………………………………………… （267）

第十八章 通过空间单元对遗址或区域抽样 ……………………… （269）
  空间抽样单元：点、样带和样方 …………………………… （270）
  估算总体比例 ………………………………………………… （274）
  估算总体均值 ………………………………………………… （278）
  密度 …………………………………………………………… （280）

第十九章 不含研究对象的抽样 …………………………………… （282）

第二十章 抽样和现实 ……………………………………………… （287）

第Ⅴ部分 多变量分析

第二十一章 多变量方法（Multivariate Approaches）
     和变量 ………………………………………………… （297）
  一个样本的数据集 …………………………………………… （299）
  变量类型、数据缺失和统计软件 …………………………… （302）

第二十二章 案例之间的相似性 …………………………………… （306）
  欧氏距离 ……………………………………………………… （307）
  标准化变量的欧氏距离 ……………………………………… （310）
  何时使用欧氏距离 …………………………………………… （312）
  存在/不存在变量：简单匹配和Jaccard系数 ……………… （313）

混合变量组：Gower 和 Anderberg 系数 …………………（316）
　　Ixcaquixtla 遗址家户之间的相似性 ……………………（318）

第二十三章　多维标度（Multidimensional Scaling） …………（321）
　　不同数量维度的构型 …………………………………（322）
　　解读构型 ………………………………………………（324）

第二十四章　主成分分析 ……………………………………（336）
　　相关性和变量 …………………………………………（337）
　　提取成分 ………………………………………………（339）
　　进行分析 ………………………………………………（341）

第二十五章　聚类分析 ………………………………………（347）
　　最短距离算法聚类 ……………………………………（348）
　　最远距离算法聚类 ……………………………………（350）
　　平均距离算法聚类 ……………………………………（352）
　　选择哪种距离算法 ……………………………………（355）
　　应该定义多少聚类 ……………………………………（356）
　　按照变量聚类 …………………………………………（356）
　　Ixcaquixtla 遗址家户数据的聚类 ……………………（357）

阅读书目推荐 ……………………………………………………（361）

第Ⅰ部分 数值探索

第一章　数组

茎叶图（Stem – and – Leaf Plots）
背靠背茎叶图（Back – to – Back Stem – and – Leaf Plots）
柱状图（Histograms）
多束或多峰（Multiple Bunches or Peaks）
练习

　　一个数组（batch）是一组相互关联的数值，是同一类事物的不同实例。最简单的数组例子是同一类事物中不同案例（case）的尺寸。比如，一组刮削器的长度、一组柱洞的直径和一组遗址的面积就是三个不同的数组。在这些实例中，长度、直径和面积都是变量（variables），而每一个刮削器、柱洞和遗址则是案例。

　　一个刮削器的长度、一个柱洞的直径和一个遗址的面积并不能组成一个数组，因为它们完全不相关。一个刮削器的长度、宽度、厚度也不能组成一个数组，因为它们不是同一件事物的不同实例；换句话说，它们是测量同一个案例的不同变量。20 个刮削器的长度、宽度、厚度和重量不是一个数组，而是四个数组。这四个数组可能互有关联，因为它们是同一类事物 20 个案例 4 个变量的测量值。一个遗址的 18 个柱洞直径和另一个遗址的 23 个柱洞直径可以被看作一个数组（忽略柱洞的来源差别）。它们也可能被看作两个相关的数组（一个遗址的 18 个柱洞直径和另一个遗址的 23 个柱洞直径）。最后，按照不同的变量，它们可以被看作两种以不同方式区分的具有一定关系的数组

第Ⅰ部分 数值探索

（以直径为变量测量的41个案例，和以遗址为变量测量的41个案例）。以遗址为变量的41个案例是另一种类型的数组，我们暂且只讨论数值型变量。

茎叶图

一批测量数据需要经过组织或整理才能体现其特征，所以观察数组的第一步是组织数据。对于一组测量数据，茎叶图就是最基本的组织工具。如表格1.1的数组所示，我们可以在统一的标尺下对一个数组进行排序，以便于我们观察这个数组的分布特征。图1.1显示如何将表格1.1的数组变成茎叶图。首先，我们需要将数值分成茎部和叶部两部分。比如，在第一个案例中，直径9.7厘米被拆分成了茎部9和叶部7。每个数值的叶部被放置在它对应的茎部位置旁边。如图1.1，在茎叶图上用直线连接一些茎部和与它们相对应的叶部（为了避免连线过多造成视觉混乱，我们并没有把所有相对应的茎部和叶部连接起来）。

表格1.1　　　　Black遗址13个柱洞的直径（厘米）

9.7	11.7
9.2	11.1
12.9	7.6
11.4	11.8
9.1	14.2
44.6	10.8
10.5	

在茎叶图中，数组的若干特征得以显现。第一，大多数数值集中在9—12厘米区间内，两个数值（14.2厘米和7.6厘米）落在离这个区间稍微远的地方，一个数值（44.6厘米）与其他数值离得非常远。一个数组形成这样的聚集趋势比较常见。同样，如果一个或者少量的

第一章　数组

数值远离大多数数值集中的区间，这也是相对正常的。这些落在远离集中区间处的数值被称作异常值（outliers）。我们以后会更具体地讨论它们。现在只需要对它们保持谨慎态度即可。一个直径44.6厘米的柱洞是这个数组中非常异常的柱洞。我们可能怀疑它是否由于记录错误引起，所以可以尽快去查看遗址平面图或者照片，确定这是不是一个记录错误。如果是，就修改它。如果不是，这个数组中最明显的特征就是一个柱洞与其余的柱洞大小很不一致。

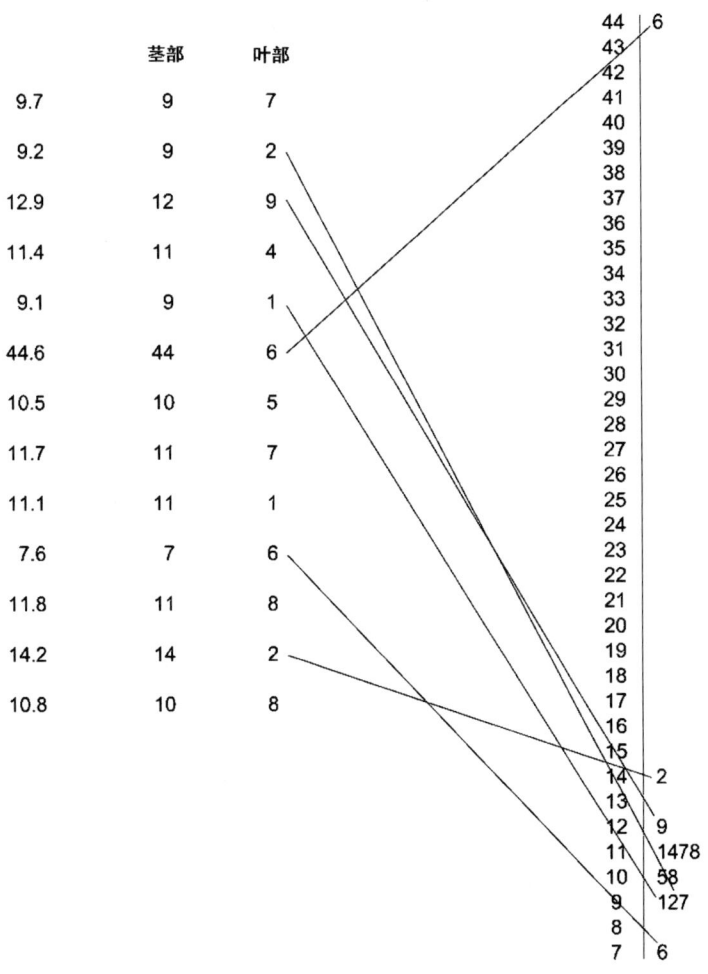

图1.1　表格1.1中数据的茎叶图

第Ⅰ部分 数值探索 ◆◆◆

茎叶图可用不同单位的标尺来制作（即改变茎部标尺的单位刻度）。标尺的选择是制作茎叶图的核心。表格1.2是用图1.1数组的标尺制做的另一个数组的茎叶图。然而，这些数值却非常分散，无法表达数组的特征。在表格1.3中，同样的数值却产生了完全不同的茎叶图。首先，和表格1.2相比，这些数值的茎部标尺单位不同，其茎叶分离处不是在小数点的位置，而是在个位数和十位数之间。因为叶部有两位数，我们用逗号来把叶部数值分开。为了避免单排数值过于密集，茎部同一刻度被分成了两排，下半部是较小的数值，上半部是较大的数值。经过这样处理，数组特征在图上就可以得到比较清晰的表现。除了一个刮削器的重量比较异常，这个数组其他数值都集中在130—160之间。这个特征在表格1.2中比较模糊，但在表格1.3中却非常清晰。

表格1.2 Black遗址17个刮削器质量构成的分布过于分散的茎叶图

质量（克）	茎部	叶部		
			169	5
			168	
148.7	148	7	167	
			166	
154.5	154	5	165	
			164	7
169.5	169	5	163	
			162	
145.1	145	1	161	2
			160	
157.9	157	9	159	
			158	
137.8	137	8	157	9
			156	
151.9	151	9	155	
			154	5
146.2	146	2	153	
			152	0
164.7	164	7	151	9
			150	
149.3	149	3	149	3
			148	7
141.3	141	3	147	

续表

质量（克）	茎部	叶部		
			146	29
161.2	161	2	145	1
			144	
146.9	146	9	143	0
			142	
152.0	152	0	141	3
			140	
143.0	143	0	139	
			138	
132.6	132	6	137	8
			136	
115.3	115	3	135	
			134	
			133	
			132	6
			131	
			130	
			129	
			128	
			127	
			126	
			125	
			124	
			123	
			122	
			121	
			120	
			119	
			118	
			117	
			116	
			115	3

  表格1.4是数值分布更为密集的茎叶图。虽然茎部和叶部是分开的，但是茎部单位刻度各不相同，叶部每一区间的数值比表格1.3更为集中。在这个标尺上，数值的集中趋势仍然是明显的，但是异常值似乎太过于接近有集中趋势的数值，也就不再显得那么不同了。由于这些数值太聚集，这个数组的特点——尤其是异常值——在这样的茎叶图上未得到清晰的表达。

第Ⅰ部分 数值探索

表格 1.3　　Black 遗址 17 个刮削器质量构成的分布适中的茎叶图

质量（克）	茎部	叶部			
148.7	14	87			
154.5	15	45			
169.5	16	95	17		(175.0 – 179.9)
145.1	14	51	17		(170.0 – 174.9)
157.9	15	79	16	95	(165.0 – 169.9)
137.8	13	78	16	12, 47	(160.0 – 164.9)
151.9	15	19	15	79	(155.0 – 159.9)
146.2	14	62	15	19, 20, 45	(150.0 – 154.9)
164.7	16	47	14	51, 62, 69, 87, 93	(145.0 – 149.9)
149.3	14	93	14	13, 30	(140.0 – 144.9)
141.3	14	13	13	78	(135.0 – 139.9)
161.2	16	12	13	26	(130.0 – 134.9)
146.9	14	69	12		(125.0 – 129.9)
152.0	15	20	12		(120.0 – 124.9)
143.0	14	30	11	53	(115.0 – 119.9)
132.6	13	26			
115.3	11	53			

表格 1.4　　Black 遗址 17 个刮削器质量构成的分布过于密集的茎叶图

质量（克）	茎部	叶部		
148.7	14	87		
154.5	15	45		
169.5	16	95		
145.1	14	51	17	
157.9	15	79	16	12, 47, 95
137.8	13	78	15	19, 20, 45, 79
151.9	15	19	14	13, 30, 51, 62, 69, 87, 93
146.2	14	62	13	26, 78
164.7	16	47	12	
149.3	14	93	11	53
141.3	14	13		
161.2	16	12		
146.9	14	69		
152.0	15	20		
143.0	14	30		
132.6	13	26		
115.3	11	53		

第一章 数组

表格 1.5 是这批数值的另外一种茎叶图。这一个茎叶图中的数值分布更加密集。这显然没有足够的空间显示数组的茎叶关系。表格 1.3 的异常值在这里也不是异常值了（虽然它仍在那里，但是由于采用了不妥当的标尺而变得不明显）。这样的茎叶图很难表达数组的特征。我们也可以绘制数值分布更为密集的茎叶图，如果茎部刻度是 1，叶部数值就都在同一排了。

表格 1.5　　Black 遗址 17 个刮削器质量构成的分布极度密集的茎叶图

质量（克）	茎部	叶部
148.7	1	487
154.5	1	545
169.5	1	695
145.1	1	451
157.9	1	579
137.8	1	378
151.9	1	519
146.2	1	462
164.7	1	647
149.3	1	493
141.3	1	413
161.2	1	612
146.9	1	469
152.0	1	520
143.0	1	430
132.6	1	326
115.3	1	153

1	519，520，545，579，612，647，695
1	

一个合适的茎叶图应该避免表格 1.2 和 1.5 这两种极端情况。这些叶部应该有一个或者一个以上的分支，或者叶束。在表格 1.2 中，由于叶部分支过于分散，无法呈现数组的分布特征；当然，叶部分支也需要一定程度的分散，这样异常值才能从两个或两个以上的聚群中被区别出来。如果叶部分支过于拥挤，如表格 1.5 所示，我们也无法看到这样的模式。表格 1.3 和 1.4 的茎叶图标尺所表现的数组模式则较为清晰（表格 1.3 显然比表格 1.4 更加清晰）。

不同的统计学家会通过采用不同茎部标尺来改变茎部长短，从而

第Ⅰ部分 数值探索

制作出略微不同的茎叶图。只要能清晰地表达数组的分布特征，采用何种制图方式并不重要。制作茎叶图有两个重要的原则：第一，数值之间的距离要能够表现成空间上的垂直距离分布。第二，每一个叶部分支的数值间距一定是等距的。比如，3.0—3.3，3.4—3.6，3.7—3.9 就不是好的间距，因为间距是不相等的。这样一定会在茎部刻度间距较大的地方分布较多的叶部数值，进而影响我们观察茎叶图数值水平分布聚集度和数值分布状态。

在本书中，茎叶图中较小的数值对应茎的下部，较大的数值对应茎的上部。然而，在许多统计软件所制作的茎叶图中，通常是大的数值在下，小的数值在上。这容易造成不必要的混淆。但无论如何，茎叶图显示的都是一样的特征。

最后，在本章的茎叶图中，叶部每个分支的数值都按从小到大的顺序排列。排序方式对于我们在本章讨论的数组模式没有影响，但对于第二章和第三章里讨论的主题则有影响。虽然制作一个茎叶图需要花费一定的时间，但这样的努力是值得的。

表格 1.6　　　　　Smith 遗址 15 个柱洞的直径（厘米）

20.5	19.4
17.2	16.4
15.3	18.8
15.9	15.7
18.3	18.9
17.9	16.8
18.6	8.4
14.3	

背靠背茎叶图

茎叶图不仅是观察单个数组的基本工具，还是比较多个数组的基本工具。表格 1.6 的数组是 Smith 遗址的柱洞直径，我们想把它们与

Black 遗址的柱洞直径进行比较（表格 1.1）。这两组数值虽然属于不同遗址，但它们是对相同变量（柱洞直径）的测量值，所以我们可以在这两组数值之间建立联系。如果我们把以上两个数组放在同一茎叶图的两侧，就形成了表格 1.7 的背靠背茎叶图。

表格 1.7   Black 遗址和 Smith 遗址柱洞直径的背靠背茎叶图

（数据来自表格 1.1 和 1.6）

Black 遗址		Smith 遗址
6	44	
	43	
	42	
	41	
	40	
	39	
	38	
	37	
	36	
	35	
	34	
	33	
	32	
	31	
	30	
	29	
	28	
	27	
	26	
	25	
	24	
	23	
	22	
	21	
	20	5
	19	4
	18	3689
	17	29
	16	48
	15	379
2	14	3

第Ⅰ部分 数值探索

续表

Black 遗址		Smith 遗址
	13	
9	12	
8741	11	
85	10	
721	9	
	8	4
6	7	

在表格 1.7 中，我们看到 Black 遗址的柱洞直径大多集中在 9—12 厘米之间，同时也有一个数值异常大的柱洞直径（44.6 厘米）。Smith 遗址的数组分布位置比 Black 遗址高。换言之，Smith 遗址的柱洞直径普遍比 Black 遗址的柱洞直径更大。经过比较，我们可以发现这两组数值的分布状态大致能准确反映它们之间的差异。

表格 1.8　　　　　Kiskiminetas 河谷 29 个遗址的面积

遗址面积（公顷）	茎叶图	
12.8	15	3
11.5	14	0
14.0	13	49
1.3	12	388
10.3	11	0257
9.8	10	367
2.3	9	089
15.3	8	27
11.2	7	4
3.4	6	
12.8	5	
13.9	4	5
9.0	3	48
10.6	2	0239
9.9	1	37
13.4		
8.7		
3.8		

续表

遗址面积（公顷）	茎叶图
11.7	
1.7	
12.3	
11.0	
2.9	
10.7	
7.4	
8.2	
2.0	
2.2	
4.5	

柱状图

茎叶图是探索性数据分析的创新，虽然在考古文献中出现过，但在数据分析中并不常见。考古学家往往倾向于用更加熟悉的柱状图来组织数据（柱状图与茎叶图有类似的功能）。鉴于大家对柱状图比较熟悉，我们在此不对其做详细介绍。表格1.8是Kiskiminetas河谷29个遗址面积数值的茎叶图。图1.2是同一数组的柱状图，其实就是将茎叶图放平，而柱子就变成了茎叶图的叶部。在柱状图中，我们也能够观察到茎叶图中大部分数组的分布特征。在制作一张柱状图时，制作者同样需要选择标尺单位和间隔，制作茎叶图的原则同样适用于柱状图的制作。柱状图的优点是较为简洁，能在审美上和熟悉度上让考古学家更为满意。茎叶图的优点是展现实际数值信息。我们将在第二章和第三章对这个优点有更多讨论。总的来说，茎叶图和柱状图从根本上服务于同一目的。

第Ⅰ部分　数值探索

多束或多峰

表格1.8呈现了数组的另一个特征。这个特征有时候会在茎叶图和柱状图上明显体现出来。这个茎叶图里的数组有两个分开的束，其中一个是在1.5—5公顷之间，另一个是在7—16公顷之间。两个分开的束像两个小山峰一样，在柱状图中非常明显（图1.2）。这样的多峰或多束模式表明数组可能是两种不同的遗址。在这个例子中，就是大小两类遗址。我们可以称它们为大遗址和小遗址。在茎叶图和柱状图中，二者是明显不同的。在讨论大遗址和小遗址时，我们不是将它们任意分为大小两类，而是根据数组内部分布特征进行区分。在茎叶图中，我们可以迅速看出大遗址数量较多，但是小遗址也足以形成独立的山峰。这说明小遗址不是异常值，而是另一组不同的遗址。

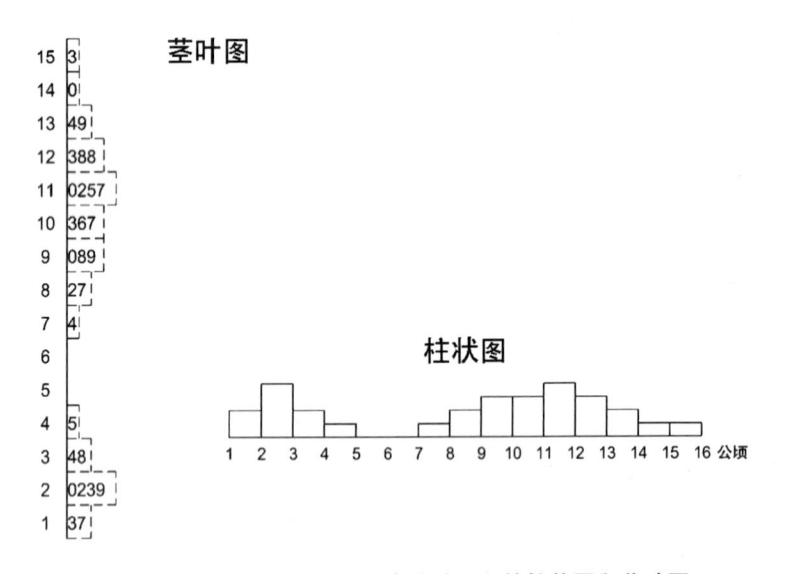

图1.2　Kiskiminetas河谷29个遗址面积的柱状图和茎叶图

数组中多峰的存在经常表明两类或两类以上不同观察对象被混在

一起。举一个极端的例子，我们可以测量一组餐盘的直径和下水道井盖的直径，如果我们将它们的直径当作一个数组，你马上可以在茎叶图里观察到两个分开的山峰。在只知道直径而不知道它们物质属性的情况下，你可能会猜测我们测量了两种截然不同的东西。虽然我们不了解它们的物质属性，但应根据茎叶图的特征将其分成两个数组。然而，我们的首要任务就是进一步寻求相关信息，去探究被测量物的物质属性。在发现这个数组是餐盘和井盖的直径后，你的反应一定是"难怪如此，现在我明白了！"这个反应完全合理，同时也为数组分组提供了合理依据（这也是建立在对茎叶图观察的基础上）。

统计软件（Statpacks）

茎叶图简单直观，绘制也比较容易——仅仅用铅笔和纸，就可以迅速将数值排列成数组。当用笔和纸手工制图时，制作者一定要小心地将数值茎部和叶部垂直排列。这样数组的特征就会被准确地表现出来。用 Word 处理器来绘制茎叶图也比较简单。在将数值茎部和叶部垂直排列时，需要将数值的字形宽度统一。不同的字形宽度会影响对数值分布特征的观察。制作茎叶图最简单的工具是计算机统计软件。统计软件会自动完成所有的制图操作，包括为茎部选择合适的单位刻度或间距。大部分统计软件都有茎叶图分析工具。

柱状图比茎叶图制作起来更耗时，但很多统计软件都有这个功能。真正的统计软件都能够制作完美的柱状图，因为编程者心里非常清楚我们这一章讨论的内容。另外，许多软件也能绘制条形图。条形图乍一看像柱状图，但它其实是不同的工具——我们在第六章会讨论。

需要重申的是，在茎叶图中，我们对多峰数组无法进行进一步的分析。对这个问题的唯一解决方式就是将它们分成不同的数组，并单独进行分析。我们最好可以根据被测量物的其他特征来进一步地划分

第Ⅰ部分 数值探索

数组。如果没有可识别的特征，我们只能根据茎叶图和柱状图的分布特征进行区分，即沿着数组中两个山峰中间的山谷画一条线将其分开。针对图 1.2 的数值，划分尤其简单。山谷中的最低点是 6 公顷。因为没有任何一个遗址的面积是 6 公顷，所以小遗址的面积是 1—5 公顷，大遗址的面积是 7—16 公顷。对于此类案例，如果山谷的底部没有明显的间断，分割线也许不会那么明显，但是无论如何，一定要划分才能进一步分析。

练 习

表格 1.9 和 1.10 是两个数组（来自两个遗址的刮削器长度）。这些刮削器的原材料是燧石和黑硅石。这些数值可以被看作同一个数组（因为它们同是刮削器的长度，不管它们是用什么原材料制作的，也不管它们来自哪个遗址）。我们可以根据不同标准将其分为两个相关的数组：根据刮削器出土的遗址将这个数组分成两个数组（表格 1.9 和表格 1.10 就以此形式呈现）；也可以根据原材料的不同将这个数组分成两个不同的数组（忽略出土遗址差异）。

表格 1.9　　　　　　Pine Ridge Cave 遗址的刮削器

原材料	长度（毫米）	原材料	长度（毫米）
黑硅石	25.8	黑硅石	25.9
黑硅石	6.3	黑硅石	23.8
燧石	44.6	黑硅石	22.0
黑硅石	21.3	黑硅石	10.6
燧石	25.7	燧石	33.2
黑硅石	20.6	黑硅石	16.8
黑硅石	22.2	黑硅石	21.8
黑硅石	10.5	燧石	48.3
黑硅石	18.9		

表格 1.10　　　　　　　　　Willow Flats 遗址的刮削器

原材料	长度（毫米）	原材料	长度（毫米）
黑硅石	15.8	燧石	49.1
燧石	39.4	燧石	41.7
燧石	43.5	黑硅石	15.2
燧石	39.8	黑硅石	21.2
黑硅石	16.3	燧石	30.2
燧石	40.5	燧石	40.0
燧石	91.7	黑硅石	20.2
黑硅石	21.7	燧石	31.9
黑硅石	17.9	燧石	42.3
燧石	29.3	燧石	47.2
燧石	39.1	燧石	50.5
燧石	42.5	黑硅石	10.6
燧石	49.6	黑硅石	23.1
黑硅石	13.7	燧石	44.1
黑硅石	19.1	燧石	45.8
燧石	40.6	燧石	49.1

1. 将所有刮削器长度视为一个数组，制作刮削器长度的茎叶图。采用不同的茎部单位刻度（间隔），制作茎叶图，并选取最合理的单位刻度（间隔）。你在图上看到了什么样的分布特征？

2. 将 Willow Flats 遗址和 Pine Ridge Cave 遗址的刮削器当作两个数组（暂时忽略它们的原材料），制作背靠背茎叶图。这两个数组有什么不同？你能否观察到有助于理解问题 1 中所见茎叶图的特征？

3. 将燧石刮削器和黑硅石刮削器当作两个数组（忽略它们的出土遗址），制作背靠背茎叶图。这两个数组有什么不同？你能否观察到有助于理解问题 1 中茎叶图的特征？

第二章 数组的水平或中心

均值（Mean）

中值（Median）

异常值（Outliers）和耐抗性（Resistance）

去除异常值

截尾均值（The Trimmed Mean）

要使用哪个指数

双中心数组

练习

正如我们在第一章看到的那样，数组中的数值常常分布比较集中。如果对两个相关的数组进行比较，我们能看到其中一个数组的大部分数值的分布位置比另外一个数组高。我们可以说，这两个数组有不同的水平（levels）或者中心（centers）（本书翻译一律使用中心）。用数字指数来比较数组很方便。这些指数的共同作用是衡量数组的集中趋势。

均　　值

均值是我们最熟悉的表示数组集中趋势的指数，在统计学以外常被称为平均数。均值的计算我们在小学已经学过，即数组中所有数值的总和除以数值的数量。这是统计学中常用的数学公式。均值的计算公式是：

$$\bar{X} = \frac{\sum x}{n}$$

其中 x 代表数组中的每一个数值，n 是数值的数量，$\bar{X}$ 是 x 的均值或者平均数。

希腊字母 $\sum$ 代表和，是统计学中常用的符号。$\sum x$ 代表所有 x 的总和。带有 $\sum$ 的公式看起来很难懂，但它其实仅仅是一个简单计算的简写而已。$\sum$ 符号是本书使用的在基本代数中唯一不常用的数学符号。

表格2.1是同一个遗址两个袋状灰坑中发现的石片重量数值。在这个背靠背茎叶图中，灰坑1的石片重量集中在9—12克之间，同时有一个异常值28.6克（我们在此不需要花太大注意力在异常值上）。灰坑2的石片重量分布比较分散，有形成两个山峰的趋势，但总体上也呈集中状态。灰坑1石片重量的均值是12.33克（将12个石片重量相加，再除以12）。灰坑2石片重量的均值是11.42克（将13个石片重量相加，再除以13）。两个均值都标注在茎叶图中数值集中处的中心位置。

如茎叶图所示，灰坑2石片重量的均值位于数组中心，所以我们可以将均值视为灰坑2石片重量的中心指数。但灰坑1的情况却引起了我们的顾虑。其均值位于数组中心上方，被一个很大的异常值28.6克提高了许多，这主要是由于异常值很大地影响了灰坑1的石片重量之和。我们观察到灰坑1石片重量的数值比灰坑2低，但灰坑1石片重量的均值却比灰坑2更高——以上两个观察结果显然相互矛盾。在这种情况下，均值不能很好地表达数组的真实情况。换句话说，在比较两个灰坑石片重量的数组中心时，均值并不是一个理想的指数。在判断均值是否能成为数组中心指数时，我们没有绝对标准。这需要我们根据茎叶图观察数组，真正理解数组中心指数的作用，然后加以练习并进行判断。

第I部分 数值探索

表格2.1　　　　　　　两个袋状灰坑中发现的石片重量

	石片重量（克）		背靠背茎叶图	
	灰坑1	灰坑2	灰坑1	灰坑2
	9.2	11.3	6	28
	12.9	9.8		27
	11.4	14.1		26
	9.1	13.5		25
	28.6	9.7		24
	10.5	12.0		23
	11.7	7.8		22
	10.1	10.6		21
	7.6	11.5		20
	11.8	14.3		19
	14.2	13.6		18
	10.8	9.3		17
		10.9		16
				15
$\bar{X}$	12.33	11.42	2	14	13
中值	11.10	11.30		13	56
			9	12	0	$\bar{X}$
		$\bar{X}$	874	11	35	中值
		中值	851	10	69
			21	9	378
				8	
			6	7	8

中　　值

当均值受数组形状的影响无法较好呈现数组中心时，中值则可能是一个比较实用的数组中心指数。中值是位于数组中间的数（如果数组中数值个数是奇数），或者是两个中值的均值（如果数组中数值个数是偶数）。我们可以通过简单地计数或者计算得到一个数组中值。如果茎叶图叶部按照数值大小顺序排列，寻找中值就更为简单。在柱状图中寻找中值则较为困难，因为柱状图仅表达了数组的形状，而不包括确切的数值。

·20·

第二章 数组的水平或中心

为找出灰坑 1 石片重量的中值，我们首先要数石片的数量。因为石片数量是 12（偶数），中值即是中间两个数值的平均数。无论从哪边数起，中间两个数都是第六位和第七位，即灰坑 1 石片重量的中值是 11.10 克。灰坑 2 有 13 个石片，所以中值是最中间的数值，即灰坑 2 石片重量的中值是 11.3 克。

两个数组的中值都标注在表格 2.1 的茎叶图上，它们在视觉上更符合两个数组的中心。根据中值比较两个数组的中心比根据均值比较看起来更加合理。灰坑 2 石片重量的中值比灰坑 1 石片重量的中值略大，这与我们观察茎叶图得出的结论是一致的。

异常值和耐抗性

在这个案例中，均值和中值的不同表现令人惊讶。毕竟，这两个数值都是表达数组中心最常用的指数。但是在这个案例中，均值和中值在确定数组的中心时却让我们得出不同的结论。显然灰坑 1 石片重量的均值看起来更为奇怪。它的值较大的原因是受一个较大的异常值（28.6 克）影响。虽然这个异常值提高了均值，但相比之下却没有影响中值。数组中最大值无论有多大、最小值无论有多小，都不会影响中值的位置和大小。

总之，数组的均值会受到异常值很大的影响，中值却全然不被影响。用统计学的术语来说，中值具有较高的耐抗性，而均值一点也不耐抗。

去除异常值

均值具有很多特殊的性质，让它成为表现数组中心非常实用的指数，但异常值的存在却使之不能准确表达数组中心。因此，较好的方式是去除异常值。首先，我们一定要谨慎地检查异常值的来源。有时

第Ⅰ部分 数值探索 ◆◆◆

候它们是采集或者记录时产生的错误。这种可能性我们在第一章有所讨论，在图 1.1 中异常大的柱洞直径可能是测量或者记录错误产生的。对于这样的错误，我们可以通过比较发掘时的照片和绘图来修改，以此来去除异常值。

即使异常值是一个准确记录的数值，我们还是希望去除它。举一个经典的例子，L. L. Pea 服饰公司是一家专门生产有名的 Pea 外套的公司。L. L. Pea 公司雇用了十名货运员工，付其中九名货运员工 8 美元/小时的工资，但付第十名 52 美元/小时。L. L. Pea 公司的货运部门工资的中值是 8 美元/小时，但是均值是 12.4 美元/小时。均值再一次被异常值拉高了，但是中值却完全不受影响。仔细检查工资表后，我们发现数据记录无误，的确有九名货运员工的工资是 8 美元/小时，而另一名货运员工的工资是 52 美元/小时。但同时工资表也揭示了那个高薪聘请的货运员工是 Edelbert Pea，公司创始人 L. L. 的侄子。他大部分工作时间都待在公司的咖啡厅。如果我们想要了解货运员工的工资，就没有必要将年轻的 Edelbert 包括在我们的数据里。我们应该将他的数据从我们的研究对象中去除，仅仅使用其他九名货运员工的工资数据。

用这样的方式去除异常值是非常明智的。如果异常值及其背后的含义与研究目的不符，我们就可以放心地去除异常值。对于像灰坑 1 这样的数组（见表格 2.1），我们要留意这个异常重的石片是不是一种特殊的形制，或者是一种特殊的原材料。如果异常值的材质是黑硅石，而其他石片是黑曜石，我们就应该把范围缩小为黑曜石，从而去除异常值。即使我们无法确定异常值背后的原因，我们也需要根据数值上的异常特征将其去除。我们也可以通过其他方式来处理异常值，以避免主观篡改数据之嫌。

截尾均值

计算截尾均值是处理异常值的一种常用方法。这种方法可以系统地去除数组头尾的极端值而得到均值。在考虑一个数组的中心时，数组中心指数是我们最关注的。通常，数组中较大和较小的数值常常打乱数组本来的稳定结构。我们在观察数组时不要被这些数值所影响。截尾均值通过去除数组中一定比例的最高值和最低值，有效地避免了这些影响。

举个例子，我们可以计算表格2.1中灰坑1石片重量数值的5%截尾均值，即去除数组中5%的最高值和5%的最低值。灰坑1石片重量的数组中有12个数值，所以我们从12个数值的两端各去除5%的数值。因为$0.05 \times 12 = 0.60$，0.60取整为1，所以我们从数组的两端各去掉一个数值（在计算去除掉多少个数值时，我们总是向上进位）。在这个案例中，我们从数组中去除掉最高值（28.6克）和最低值（7.6克）。在去除掉最高值和最低值后，截尾的数组由10个数值组成（$n_T = 10$）。截尾均值就是去除掉最高值和最低值后，剩余10个数值的均值。灰坑1石片重量的5%截尾均值$\bar{X}_T$，是剩余数值的总和除以n_T（即10）而得到。这个截尾均值是11.17克。灰坑2石片重量的5%截尾均值也是从数组的头尾各去一个数值（$0.05 \times 13 = 0.65$，取整为1）。剩下的数值除以n_T（即11），得到$\bar{X}_T = 11.48$克。

我们可以看出，与普通均值不同，截尾均值对异常值的影响具有耐抗性。在这个例子中，5%截尾均值与中值较为类似。它们可引导我们得出相同的结论，即灰坑2的石片重量略大于灰坑1，这与我们在茎叶图中观察到的结果相符。

上文在计算5%截尾均值时，5%是截取比例。截取比例可根据实际需要进行调整。通常来说，截取比例是5%的倍数（5%，10%，15%，等等）。最常用的截取比例是5%和25%。25%截尾均值有时也被叫作中间均值（midmean），因为它是位于数组中间的一半数值的均值（从头尾各去掉四分之一的数值）。

我们举最后一个例子，表格2.1中，灰坑1石片重量的25%截尾均值要求去除数组头尾最大的3个数和最小的3个数（$0.25 \times 12 = 3$），剩余6个数值的均值是11.05克。计算灰坑2石片重量的25%截

第Ⅰ部分 数值探索 ◆◆◆

尾均值需要去除数组头尾各4个数值（0.25×13=3.25，进位为4），剩下的5个数值均值是11.26克。和5%截尾均值相同，异常值的不良影响被彻底避免了。通过对以上均值的比较，我们发现灰坑2的石片重量略微大于灰坑1的石片重量。

需要指出的是，中值也可以被看作一种极限截尾均值，即50%截尾均值。去除掉数组的上半部分和下半部分，这样就只剩下中点或者中值。

统计软件

任何一个统计软件都可以计算数组的均值和中值，但并非所有统计软件都具有计算截尾均值的功能。这时，我们需要自行截取数组以计算截尾均值。我们可以在输入数据时忽略要被截去的数值，或者可以删掉它们（或者将它们记录成数据缺失）。然后我们就可以利用统计软件轻松计算剩余数值的均值。

要使用哪个指数？

中值、均值和截尾均值都是表现数组中心的指数。随之而来的问题是，我们应该使用哪一个呢？这个问题没有一个简单的答案。有时候用均值比较好，有时候用中值比较好，有时候用截尾均值比较好。这取决于数组的特征和计算中心指数的目的。均值是最常用的，值得优先考虑是否使用，因为均值对每个人来说都易于理解。如果一个数组没有异常值，这就不会使得均值具有误导性，那么均值就是最好的选择。与均值相比，中值较为不常用，却具有耐抗性，所以常常在有异常值的数组中使用。对大多数考古学家来说，截尾均值是最不常用的，但它在一些方面结合了均值和中值的优点。

我们会在后面的章节看到，均值具有一些特性，使得它在统计分析上非常实用。所以即使数组的异常值会影响均值,我们也常常倾向于使用均值。但截尾均值既可以发挥均值的某些功能,又不会被异常值影响。因此,我们要讨论截尾均值,即便它的计算相对复杂,且考古学家对它也不如对均值和中值那么熟悉。不幸的是,中值不像均值那样有特殊功能。即便它对初步比较数组非常有用,但是在后续章节中,它就没有均值和截尾均值那么重要了。

双中心数组

有时候在检验茎叶图后,我们会发现一个数组有若干个独立的集中趋势,就像我们在第一章讨论的一样。我们称它们为双峰(two-peaked)或者多峰(multi-peaked)数组(山峰的比喻是来自于柱状图,其中每个集中趋势通常都是一座山峰,在茎叶图中也可以这样理解)。

表格2.2是在Black—Smith遗址发现的建筑物面积数值(单位为平方米)。根据面积数值在茎叶图中的分布,我们可以将这些建筑物分为两个不同的数组。大型建筑物的面积集中在15—21平方米之间,小型建筑物的面积则集中在3—7平方米之间。由于这个数组有两个明显的中心,我们没有必要讨论整个数组的中心,更没有必要计算数组的中心指数。即使我们尝试计算,结果也是没有意义的。如表格2.2所示,建筑物面积的均值是12.95平方米。这个值介于两个组之间,完全无法表达它们的特征。同样,中值15.15平方米对于表达数组中心的特征也没有意义。所以我们没有必要计算这两个值。

对于茎叶图里的双峰数组,在计算数组中心指数之前,我们首先要将它们分成两个数组。这不是什么需要死记硬背的神秘规则。对于理解这些指数含义的人来讲,这是首先要做的事。遇到这样的案例,我们可以猜想这里有两种不同的建筑物,也许是居住的房间和谷物储藏室。其他与这些建筑物相关的信息也可为这样的猜想提供证据。任何一种情形下,在进一步量化分析前,我们都要将这个数组分成两

第Ⅰ部分 数值探索

表格 2.2　　　　　　　　Black—Smith 遗址建筑结构面积

面积（平方米）	茎叶图	
18.3	26	8
18.8	25	
16.7	24	
6.1	23	4
5.2	22	
21.2	21	2
19.8	20	07
4.2	19	128
18.3	18	33789
3.6	17	59
20.0	16	27
7.5	15	03
15.3	14	
26.8	13	6
5.4	12	
18.7	11	
6.2	10	
7.0	9	
20.7	8	
18.9	7	05
19.2	6	1277
6.7	5	244689
19.1	4	259
23.4	3	6
4.5		
16.2		
5.6		
17.5		
5.9		
6.7		
4.9		
17.9		
15.0		
13.6		
5.4		
5.8		

个。由于两个数组在 10—11 平方米的地方有明显间隔，我们可以从这里将两个数组分开。面积小于 10 平方米的建筑物有 16 个，它们面积的均值是 5.67 平方米（中值是 5.7 平方米）。大型建筑物有 20 个，它们面积的均值是 18.77 平方米（中值是 18.75 平方米）。对于这两类建筑物来说，无论是均值还是中值都是有意义的指数（将它们放在茎叶图里，你会发现它们正好是每一个数组的中心）。如果把一个双峰数组分成两个数组，对每个数组中心数值的计算才会变得有意义。

表格 2.2 的数组常常被称为双峰（bimodal）分布（或双众数分布），这个词来源于众数（mode）。众数就是茎叶图或柱状图中最常见的数值。有时候众数也被用作数组的中心指数。在表格 2.2 中，众数大约是 5 平方米，其中 6 个建筑物的面积大约是这个数值。它显然是小型建筑物面积的数组中心，我们不能把它作为整个数组的中心。第二个众数大约是 18 平方米，其中 5 个建筑物的面积大约是这个数值。这是大型建筑物面积的数组中心。只有面积为 5 平方米和 18 平方米的建筑物数量一致时，我们才可以说这个数组有两个众数。严格说来，这个数组包括一个主众数外加一个次众数，而非两个众数。无论如何，这样的双峰数组（或多峰数组）常常被称为双峰分布（或多峰分布）。

练　　习

1. 继续观察表格 1.9 和 1.10 的刮削器长度，计算合适的数组中心指数，并且在已经做好的茎叶图上比较 Pine Ridge Cave 遗址和 Willow Flats 遗址的刮削器长度。可以尝试计算均值、中值和截尾均值（选择你认为最合适的截取比例）。你认为哪个中心指数最适合用来比较两个遗址的刮削器长度？为什么（注意：数组中心的比较一定要基于同样的指数。不可以用一个数组的均值和另一个数组的中值来比较）？简述两个遗址刮削器长度的比较结果，这两个遗址的刮削器长

第Ⅰ部分 数值探索 ◆◆◆

度告诉你什么？

2. 再次使用表格 1.9 和 1.10 的数据，忽略出土遗址的不同，用同样的方法计算和比较燧石刮削器和黑硅石刮削器的长度。再次计算和比较均值、中值和截尾均值。你觉得用哪一个指数来比较不同原材料的刮削器长度最合适？为什么？如何综合比较燧石刮削器和黑硅石刮削器的长度，以及 Willow Flats 遗址和 Pine Ridge Cave 遗址的刮削器长度？

第三章 数组的离散

极差（The Range）
中间离散（The Midspread）或四分位差（The Interquartile Range）
方差（The Variance）和标准差（The Standard Deviation）
截尾标准差（The Trimmed Standard Deviation）
需要使用哪个指数
练习

有些数组的数值分布状态比较集中，另一些数组的数值分布则是比较分散。在探索性数据分析（Exploratory data analysis，简称 EDA）中，数据的这种特质被称为离散（spread，更多时候也叫 dispersion），这也是我们需要注意的数组分布特征。就像计算中心指数是为了便于讨论数组的中心位置一样，计算离散指数也便于讨论数组的离散状态。不同的指数，其功能有所不同，用途也不尽相同。

极 差

最简单的数组离散指数是极差。统计学上的极差就是用数组中的最大值减去最小值。表格 3.1 是我们在前面的章节用过的数组案例。灰坑 1 的石片重量极差是 28.6 克和 7.6 克的差，即 21 克（28.6 克 − 7.6 克 = 21.0 克）。灰坑 2 的石片重量极差是 14.3 克和 7.8 克的差，

第Ⅰ部分 数值探索

即 6.5 克（14.3 克 - 7.8 克 = 6.5 克）。

我们马上注意到极差和均值有同样的问题：耐抗性较差。事实上，极差比均值耐抗性更差。它不仅受到异常值的影响，而且很多时候还完全依靠异常值来计算。通过对茎叶图进行检查，我们发现极差非常具有误导性。表格3.1的两个数组具有相似的离散程度，我们甚至可以说灰坑2的石片重量比灰坑1的石片重量离散度更高，因为灰坑2的中心数组在茎部上更分散。然而，灰坑1的极差却是更大的。这完全是由灰坑1的异常值造成的。虽然极差计算过程简单且容易理解，但它却极具误导性，除非所有的异常值都被去除，所以它不是常用的离散指数。

表格3.1　　　　　　　　两个袋状灰坑中发现的石片重量

	石片重量（克）		背靠背茎叶图	
	灰坑1	灰坑2	灰坑1	灰坑2
	9.2	11.3	6	28
	12.9	9.8		27
	11.4	14.1		26
	9.1	13.5		25
	28.6	9.7		24
	10.5	12.0		23
	11.7	7.8		22
	10.1	10.6		21
	7.6	11.5		20
	11.8	14.3		19
	14.2	13.6		18
	10.8	9.3		17
		10.9		16
				15
$\bar{X}$	12.33	11.42	2	14	13
中值	11.10	11.30		13	56
			9	12	0
极差	21.0	6.5	874	11	35
中间离散	3.7	3.7	851	10	69
			21	9	378
				8	
			6	7	8

第三章　数组的离散

中间离散或四分位差

中间离散是数组中间半部分的极差，即去除数组最大和最小两端各25%的数值后计算的极差。可以把它当作一种截尾极差，请参考第二章截尾均值的讨论。

在实际计算时，中间离散通常是找出四分位数并将其相减计算得到，即用大的四分位数减去小的四分位数。大的四分位数（上四分位数 upper quartile）就是数组上半部的中值，小的四分位数（下四分位数 lower quartile）是数组下半部的中值。这与计算中值的方法略有差异。在探索性数据分析中，四分位数常被称作折叶点（hinge）。为了找出四分位数，首先要将数组的数值个数除以4。如果结果有小数点，就向上进位到整数。这个整数是四分位数的位置。然后分别从数组的两端开始数取这个整数，它们对应的数值就是上下四分位数。

例如，表格3.1是灰坑1的12个石片的重量。我们将12除以4得到3。那么上四分位数是从茎叶图顶部自上而下数到的第三个数，即12.9克。下四分位数是从茎叶图底部自下而上数到的第三个数，即9.2克。中间离散即是12.9克－9.2克＝3.7克。对于灰坑2，我们有13个石片；13÷4＝3.25，进位为4。上四分位数是从茎叶图顶部自上而下数到第四个数值，即13.5克。下四分位数是从茎叶图底部自下而上数到第四个数值，即9.8克。所以这个数组的中间离散是13.5克－9.8克＝3.7克。

在计算灰坑1和灰坑2两个数组的离散程度时，中间离散比极差更为理想。两个数组的中间离散值皆为3.7克，这表明两个数组的离散程度相同。这与数组的实际情况比较接近，比用极差计算出的离散程度更加准确。

找出中间离散的过程也揭示了四分位差的命名原则。中间离散就是两个四分位数的差，在统计学中也叫四分位差（interquartile range）。

第Ⅰ部分 数值探索 ◆◆◆

相比传统统计学，中间离散在探索性统计分析中更为常用，通常配合中值来表达数组的离散和中心。

方差和标准差

方差和标准差都是在均值的基础上计算的。它们比极差和中间离散的计算更烦琐，也不像极差和中间离散这样简单易懂。然而，一些技术上的特质，使得它们非常有用，所以它们会成为我们接下去几章讨论的重点。

方差的基本概念是建立在数组中的数值与均值不同的基础上。很显然，数组中绝大部分数值与均值并不相等。我们可以通过计算各数值和均值的差来观察它们和均值之间的差异。这个结果叫离差或者离均差（deviation）。表格3.2的前两列就是对表格3.1中灰坑2所有石片的重量数值进行了这样的运算。在逻辑上，数组中比均值大的数值减去均值就会得到正离差（因为它们比均值大），比均值小的数值减去均值就会得到负离差（因为它们比均值小）。在数组最两端的值，就会在正或者负的方向离均值最远。数组越分散，与均值的离差就越大。

如果我们想以数值的形式对离差进行总结，我们可能需要计算离差的均值。但这个方法却并不可行，因为所有离差的总和是0；因此它们的均值永远是0。事实上，均值就是一个让所有的离差相加等于0的一个平衡点（你也许会注意到表格3.2第二列的离差相加得到的数值是 -0.06 而不是0。这实际上是四舍五入后产生的结果。因为所有的离差都会四舍五入到小数点后两位。这样的情形很常见。在这个案例中舍去的几率要比进位几率高）。我们感兴趣的离散指数是它们的离均差（单个数值与均值的距离），而不是它们的正负符号。因此，我们可以去掉它们的符号将它们的绝对值相加，但常用的方法是通过将离差平方的方式来去除掉正负号（因为所有的平方值都是正值，离差的平方也不例外)。表格 3.2 的第三列就是这样运算的结果。如果我们将第三列的结果相加，这个和就是所有数值与均值离差的平方和，或者我们可以将其简称为平方和。

表格 3.2　对灰坑 2 中石片重量标准差的计算（数据来自表格 3.1）

x (g)	与均值的离差 $x - \bar{X}$	与均值离差的平方 $(x - \bar{X})^2$
14.3	2.88	8.29
14.1	2.68	7.18
13.6	2.18	4.75
13.5	2.08	4.33
12.0	0.58	0.34
11.5	0.08	0.01
11.3	-0.12	0.01
10.9	-0.52	0.27
10.6	-0.82	0.67
9.8	-1.62	2.62
9.7	-1.72	2.96
9.3	-2.12	4.49
7.8	-3.62	13.10
$\bar{X} = 11.42$	$\sum (x - \bar{X}) = -0.06$	$\sum (x - \bar{X})^2 = 49.02$ (平方和)

$$s^2 = \frac{\sum (x - \bar{X})^2}{n - 1} = \frac{49.02}{12} = 4.09$$

$$s = \sqrt{s^2} = \sqrt{4.09} = 2.02$$

如果其他条件相同，在数值比较多的数组中，这个平方和会较大；相应的，在数值较少的数组中这个平方和较小。这是因为数值较多的数组会产生较多的离差。为了得到一个不受数组大小影响，而仅受离散程度影响的指数，我们需要计算离差平方的均值。然而，在计算离差平方均值时，我们不是将平方和除以数组的数值个数 n，而是除以数值个数 $n - 1$（这个计算的结果就是方差）。在以后的章节中，我们将数组当作从案例更多的总体中抽取的样本。因此，以上我们使用的计算方式纯粹是出于技术考虑，以便于计算结果在未来的章节中更有用。方差的计算公式是：

第Ⅰ部分　数值探索

$$s^2 = \frac{\sum(x-\overline{X})^2}{n-1}$$

在这里 s^2 是 x 的方差，$\overline{X}$ 是 x 的均值，n 是数组 x 的数值个数。

表格3.2是有关这个计算的例子。与极差和中间离散相比，方差具有很强的任意性。相较于极差和中间离散，方差的值与数组中的数值不是那么直观。但是，我们至少可以通过计算方差的平方根去除离差平方所造成的困惑。这个计算结果用 s 表示（也就是标准差），其计算公式是：

$$s = \sqrt{s^2} = \sqrt{\frac{\sum(x-\overline{X})^2}{n-1}}$$

标准差与方差不同，它的单位与原数组数值的单位相同。所以灰坑2的石片重量的标准差不仅仅是2.02，而是2.02克。如果我们将表格3.1的茎叶图与标准差相联系，可以看出标准差表现了大部分石片重量所对应的茎部位置。即大部分石片重量都位于均值11.42克上方或者下方2.02克的地方。换句话说，大部分石片重量都在9.4克（11.42克-2.02克=9.40克）和13.44克之间（11.42克+2.02克=13.44克）。这两个数值（9.40克和13.44克）界定了数组中大部分数值的范围。也就是说，大部分石片重量都是在均值的一个标准差范围内。只有一小部分数值落在均值的一个标准差外，即与均值相差2.02克以上。我们将会在后面的章节更频繁具体地运用标准差。现在我们只需要知道标准差是一种表达数组离散程度的形式。

标准差在灰坑1的石片重量上表现得不是那么让人满意。表格3.3是对这个数组标准差的计算。当我们在茎叶图上（表格2.1）比较两个数组时（灰坑1和灰坑2的石片重量），我们注意到灰坑1的石片重量（除了异常值外）分布比灰坑2更加集中。然而，灰坑1的方差和标准差却比灰坑2更大，说明灰坑1的石片重量更分散——这恰恰与我们在茎叶图中所观察到的现象相反。

表格3.3清楚地告诉我们为什么灰坑1的方差和标准差更大：最重的石片偏离均值更远。这个石片造成了较大的平方和，因此产生了较大的方差和标准差。显然，和均值相似，方差和标准差同样对异常值不具有耐抗性。对于一个有异常值的数组来说，方差和标准差作为数组离散水平的指数也不能很理想地表现数组的离散。

表格3.3同样告诉我们均值为什么缺乏耐抗性。如果把均值想象成跷跷板的平衡点，异常值就像跷跷板一端离中心点较远的一个人。为了让跷跷板平衡，均值必须向异常值的一端移动，这样就会把其他的数值留在另一边。这样的移动使得均值远离数组的中心。我们在第二章中也诟病过均值对异常值缺乏耐抗性。

表格3.3　对灰坑1中石片重量标准差的计算（数据来自表格3.1）

x（克）	与均值的离差 $x - \bar{X}$	与均值离差的平方 $(x - \bar{X})^2$
28.6	16.27	264.71
14.2	1.87	3.50
12.9	0.57	0.32
11.8	-0.53	0.28
11.7	-0.63	0.40
11.4	-0.93	0.86
10.8	-1.53	2.34
10.5	-1.83	3.35
10.1	-2.23	4.97
9.2	-3.13	9.80
9.1	-3.23	10.43
7.6	-4.73	22.37
$\bar{X} = 12.33$	$\sum(x - \bar{X}) = -0.06$	$\sum(x - \bar{X})^2 = 323.33$（平方和）

$$s^2 = \frac{\sum(x - \bar{X})^2}{n - 1} = \frac{323.33}{11} = 29.39$$

$$s = \sqrt{s^2} = \sqrt{29.39} = 5.42$$

截尾标准差

截尾标准差的基本理念和截尾均值相似：将异常值从样本中去

第Ⅰ部分 数值探索 ◆◆◆

除，以减弱它们对结果的过分影响。然而，截尾标准差的计算更加复杂。我们必须用离被截取数值最近的数值替换要截取的数值，以保持数组的原有规模，而不是仅仅截取掉数组头尾的数值而导致数组缩小。表格3.4是计算灰坑1石片重量5%截尾标准差的计算过程。在第二章计算一个数组的截尾均值时，我们截取了数组首尾各5%的最大值和最小值。这一次，我们用数组中第二大的数代替最大的数值（截取后第二大的数值就会成为最大的数值）。所以，28.6克变成了14.2克。类似的，我们用第二小的数代替最小的数值（截取后第二小的数值就会变成最小的数值）。所以，7.6克变成了9.1克。

表格3.4　　　对灰坑1中石片重量5%截尾标准差的计算

（数据来自表格3.1）

原始数组 x（克）	调整数组 x_W（克）	与均值的离差 $x_W - \overline{X}_W$	与均值离差的平方 $(x_W - \overline{X}_W)^2$
28.6	14.2	2.95	8.70
14.2	14.2	2.95	8.70
12.9	12.9	1.65	2.72
11.8	11.8	0.55	0.30
11.7	11.7	0.45	0.20
11.4	11.4	0.15	0.02
10.8	10.8	-0.45	0.20
10.5	10.5	-0.75	0.56
10.1	10.1	-1.15	1.32
9.2	9.2	-2.05	4.20
9.1	9.1	-2.15	4.62
7.6	9.1	-2.15	4.62

$\overline{X}_W = 11.25 \qquad \sum(x_W - \overline{X}_W) = 0.00 \qquad \sum(x_W - \overline{X}_W)^2 = 36.16$（平方和）

$$s_W^2 = \frac{\sum(x_W - \overline{X}_W)^2}{n-1} = \frac{36.16}{11} = 3.29$$

$$s_T = \sqrt{\frac{(n-1)s_W^2}{n_T - 1}} = \sqrt{\frac{(12-1)3.29}{(10-1)}} = 2.01$$

这个新的数组叫作极值调整数组（Winsorized batch）。极值调整方差就是计算极值调整数组的方差。需要注意的是，计算极值调整方差

第三章 数组的离散

所涉及的均值就是极值调整数组的均值（不是截尾均值），截尾标准差不是极值调整方差的平方根。截尾标准差是由极值调整方差得到的，其计算公式如下：

$$s_T = \sqrt{\frac{(n-1)s_W^2}{n_T - 1}}$$

s_T 是截尾标准差，n 是未经截取处理的数组的数值个数，s_W^2 是极值调整数组的方差，n_T 是经过截取处理的数组的数值个数。

表格3.4是计算灰坑1石片重量的截尾标准差的全过程。通过比较表格3.3和表格3.4，我们可以看出截尾标准差避免了异常值的影响。

与截尾均值类似，我们可以计算不同截取比例的截尾标准差。第二章中，我们计算了灰坑1石片重量25%的截尾均值，并截取了数组中最大的三个数和最小的三个数。计算25%的截尾标准差首先要创建极值调整数组，即用第四大的数值代替数组中最大的三个数值，用第四小的数值代替数组中最小的三个数值。然后用计算5%截尾标准差的方法计算极值调整数组的方差和截尾标准差。如果使用截尾均值和截尾标准差，截取比例一定要标注出来。

统计软件

中间离散和标准差在统计软件中很常见。软件中的相关功能对我们帮助很大，因为计算标准差的过程非常费时（除非你的计算器有一键计算功能）。但是大部分软件都没有截尾标准差的计算功能。就像计算截尾均值一样，我们得先调整数组。在这个案例中，我们用与极值相邻的值替代极值，而不是用"舍弃数据"替代极端值。一旦这个极值调整完成了，这个数组就成了极值调整数组，软件中的方差计算就可以算出极值调整方差。通过这个值，我们就可以用计算器得到截尾标准差了，计算方程就在表格3.4中。**不要忘记最后一步！**

第Ⅰ部分 数值探索 ◆◆◆

要使用哪个指数

极差、中间离散、标准差和截尾标准差都是衡量数组离散程度的指数。就像我们思考使用哪种数组中心指数一样,我们也要考虑使用哪种数组离散指数。答案与第二章类似。极差比较容易理解,但容易被异常值影响,所以不经常使用。中间离散常在探索性数据分析中使用。考古学家可能对其不熟悉,但更容易计算,因而在基本描述中有较强的实用性。中间离散对异常值的耐抗性也使得它特别有吸引力。标准差则广为人知(不管考古学家是否真的明白它的意义,至少大家都听过这个名词)。它的统计学特质像均值一样,能够很好地服务于本书后面的章节。这就是为什么我们要花时间在技术上去处理它对于异常值的不耐抗性。这里所指的部分技术是建立在截尾标准差的基础上。数组的中心和离散指数是搭配的:中值和中间离散,均值和标准差,截尾均值和截尾标准差(使用同样的截取比例)。如果用中值搭配标准差,就像一只脚穿白色袜子,一只脚穿棕色袜子一样,其实际效果会更糟糕。

表格 3.5　　　　　　　Nanxiong 附近青铜时代遗址的面积

遗址面积（公顷）	
青铜时代早期	青铜时代晚期
1.8	10.4
1.0	5.9
1.9	12.8
0.6	4.6
2.3	7.8
1.2	4.1
0.8	2.6
4.2	8.4
1.5	5.2
2.6	4.5

续表

遗址面积（公顷）	
青铜时代早期	青铜时代晚期
2.1	4.1
1.7	4.0
2.3	11.2
2.4	6.7
0.6	5.8
2.9	3.9
2.0	9.2
2.2	5.6
1.9	5.4
1.1	4.8
2.6	4.2
2.2	3.0
1.7	6.1
1.1	5.1
	6.3
	12.3
	3.9

练　　习

假设你在 Nanxiong 北部的小河谷进行了一次区域调查，并且仔细测量了青铜时代各遗址的面积（见表格 3.5，遗址面积单位为公顷）。

1. 先用背靠背茎叶图考察两个数组。

2. 计算每个数组的中值、均值、10% 的截尾均值以及和这些指数相适应的数组离散指数。你认为使用哪一对指数更合理？为什么？

3. 在观察茎叶图和计算数组中心和离散指数的基础上，你对遗址规模从青铜时代早期到晚期的变化有什么发现？

第四章 数组比较

箱点图（The Box – and – Dot Plot）
消除中心差异
消除离散差异
异常性（Unusualness）
基于平均值和标准差的标准化
练习

我们已经用背靠背茎叶图比较了数组，但是还有一些工具能够以图形的方式对数组进行更便捷有效的比较。我们在前两章探讨的数组中心和离散指数为这些图形工具提供了基础。箱点图（或称箱须图）便是将探索性数据分析中得出的指数制作成图形的标准方法之一。在理论上，箱点图可使用任何一对中心和离散指数制作，但实际上中值和中间离散更为常用。箱点图能够自动代表中值和中间离散，这是一个在实际应用中不应该违反的标准。

箱点图

制作箱点图与制作茎叶图一样，首先要选择数组展开的标尺。图 4.1 是 Smith 遗址柱洞直径的茎叶图（数据来自表格 1.7 和 1.8），其右边茎部被改造成箱点图的标尺。我们用一条横线标注了这个数组的中值位置（17.2厘米）。另有两条横线标注在18.8厘米和15.7厘米处，分别代表这个数组的上四分位数和下四分位数。然后，我们用两条垂直的线框住这三条线，这就形成了中心处带有横线的箱子。这个箱子就是用图形代表的中间离散，即数组中间一半的数值——落在两个四分位数中间的数值。箱子提供了一幅能够清晰表现数组中最重要的中心数值的图形。这幅图比茎叶图的重点更加明确。

我们可以在箱点图中增加更多细节，同时精确描述数组的其他重要特征。比如，我们已经讨论过异常值，即离数组中心很远的数值。它们会干扰数组的中心和离散指数。因此，去除异常值对我们理解数组非常有帮助。我们常常也会纠结于边缘数值——那些在中心数组之外，但又不足以成为异常值的数值。

箱点图是一种用图形确认和标注异常值的方法，它通过经验法则区分中心数组和异常值。根据经验法则，异常值是落在箱子两端超过1.5倍箱子长度的数值。我们可以用图形的方式来理解。首先在纸上绘制箱点图，然后测量所绘制的箱子长度。如果箱子的长度是1英寸，那么任何一个落在离箱子两端1.5英寸以外的数值都是异常值；任何一个距离箱子两端3英寸以外的数值都是极端异常值。这些距离都表现在图4.1中。

通过数学计算也可以得到同样的结果。既然箱子的长度是中间离散，那么定义异常值的距离就是1.5倍中间离散所对应的刻度（1.5×3.1＝4.65厘米，图4.1）。箱子的顶部是上四分位数。在数字标尺上定义较大异常值的位置是上四分位数加上1.5倍中间离散所得值的位置（18.8＋4.65＝23.45厘米，图4.1）。箱子的底部是下四分位数，较小异常值的定义线位于下四分位数减去1.5倍中间离散所对应的数值位置（15.7－4.65＝11.05厘米，图4.1）。

同样的，极端异常值的定义线也可以通过数学计算来划定。较大极端异常值的定义线离上四分位数的距离是较大异常值定义线离上四分位数距离的两倍。也就是说，极端异常值定义线距离相应四分位数3倍的中间离散，而不是1.5倍的中间离散（18.8＋9.3＝28.1厘米

第Ⅰ部分 数值探索 ◆◆◆

和 15.7 − 9.3 = 6.4 厘米，图 4.1）。

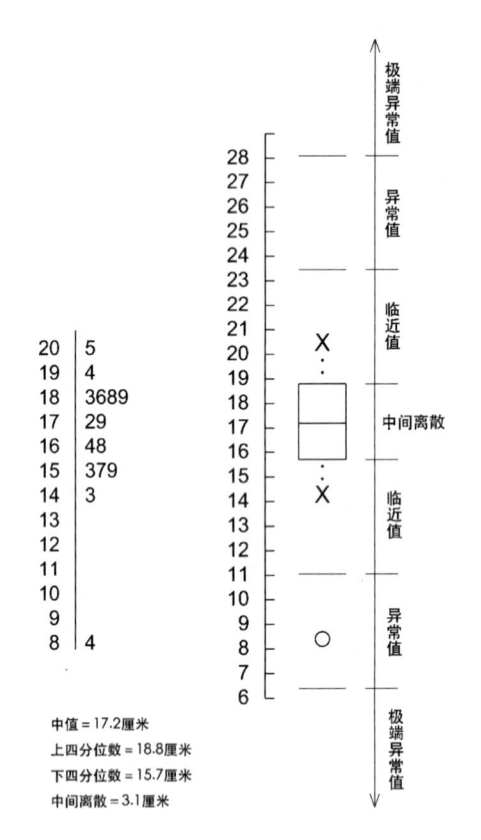

图 4.1 Smith 遗址柱洞直径（厘米）箱点图

因此，箱点图中箱子以上和以下区域各被分成三个部分。落在离箱子最近区域的数值被称作临近值（adjacent values）。这些数值在数组中心之外，但仍然可以被当作数组主要集群的一部分。落在下一个远离中值区域的数值是异常值，落在最远区域的数值是极端异常值。一般来说，这些区域都不会像图 4.1 一样用线标注，而是将落在这些区域的数值用不同符号来表示。如图 4.1，最大和最小的临近值是用 X 来标注。X 是数组主要部分的两端数值（去除异常值）。每一个异常值都用一个中空的点来表示，而极端异常值则用实心的点表示。图 4.1 的数组只有一个异常值（8.4 厘米），没有极端异常值，所以它只有一个空心点，而没有实心点。X、空心点和实心点代表了图4.1右边的标记和线。这是经验法则的一个案例，不同的书和软件在画箱点图时会用不同的符号来代表异常值和极端异常值。

箱点图使得数组比较变得非常容易。在第一章，我们用背靠背茎叶图（表格1.7）比较了图4.1中的案例和另一数组的柱洞直径。在这一章，我们在图4.2用两个箱点图来比较同样的两个数组。Smith遗址柱洞直径的箱点图与图4.1一模一样（除了图4.2的标尺比较长以外）。我们可以用同样的方法制作Blake遗址柱洞直径的箱点图（Blake遗址柱洞直径的数值见表格1.1）。在这个数组中，那个超大柱洞不仅是一个异常值，还是一个极端异常值。因为它距离箱子的顶端超过箱子长度的三倍以上，所以这里用实心点来表示。

当我们观察图4.2的箱点图时，很快得出在表格1.7的背靠背茎叶图中得到的结论。在每一个遗址中，都有一个柱洞似乎与其余的柱洞不同——Blake遗址中有一个极端大的柱洞，在Smith遗址中有一个异常小的柱洞。总体上，Smith遗址的柱洞比Blake遗址的柱洞大5—6厘米。因为箱点图更简洁和直观，所以箱点图在这里比背靠背茎叶图能更清晰地表现以上特征。此外，在箱点图中，只要我们在同一坐标系中添加更多的箱点，就可以比较更多的数组，而背靠背茎叶图则不能很方便地比较两个以上的数组。

经验法则

为了填补理想原则和现实之间的鸿沟，统计学在实际应用中采用了很多经验法则。在现实中，异常值就制造了这样的鸿沟。我们认为Edelbert Pea（创始人的侄子）就是这样的一个异常值。他被断定为是异常值是由于他每小时挣52美元，而其他的货运员工只挣8美元/小时。但是如果Edelbert每小时挣8.5美元呢？如果他作为L. L. Pea公司的货运员工已经工作三年，而其他挣8美元/小时的货运员工仅仅只有半年的工作经验呢？这时，他就不再

第Ⅰ部分 数值探索

被视为异常值，还成为我们研究货运员工工资差异的一个很好案例。但我们应该在哪里划定异常值的界限呢？如果 Edelbert 每小时挣 12 美元，他该不该被视为异常值呢？如果他每小时挣 20 美元呢？寻找这样一个完美的异常值的界限基本上是不可能完成的任务。举个例子，我们不能因为他每小时挣 14.73 美元就说他不是异常值，而每小时挣 14.74 美元就是异常值。在 14.73 和 14.74 之间划定界限也是没有理由的。实际判断标准要比这更加模糊。另一方面，当我们分析货运员工工资的时候，我们要么把他这个案例包括在内或者排除在外，这里没有灰色地带。"也许"或者"大概"这样的猜测在这里无法帮助我们做决断。鉴于此，统计学家在这里创造经验法则，为这种答案是"也许"，但有用的答案必须为"是否"的情况提供系统指导。

将一个落在四分位数 1.5 倍中间离散以外的数值视为异常值就是一个经验法则。它根据一个确定的准则，为判定异常值提供一个系统方法。但为什么选定 1.5 倍的中间离散，而不是 1.6 倍或 1.4 倍，这其中的原因很难被证明。因为任何选择本身就是主观的。这就是为什么不同的统计学书籍（或者软件）使用不同的经验法则判定异常值。这样的理念同样也适用于这本书中讨论的其他经验法则。

消除中心差异

当我们比较两个或两个以上的数组时，如图 4.2 所示，每个数组最明显的特征可能就是它的中心。如果我们想要比较数组的其他特征，最便捷的方式就是消除中心不同所产生的显著影响。我们的处理方法就是将不同数组的中心差异减小为 0。

图 4.3 以图形的方式表明了这一操作。我们仅仅将箱点图沿着标

第四章　数组比较

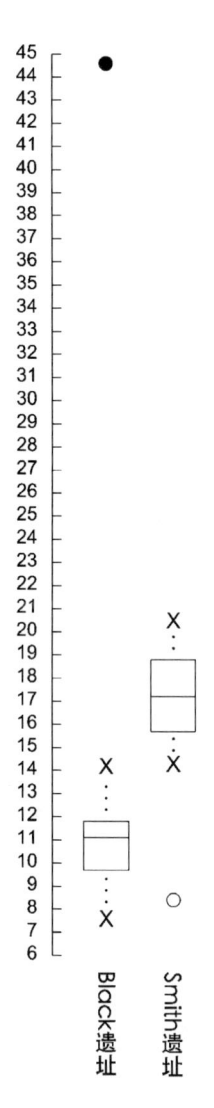

图 4.2　比较 Black—Smith 遗址柱洞直径（厘米）的箱点图

尺下移，使数组中心（即中值）对准标尺零点。在计算中，如果我们用数组中每个数值减去数组的中值，也可以获得同样的结果。举个例子，我们将表格 1.6 中 Smith 遗址所有的柱洞直径，分别减去 Smith 遗址柱洞直径的中值（17.2 厘米，见表格 4.1），得出的结果是一个新的数组。这个数组的数值代表每个柱洞直径大于或者小于中值的尺

· 45 ·

第Ⅰ部分　数值探索 ◆◆◆

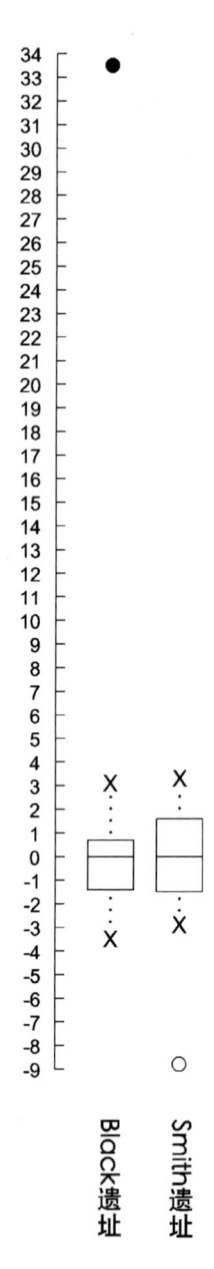

图 4.3　去除中心差异后的 Black—Smith 遗址柱洞直径（厘米）箱点图

寸。正值代表柱洞直径比中值大，而负值表示柱洞直径比中值小。在用这个新数组制作的箱点图中，数组的中心减小为0。这个结果与在图形上将原数组的箱点图向下移动，并将中值对准标尺0刻度的效果相同（如果你没有马上看出为什么是这样，最好的方法就是你自己试着做一遍）。

表格4.1　　　通过减去中值（17.2厘米）消除中心差异后的
　　　　　　　Smith遗址柱洞直径

20.5厘米	−	17.2厘米	=	3.3厘米
17.2厘米	−	17.2厘米	=	0.0厘米
15.3厘米	−	17.2厘米	=	−1.9厘米
15.9厘米	−	17.2厘米	=	−1.3厘米
18.3厘米	−	17.2厘米	=	1.1厘米
17.9厘米	−	17.2厘米	=	0.7厘米
18.6厘米	−	17.2厘米	=	1.4厘米
14.3厘米	−	17.2厘米	=	−2.9厘米
19.4厘米	−	17.2厘米	=	2.2厘米
16.4厘米	−	17.2厘米	=	−0.8厘米
18.8厘米	−	17.2厘米	=	1.6厘米
15.7厘米	−	17.2厘米	=	−1.5厘米
18.9厘米	−	17.2厘米	=	1.7厘米
16.8厘米	−	17.2厘米	=	−0.4厘米
8.4厘米	−	17.2厘米	=	−8.8厘米

将两个数组的中心削减为0后，我们不再比较它们的中心差异。消除中心差异的过程就是人为地将两个数组的中心变成0。然而，消除了中心差异的显著影响后，我们会马上发现两个数组在离散程度上的差异。如果不考虑异常值和极端异常值，我们看到这两个数组的临近值以类似的方式沿着标尺分布。但Smith遗址数组中心的数值（即箱子代表的中间一半的数字）比Blake遗址中心数值更分散。这个差异当然在前面的箱点图中就能看出，但消除中心差异并将两个箱子中心对齐后（图4.3），这个差异更加显著。

第Ⅰ部分 数值探索

消除离散差异

就像我们通过将数组中心降到 0 的方法来消除中心差异一样，我们也可以通过将数组离散降到 1 的方法来消除离散差异。这个操作必须通过数学计算来完成，而不能像消除中心差异一样通过移动图形来得到。在减去中值消除中心差异后，我们再通过除以中间离散来消除离散差异。表格 4.2 是 Smith 遗址柱洞直径在表格 4.1 中计算的延续。比如在表格 4.1 中，数组中第一个数值是 20.5 厘米。当中心差异消除后，我们看到这个柱洞直径比中值大 3.3 厘米。然后在表格 4.2 中，我们将 3.3 厘米除以 3.1 厘米（中间离散），得到 1.06。这个结果表明这个柱洞直径比中值大一个多的中间离散。在箱点图中（图 4.1），这个柱洞位于中值（即箱子的中心线）上方一个箱子长度的位置。事实上，这个柱洞直径就是这个数组最大的临近值，位于图 4.1 中箱子上方 X 的位置。这个 X 位于距离箱子中心线上方的一个箱子的距离处。

表格 4.2　去除中心差异后（表格 4.1）通过除以中间离散
（3.1 厘米）消除离散差异的 Smith 遗址柱洞直径

3.3 厘米	/	3.1 厘米	=	1.06
0.0 厘米	/	3.1 厘米	=	0.00
-1.9 厘米	/	3.1 厘米	=	-0.61
-1.3 厘米	/	3.1 厘米	=	-0.42
1.1 厘米	/	3.1 厘米	=	0.35
0.7 厘米	/	3.1 厘米	=	0.23
1.4 厘米	/	3.1 厘米	=	0.45
-2.9 厘米	/	3.1 厘米	=	-0.94
2.2 厘米	/	3.1 厘米	=	0.71
-0.8 厘米	/	3.1 厘米	=	-0.26
1.6 厘米	/	3.1 厘米	=	0.52
-1.5 厘米	/	3.1 厘米	=	-0.48
1.7 厘米	/	3.1 厘米	=	0.55
-0.4 厘米	/	3.1 厘米	=	-0.13
-8.8 厘米	/	3.1 厘米	=	-2.84

将这两个数组消除了中心差异和离散差异后，我们用新数组制作新的箱点图（见图 4.4）。这两个数组的中心被降为 0，但现在代表数组一半数值的两个箱子长度相等了。这个长度都是 1，因为箱子长度总是代表中间离散，消除中心差异和离散差异就是将数组中心设置成 0，数组离散设置为 1。所以我们不能用图 4.4 来比较数组的中心和离散。这样产生的箱点图中，最显著的特征是数组形状，特别是对称性。显然，Blake 遗址的柱洞直径向中值下方散布而不是上方。上文中提到数组中 1/4 的数值落在中值和箱子顶部之间，1/4 的数值落在

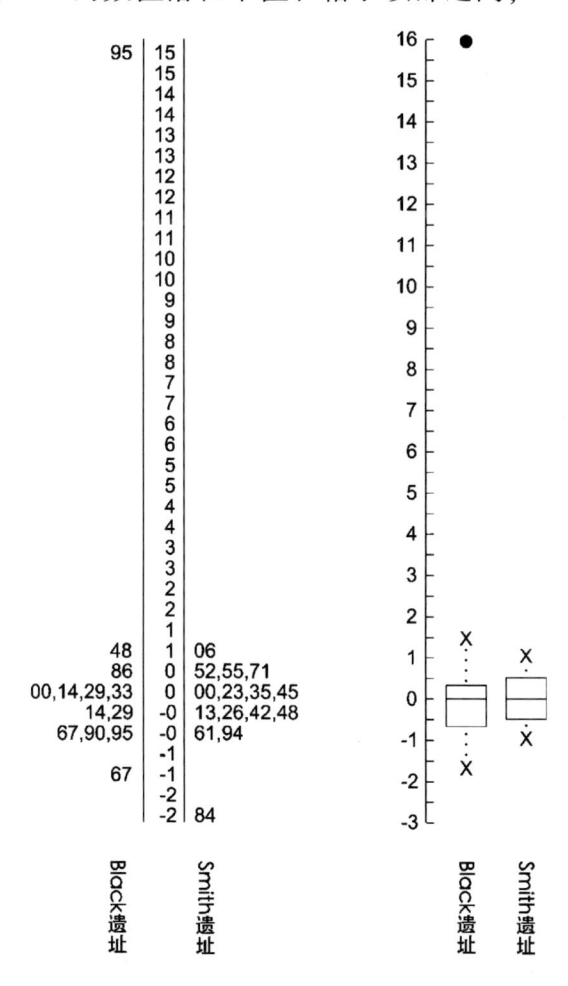

图 4.4　去除中心和离散差异后的 Black—Smith 遗址柱洞直径茎叶图及箱点图

第Ⅰ部分 数值探索 ◆◆◆

中值和箱子底部之间。Blake遗址中值下方1/4的数值显然比中值上方1/4的数值更分散。相对而言，Smith遗址的柱洞直径虽然有点向上偏移，但是对称分布的。我们会在下一章讨论关于形状和对称性的更多细节。

值得一提的是，有一种可制作消除数组中心差异和离散差异箱点图的简单方法。在之前的方法中，我们将所有数值减去中值，再除以中间离散，得到一个新的数组。然后，我们在这个新的数组中找出中值、上四分位数、下四分位数、异常值，等等，然后再重新画一个新的箱点图。在新方法中，我们可以只对以上五个数值（中值、上下四分位数、上下极端的临近值）消除中心差异和离散差异。然后，用这五个消除中心差异和离散差异的数值绘制一个新的箱点图。最后，我们需要将异常值减去中值再除以中间离散，获得新的数值，并将其放在标尺的相应位置。

异常性

这个新的数值刻度标尺与之前的标尺不同。它不再是一个以厘米为单位的标尺，而变成一个异常性的标尺。它根据数值在数组中心和边缘的程度标注每一个数值。异常性不是数值的内在特质，而是数值与所属数组之间关系的表述。如果一个数值落在它所在数组的中心，那么它不具有异常性。如果一个数值落在它所在数组的边缘，那么它具有异常性。在一组全明星的篮球运动员当中，6.6英尺的身高不具有异常性；但是在一组大学教授当中，6.6英尺的身高则具有异常性。通过对数组消除中心差异和离散差异，我们可以得到一个用标准和系统的方法表达异常性的标尺。因此，在传统统计学术语中，这个过程被称之为标准化（standardizing）。

图4.4的数值刻度标尺表现了每个数值在各自数组中与中值的距离（该距离以中间离散的倍数体现）。举个例子，表格4.1的第一个

数值是20.5厘米。在Smith遗址中，它代表一个直径比中值大3.3厘米的柱洞。这个柱洞直径在标准化的数组中变成了1.06（表格4.2），表明它的直径比中值大一倍稍多的中间离散。表格4.1中第二个柱洞直径为17.2厘米，也是这个数组的中值。所以它与中值的差是0.0厘米或者0.00倍的中间离散。第三个值15.3厘米比中值小1.9厘米。在标准化数组中，它变成 −0.61，即这个数值比中值小0.61倍的中间离散。第一个柱洞（直径20.5厘米）比第三个柱洞异常，因为它更靠近数组中的边缘处。

标准化的数值标尺使得对不同的数组的异常性比较成为可能。举个例子，表格4.3的第一个柱洞，其直径是9.7厘米，比Blake遗址柱洞直径中值小1.4厘米。Smith遗址中直径为15.7厘米的柱洞（表格4.1和4.2中从下往上数第四个）比数组的中值小1.5厘米。后一个柱洞看似更为异常，因为它距离数组中心较远。然而，这仅仅是因为它所在的数组较为分散。在Blake遗址中，比中值小1.4厘米相当于比中值小0.67倍的中间离散。而在Smith遗址中，比中值小1.5厘米仅相当于比中值小0.48倍的中间离散而已。所以在Blake遗址中，直径为9.7厘米的柱洞比Smith遗址中直径为15.7厘米的柱洞更为异常。

标准化考试也许是异常性标尺最常用的场合。小学考试中常常用比平均成绩高多少或低多少来表达特定的成绩水平。大学入学考试的百分比也反映了这样的信息。如果一个学生的成绩是75%，那么他应该知道参加考试的人当中，75%的人成绩比他低，同时有25%的人成绩比他高。如果问题中的数组是对称的，75%相当于我们讨论的异常性标尺里的0.5。这是因为一个标准化的数组经过减去这个数组的中值，再除以中间离散的运算，所得异常性为0.5的值就比中值大半个中间离散。一个比中值大一半中间离散的数值当然是上四分位数（至少在一个对称的数组中）。

第Ⅰ部分　数值探索

表格4.3　通过减去中值（11.1厘米）并除以中间离散（2.1厘米）消除中心差异和离散差异后的 Black 遗址柱洞直径

(9.7厘米	–	11.1厘米)	/	2.1厘米	=	-0.67
(9.2厘米	–	11.1厘米)	/	2.1厘米	=	-0.90
(12.9厘米	–	11.1厘米)	/	2.1厘米	=	0.86
(11.4厘米	–	11.1厘米)	/	2.1厘米	=	0.14
(9.1厘米	–	11.1厘米)	/	2.1厘米	=	-0.95
(44.6厘米	–	11.1厘米)	/	2.1厘米	=	15.95
(10.5厘米	–	11.1厘米)	/	2.1厘米	=	-0.29
(11.7厘米	–	11.1厘米)	/	2.1厘米	=	0.29
(11.1厘米	–	11.1厘米)	/	2.1厘米	=	0.00
(7.6厘米	–	11.1厘米)	/	2.1厘米	=	-1.67
(11.8厘米	–	11.1厘米)	/	2.1厘米	=	0.33
(14.2厘米	–	11.1厘米)	/	2.1厘米	=	1.48
(10.8厘米	–	11.1厘米)	/	2.1厘米	=	-0.14

基于平均值和标准差的标准化

利用中心性和边缘性表达数组中的一个数值的异常性是统计学上非常重要的概念。本书剩余篇章很大一部分都建立在异常性概念的基础上。在这一章中，我们侧重用中值和中间离散这些数组中心和离散的指数来去除中心差异和离散差异。之所以这样操作是因为基于中值和中间离散的箱点图能为我们提供简洁的图像来说明这个过程及其含义。然而，更常用的方法是使用均值和标准差，因为这些指数具有特殊的数学性质。这一方法的基本原则和计算方法与我们之前的讨论完全相同。用均值和标准差将数组标准化，即用数组中的每个数值减去数组中的均值，再用这个结果除以数组的标准差。计算后得到的新数组常常被称为标准分数（standard scores）数组或者 z 值数组。这个 z 值告诉我们在原始数组中的每个数值比均值大或者小几个标准差（比均值大得到正的 z 值，比均值小得到负的 z 值）。

第四章 数组比较

统计软件

　　就像绘制茎叶图一样，有很多统计软件可以绘制箱点图。在这些软件中，异常值的计算方法与本书所采用的方法不同，但只要你知道它们是什么，这就应该不成问题。一些软件和本书所用的图一样，可以绘制纵向箱点图。不过，在这些箱点图中，有时候较小的数值在上方，较大的数值却在下方。此外，还有一些软件绘制横向箱点图。当然，这些差别都不影响我们对图像的理解。通常这些软件会自动选择图形的标尺，这就节省了时间和精力。如果软件不能在一个标尺中生成多个数组的箱点图，以便进行数组比较，我们可能需要自己制定标尺进行比较（即把它们放在同一标准下）。显然，在不同标尺下，不同的箱点图是不能比较的。

　　当然，在制作去除中心差异，或者同时去除中心差异和离散差异的箱点图时，最简单的方法还是利用统计软件。通常情况下，我们需要做的步骤是转换原始数据，将每个数值减去中值（如果要同时去除中心差异和离散差异的话，可以再除以中间离散），从而得到一个新的数组（或者变量）。几乎所有统计软件都可以轻易地完成这一步骤。然后我们就可以开始制作新数组的箱点图了。

练 习

1. 继续考察表格 3.5 中 Nanxiong 附近遗址的面积，制作青铜时代早期和晚期遗址面积的箱点图。请比较两个数组的中心。

2. 去除数组的中心差异，然后通过画箱点图比较青铜时代早期和晚期的遗址面积。请比较两个数组的离散程度。

3. 去除数组的中心差异和离散，通过画箱点图比较青铜时代早期和晚期的遗址面积。请比较这两个数组的对称性。

4. 青铜时代早期最大遗址面积是 4.2 公顷，青铜时代晚期最大

第Ⅰ部分　数值探索 ◆◆◆

遗址面积是12.8公顷。在各自的数组中,哪一个遗址更异常?为什么?用中值和中间离散计算这两个遗址的异常性数值。用均值和标准差计算异常性数值。这些数值是否支持你对于哪个遗址更异常的评估?

第五章 数组的形状或分布

对称（Symmetry）
变换（Transformations）
对非对称分布的修正
正态分布（The Normal Distribution）
练习

数组的形状既包括中心和离散，也包括数值在标尺上的分布状况。统计学上形容数组形状的术语是分布（distribution）。数组的形状包括两个重要的方面：山峰的数量（number of peaks）和对称。因为我们已经讨论过多峰数组，以及为什么需要在分析前将它们拆分，所以在此直接开始讨论对称性。

对　　称

对于单峰数组，我们首先可以计算其中心和离散指数。然后我们可以去除这个数组的中心和离散差异，从而更加谨慎地评估这个数组的对称性。一个数组可能围绕它的单峰对称分布。在这样的数组中，大约各有一半的数值分布在数组山峰的两侧，并在山峰的两侧以相似的程度延伸。换言之，山峰一边的数值不会比另一边的数值分布得更集中。

第Ⅰ部分 数值探索 ◆◆◆

表格5.1中的数组是一组窖穴的容积。通过茎叶图，我们发现这个数组的形状是对称的，而且形状比较完美。在山峰上方的数值分布是下方数值分布的完美镜像。数组的中值是1.35立方米，均值是1.34立方米。这种中值和均值接近的现象，是对称分布数组的特征，而且这两个指数正好落在茎叶图中心的山峰位置。简而言之，这两个指数在单峰对称的数组中都是理想的数组中心指数。这也与我们在茎叶图中观察到的特征一致。

表格5.1　　　　　　　　Buena Vista **遗址袋状窖穴的容积**

容积（立方米）	茎叶图
1.23	16 | 5
1.48	15 | 15
1.55	14 | 0568
1.38	13 | 24589
1.10	12 | 1349
1.02	11 | 02
1.29	10 | 2
1.32	
1.35	
1.65	
1.39	
1.40	
1.12	
1.46	
1.24	
1.34	
1.21	
1.45	
1.51	

在现实世界中，我们很难发现像表格5.1这样完美对称的数组，特别是像这种数值比较少的数组。对于数值这么少的数组，即便它的对称性没有表格5.1中的数组那么完美，我们也可以认为它是对称的。对于对称性的判断是主观的，我们会在后面更全面地介绍关于数组对称性的判断过程。

◆◆◆ 第五章 数组的形状或分布

表格5.2中的数组是另一个遗址中窖穴的容积。然而，如茎叶图显示的，这个数组不是对称的。其中大部分数值都在山峰上侧，而且它们呈现出远离山峰的趋势。相对而言，高峰下侧的数值比较少，而且离山峰较近。这就是非对称的（asymmetrical）分布，或者被称作偏态或偏斜分布（skewed distrbution）。其他数组可以像这个数组这样向上偏斜；如果大部分数值在山峰下侧，那么数组分布也可以向下偏斜。要讨论对称性，较为便利的方式就是在画茎叶图时，让小的数值分布在标尺的底部，大的数值在顶部——就像本书插图所示这样，如果偏大的数值较多，数组分布就会在图上向上偏斜。如果你的统计软件的绘图方式与此相反，那就记住当我们所说的向上偏斜，是指形状向大的数值偏斜，而并不一定是指向茎叶图的顶部偏斜。

表格5.2　　　　　　　Buenos Aires 遗址袋状窖穴的容积

容积（立方米）	茎叶图
1.22	20 | 3
1.64	19 |
1.16	18 | 4
1.07	17 |
1.50	16 | 4
1.84	15 | 0
1.37	14 | 03
1.15	13 | 27
1.29	12 | 269
1.32	11 | 1567
2.03	10 | 47
1.17	
1.04	
1.43	
1.11	
1.40	
1.26	

对于一个偏态分布的数组来说，数组中心的指数并不能很好地代表数组的中心。表格5.2中数组的中值是1.29立方米，均值是1.35立方米。与表格5.1的数组相比，这个数组的中值和均值相差较大。

第Ⅰ部分　数值探索 ◆◆◆

更重要的是，这两个指数都太大了，都落在山峰的上侧，从而偏离了山峰位置（大约1.1立方米处）。偏态分布对指数的影响与第二章所讨论的异常值对指数的影响相似。事实上，有时候观察茎叶图时，我们难以判断看到的数组只是有异常值的数组，还是偏态分布的数组。甚至对异常值高度耐抗的中值也会受到偏态分布的影响，因为偏态分布不仅仅包括一些异常的数值，更是反映数组分布的整体趋势。

在进行任何实质性统计分析之前，我们都需要计算数组的中心和离散指数。因此，这种不对称的偏态分布会给我们观察数组带来一定的困难。有时候计算截尾均值和截尾标准差可以帮助我们克服这个困难，但它们更多的是去除来自异常值的影响。因此，为了克服这种由偏态非对称分布带来的困难，我们需要更为根本的解决方法。

变　　换

我们在前面章节中已经利用过一些数学公式对数组中的数值进行变换来生成新的数组，便于我们进行特定的观察。举个例子，我们将一个数组中每个数值减去其中值或者均值，生成一个新的去除中心差异的数组。这样处理的效果是将数组中心设定成标准值（即0），但数组的离散和形状保持原状。然后我们将这个中心为零的数组中所有数值除以其中间离散或者标准差以去除离散差异。这样处理的效果是将离散设定为标准值1，而数组形状保持原状。数组形状变换是一种将数组形状调整成标准形状的方法，而标准形状就是单峰且对称的形状。

去除中心和离散差异的过程是彼此相关的：首先我们去除中心差异，然后去除离散差异。如果不先去除中心差异，则不能去除离散差异。然而形状的变换却异于去除中心和离散差异。这些变换通常运用在还没有去除中心和离散差异的数组上，即使它们也可以在去除中心和离散差异后的数组上运用。图5.1是一些常用的数组变换方法，以

第五章 数组的形状或分布

及它们对数组形状产生的效果。每一个数组都对应一个茎叶图和一个去除中心和离散差异的箱点图。箱点图最为灵敏地表达了原始数组和变换后数组的对称性。

对数

对数是对求幂的逆运算。例如，以 10 为底 1000 的对数是 3，因为 $10^3 = 1000$。以 10 为底 100 的对数是 2，因为 $10^2 = 100$。以 10 为底 10 的对数是 1，因为 $10^1 = 10$。在简单运算中，我们通常不会求分数次方，但这是可以做到的。因为 $10^2 = 100$、$10^3 = 1000$，所以 $10^{2.14}$ 肯定会大于 100 而小于 1000。实际上 $10^{2.14} = 137.2$，所以以 10 为底 137.2 的对数就是 2.14。在介绍性的统计学书籍中，一项烦人的琐事就是学习使用对数表。幸运的是，技术的发展使得对数表被淘汰，我们现在可以用计算机或计算器完成对数变换。

图 5.1 中第三列的数值实际上是自然对数，即以 e 为底的对数。无理数 e 的值近似于 2.7182818。它在数学理论中非常重要，可它对我们这里的变换来说并没有什么用处，但是许多统计软件的对数变换都是以 e 为底的对数变换。因此，第三列中的数值都是以 e 为底、原始数组中数值的对数。例如，原始数组中第一个数值是 1.230，因为 $2.7182818^{0.207} = 1.230$，即 1.230 的自然对数是 0.207，所以第三列的第一个数值就是 0.207。

通过对原始数组（表格 5.1 中的 x）的观察，我们发现茎叶图显示了这个数组完美的对称性（见表格 5.1）。箱点图进一步确认了这个特点。

图 5.1 第二列中变换后的数组是将原始数组中的每个数值求算数平方根后得到的（举个例子，第一个数值：$\sqrt{1.230} = 1.109$）。这是常用的平方根变换。变换后数组的茎叶图和箱点图表明了这个新数组的形状有向中心下方偏斜的趋势（比较原始数组和新数组箱点图中表示

第Ⅰ部分 数值探索

中间离散的箱子，或者比较两图中最边缘的临近值）。正如我们在这个案例中所观察到的效果，求算数平方根变换后总会生成一个比原始数组分布形状更向下偏斜的数组。

x	$\sqrt{x}$	$\log(x)$	$-\dfrac{1}{x}$	$-\dfrac{1}{x^2}$	x^2	x^3	x^4
1.230	1.109	0.207	−0.813	−0.661	1.513	1.861	2.289
1.480	1.217	0.392	−0.676	−0.457	2.190	3.242	4.798
1.550	1.245	0.438	−0.645	−0.416	2.403	3.724	5.772
1.380	1.175	0.322	−0.725	−0.525	1.904	2.628	3.627
1.100	1.049	0.095	−0.909	−0.826	1.210	1.331	1.464
1.020	1.010	0.020	−0.980	−0.961	1.040	1.061	1.082
1.290	1.136	0.255	−0.775	−0.601	1.664	2.147	2.769
1.320	1.149	0.278	−0.758	−0.574	1.742	2.300	3.036
1.350	1.162	0.300	−0.741	−0.549	1.823	2.460	3.322
1.650	1.285	0.501	−0.606	−0.367	2.723	4.492	7.412
1.390	1.179	0.329	−0.719	−0.518	1.932	2.686	3.733
1.400	1.183	0.336	−0.714	−0.510	1.960	2.744	3.842
1.120	1.058	0.113	−0.893	−0.797	1.254	1.405	1.574
1.460	1.208	0.378	−0.685	−0.469	2.132	3.112	4.544
1.240	1.114	0.215	−0.806	−0.650	1.538	1.907	2.364
1.340	1.158	0.293	−0.746	−0.557	1.796	2.406	3.224
1.210	1.100	0.191	−0.826	−0.683	1.464	1.772	2.144
1.450	1.204	0.372	−0.690	−0.476	2.103	3.049	4.421
1.510	1.229	0.412	−0.662	−0.439	2.280	3.443	5.199

茎叶图：

```
16|5        12|59       5|0         −6|1        −3|7        2|7         4|5         7|4
15|15       12|0123     4|14        −6|99865    −4|87642    2|4         3|7         6
14|0568     11|566888   3|0234789   −7|4321     −5|765321   2|23        3|0124      5|28
13|24589    11|0114     2|12689     −7|865      −6|8650     2|011       2|5677      4|458
12|1349     10|56       1|019       −8|311      −7          1|8899      2|134       3|023678
11|02       10|1        0|2         −8|9        −8|30       1|77        1|899       2|1348
10|2                                −9|1        −9|6        1|555       1|134       1|156
                                    −9|8                    1|23
                                                            1|0
```

箱点图：

图5.1 不同变换对表格5.1测量值数组形状的影响

第五章 数组的形状或分布

图 5.1 第三列变换后的数组是将原始数组的每个数值计算对数得到的。如箱点图所示，对数变换后的新数组比平方根变换后的数组产生更为强烈的向下偏斜效果。就像平方根变换，对数变换会产生一个比原始数组分布形状更为向下偏斜的数组。对数变换的效果比平方根变换的效果更明显。

图 5.1 第四列变换后的数组是将原始数组取负倒数得到的（$-1/x$）。原始数组中第一个数值（1.230）的负倒数是 $-1/1.230 = -0.813$。和以上变换效果相似，这个变换产生的新数组的分布形状也比原始数组的分布形状更向下偏斜。这个变换后得到的数组比前述两个变换产生的数组分布形状向下偏斜更为明显（见图 5.1 底部的箱点图）。

图 5.1 第五列变换后的数组在同样方向显示了更为明显的偏斜效果。这个变换（$-1/x^2$）产生的数组的分布形状向下偏斜效果更为显著。再以原始数组第一个数为例，$-1/(1.230)^2 = -0.661$。我们可以无限运用这样的变换，以便产生更为强烈的偏斜效果，比如 $-1/x^3$，$-1/x^4$，等等。

图 5.1 的第六列是产生相反效果的变换。平方变换是对原始数组每个数值进行平方运算（x^2）。以原始数组中的第一个数为例，变换过程为：$1.230^2 = 1.513$。对于这么小的数组，平方变化所产生的向上偏斜的效果是很难被注意到的。

第七列的立方变换效果则更为显著，这点在箱点图中可以很容易被观察到。与前一个变换相比，这个计算是对原始数据进行求更高次幂运算（对于第一个数，$1.230^3 = 1.861$）。图 5.1 的最后一列是对原始数组数值进行 x^4 运算后所产生的新数组。这个新数组的分布状态具有更为强烈的向上偏斜效果。与前面向下偏斜变换相似，我们可以继续计算更高次幂获得新的数组，以便增强向上偏斜度。

第Ⅰ部分 数值探索 ◆◆◆

对非对称分布的修正

我们已经看到一系列变换是如何改变数组的形状。在这个案例中，我们从形状已经对称的数组开始，逐步增加它们向两边偏斜的程度（首先向下，然后向上）。一旦理解了这样的操作，我们就可以利用不同的变换方式，来改变因为形状不对称而难以分析的原始数组。当一个能使数组分布向上偏斜的变换方式被应用于一个向下偏斜的原始数组，这个操作所产生的新数组就可能会变成对称的形状。

表格 5.3　　　　　　修正非对称分布的变换

x^4	影响很强	
x^3	影响较强	产生向上偏斜的效果，即修正向下偏斜
x^2	影响适中	
x	无影响	
$\sqrt{x}$	影响较弱	
$\log(x)$	影响适中	产生向下偏斜的效果，即修正向上偏斜
$-\dfrac{1}{x}$	影响较强	
$-\dfrac{1}{x^2}$	影响很强	

准确地说，我们刚刚讨论的变换通常是用来修正数组的非对称分布形状。我们可以利用从前面例子得到的经验来列举这些常用的变换方式及其产生的效果。表格 5.3 总结了从图 5.1 中得到的经验。换言之，图 5.1 用图表说明了用表格 5.3 中的方法变换后产生的实际影响。可以从表格 5.3 中选取合适的变换方式来修正表格 5.2 中的非对称数组的形状。因为这个数组具有明显向上偏斜的趋势，所以我们需要利用表格 5.3 下半部分的变换方式。这四个变换的效果显示在图 5.2 中。

我们可以从表格 5.2 的茎叶图中看出数组的形状是向上偏斜。但

第五章　数组的形状或分布

是对于少数远离数组中心的数值来说，我们很难分辨它们代表的是向上偏斜的分布状况，还是事实上的异常值。如图5.2的第一列所示，如果我们运用箱点图中的经验法则来判断，原始数组中最高的两个值应该是异常值。但正如第四章所讨论的那样，经验法则仅仅是简化偏离数值和它所在数组复杂关系的随机方法，这些偏离的数值对所在数组未必有意义。另外一种方法是看变换对可能的异常值会产生什么影响。

在对向上偏斜修正的方法中，修正效果最弱的方法是平方根变换，如图5.2的第二列所示。在这个变换后的数组中，原始数组中两个离中心较近的异常值不再被视为异常值；并且代表中间离散的箱子中心更为靠近中值。即使可以忽略仍然被判断为异常值的数值，临近值仍然远远地向上偏斜。虽然平方根变换方法能够生成一个非对称性减弱的数组，但我们还需要进行效果更显著的变换。

比平方根变换更显著的变换方式是对数变换，如图5.2的第三列所示。在这个数组中，中值非常接近中间离散的中心。最大值仍然是异常值，但除了它以外，临近值仍然明显地向上偏斜。茎叶图也清楚地显示了这种向上偏斜的状态。这说明我们需要对这个数组进行效果更显著的变换。

图5.2的第四列是负倒数变换。此时，中间离散的箱子在数值标尺中间的下方，但是临近值仍然是向上偏斜。最显著的变化是，原始数组中根据经验所判断的异常值在新数组中不再是异常值了。当异常值经过变换消失后，数组整体分布的对称性也得到了改善。这说明这些数值不应该被当作异常值去除，而应该被视作这个数组中离中心较远的数值。在这些案例中，合理的变换是修正非对称性和明显异常值的较好方案。在经过了负倒数变换之后的数组中，因为其临近值仍然向上偏斜，所以我们需要对原始数组进行效果更加显著的变换。

图5.2的第五列是 $-1/x^2$ 的变换结果。和前面变换后的数组相比，其中间离散的中心略微偏离中值，但是临近值却形成更对称的形状。根据茎叶图所示，变换后所得到的以上数组分布形态比较理想。在现实中，对于数值较少的数组来说，这样的形态是经过变换后能获得的

第Ⅰ部分 数值探索

x	$\sqrt{x}$	$\log(x)$	$-\dfrac{1}{x}$	$-\dfrac{1}{x^2}$
1.220	1.105	0.199	-0.820	-0.672
1.640	1.281	0.495	-0.610	-0.372
1.160	1.077	0.148	-0.862	-0.743
1.070	1.034	0.068	-0.935	-0.873
1.500	1.225	0.405	-0.667	-0.444
1.840	1.356	0.610	-0.543	-0.295
1.370	1.170	0.315	-0.730	-0.533
1.150	1.072	0.140	-0.870	-0.756
1.290	1.136	0.255	-0.775	-0.601
1.320	1.149	0.278	-0.758	-0.574
2.030	1.425	0.708	-0.493	-0.243
1.170	1.082	0.157	-0.855	-0.731
1.040	1.020	0.039	-0.962	-0.925
1.430	1.196	0.358	-0.699	-0.489
1.110	1.054	0.104	-0.901	-0.812
1.400	1.183	0.336	-0.714	-0.510
1.260	1.122	0.231	-0.794	-0.630
均值: 1.353	1.158	0.285	-0.764	-0.600
中值: 1.290	1.136	0.255	-0.775	-0.601

茎叶图:

```
20 | 3        14 | 3        7 | 1        -4 | 9         -2 | 4
19 |          13 | 6        6 | 1        -5 | 4         -3 | 70
18 | 4        13 |          5 | 0        -6 | 71        -4 | 94
17 |          12 | 8        4 | 1        -7 | 986310    -5 | 731
16 | 4        12 | 03       3 | 246      -8 | 7662      -6 | 730
15 | 0        11 | 578      2 | 0368     -9 | 640       -7 | 643
14 | 03       11 | 124      1 | 0456                   -8 | 71
13 | 27       10 | 5788     0 | 47                     -9 | 3
12 | 269      10 | 24
11 | 1567
10 | 47
```

去除中心和离散差异后的箱点图:

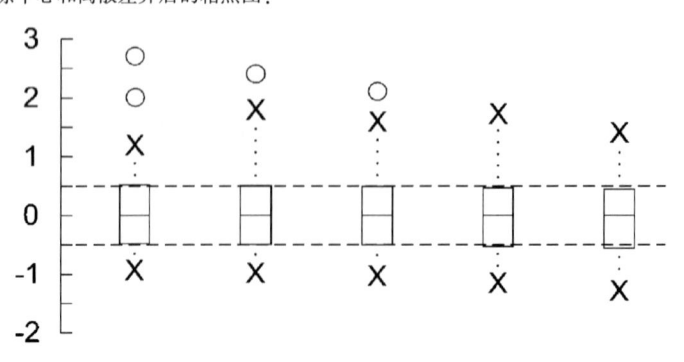

图 5.2 利用变换修正表格 5.2 数组的向上偏斜

第五章 数组的形状或分布

比较理想的对称形态。要在以上最后两个变换中做出选择是困难的。这两个变换都成功去除了异常值。$-1/x^2$ 变换后所得数组的临近值较为对称，但是 $-1/x$ 变换所得数组的中间离散较为对称。我们可以使用在茎叶图中看起来更加对称的 $-1/x^2$ 变换，即变换后数组中的最后一列，因为它最为对称。但其实这两个数组中任何一个都足够对称，以致我们可以使用它们的均值和标准差作为数组中心和离散的指数。

变换常常被看作神秘的统计仪式。其实它们的目的仅仅是提供一个新数组，其形状能够使均值和标准差分别作为数组的中心指数和离散指数。均值和标准差是本书后面要讨论的许多技术的基础。如果均值和标准差不能告诉我们数组的中心和离散，那么那些技术就不能被正常使用了。变换可以被看作测量用的特殊"尺子"。图5.3是三把"尺子"。最上面的是正常"尺子"，我们可以用来测量物体的长度。中间的是平方变换"尺子"。如果我们用它来测量同样的物体，结果是正常测量数值的平方。最下面的"尺子"和中间的"尺子"一样，也是一个平方变换"尺子"，只是刻度不同。这把"尺子"每5个单位为一个刻度，而不是平均刻度。这说明比起正常"尺子"，平方变换"尺子"的测量单位分布不同，可能会为平方变换时如何改变数组提供较好的理解。这个原理对我们讨论过的其他变换同样适用。运用这样的变换相当于是用特殊的"尺子"来测量。这种方法乍一看

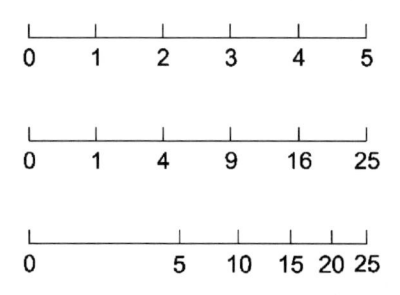

图5.3 变换的"尺子"：正常的"尺子"（上）；对长度测量产生平方变换的"尺子"（中）；每5个单位为一个刻度的平方变换"尺子"（下）

第 I 部分　数值探索 ◆◆◆

有点怪异，但我们也不能因此就不使用如图 5.3 所示的平方变换"尺子"。我们只是需要用同一把"尺子"来比较所有我们想测量的对象。这就是我们变换数组时需要做的——用一把特殊的"尺子"来测量数组，并且我们必须始终用同一把特殊的"尺子"测量所有要比较的数组。

正态分布

在本章以上内容中，我们讨论了如何通过各种变换获得我们想要得到的单峰对称形状。这种单峰对称形状就是著名的正态分布的重要特征。事实上，正态分布有更多具体的特质。但对实际操作而言，一个单峰对称的数组就可以被当作正态分布，因而可以对其应用只有正态分布数组才能应用的统计技术。

数组要正态分布才能进行分析。这样的要求并不是什么深刻的数学奥秘，也不是什么只能被统计学"大祭司"才能理解的秘密或者神圣法则。要理解正态分布的重要性，我们首先要从理解简单直观的概念开始，即非对称数组的中心指数和离散指数。我们观察到，在非单峰对称的数组中，这些指数不能很好地描述数组的实际分布情况。这是理解为什么统计技术只能应用在正态分布数组的起点。许多统计技术关于数组特征的总结都需要对均值和标准差进行分析。如果这些指数不能反映准确和有意义的数组中心和离散，那么以二者为基础的统计技术就不可能产生准确和有意义的结果。

简而言之，如果我们想要研究一个非单峰且非对称的数组，我们必须对它进行特殊处理。这包括：首先，将多峰的数组分成几个单峰数组；其次，我们可以运用一些变换方式使得单峰数组变得更对称，并且/或者使异常值消失。这些初步的数据准备步骤对后续的统计技术非常重要，一定不能忽视。对一个数组的分析，我们应该总是从观察茎叶图开始，然后可以针对多峰、非对称形状和异常值等方面采取不同措施以变换数组。

　　选择最合适的变换方式修正数组的对称性是一个主观判断。它要求我们动手实践，并观察用不同变换方式所产生的数组分布，进而决定哪一个变换能得到最具对称性的数组。这些判断对于数值少的数组而言尤其困难，因为在茎叶图中替换一个数值就可以显著影响数组的对称性。如果一个数组中只有一两个数值和其他数值略显不同，我们最好不要太受数组的对称外观所左右。相反，我们应该把注意力放在只有许多数值改变才能引起整体对称性变化的趋势上。

　　只有经历多次尝试和失败，才能获得最好的变换方式。即使表格5.3能帮助你猜测哪一种变换值得一试，最重要的仍是自己去尝试多种变换，并观察它的结果（通过制作新数组的茎叶图和箱点图），从而决定哪种变换能产生最对称的形状。在这一过程中，经常需要妥协，特别是这样的变换需要应用在两个或者两个以上需要比较的数组上时。同样的变换也许不能同时使所有数组产生最对称的形状，但是所有数组必须应用同样的变换方式。经过这样变换的数组才可以进行比较。

　　另一个修正对称性的变换是使用在截尾均值和截尾标准差基础上的统计技术。截尾均值和截尾标准差对异常值和非对称的影响较有耐抗性。这些方法会在后面的章节中探讨。总的来说，如果异常值的存在使得均值和标准差的使用产生问题，那么截尾均值和截尾标准差就是个不错的解决方案。如果问题只是由非对称分布引起，那么应用合适的变换会更加有效。

练　　习

　　仔细观察表格3.5中Nanxiong附近的青铜时代早期和晚期遗址面积的数组形状。回顾第三章和第四章的问题，观察你已经制作过的茎叶图和箱点图。这两个数组中哪一个有偏斜的形状？如果有，它是向

第Ⅰ部分　数值探索 ◆◆◆

上偏斜还是向下偏斜？

　　如果青铜时代早期或晚期的遗址面积是偏斜形状的数组，用你的统计软件试验不同的变换方式来修正数组的对称性。对于单个数组而言，你会选择哪一种变换方式？为什么？如果你想要比较两个数组，你会选择哪一种变换方式？为什么？

第六章 分类

列比例和行比例（Column and Row Proportions）
比例（Proportions）和密度（Densities）
条形图（Bar Graph）
分类（Categories）和子数组（Sub-batches）
练习

我们在第一章到第五章里讨论的数组都是由测量值组成的。在进入本书的第二部分前，我们还需要探讨另一种类型完全不同的数组。这种数组不是由测量值组成，而是由分类组成。考古学家对分类的概念较为熟悉。我们经常在类型学的范围内进行讨论，而类型的定义（或者分类的设定）常被认为是一种基础的初步描述和分析。有很多著作都对如何"正确"地定义陶器类型进行过说明。在这里我们关心的不是如何定义分类，而是当我们做出定义并合计每一个类型中的器物数量后，如何处理这些结果。当我们将陶器分成 Fidencio 夹砂陶、Atoyac 黄白陶和 Socorro 泥质灰陶时，这就是在进行分类。当我们数一个遗址中石片、石叶、双刃器或石器废料的数量时，我们也是在进行分类。当我们数一个区域内洞穴遗址和开放型遗址的数量时，我们又一次进行了分类。当我们将一个区域内的遗址分成大遗址、中型遗址和小遗址时，我们仍然是在进行分类。与测量值（例如厘米、克、公顷，等等）组成的数组一样，由分类组成的数组也是以同样的方式组织的。

第Ⅰ部分 数值探索 ◆◆◆

表格6.1是由140个陶片的分类信息组成的例子。其中，陶片的第一个分类信息就是它们属于哪个遗址，其中包含三个分类：Oak Grove遗址、Maple Knoll遗址和Cypress Swamp遗址。第二个分类信息是否有雕刻纹饰，分成两类：有雕刻和无雕刻。这看上去是不太寻常的表达方法，事实上的确如此。这种表达是笨拙的，而且它实际上也并没有告诉我们任何特征。这种情况下，我们会用列表（tabulation）来呈现这样的信息（接下来我们会使用列表）。然而以表格6.1这样的方式来呈现分类信息通常较为方便，尤其是用电脑进行处理时更加方便。虽然后面我们会用更熟悉的方式组织信息，但表格6.1的方式也可以看作是一种组织信息的方式。表格6.1是记录这些信息最完整且最细致的方式，并且它与前面章节测量值数组的呈现方式最为相似。

表格6.1　　　　　　　　　　140个陶片的信息

Oak Grove	无纹饰	Maple Knoll	无纹饰	Cypress Swamp	有纹饰
Maple Knoll	有纹饰	Oak Grove	有纹饰	Cypress Swamp	无纹饰
Cypress Swamp	无纹饰	Oak Grove	无纹饰	Cypress Swamp	无纹饰
Cypress Swamp	有纹饰	Oak Grove	无纹饰	Oak Grove	有纹饰
Cypress Swamp	有纹饰	Maple Knoll	无纹饰	Oak Grove	无纹饰
Cypress Swamp	无纹饰	Cypress Swamp	无纹饰	Maple Knoll	有纹饰
Cypress Swamp	有纹饰	Cypress Swamp	无纹饰	Maple Knoll	无纹饰
Oak Grove	有纹饰	Oak Grove	有纹饰	Oak Grove	有纹饰
Oak Grove	无纹饰	Oak Grove	无纹饰	Oak Grove	无纹饰
Maple Knoll	无纹饰	Maple Knoll	无纹饰	Maple Knoll	有纹饰
Oak Grove	有纹饰	Cypress Swamp	有纹饰	Cypress Swamp	有纹饰
Oak Grove	无纹饰	Cypress Swamp	有纹饰	Cypress Swamp	无纹饰
Maple Knoll	有纹饰	Oak Grove	有纹饰	Oak Grove	有纹饰
Maple Knoll	无纹饰	Oak Grove	无纹饰	Oak Grove	无纹饰
Cypress Swamp	无纹饰	Maple Knoll	有纹饰	Oak Grove	无纹饰
Cypress Swamp	有纹饰	Cypress Swamp	无纹饰	Maple Knoll	有纹饰
Oak Grove	无纹饰	Cypress Swamp	有纹饰	Cypress Swamp	无纹饰
Maple Knoll	有纹饰	Oak Grove	有纹饰	Cypress Swamp	有纹饰
Maple Knoll	无纹饰	Oak Grove	无纹饰	Oak Grove	有纹饰
Cypress Swamp	有纹饰	Maple Knoll	无纹饰	Oak Grove	无纹饰

续表

Oak Grove	有纹饰	Cypress Swamp	无纹饰	Maple Knoll	无纹饰
Oak Grove	无纹饰	Cypress Swamp	有纹饰	Maple Knoll	有纹饰
Maple Knoll	无纹饰	Oak Grove	无纹饰	Oak Grove	有纹饰
Cypress Swamp	无纹饰	Maple Knoll	有纹饰	Oak Grove	无纹饰
Oak Grove	有纹饰	Cypress Swamp	无纹饰	Cypress Swamp	有纹饰
Oak Grove	无纹饰	Oak Grove	无纹饰	Cypress Swamp	无纹饰
Maple Knoll	有纹饰	Maple Knoll	有纹饰	Cypress Swamp	无纹饰
Maple Knoll	无纹饰	Cypress Swamp	无纹饰	Oak Grove	有纹饰
Oak Grove	有纹饰	Cypress Swamp	无纹饰	Oak Grove	无纹饰
Oak Grove	无纹饰	Oak Grove	有纹饰	Maple Knoll	无纹饰
Maple Knoll	有纹饰	Oak Grove	无纹饰	Cypress Swamp	有纹饰
Cypress Swamp	有纹饰	Oak Grove	无纹饰	Oak Grove	有纹饰
Cypress Swamp	无纹饰	Maple Knoll	无纹饰	Oak Grove	无纹饰
Oak Grove	有纹饰	Cypress Swamp	无纹饰	Oak Grove	无纹饰
Oak Grove	无纹饰	Oak Grove	有纹饰	Maple Knoll	有纹饰
Maple Knoll	有纹饰	Oak Grove	无纹饰	Cypress Swamp	无纹饰
Maple Knoll	无纹饰	Oak Grove	无纹饰	Oak Grove	无纹饰
Cypress Swamp	无纹饰	Maple Knoll	无纹饰	Oak Grove	无纹饰
Maple Knoll	有纹饰	Cypress Swamp	无纹饰	Maple Knoll	无纹饰
Cypress Swamp	无纹饰	Oak Grove	有纹饰	Cypress Swamp	无纹饰
Oak Grove	有纹饰	Oak Grove	有纹饰	Cypress Swamp	有纹饰
Oak Grove	无纹饰	Maple Knoll	有纹饰	Cypress Swamp	无纹饰
Maple Knoll	无纹饰	Cypress Swamp	无纹饰	Oak Grove	有纹饰
Cypress Swamp	无纹饰	Cypress Swamp	无纹饰	Oak Grove	无纹饰
Maple Knoll	有纹饰	Oak Grove	有纹饰	Maple Knoll	有纹饰
Oak Grove	有纹饰	Oak Grove	无纹饰	Maple Knoll	无纹饰
Oak Grove	无纹饰	Maple Knoll	有纹饰		

表格 6.2 以一种更为简洁、熟悉且更有意义的方式呈现陶片信息。这个表格包括频率（frequencies）（或计数 counts）和比例（proportions）（或百分比 percentages），能使我们立刻知道多少陶片分别来自哪里（表格 6.1 中这些信息则非常不明确）。表格中来自 Oak Grove 遗址的陶片最多，来自 Maple Knoll 遗址的陶片最少。表格 6.3 用同样的方式呈现了这 140 个陶片的纹饰信息。大部分陶片是没有纹饰的，但有纹饰和无纹饰的陶片比例差别不是很大。

第Ⅰ部分 数值探索 ◆◆◆

表格 6.2　　　　　　　　　　三个遗址的陶片

	Oak Grove	Maple Knoll	Cypress Swamp	总计
频率	59	37	44	140
比例	42.1%	26.4%	31.4%	99.9%

实际上，表格 6.1 包含了多组前面章节讨论过的那种相关数组。在这个案例中，我们应当把陶片分成三个数组，如表格 6.2 所示：Oak Grove 遗址的陶片、Maple Knoll 遗址的陶片和 Cypress Swamp 遗址的陶片。或者我们可以用另一种方法将陶片分成两个相关数组，如表格 6.3 所示：有纹饰的陶片和无纹饰的陶片。每一种分类方式都是一种将陶片整体分成不同数组的方法。我们或许想要比较前三个数组（不同遗址的陶片）在另一种分类（雕刻纹饰）方面的情况。表格 6.4 是表格 6.2 和 6.3 的延伸，通过同时将陶片按遗址和纹饰进行分类来完成这个任务。我们将这种表格称为交叉列表（cross tabulation）或者双向列表（two-way table），因为它同时以两种方式划分陶片。在这种表格中，有两种使用比例比较数组的方法。

表格 6.3　　　　　　　　　　陶片纹饰

	有纹饰	无纹饰	总计
频率	64	76	140
比例	45.7%	54.3%	100.0%

表格 6.4　　　　　　　　　　三个遗址有纹饰和无纹饰的陶片

a. 频率

	Oak Grove	Maple Knoll	Cypress Swamp	总计
有纹饰	25	21	18	64
无纹饰	34	16	26	76
总计	59	37	44	140

续表

b. 列比例

	Oak Grove	Maple Knoll	Cypress Swamp	总计
有纹饰	42.4%	56.8%	40.9%	45.7%
无纹饰	57.6%	43.2%	59.1%	54.3%
总计	100.0%	100.0%	100.0%	100.0%

c. 行比例（在这里，这项数据对我们没有帮助）

	Oak Grove	Maple Knoll	Cypress Swamp	总计
有纹饰	39.1%	32.8%	28.1%	100.0%
无纹饰	44.7%	21.1%	34.2%	100.0%
平均	42.1%	26.4%	31.4%	99.9%

数据的类型

一些统计学著作以介绍不同数据类型的章节开始，如同认识基础的数据类型就是统计学分析的基础。然而，不同作者对"基础的"不同类型数据有不同的定义方式，而很多著作根本不进行这样的区分。这些数据类型的术语之繁多，就如同作者之繁多，甚至有时候同样的术语会代表相反的意思。重点是数组的特征各有不同。我们可以用一种方法分析包含特定特征的数组，但缺乏那些特征的数组就需要用另外的方法进行分析。本书所涉及的最重要的区分就是测量（measurements）和分类（categories）。

测量是我们可以用特定单位的尺度（scale）来测量的量，例如长度、宽度、面积、重量，等等。真实的测量有非整数值，也有整数值（比如较难处理的 3-13/16 英寸，或者较简单的 9.68 厘米）。尺度上潜在值的数量是无限的，至少原则上是如此。本书所用测量术语也可以包括事物的数量，例如不同区域中居民的数量和不同遗址中遗物的数量等。一种测量也可以通过其他测量计算得到。比如不同发掘单位遗物的密度，就是用每个发掘单位遗物的数量除以发掘体积得到的，即每个发掘单位每立方米的遗物数

第 I 部分　数值探索

量。在探索性数据分析中，测量值有时被称为数量（amounts）、个数 counts（事物的个数）或均衡（balances，有正值和负值）。有时测量值可以用比例尺度（ratio scale）或者等距尺度（interval scale）来测量。比例尺度的零值是有意义的，例如长度或重量的零值。等距尺度的零值是任意的，可以防止对数据的操纵。任意零值的常见例子就是温度。任意零值意味着不可以认为 60°比 30°热一倍（无论华氏度还是摄氏度），但如果温度计从绝对零度开始测量就可以这样认为。

分类本质上是分组的事物，我们可以对每组中事物的数量进行计数。我们面对的分类是互斥且周延的（mutually exclusive and exhaustive），即我们研究的每一个事物都属于且仅属于一个分类。陶器类型是考古学中常用的分类，我们必须定义陶器类型，这样才能使每个陶片都属于且仅属于一个类型。颜色是另一种分类。我们可以把事物分成红色、蓝色或绿色。如果我们发现了蓝绿色的东西，我们就必须在分类里加入第四个类别。分类有时候被称为定类数据（nominal data）。如果可以在逻辑上将分类按特定顺序排序，那么它们就成为定序数据（ordinal data）或者等级（ranks）。陶器类型没有这种性质，而像大、中、小、微小这样的分类就有；我们可以将分类打乱顺序，如小、大、微小、中这样排列。当数据有许多分类时，等级就可以开始发挥测量值的功能。

这本书最重要的数据区分就是测量和分类，但我们也要考虑如何处理等级——其处理方法与测量值的处理方法紧密相关。

列比例和行比例

在表格 6.4 的双向列表中，频率之后的一项是列比例（column proportions）（表格 6.4b）。每一个列比例是相应遗址陶片总数的一部分，所以每个遗址的比例相加等于100%（四舍五入误差）。这些比例与表格6.3中的比例相类似，但现在分别计算三个遗址的比例。表格6.4b最右端的平均列比例不只是单个遗址的平均比例。实际上它们与表格6.3中的比例一样，是所有遗址陶片的比例。

列比例有利于进行列之间的比较——在这个案例中即是比较三个遗址中有纹饰和无纹饰陶片的比例。Maple Knoll遗址有纹饰的陶片比例很突出，56.8%的陶片都是有纹饰的。而在Oak Grove遗址和Cypress Swamp遗址中，有纹饰的陶片就不是那么丰富，分别占遗址陶片总数的42.4%和40.9%。

计算百分比和舍入误差

我们之前提到过舍入误差（rounding error），而表格6.2和6.3提供了全面澄清这个小小谜案的机会。我们知道140个陶片是100%的百分比，表格6.3中的百分比相加起来是100.0，但是表格6.2的三个分类百分比相加却只有99%。在这两个表中，百分比都是被四舍五入到小数点后一位。对于表格6.3来说，完整的百分比计算分别是64/140 = 0.4571428571428571428…和76/140 = 0.5428571428571428571…

两个数值都持续重复相同的数字序列（…142857…）无限循环。小数点后的数字永远不会结束，无论我们数到多远。将0.4571428571428571428…和0.5428571428571428571…从小数改为百分比，我们将它们乘以100，得到45.71428571428571428…%和54.28571428571428571…%【这里值得强调的是，0.45和45%是一样的数，而0.45和0.45%有很大不同。0.45是1中的0.45，100中的45，或者10000中的4500（基本接近一半），但是0.45%是100中的0.45，或者10000中的45（远远不到一半）。所以我们要注意小数点和%符号的区别。】显然我们必须将这里的比例进行四舍五入。如果我们要百分比精确到小数点后一位，那么就将

45.71428571428571428…% 舍掉 0.01428571428571428…% 得到 45.7%，将 54.28571428571428571…% 进位（实际上正好加了前面减去的 0.1428571428571428…）得到 54.3%。因为一个百分比被提高的值刚好等于另一个百分比被降低的值，增加和减少的值彼此抵消，所以总的百分比还是 100%。

但在表格 6.2 中，三个百分比在四舍五入后都被减小了：

· 59/140 = 0.42142857142857… 四舍五入得到 0.421（或者 42.1%），减去了 0.042857142857…%；

· 37/140 = 0.26428571428571… 四舍五入得到 0.264（或者 26.4%），减去了 0.028571428571…%；

· 44/140 = 0.31428571428571… 四舍五入得到 0.314（或者 31.4%），减去了 0.028571428571…%。

如果我们将所有减去的百分比相加，就会发现我们几乎从总百分比中减去了 0.1%，而剩下的四舍五入百分比相加得 99.9%：

(0.042857142857…% + 0.028571428571…% + 0.028571428571…% = 0.099999999999…%)

如果在四舍五入中，进位时加上的百分比比舍掉时减去的百分比更多，那么就会在另一个方向上发生同样的情况。因此总百分比也可以略微超过 100%。有时候将百分比精确到小数点后更多几位就可以去除四舍五入的误差。但对于这个例子的无限循环小数，无论我们计算多少位都影响不了最后的结果。它们永远不会刚好得到 100%。无论如何我们都需要进行四舍五入，并接受这种小的误差。

表格 6.4c 是表格的行比例（row proportions）。这些比例不是每个遗址中的陶片比例，而是在每个纹饰分类中（即有纹饰和无纹饰）的陶片比例。这并不是我们想要计算比例的方式。例如，Oak Grove 遗址有纹饰的陶片比例最高，但这个结果不仅不是我们感兴趣的结果，还极具误导性。Oak Grove 遗址无纹饰的陶片比例也是最高的。这只能反映 Oak Grove 遗址出土陶片数量最多（如表格 6.4a 所示，Oak Grove 遗址出土 59 个陶片，而其他两个遗址只分别出土 37 个和 44 个陶片）。因此，我们从 Oak Grove 遗址中获得有纹饰和无纹饰的陶片数量最多。Maple Knoll 遗址中有纹饰陶片的高比例在行比例中也全然不明显（但在列比例中却有意义地反映了出来），这是因为 Oak Grove 遗址有更多的陶片，而这可能完全没有意义。

当然，我们一开始也可以用另一种方式设定双向列表，即让行对应遗址、列对应纹饰分类，而不是列对应遗址、行对应纹饰分类。如果我们当时这样做，那么我们关心的就是行比例，而不是列比例。应该在特定表格中选择行比例还是列比例，这对于一些人来说是很直观明显的，但不是所有人都如此。有时候行比例和列比例都有意义，这取决于我们要表达什么样的观点。在经典的考古学情境中，为比较不同区域、遗址、单位和地层的器物组合而计算不同器物类型的比例时，我们需要的是每个器物组合相加的百分比是 100%，而不是每个器物类型相加的百分比是 100%。

比例和密度

百分比的使用场合相当广泛，但在考古学中，有一种使用场合反复出现：比较不同环境或地点人工遗物或自然遗物组合的比例。这些比较显然不能直接以遗物的出现频率或数量为基础，因为某个地点的遗物总数可能比另一个地点多。例如，一个地层中大量的鹿骨不一定代表动物遗存中的鹿骨特别丰富；这也可能表明这个地层中有大量骨头而已。有时候考古学家会说，这些遗物必须要进行"标准化"后才能进行比较，意思是如果我们要比较不同单位的事物的数量，就必须让它们具有可比性。我们最好不要称之为"标准化"，因为这个词指代的是另一个意思（就像我们在第四章中讨论过的）。但这样的处理

第Ⅰ部分　数值探索

方式是正确的，有的地方出土遗物多，有的地方出土遗物少，而二者进行比较时总要消除这种影响。

尤其是当要比较不同发掘单位（如地层、遗迹等）出土的器物组合时，考古学家通常需要计算不同类别遗物的密度（densities），用遗物数量除以其所处堆积的体积得到。有时人工遗物或自然遗物的总密度是有用处的，但它们通常不能为比较器物组合的成分提供较好的基础。表格6.5正能证明这一点，它细致说明了考古遗址不同地点的五个不同发掘单位的结果。在第二列中可以看到，单位1、2、5都是相对较小的发掘单位，很可能因为这些地点只进行了小型的试掘。单位3只略微大一点，而单位4则代表了更大的发掘面积。果不其然，单位4出土的陶片数量远远多于其他几个单位（第三列）。

表格6.5　　　　　　　　　　百分比和密度

发掘单位	发掘体积	陶片数量总数	陶片密度总数	有纹饰的陶片 数量	在有纹饰陶片中的百分比%	密度	在总数中的百分比%
1	2.3立方米	213	93/立方米	18	17%	7.8/立方米	9%
2	1.7立方米	193	114/立方米	16	15%	9.4/立方米	8%
3	5.1立方米	39	8/立方米	20	19%	3.9/立方米	51%
4	21.2立方米	1483	70/立方米	37	36%	1.7/立方米	3%
5	1.6立方米	433	271/立方米	13	13%	8.1/立方米	3%

表格6.5的第四列是不同发掘单位的陶片密度，其中单位5密度最高，单位3密度最低。因此，虽然单位3的发掘体积是第二大的，但其中出土的陶片最少。单位5中不论何种陶片的密度都很高，反映出遗址的史前居民曾频繁地使用过这个地点。

如果我们的目的是比较五个地点的陶片组合成分，那么有大有小的发掘单位就会影响我们的分析。同样，有高有低的陶片密度也会影响分析。没有人会仅仅因为单位4出土了较多有纹饰的陶片，就认为单位4有纹饰的陶片比其他单位都多。显而易见的是，单位4出土的大量有纹饰陶片（37个）归功于较大的发掘面积。第六列中的比例也没有告诉我们更多信息。单位 4 的有纹饰陶片占有纹饰陶片总体的 36%，这不过是因为单位 4 是一个较大的发掘单位。这些比例是没有意义的，就像我们前面讨论过的一样。

相似的，对于哪一个单位有较多有纹饰的陶片的问题，第七列中有纹饰陶片的密度也提供了误导性的信息。单位 1、2 和 5 都有高密度的有纹饰陶片，但这只是告诉我们这些单位中的遗物密度较高（就像第四列一样）。

最后一列才是说明哪个单位出土有纹饰的陶片最多所需要的数据。这些是每个发掘单位的器物组合中陶片的比例，其相加之和为 100%。单位 3 出土的陶片有半数以上是有纹饰的，而其他单位有纹饰陶片的比例不到 10%。显然，这个地点的有纹饰陶片比其他地点更多。这些比例的比较排除了发掘体积和陶片密度不同造成的影响，而计算有纹饰陶片的密度则不能达到这个目的。要比较器物组合中的分类物，我们就要看这些分类物在出土单位的器物组合中所占的比例。

条形图

条形图（bar graph）是柱状图（histogram）的"亲戚"。它以一种人们颇为熟悉的方式表示比例。图 6.1 中的两个条形图显示了我们前面讨论过的列比例，它们仅在条形的组合上有所不同。左边的条形图将三个遗址有纹饰陶片的比例放在一起，无纹饰陶片的比例也放在一起。右边的条形图将每个遗址有纹饰的陶片比例放在一起，无纹饰的陶片比例放在一起。在绘制代表遗址中不同类型器物的比例时，我们通常把同一个遗址中不同分类的器物比例放在一起，就像我们在图 6.1 右边的条形图中看到的那样。每一组条形在视觉上就代表一个器物组合，这代表百分比计算的基础（在每一个器物组合中不同分类的比例）。这通常是比较器物组合之间不同最有效的方法，也是我们最为关心的问题。条形图的形状让我们注意到一个事实，即 Oak Grove

第Ⅰ部分 数值探索 ◆◆◆

遗址和 Cypress Swamp 遗址的器物组合较为相似,而 Maple Knoll 遗址却与二者不同,因为它有更高比例的有纹饰的陶片。

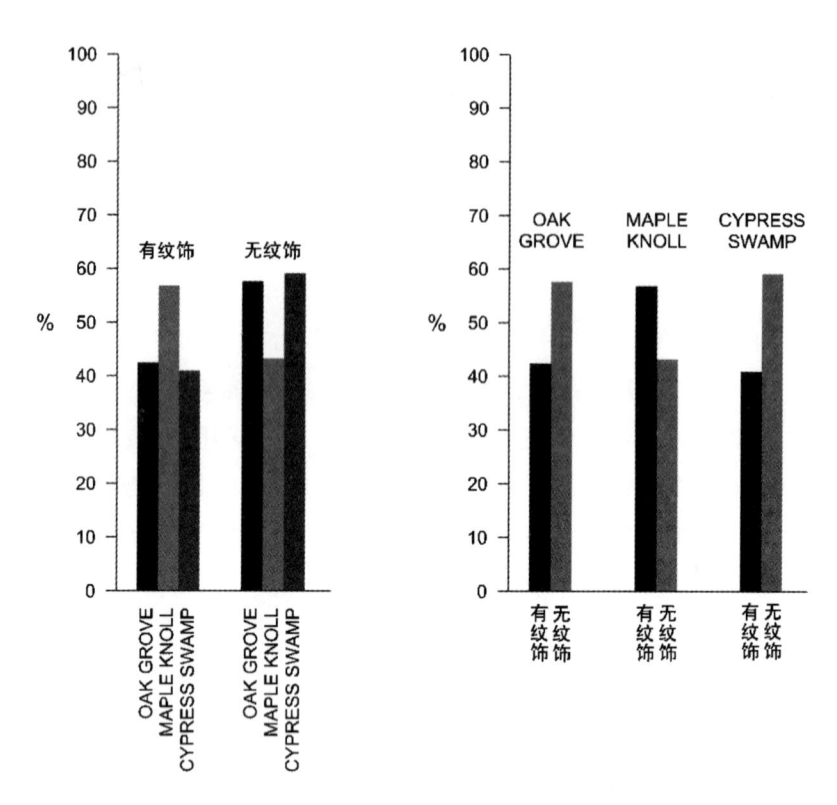

图 6.1 Oak Grove、Maple Knoll 和 Cypress Swamp 遗址有纹饰和无纹饰陶片比例的条形图

许多软件能很容易地制作出视觉效果比图 6.1 更为抢眼的条形图。我们可以考虑这四个遗址(Oak Grove、Maple Knoll、Cypress Swamp 和 Cedar Ridge)中更为复杂的陶器类型案例(A 型—H 型)。用图 6.1 的方法绘制出这四个遗址有纹饰陶片和无纹饰陶片的比例(见图 6.2)。在图 6.2 中,每个遗址中每种陶片类型的近似比例较为易读。据此观察可得,Oak Grove 遗址和 Cypress Swamp 遗址的器物组合成分大致相似;而 Maple Knoll 遗址和 Cedar Ridge 遗址的陶器组合与前者

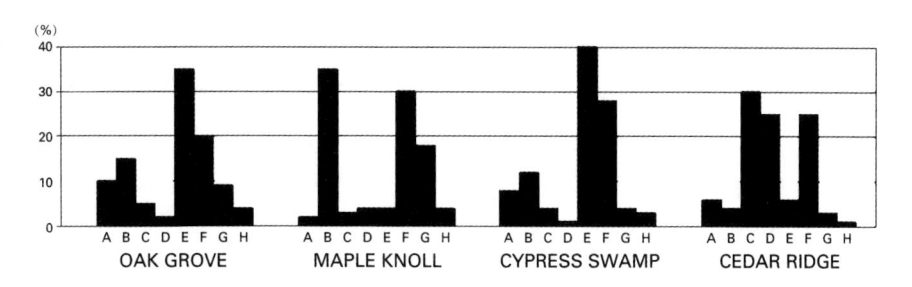

图6.2 Oak Grove、Maple Knoll、Cypress Swamp 和 Cedar Ridge 遗址八种陶器比例的条形图

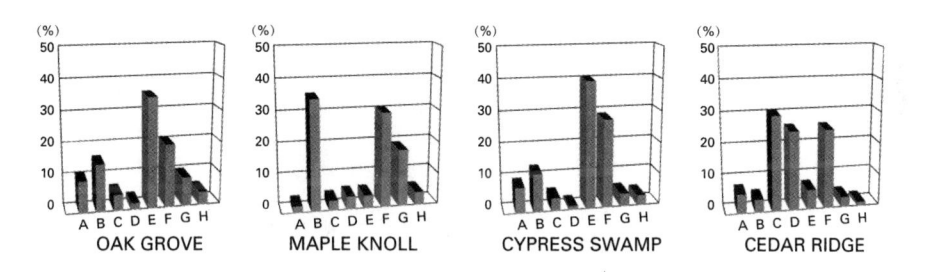

图6.3 与图6.2表示相同比例数据的伪3D效果条形图（效果不好）

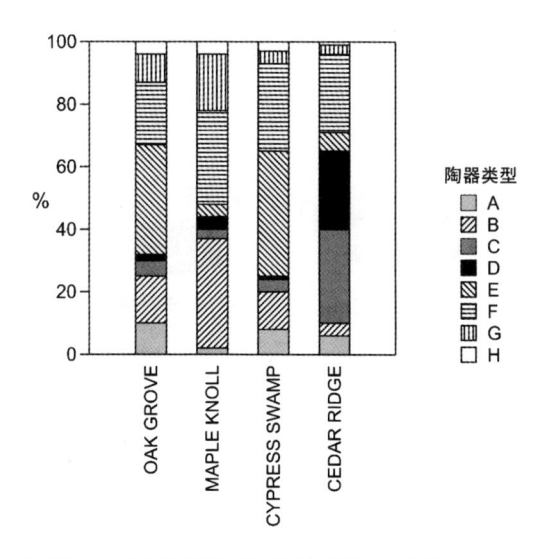

图6.4 与图6.2表示相同比例数据的叠加条纹条形图（效果更差）

第Ⅰ部分　数值探索

模式不同，它们之间也互不相同。图6.3中的伪3D效果造成了视觉混乱，使其可读性比图6.2的简洁平面图更低。图6.4的条形图造成了视觉干扰，只表现了很少的信息。图6.5把条形图完全3D化，几乎使所有信息都变得模糊了。尽管饼图常常用来表示整体中的比例，但图6.6相对图6.2而言，要表达的特征却更难懂了。因此，"少即是多"。

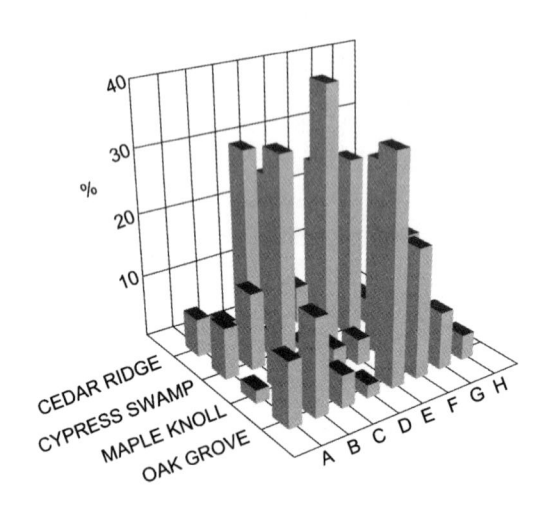

图6.5　完全看不出图6.2所示特征的三维条形图

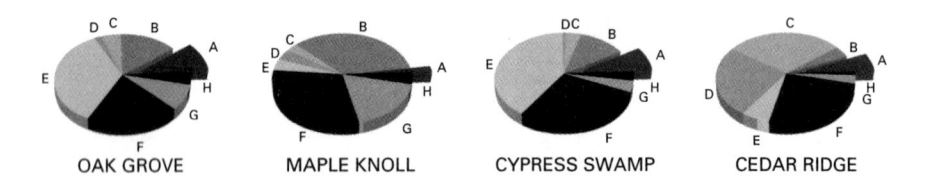

图6.6　与图6.2表示相同比例数据的饼图（什么也看不出来）

分类和子数组

分类让我们可以把数组分成子数组，使其相互比较成为可能。比较的对象可以是另一组分类，就像我们在这一章里举的例子一样，也可以是测量值。例如，如果我们要估计表格6.1中陶片所代表的陶器直径，那么我们可以把陶片数组根据遗址分成子数组，并比较三个遗址的陶器直径。我们已经在第一章到第四章中讨论过比较所需的工具，例如我们可以用同样的尺度绘制三个箱点图（一个箱点图对应一个代表遗址的子数组），比较三个遗址的陶器口径。

表格6.6　　　　Al–Amadiyah研究区域中三种环境下的遗址面积

遗址面积（公顷）	环境	遗址面积（公顷）	环境	遗址面积	环境
2.8	山麓	8.5	山麓	2.3	山麓
7.2	山麓	3.0	山麓	1.5	坡地
3.9	山麓	5.3	山麓	9.3	河谷
1.3	坡地	10.5	河谷	2.9	山麓
2.3	山麓	2.3	山麓	1.1	山麓
6.7	山麓	4.1	山麓	0.8	坡地
3.0	山麓	10.2	河谷	1.9	山麓
2.3	山麓	9.3	河谷	6.9	山麓
4.2	山麓	3.4	山麓	0.9	坡地
0.4	坡地	7.7	河谷	9.8	山麓
3.5	山麓	8.8	山麓	6.2	河谷
2.7	山麓	7.9	山麓	7.4	山麓
19.0	河谷	4.9	河谷	3.6	山麓
6.0	山麓	3.7	山麓	3.2	山麓
4.5	山麓	1.3	坡地	7.3	山麓
2.9	坡地	3.2	山麓	0.5	坡地
5.3	山麓	2.5	山麓	2.1	山麓
4.0	山麓	2.0	山麓	0.7	坡地
3.3	山麓	8.8	河谷	3.1	山麓
0.8	坡地	20.3	河谷	4.5	山麓
7.7	河谷	5.5	山麓	2.0	坡地
2.6	山麓	3.5	山麓	17.7	河谷
1.5	山麓	8.3	山麓	5.7	山麓
4.2	山麓	6.4	山麓	5.2	山麓
15.8	河谷	4.1	山麓	2.2	山麓
4.7	山麓	0.8	坡地	0.5	坡地
2.1	山麓	0.7	坡地	2.4	山麓
1.4	坡地	7.7	山麓	2.0	山麓
1.1	坡地	5.8	山麓	2.5	山麓
8.1	山麓	2.9	山麓	5.3	山麓

第Ⅰ部分 数值探索

续表

遗址面积（公顷）	环境	遗址面积（公顷）	环境	遗址面积	环境
4.2	山麓	4.8	山麓	0.3	坡地
1.2	坡地	4.9	山麓	1.0	坡地
6.7	河谷	1.0	坡地		

练 习

1. 为评估 Al‑Amadiyah 附近区域的聚落分布，你在研究区域的地图上随机选择 400 个点，并逐一实地查看。你根据地理环境（河谷、山麓或坡地）将 400 个点分类，并观察它们是否有史前使用的证据。结果如下：

- 河谷地带有 41 个点。其中 14 个有史前堆积，27 个没有。
- 山麓有 216 个点。其中 64 个有史前堆积，152 个没有。
- 坡地有 143 个点。其中 20 个有史前堆积，123 个没有。

根据你田野工作的初步发现，用比例和条形图比较三种地理环境的史前使用密度。你认为史前居民对居住的地理环境有偏好吗？如果有，他们更倾向居住在哪一个（或哪几个）呢？

2. 你正在继续研究 Al‑Amadiyah 区域，重新查看了有史前堆积的 98 个地点，并测量了每个地点地表陶片散落的面积。这些面积能够代表遗址的面积。表格 6.6 是你得到的结果。根据环境将 98 个地点分成三个数组，用箱点图比较三个数组的遗址面积。这三种环境下的遗址面积是否存在不同？它们如何不同？

第Ⅱ部分　抽样

第七章 样本（Samples）和总体（Populations）

什么是抽样（Sampling）

为什么抽样

我们应该如何抽样

代表性（Representativeness）

不同类的抽样和偏见（Bias）

非随机样本（Nonrandom Samples）的使用

目标总体（The Target Population）

练习

抽样是统计学各种原理的核心，所以我们需要在本书的第二部分开始时稍作停顿，仔细探讨什么是抽样，以及抽样在考古学实践中所引起的问题。事实上，自从考古学产生以来，考古学家就已经以不同的方式开始了抽样实践。但是，这个事实直到最近20年才被广泛认可。在20世纪70年代，只有少数的考古学文献讨论过抽样。今天已经有成百上千的考古学文献讨论过这个概念，这其中包括很多解释统计抽样的基础性著作。这些著作的主要对象是不懂统计抽样原则的考古学家。

遗憾的是，这其中的许多文章似乎都是由不懂抽样基础原则的考古学家所撰写。这类文章使考古学家对抽样原则的理解更加迷惑。我们可以发现，很多考古学文献甚至为考古学家提供了相互矛盾的抽样

第Ⅱ部分 抽样 ◆◆◆

建议，虽然这些作者声称他们的建议都是基于基本的统计学原则。其中一个极端的建议就是只要抽取5%的样本就符合普遍适用的抽样经验法则。而另一个极端建议是抽样对考古学毫无用处，因为考古学家不可能从一个样本中得到任何相关的信息，或者因为考古学家研究的材料永远都是不完整的，我们不可能从样本中进行再抽样（基于此，我希望这本书的内容能把问题解释清楚，并且证明这两个建议都是错误的）。一次好的抽样实践并不要求抽样者死记硬背一长串艰深晦涩的原理和步骤，而仅仅需要理解一些简单的原则和基于深思熟虑的常识性应用。

另外一种对考古学家有用的方法就是对抽样原则进行缜密的思考。在许多考古学报告中，我们经常会发现样本量较小或者不具有代表性。这样的现象的确令人惋惜。统计学家投入很多精力思考我们如何处理样本。相较于过去而言，经过他们发展或者改进的某些技术能更好地被应用于考古学。本书会介绍其中的一些技术。从更为基础的方面考虑，至少一些基于统计技术处理样本的逻辑与其他（非统计的）处理样本的方法同等相关。仔细考虑统计学如何使用样本，可以帮助考古学家更好地理解抽样的其他用途，并使他们因此受益。

什么是抽样？

在统计学中，抽样是从总体里选择一些样本元素，从而达到对总体进行推断的目的。总体是由一系列我们想要了解的事物所组成的。这个总体可能是某个区域内所有的考古遗址、某个时期内所有的房屋地面、某个考古学文化的箭镞或者某个堆积中的废料，等等。在这四个案例中，被研究的元素分别是遗址、房屋地面、箭镞和废料。为了更好地研究这些总体，我们可以从组成总体的元素中选择一部分作为研究样本。这样操作的主要意图是我们希望通过研究样本而得出关于总体的某些特征。

第七章　样本（Samples）和总体（Populations）

为什么抽样？

　　首先，从理论上来说，研究总体的最佳方式是考察总体中的所有组成部分。无论如何推断，通过研究样本而得出总体特征的研究都要冒犯错的风险。从这个意义上来讲，抽样常被当作第二好的方法——而我们不得不抽样仅仅是因为我们没有办法研究总体的所有部分。考古学家几乎总是处于这样的境况中。如果想研究的总体是一个区域内的所有遗址，我们几乎可以确定地说，总有部分遗址已经被后来的人类或者自然活动完全破坏而不可复原。这个问题不仅发生在大范围的区域内，也存在于较小范围的遗址中。对于任何一个遗址来说，没有被后来活动破坏的早期遗址是极其罕见的。在以上典型的考古学情境中，我们几乎无法获得想要观察的总体全部（entire population）。因此，我们不得不在少量样本的基础上对总体进行推断。即使我们闭上眼睛拒不承认这个事实也于事无补。无法对总体全部进行研究的现状为考古学研究带来了很多困难。我们会在后面讨论这个问题。

　　即使可以获得总体全部，我们可能也无法对其进行完整研究。这主要是因为对总体全部进行研究将会耗资不菲、费工费时或者有其他原因。还有一个非常重要的因素是我们在研究中可能会对研究对象造成破坏。当然，研究总体全部可能很有意义。例如，对史前所有玉米芯进行碳十四测年。但是我们并不能这样操作，因为如果使用了所有玉米芯，我们就不能为以后研究玉米芯留下样本。那么，我们可以选择对一些玉米芯样本进行测年，从而推测玉米芯总体的年代，同时留下其他大多数样本以供未来研究其他问题。

　　在面对总体全部的时候，由于我们的研究可能对测试样本产生破坏，或者我们的资源、时间以及研究能力不足，我们不得不进行抽样研究。准确地说，由于这些限制普遍存在于现实世界，考古学家虽然

第Ⅱ部分　抽样 ◆◆◆

常常不满足于抽样的方法而希望能够研究总体全部，但不得不勉强接受只能研究样本的事实。最常见的情况可能是对陶器和石器原材料来源的研究。虽然有些技术可以被用来鉴定陶器或者石器的原料来源，但这样的技术非常花时间，也非常昂贵，有的还对材料具有破坏性。所以，虽然想要知道所有器物原材料的来源，但我们常常只能被迫接受来自于对样本的认识。

然而，在很多情况下，我们的研究不能仅仅是被迫抽样，我们还应该主动抽样。因为相对于研究总体，我们可以从样本中发现更多的信息。这个悖论源于以下事实：对样本的研究常常能比对总体的研究更加仔细和精确。虽然基于样本对总体进行推断需要承担犯错的风险，但是如果这样操作能够获得关于总体的知识，这样的风险也是值得承担的。这个原则被人们广泛认可和应用。比如，在人口普查中，由计数引起的错误比比皆是。当总体是由数以百万计的元素组成的时候，我们不可能用研究少量样本时的仔细态度来研究总体中的每一个元素。因此，在国家人口普查中，工作人员都会在人口总体中收集少量的信息，并且在比总体更小的样本中收集精确的信息。因此，更为细节的信息是通过抽样调查得到的。更为常见的是，这些从总体中得到的少量信息还要通过对其抽样研究来"校正"（然而，部分立法者可能会反对，这是因为他们不了解统计原则，或者这些校正可能有利于他们的政敌）。

考古学家常常处在同样的境况中。即使在一个小规模的发掘中，出土的人工遗物或者自然遗物数量也可能会成百上千。举个例子，仔细记录石片废料特征的工作就非常耗时。相较于对总体全部粗略的研究，我们对少量样本可以仔细研究，并能从中获取更多更精确的知识。在这样的情况下，我们应该积极接受并采用有效的抽样技术，以提升研究总体的质量。

◆◆◆ 第七章 样本（Samples）和总体（Populations）

我们应该如何抽样

如果抽样的目的是基于样本得出对总体的推断，那么选择合适的取样方式，并使样本能最准确地代表总体就尤为重要。随机抽样（Random sampling）是将准确性最大化的有效方法，无论何时我们都应尽可能随机抽样。

我们都很熟悉很多随机抽样的方法。抽签、从帽子里抽取写有名字的纸条、通过摇晃盒子从中选取中奖数字等都可以被看作是随机抽样的方法。这些物理方法极少能达到真正的随机。政府彩票的增值催生了一大批机械摇奖装置。通过这些装置获得的政府彩票数字则能真正地接近随机数字（这些装置的出现在一定程度上都是为了便于观众收看整个过程）。

也许最常见的抽样方法是对总体的每一个元素编号（从1开始到总体的个数）。然后，我们再从这些数字编号中随机抽取其中一部分，将这些数字所对应的元素作为抽出的样本。我们可以使用电脑软件选取随机数字，或者我们可以采用类似于表格7.1中的方法。

表格7.1　　　　　　　　　　随机数字

50 79 13	18 85 26	80 01 74	73 44 03	81 25 58	14 74 59	91 56 48	88 67 99	04 91 80
17 97 55	39 91 18	43 28 73	68 74 25	62 87 14	53 69 21	35 22 37	12 45 85	14 74 75
38 48 77	82 81 82	47 75 62	63 44 62	38 12 64	22 93 81	52 10 62	45 07 53	74 39 93
76 87 58	73 88 35	35 16 46	31 38 60	51 36 31	55 34 69	09 34 67	60 31 73	10 37 43
51 50 51	63 43 65	96 06 63	89 93 36	02 25 02	47 75 46	02 50 01	72 55 10	56 69 09
96 65 34	00 41 60	29 64 23	61 71 94	61 38 48	70 10 91	48 83 73	02 93 32	08 69 07
91 22 76	00 63 04	07 14 17	18 60 19	11 75 72	86 97 67	69 98 09	11 98 17	52 99 69
28 99 59	78 92 33	29 54 62	17 78 29	57 52 54	74 64 14	20 47 00	94 97 43	46 33 07
81 53 42	15 05 38	14 09 83	44 66 04	06 10 42	14 28 62	75 62 28	49 00 75	52 48 09
32 95 82	45 22 67	42 78 47	47 19 89	18 84 62	24 49 82	40 00 97	99 13 75	46 75 18
59 25 27	06 30 60	19 87 34	27 10 04	94 28 21	59 82 96	16 68 69	74 36 58	19 90 19
01 41 23	34 37 75	30 24 21	41 34 04	18 18 74	66 91 46	27 09 99	91 20 19	33 59 60
34 58 27	03 62 01	58 59 98	01 86 10	12 08 74	52 23 66	42 85 72	02 49 45	22 60 68
61 33 38	19 16 16	71 71 61	23 70 21	57 63 95	14 91 04	47 37 98	26 77 37	95 34 20
91 75 95	57 13 78	90 20 21	42 56 54	36 71 43	42 17 99	06 54 58	81 33 64	92 26 61

第Ⅱ部分 抽样 ◆◆◆

续表

40 66 19	64 53 15	27 39 11	28 71 36	65 70 23	34 43 27	89 67 31	31 12 85	80 73 35
80 55 13	01 99 94	72 29 87	73 06 68	87 97 33	27 62 51	52 33 17	72 90 06	72 37 11
45 87 71	15 94 31	09 98 88	64 20 05	11 84 10	14 91 15	80 68 26	56 03 22	10 08 18
19 30 96	02 25 42	68 26 34	79 50 41	64 32 71	90 43 20	91 68 04	07 38 05	30 34 26
60 38 33	50 59 24	73 82 64	65 28 09	32 04 76	63 81 96	83 68 90	52 43 68	89 44 57
22 94 75	27 41 32	86 21 91	49 13 71	57 56 28	12 40 56	03 54 54	47 92 27	29 18 91
25 23 23	20 26 36	48 13 17	54 42 97	63 86 42	64 65 01	69 49 32	87 79 24	49 96 79
59 51 80	91 35 81	29 17 19	19 71 29	76 87 03	97 67 52	21 47 29	20 01 39	33 37 45
05 40 65	66 23 54	23 94 43	44 09 08	81 12 79	58 01 74	81 60 89	70 89 43	37 53 90
61 99 79	13 20 09	56 58 07	59 70 46	32 86 47	36 81 20	89 89 98	71 94 37	88 72 58
24 34 19	08 05 18	51 49 14	30 48 09	47 94 63	12 04 80	76 38 53	09 37 03	04 06 53
29 48 01	18 37 83	94 16 20	37 09 53	63 72 89	96 74 35	13 21 80	77 54 24	09 72 15
65 78 94	61 74 72	11 71 52	15 71 62	98 87 73	39 41 82	12 98 31	83 67 01	86 03 52
04 24 77	46 63 39	03 10 85	10 79 39	08 17 74	64 84 20	43 21 22	46 26 73	51 41 17
73 71 88	69 64 06	08 26 63	51 35 45	66 52 78	38 85 11	80 39 30	86 85 48	44 46 43
88 59 20	63 92 58	52 12 02	37 13 31	42 52 34	77 50 18	09 17 48	46 41 32	83 26 01
84 82 52	27 55 25	20 16 11	66 94 25	04 94 55	79 03 65	61 21 49	97 72 46	56 26 52
82 26 26	52 50 21	63 86 14	11 69 21	98 97 03	68 59 09	98 34 50	58 38 79	03 64 69
81 52 82	82 86 08	45 99 54	14 71 46	14 01 68	33 59 29	71 09 23	37 84 04	92 61 34
90 95 02	61 36 94	98 81 54	90 60 64	84 49 23	92 30 99	69 65 65	47 54 73	17 81 21
37 78 13	13 55 40	07 53 92	98 82 64	01 11 08	94 91 84	83 55 46	30 96 74	13 54 30
01 87 88	82 01 76	59 28 87	03 73 69	22 99 27	30 62 73	02 34 82	30 59 37	27 95 50
02 96 02	54 62 25	36 56 61	38 80 15	93 30 11	34 67 53	81 83 54	83 86 47	64 43 03
40 53 25	64 31 38	89 14 23	54 33 86	58 03 94	57 03 68	78 38 14	20 09 42	82 84 06
46 81 46	18 47 75	70 20 70	33 15 43	73 67 61	05 55 50	03 15 86	55 91 52	73 90 95
69 72 68	17 87 22	62 08 49	40 32 38	25 71 59	29 67 81	23 68 36	49 94 65	15 03 72
26 24 90	53 49 35	91 07 60	74 61 62	06 07 67	95 99 56	28 56 02	52 61 94	81 14 33
68 17 38	10 48 60	81 73 25	34 55 76	40 84 05	23 55 96	20 60 74	08 03 42	51 81 07
06 51 06	07 44 30	86 12 69	99 16 51	10 05 54	16 07 18	16 24 26	09 97 30	57 50 11
45 52 21	16 03 36	28 32 27	25 44 46	14 17 81	29 86 97	59 12 03	67 28 83	33 03 64
54 72 12	20 91 87	53 87 29	39 84 26	59 80 66	44 84 84	63 77 81	31 48 92	45 99 33
72 65 08	37 37 55	91 23 02	22 51 88	94 32 45	09 14 81	31 14 27	26 61 93	41 52 08
47 20 65	40 51 39	78 88 88	71 45 86	03 08 99	61 16 56	47 08 54	89 79 29	24 91 42
94 79 42	62 56 17	34 45 56	84 96 09	56 22 13	14 87 21	97 66 60	48 64 56	41 45 92
40 03 28	30 16 77	79 10 05	94 90 35	08 03 11	91 56 83	42 23 20	08 44 82	13 47 70

假设你需要选择十个两位数的随机数字（即数字00到99）。你可以闭上眼睛，用手指在表格中挑选一个数字。你的手指可能落在数字51上，其位置在第三列第五排。你可以继续在第五排选取51后面的10个数字，那么随机数字会是63，43，65，96，06，63，89，93，36和02。或者你可以沿着第三列往下选择十个数字，那么它们就是34，76，59，42，82，27，23，27，38和95。或者你可以在第五排向左选

· 92 ·

第七章 样本（Samples）和总体（Populations）

择 50 和 51，然后再往下读到第六排，然后再向右选择 96，65，34，00，41，60，29 和 64。你可以从起始点以任意方向选取。

使用随机数字表格最重要的原则是永远不要重复使用同样的方法。如果你需要选择第二组随机数字，重新闭上眼睛选择一个新的起点，或者用与前面不同的方向读数（或者两者）。我们不想重复使用同样一组随机数字；每次抽样都是一个新的开始（我们要小心计算器产生的随机数字，有一些每次都产生同一组"随机"数字）。

如果你需要一位数的随机数，你可以把表格中个位数对应的列单独来看。如果你需要四位数的数字，你可以把表格中两列放在一起看待。如果你需要三位数的数字，你可以忽视四位数的头一位或者最后一位数字，把其他剩余三个数字当作三位数。简而言之，区分每列两位数的间隔是完全任意的，三位数的间隔类似。在表格中，每五排数字后的间隔也只是为了使表格更便于阅读。

假设你要抽样的总体包括 536 个元素，编号从 001 到 536。你需要一列从 001 到 536 三位数的随机数字。你可以用前面描述的方法选择数字，除了要忽略所有小于 001 的数字（即 000）或者任何大于 536 的数字（即 537—999）。你也可以跳过不合适的数字，并且继续挑选那些在相关范围内的数字，直到达到你所需的样本量。

有时候，同样的数字在随机取样时会出现多次。如果有这样的情况，你可以选择以下两种处理方法。一种是忽略重复出现的数字，继续随机读数直到你得到足够多不重复的数字。这种抽样方法被称为不重置抽样（sampling without replacement，这个名词很好理解，就如你从帽子里抽签，已抽出的数字不再放回帽子一样）。不重置抽样对于大多数人来说都较为直接且易于理解。

然而，重置抽样（sampling with replacement）在数学上比较简单，本书的计算公式都是针对重置抽样。重置抽样就好比每次你从帽子里抽出一张数字签，然后写下签上数字后，又把签放回帽子，这样它还可以在未来被再次抽到。类似的步骤就是当你从随机数字表中抽样时，样本里包括重复抽取的数字，正如它们在随机数字表中一样。那

第Ⅱ部分 抽样

么数据中相应的元素会包括在样本数据中，如同每个样本的出现都被当作完全不同的元素。

举个例子，为了估计刮削器总体的平均长度，假如我们需要从刮削器的总体中进行重置抽样。从表格中选择的随机数字可能是 23，42，13，23 和 06。我们选择编号 06，13，23，42 的刮削器，测量其长度。但是我们要 5 个值而不是 4 个，所以我们需要将编号 23 的刮削器记录两次。所以样本的元素是 5 个，而不是 4 个。再次强调，这本书里的公式适用于重置抽样。不重置抽样在技术上需要略微不同的公式，虽然实际上它们对结果影响很小，但是较为简单的做法是严格遵守这些公式的应用前提，即把每次抽到的元素都包括在样本中，即使有些元素是重复出现的。

代表性

我们刚刚讨论过的抽样方法称为简单随机抽样（simple random sampling）。使用随机数字表格的结果是给总体中每一个元素同等被选中的机会，这是表达简单随机抽样原则最直接的方法。因为总体中每一个元素都有被包括在样本中的同等机会，所以随机样本能够给我们提供准确代表总体的最佳机会。

代表性的概念很复杂，值得我们全面探讨。如本章开头提到的，我们抽样的目的是在样本（从总体中抽取）的基础上做关于总体的推断。我们用样本代表总体，那么样本的代表性就非常重要。问题在于，如果不研究总体全部，我们永远不能绝对确定样本是否准确代表总体。如果我们想要研究总体全部，当然就不需要担心样本的代表性问题了。只有当我们不打算研究总体全部时，才必须担心样本的代表性，但恰好在这个情况下，我们不能对代表性提供任何保证。这是这本书后续章节的难点所在（人们通常没有注意到统计学书籍与约瑟夫·海勒的第 22 条军规有许多共同点）。

第七章　样本（Samples）和总体（Populations）

一些考古学家常有这样的印象：只要样本是被随机抽取的，那它就一定具有代表性。这绝对不是事实。与没有随机抽样的样本一样，随机样本有时可以非常准确地代表总体，有时稍微准确，有时非常不准确。虽然随机抽样获得的样本对总体不一定具有代表性，但它却为我们得到最有代表性的样本提供了最佳机会。最重要的是，随机取样可为我们评估相关推断错误的可能性提供基础。因此，随机抽样可以告诉我们应该对这些推断有多大信心。

不同类的抽样和偏见

顾名思义，简单随机抽样是获得随机样本最简单和最直接的方法。在本书后面章节中提到的随机样本指的就是简单随机样本。还有其他较为复杂的随机抽样方法。我们最好在充分探索和理解简单随机抽样的内涵之后，再去运用其他随机抽样方法，所以我们在这里对它们不做深入讨论。然而，为了在后面的章节里能更好地理解简单随机抽样的应用范围，我们很有必要知道它们的存在。

当我们需要研究的总体可以被划分成不同的子总体时，从子总体中选取子样本就变得很有优势。一些子总体的抽样密度很可能比另一些子总体的抽样密度更大。如果是这样，相较于抽样密度小的子总体中的元素，抽样密度大的子总体中的元素更容易被包含在总样本里。这就违反了简单随机抽样的基本原则。从不同子总体中分别随机抽取子样本的方法就是分层随机抽样（stratified random sampling）。例如，如果我们需要从遗址中的八座房子里分别抽取陶片样本，以便于研究其原材料来源，我们可以应用分层随机抽样的方法。每一座房子都是一个抽样层，我们对每一座房子中陶片原料来源的推断都基于独立的样本。为了推断整个聚落出土陶片原材料的来源，这八个样本又会被合并起来。我们将会在第十六章中对分层随机抽样进行讨论。

当我们想做出推断的总体中的元素不能被单独选择时，我们常常

第Ⅱ部分 抽样 ◆◆◆

会在空间单元的基础上抽样。例如，如果我们研究的总体是一个特定遗址的石器，只有当遗址已经被发掘，并且遗物被置于实验室或者博物馆时，我们才能用逐个选择样品的方式进行随机抽样。如果遗址还没有被发掘，我们仍然希望能获取随机样本。

这就需要在不同的地点试掘来获取埋藏在堆积中的部分遗物。如果探方是用随机抽样的方法选择（比如在遗址区域系统地布置网格，并从中随机选择网格单元进行发掘），那么发掘出的遗物仍然是这个遗址中遗物的随机样本。但是它们不再是简单随机样本，因为样本中的元素（石器）不是单独选择的。试掘的网格单元是经过单独选择的，是简单随机抽样的结果。但是我们推断的总体不是网格单元而是石器。石器不是被单独选择的，而是被成群或者成组选择的，而且每一组石器都被包含在一个探方中。所以我们得到的不是简单随机抽样的石器，而是整群随机抽样（cluster random sample）的石器。整群随机抽样是统计抽样中的一种。和分层抽样一样，整群抽样的统计技术我们会在第十七章探讨。

在考古文献中还可以见到一些非随机抽样的术语，例如"任意抽样（haphazard sampling）""抓样（grab sampling）""判断抽样（judgmental sampling）"和"目的抽样（purposive sampling）"，等等。这些统计方式的术语还没有清晰的含义和统计学应用。它们指的是被清晰或者不清晰定义的非随机选择标准。在某些情况下，可以将用以上方法得到的样本当作随机样本，但对这些样本的处理一定要小心，而且必须对其进行必要的处理。

例如，考古遗址的地表采集有时被称作任意抽样或者抓样。这可能表明田野考古工作者在区域内行走时任意挑拣他们看见的东西。这样采集的样本有时被用作对总体进行推断的样本。这样的方法可能会系统地产生错误代表总体的样本。比如，在这样任意的地表采集所得样本中，较大器物的比例可能比总体中较大器物的比例更高，这可能仅仅是因为它们更容易被发现。如果这样的样本被用作推断遗址地表遗物的平均大小，那么推断将会是不准确的。相似的，如果样本被用

◆◆◆ 第七章 样本（Samples）和总体（Populations）

作推断不同器物类型在地表的比例，大器物类型的比例就会比其实际比例更大。

同样的，遗物的颜色或者其他一些特征也会影响其在地表的可见度。更微妙的是，一个任意地表采集所获得的样本可能包含比总体更高比例的稀有器物和更低比例的常见器物，因为人潜意识里更倾向于采集看起来不一样的东西。

用这样的抽样方式所获得的样本与总体的实际情况有系统的不同，所以这样的任意抽样是有偏见的。一旦抽样被完成，就没有任何统计方法可以消除抽样的偏见。所以，避免偏见的最好方法是在抽样时就选择随机抽样。这个方法无法追溯使用。任意抽样或者抓样与随机抽样完全不同。

判断抽样或者目的抽样也是有偏见的。这些术语常常指的是查看总体的元素后，有意决定在样本中包括一些元素，或者去除一些元素。显然，无论标准是如何制定的，结果样本一定在某些特征上有偏见。假设一个考古学家想要研究一个遗址的居住遗存，地表上每个凸起的土丘就代表一个家户。他/她可能决定要全面发掘地表遗物分布最为密集的土丘，理论上这会发掘出更多的遗物。那么，这些被抽样家户的遗物数量必然比整个遗址所有家户的平均遗物数量更高。这样的样本明显不能用来推断这个遗址家户的遗物密度。

其他相关因素的潜在威胁可能更大。遗物密度比较高的土丘可能和比较富裕的家户相关。这主要是因为这些家户可能丢弃数量更多的废旧器物。这样的样本会系统性地错误代表这个遗址中家户的财富水平。因此，这样的样本在判断财富水平方面也具有偏见。若是对总体研究的重点是与财富相关的人工遗物或者自然遗物的比例，这样抽样得出的结论也具有系统性的错误。

需要重申的是，这个例子告诉我们，只有随机选择样本中的元素才能保证抽样没有偏见。随机抽样是唯一保证抽样没有偏见的方法。因为这样的取样方法明确地避免了我们刚才讨论的那些有意或者无意的偏见。偏见是指系统地应用能够造成错误代表总体的标准。所以，

第Ⅱ部分 抽样 ◆◆◆

我们可知有偏见的样本在特定方面对总体不具有代表性。反之则不然，即没有偏见的随机抽样也不能保证样本都能准确地代表总体。我们也从来不能保证抽样结果一定能准确代表总体，除非我们可以对总体进行研究。有偏见的样本总是在某些方面错误代表了总体，我们也无法知道无偏见样本是不是准确地代表了总体。如果一个采用随机抽样方法的考古学家总是认为自己的样本能够准确代表总体，那么这就是对抽样原则严重的误解。我们可以评估随机样本对总体不具有代表性的可能性。若不是随机抽样，这样的评估也是不能完成的（我们会在接下来的章节中具体讨论）。

非随机样本的使用

这本书中讨论的大部分统计工具都要求我们处理随机样本。但是大部分现有考古数据（而且以后会继续如此）是由非随机抽样产生的有偏见的样本。表面上，这暗示了统计工具不适用于大多数的考古数据。这确实是部分考古学家的共识。但是有些数据可能更糟糕，而有些数据可能并没有那么糟糕。

首先，我们来探讨比较消极的方面。在统计学中，通过有偏见的样本来推断总体是非常困难的。然而，这样的困难不仅仅发生在用于推断结果的统计方法中。我们不能从过多地采集了大型器物的数据中得出地表遗物平均大小的可信推断。无论我们的推断方法是统计方法还是直觉感受，这都是客观存在的事实。我们既无法完全绕开统计方法，也无法完全依赖主观印象或者其他类型的推断，因为所有类型的推断都会受到抽样偏见的影响。所以，对无偏见样本的需要并非来自严苛的统计学规定。无论我们是否使用统计工具，无偏见样本都是所有推断的基础。如果忽视它，我们就必须承担一定的风险。

现在我们再来讨论积极的一面。对考古遗存进行完全可靠的解释是不可能的。这并不是从警示寓言中得到的假大空结论，而是在大多

◆◆◆ 第七章 样本（Samples）和总体（Populations）

数考古文献中真实体现的。如果能够全面了解样本偏见的本质，并运用常识来谨慎应对，我们就可能从样本中得出对总体的推断。此外，如果我们对这个问题能够进行清晰透彻的思考，也可以刺激统计技术有效地应用在非统计的推断中，从而让我们能够以其他方式得出更加可信的结论。

我们可以（而且必须）对已知或者可能存在的抽样偏见的效果进行评估。至少在以下三种情况下，偏见样本仍然可能被使用。

第一，在某一方面有偏见的样本不一定是完全无用的，因为它可能在另一些方面是无偏见的。如果抽样的偏见与总体的部分特征不相关，那么偏见样本就可以被用作推断总体的该部分特征。

第二，如果两个样本关于各自总体某个特征的偏见是一致的，我们仍然可以对这两个样本进行比较。在这里要强调的是，如果两个样本的偏见足够相似，那么它们所造成的影响也是相似的。对于总体而言，这两个样本以一种相同的方式具有非代表性，这也使得将它们进行比较得出的结论具有可信性。

第三，在有些情况下，即便不同样本存在不同的偏见，我们仍然可以将它们进行比较。如果来自某个总体的样本在一些特征上的偏好得到了强化，而来自另一总体的样本在同样的特征上有相反的偏见，那么前面的样本就应该在这个特征上表现得就更加充分。对这两个样本进行比较时，如果我们发现前一个样本在该特征上相较于后者表现得并不特别突出，那么这就不会是样本偏见造成的，因为样本偏见会产生相反的效果。这个结果表明，在该特征上，后者所在总体一定比前者所在总体表现得更为突出。而且，两个总体在这个特征上的差别甚至比样本表现出来的差别还要突出（请参见下文的陶塑残片案例进行理解）。

类似这样的判断不仅需要应用基本原则，更需要特定的推断。通过举例来理解这个判断的过程可能比抽象地讨论更清楚。

案例：一个任意的地表采集

在任意地表采集中，非常小的遗物基本上不能像大遗物那样被频

第Ⅱ部分 抽样 ◆◆◆

繁地采集到，仅仅因为它们没有后者明显（如果足够坦诚，我们会发现即使在发掘过程中通过筛土获得遗物的操作也面临这样的情况）。

在地表采集的例子中，我们可能对推断遗物平均大小不感兴趣，而可能对估计总体中不同类型陶器的比例更感兴趣。如果我们能够断定陶片大小与陶器类型无关，那么即便选择时样本对陶片大小有偏见，我们仍然可以对陶器类型比例进行比较可信的推断。只有当一些类型的陶器能够系统地形成更小的碎片，也因此会被系统地较少抽样的时候，那么有关陶片大小的抽样偏见才会影响对总体中不同陶器类型比例的推断。在进行任意采集前，我们可以对陶片大小和陶片类型之间可能存在的关系进行经验性评估，以作为推断的基础。相似的，我们也可以预见其他可能影响任意样本选择的偏见，并评估它们对特定推断的影响。

即使我们发现样本偏见使得对陶器类型比例的推断比较可疑，但是如果它们是基于同样的抽样偏见，这个可疑的推断也可以用来和其他遗址的类似推断进行比较。只要样本偏见的操作和强度是相同的，那么基于它们的不准确推断在效果上应该也是具有可比性的。如果一个陶片样本的某个特征被极大地低估，那么它就可以被用来和另一个有相似低估程度的样本进行有效比较。通常情况下，我们需要比较某种类型陶片的比例。对我们来说，某个陶片类型在一个遗址中准确的比例——比如30%是没有意义的。只有这类陶片在一个遗址中占总体陶片的30%，而在另一个遗址中只占15%的时候，这样的数据差异才更有意义。即使这类陶片在这两个遗址中的真正比例是36%和18%，而非30%和15%，样本比较也是有意义的。对于比较目的而言，当抽样偏见对不同样本的影响方式和程度相同时，抽样偏见的影响可相互抵消。

即便不同样本的取样偏见彼此不同，我们还是可以对其进行比较，并得出一些结论。假设一个非常细心的考古学家进行一次任意地表采集，他的目的是采集地表所有可见遗物，其中8%的遗物是小陶塑的碎片。无论进行地表采集的考古学家们如何小心，这个采集可能

第七章 样本（Samples）和总体（Populations）

还是会由于采集者偏好陶塑碎片而产生偏见，因为陶塑的罕见形状让它们比其他遗物更容易被发现。而事实上，陶塑残片在陶片总体中的比例可能比8%要小一些。如果另一个遗址是由一群不在意抽样偏见的考古学家进行调查，他们可能捡了几袋偶然能够吸引他们注意力的地表遗物。由于陶塑残片更能吸引采集者的注意力，我们可能怀疑在后者的采集中对陶塑碎片有更强的偏好，但这里的陶塑残片比例却只有3%。那么在事实上，第二个遗址的地表陶塑碎片可能远小于3%。

得到这个结果后，我们可以认为第一个遗址陶塑残片的实际比例极有可能高于第二个遗址。在这个案例中，这两个遗址的抽样偏见（地面采集往往会涉及）并不相同。如果这两个遗址地表陶塑残片的实际比例是一样的，在用以上方法采集的样本中，第二个遗址陶塑残片的比例则应该比第一个遗址陶塑残片的比例更高（因为采集者有更强的陶塑残片采集偏好）。但实际是第二个样本中陶塑残片的比例却更低，那么我们可以认为来自两个遗址陶塑残片比例的差异不应该是由取样偏见引起的。反之，如果二者比例差异是由抽样偏见引起的，那么来自第二个遗址的陶塑残片比例应该要高于来自第一个遗址的陶塑残片比例。再回到原来的结果，我们可以认为抽样比例的差异应该就是陶塑残片在两个遗址中的真实比例差异。也就是说，这类陶塑在第一个遗址中的比例的确要比第二个遗址更高。而且，事实比例差异甚至比8%和3%之间的差异更大。换句话说，"比8%小一些"与"远小于3%"之间的差异要大于5%（8%和3%的差别）。

在上一个案例中，对两个总体做出比较推断的可行性要依靠于取样结果。如果第二个遗址中的陶塑残片比例为15%，我们就无法得出太多的比较结论。这两者之间的差异极有可能就是由在第二个遗址的采集有更强的陶塑残片偏好所致。在这种情况下，如果我们仍然想对来自两个遗址的陶塑比例进行比较，并希望得出一些结论，我们只能暂且把抽样偏见放在一边，继续比较百分比，然后再根据结果来思考抽样偏见带来的影响。有时候，我们最终可能认为比较得出的结果并不可信；而有时候，我们可能认为比较得出的结果应该可信。

第Ⅱ部分　抽样 ◆◆◆

案例：有关黑曜石的目的抽样

在需要考察遗物原材料来源时，考古学家都需要先从遗物中取样，然后再开展相关研究。举个例子，对于世界上大部分地方的黑曜石来说，我们都可以通过分析其中的化学成分来确定原料来源地。然而，由于原料分析的成本比较昂贵，我们只能对其中部分遗物进行化学分析。在这样的情况下，考古学家需要仔细考察遗址里所有的黑曜岩遗物，并在预算允许的情况下选择尽可能多的遗物去分析。因为不同来源的材料可能会在外观上和化学成分上不同，所以选择不同颜色和外观的遗物可在最大程度保证尽可能多的原料来源。另外，由于来自部分来源地的器物可能比较少，一个很小的随机样本中很可能不会包含来自这些来源地的样本，我们需要将具有异常颜色和外观的遗物包含在分析样本之内。

从这个意义上说，这个样本是有偏见的，因为它系统且过度地表达了具有不寻常外观的石器样本。如果石器外观和原料来源地具有相关性，我们就不能利用该样本准确推断来自不同产地器物的比例。假设我们需要从一个装有97颗黑色弹珠、1颗蓝色弹珠、1颗红色弹珠和1颗绿色弹珠的瓶子里抽出4个弹珠样本。如果为了观察弹珠中有多少颜色，这个样本中的4颗弹珠应该包括不同颜色的弹珠。然而，这个样本却不能用来估计不同颜色弹珠在瓶子里的比例。如果我们直接观察由25%黑色、25%蓝色、25%红色和25%绿色组成的样本（4种不同颜色的弹珠各取一个），这会导致我们得出不同颜色弹珠各占总体25%的推断，但我们知道各种弹珠的真正比例是97%黑色、1%蓝色、1%红色和1%绿色。在这个样本中，各色弹珠的比例不是由总体的特征决定的，而完全是由有偏见的抽样方法决定的。

以如此抽样的方式获得，并用来分析原料产地的黑曜岩石器样本，无论它在推断原料产地方面多么有用，也是不能被用来推断不同产地石器的比例的。这样的样本也不可以与来自其他遗址用同样原则获取的样本进行比较，因为我们甚至无法猜测其中的偏见导向。这样的取样倾向于选择来源稀有的材料，但当我们拿到样本时，我们并不

◆◆◆ 第七章 样本（Samples）和总体（Populations）

知具体的抽样偏见是什么。这样的样本或许可以用于别的推断，只要样本偏见与这些推断不相关。例如，这个样本可以用来研究不同来源的材料是否具有不同的用途。至少在表面上，以上偏见与这个问题无关。

有关取样偏见的结论

唯一能绝对保证样本偏见不会影响推断的方法当然是确保样本选择是没有偏见的。随机抽样是避免样本偏见的恰当方式。我们应该在任何可能的情况下应用随机取样（即便是推断过程中并没有考虑使用统计方法）。对于已经存在取样偏见，但并不影响特定推断的样本，从逻辑自洽程度上来讲（或者说，只要理由恰当和逻辑合理），我们仍然可以使用它们。"逻辑自洽"在这里的意思就是不多不少，言之成理即可。和人生中许多其他事情一样，抽样偏见也不是非黑即白（完全正确或者完全错误），而是介于黑白之间的灰色地带。显然，在需要研究某些特定方面的时候，只要经过深思熟虑的考量，我们可以确保将抽样偏见的影响降到最小，即便样本可能在另一些方面仍然有着异乎寻常的偏见。如果我们可以预见某些偏见可能影响我们对特定研究方面的推断，并且可以根据经验排除这些可能的影响，那么被排除偏见的案例（将已经存在的样本当作某种随机样本）也可以是相当可信的。相比之下，如果我们忽略可能由偏见带来的影响，那么任何推断都值得怀疑。

从以上角度对取样偏见的表述并不经常出现在很多考古学或者其他学科的文献中，它的确也与许多统计学教科书的规则相冲突——特别是那些"烹饪指南"般的书。有些统计学教材特别强调要记忆统计规则（"别问原因，尽管去做"），并且禁止我们将本书所讨论的技术应用在任何一个非严格随机抽样的样本上（指的是从一个随机数字表格中抽取样本或者以类似的步骤去除偏见）。在一定程度上，这就意味着这些技术不能应用在大部分考古学的数据上。更糟糕的是，正如我们所观察到的，抽样偏见不仅仅影响统计推断，而且影响通过研究样本而得出的有关总体的推断。因此，我们将不能从这些数据中得出

第Ⅱ部分 抽样

任何推断。

大部分对取样原则有以上执着态度的学者，可能并不会关注考古学，也不会阅读这本书。坚持这种观点的考古学家会持续发出警示，并强调我们几乎不能从考古信息里得出任何有意思的结论。我们其他人则继续竭尽所能地利用考古学材料所提供的信息（部分人甚至指出考古学不能被算作"硬科学"，而只能算作比较难以研究的科学领域）。我们还应该利用有效的随机抽样技术在最大程度上反对抽样偏见。当我们做不到这些时（比如对前人留下的样本进行相关的研究），我们必须用相应的方法去评估样本偏见的本质和力度对特定推断的影响。有时，我们做推断要很小心，因为一些抽样偏见的影响并不能被消除。如果这些推断被证明是有意义的或者有趣的，它们会在后来采集的数据中被证实。我们从而可以看出这些推断是否与从无偏见样本中得出的推断相一致。

目标总体

之前的讨论可能会让人误以为，严格的随机抽样步骤可以一劳永逸地或者完全解决考古学中的抽样偏见问题。在有些考古文献中，有人保守地认为避免抽样偏见问题的方法就是放弃抽样，转而研究全部总体。然而，在考古学中，以上两种方法都是不可取的。这主要因为我们不可能获取想研究的目标总体或者从中取样。

在地理区域层面，因为部分遗址总是被现当代人工堆积所叠压或打破，或者被自然因素所破坏，所以在任何一个地区都有部分遗址是不可能直接被研究的。在一个全面系统区域调查中，即便系统地覆盖区域全部地表，我们也不能保证可以得到需要研究的全部遗址总体。即使是采用最严格抽样步骤获得的样本，它也不是来自现存的所有考古遗址，而是来自所有可以获取的遗址样本。相似的，在较小的范围内，大部分考古遗址也不是被完整保存的，而是部分保存的，其中很

第七章 样本（Samples）和总体（Populations）

多部分是被毁坏或者我们无法到达的。所以，无论我们想要研究所有遗物（或者遗迹）总体还是随机样本，可以被研究的总体或者样本都不能准确地等同于我们想要推断的总体。

随机抽样能够为我们推断其来源总体提供相关条件，也为我们研究样本的来源总体（可获得总体）做好准备。但是如果可被研究的总体只是某重要遗址仅存的未被河流冲刷的部分，我们则会面临一个难题，即如何推断有关整个遗址的有意义的特征。对于这个问题，我们没有简单直接的解决方式，正如我们无法简单直接地从有偏见样本中得出推断一样。面对这样的问题，考古学家最常用的处理方式就是忽略它。虽然一些有名的考古学家的事业成就都建立在这种方法的基础上，但我们必须指出这样的反应在概念上是不合理的。另外一个常见的反应就是，假装遗址缺失的部分包含了我们想要发现却在现有发掘部分没有发现的东西。这显然也是不可信的。

从根本上来讲，无法获得总体全部的研究困境和抽样偏见的难题是同时存在的。我们能够获得并可以对其展开研究的总体实质上也是来自目标总体——极有可能也是以某种有偏见的步骤获得（比如说任何被毁坏的或者我们无法获得的部分材料）。因为考古学家经常面对这样的问题，所以他们也被迫以不同的方式进行抽样。在通常情况下，考古学家可以研究的总体就已经是个样本。所以无论如何尝试，我们都不能逃避抽样复杂性和偏见等问题。

不管是我们自己抽样，或者用别人选择的样本工作，或者研究全部可获得的总体，只要还继续考古研究，我们就需要尽可能地去解决抽样偏见及其相关问题。这意味着要尽可能用我们对抽样和抽样偏见的理解去尽力讨论样本代表性问题，比如说使用本书中所使用的统计工具和（或者）用非统计的方式，做到具体问题具体分析。

正如我们之前讨论过的，即便我们可以对可获得的总体（和我们想推断的目标总体特征高度符合）进行随机抽样，避免偏见的随机抽样也并不一定能够保证样本的代表性。它只能帮助我们尽可能地获得具有代表性的样本，并且评估样本不具有代表性的可能。

第Ⅱ部分　抽样 ◆◆◆

在任何一个案例中，有些通过样本对总体的推断是正确的，而有些是错误的。错误的原因可能是我们从中抽样的总体并不能准确代表我们想研究的总体，也可能是样本不能很好地代表其来源总体。以上两种错误，虽然具有相关性，但根源并不相同。第一个必须用一定的智慧和常识来处理。对于第二种错误根源，后面几章讨论的随机抽样和统计方法将会帮助我们大概评估推断错误的概率，虽然我们并不能知道哪一些推断是错误的。然而，没有这些工具，我们能断言的甚至更少。如果我们足够细致和勤快，大部分的结论会是准确的，但是无论我们如何小心地去除抽样偏见（或者其他错误），也并不能保证每次都能得出完全正确的结论。最后，如果多次独立推断的结果比较一致，我们最终推断的可信度就会得到加强。一旦这样的一致性被确认，我们就可以认为那些不一致的推断可能是由抽样错误（或者以上两种错误中的任何一个）引起，并舍弃这些不一致的推断。

在此，有人可能并不在意我对统计学推断中随机抽样重要性的强调。鉴于考古学家面临的大多数情况，我只能说我还没有看到其他更好的方式。在此，我所主张的方案的目的是试图排除所有可能造成样本偏见的方法。如果一个样本看起来是没有偏见的，那么我们至少可以暂时对样本偏见无需多虑，并且可以利用样本对研究总体进行推断。如果我们能得到关于总体的有意义推断，那么我们只需要对推断来源样本的偏见保持正常意义上的谨慎态度即可。如果我们相当确定研究样本是无偏见的，那么我们应该对由样本中得出的有关总体的推断保持较高的信心。如果我们认为研究样本很可能带有偏见，那么来源于这个样本的任何结论就值得被严重怀疑。

相较于考古学家，大部分其他专业的从业者需要研究的目标总体可能更容易获得，所以他们并不会遇到考古学家面临的困难。他们也可以轻易地忽略从有偏见样本中得出的结论，并且只需要再回到实验室或者田野选取无偏见的样本。然而，在考古学中，许多抽样偏见并不容易被避免。我们必须尽可能地去学习怎样避免抽样偏见（通过选择真正的随机样本），并在必要的情况下对有偏见的样本进行有效的

◆◆◆ 第七章　样本（Samples）和总体（Populations）

处理。当我们的目标总体和可以进行抽样的总体之间存在很大差异时（在考古学中，我们面对的可用总体往往只占目标总体中很小的部分），对样本选择步骤的吹毛求疵，就好比在泰坦尼克号沉没之际费力地去整理刚刚用过的躺椅一般，都是多此一举，也会得不偿失。我们必须清楚什么时候应该去集中注意力收拾打开的椅子，什么时候应该当机立断选择放下救生艇。

在这里讨论的大部分内容和第八章到第十章统计技术相关。如果有人对后面的技术没有相关了解，可能也会难以理解这些内容。以上内容涉及的问题会在这本书中重复出现，但是本章所讨论的内容解释了我们以特定方式处理这些问题的原因。我们也会在最后一章进行相关讨论。

练　　习

1. 假设你已经在 Keeney Knob 遗址完成了一次地表密集采集（intensive surface collection）。此后不久，你碰巧见到了 Stony Point 遗址所在农场的前任农场主。他请你分析他以前收集的 Stony Point 遗址（未被商场建设完全破坏）的石器样本。当看到这些石器时，你立刻意识到来自 Stony Point 遗址的石器和你在 Keeney Knob 遗址采集的石器是共时的，你希望对两个遗址的石器进行比较。第一，你想知道两个遗址中石箭头的比例有什么异同。在 Keeney Knob 遗址采集的石器中，箭头占比 14%；在 Stony Point 遗址的石器中，箭头占比 82%。第二，你想了解两个遗址中石箭头的原材料差异。在 Keeney Knob 遗址的箭头中，黑曜岩占比 23%，燧石占比 77%。在 Stony Point 遗址的箭头中，黑曜岩占比 6%，燧石占比 94%。然而，你意识到你所比较的样本可能存在抽样偏见。你会如何评估这个问题？你觉得应该怎样处理这个问题？你觉得是否可以利用这些通过比较得出的结论？你对这两个结论的哪一个更有信心？为什么？

· 107 ·

第Ⅱ部分　抽样 ◆◆◆

2. 假设你收集到 Velika Morava 河谷一系列新石器遗址任意地表采集的数据。这批数据是由一批有田野经验的考古学家于1964年采集所得。这个遗址后来被水库淹没，你无法再对其开展任何田野考古工作。如果你关于谷物种植起源的假设是正确的，河边的遗址应该比远离河边的遗址有更大比例的石锄。假设你需要用1964年 Velika Morava 河谷的调查数据来检验你的假设，你对这批数据的样本偏见有什么样的疑虑？你会怎样面对这样的疑虑？根据1964年的调查数据，如果你可以得出不同遗址中的石锄比例，你对这样的结论有多大信心？

第八章 同一总体的不同样本

既定容量的所有可能样本
更大既定容量的所有可能样本
"特殊数组"
标准误差（The Standard Error）

在第七章中，我们讨论过随机抽样有时可以准确代表总体，而有时却不能。也就是说，随机抽样不能保证样本必然具有代表性。但是，通过应用一些功能强大的工具，我们可以利用随机抽样去评估在特定程度上样本不具有代表性的可能。这是因为我们可以通过随机抽样得到无偏见样本，并在此基础上了解在特定程度上不具有代表性的样本出现的平均频率。

既定容量的所有可能样本

为了理解这个概念，我们必须考虑从一个总体中选出各种不同随机样本的可能性。表格8.1包含了一个遗址中17个柱洞直径的测量值（厘米）。为了便于检验，我们将这些测量值按照从小到大的顺序排列，并把这17个测量值当作我们想要从中抽样的总体。当然，这是一个规模非常小的总体。大部分样本都包含远多于17个的测量值，总体规模就更大了。但是，通过对这个总体规模较小案例的观察，我们能

第Ⅱ部分 抽样 ◆◆◆

够理解随机取样原则。而在规模更大的样本和总体中,这些抽样原则或者过程几乎不能被清晰地观察到。

上述总体包含了17个已被测量出直径的柱洞。我们用大写字母 N 代表总体中元素的数量,在这个案例中 $N=17$。总体中17个柱洞直径的均值是13.53厘米,我们用 μ(希腊文小写字母 mu)代表总体的均值。所以 $\mu=13.53$ 厘米。σ(希腊文小写字母 sigma)代表总体的标准差,在这个案例中 $\sigma=2.73$ 厘米。

表格8.1　　　　　　　　　　小总体柱洞直径测量值

柱洞编号	直径(厘米)	柱洞编号	直径(厘米)
1	10.4	10	13.2
2	10.7	11	13.7
3	11.1	12	14.0
4	11.5	13	14.3
5	11.6	14	15.0
6	11.7	15	16.4
7	12.2	16	18.4
8	12.6	17	20.3
9	12.9		

[a]$N=17$;$\mu=13.53$ 厘米;$\sigma=2.73$ 厘米。

我们可以从最小规模的样本开始考虑,比如容量为1的样本(从总体中随机抽出一个样本)。就像 N 代表总体中的元素数量一样,我们用小写字母 n 代表样本中的元素数量。我们可以考虑在包含17个柱洞直径的总体($N=17$)中样本容量为1($n=1$)的所有可能性。显而易见的是,有17种样本容量为1的不同样本。我们可以随机选择编号为1、编号为2、编号为3……或者编号为17的柱洞。无论选择哪一个样本,我们都可以计算该样本的均值,并以此来估计总体的均值。对总体均值最好的估计永远是样本均值。为了在公式中区分这两种均值,我们用 μ 代表总体均值(见表格8.1),用 $\overline{X}$ 代表样本均值。所

第八章　同一总体的不同样本

以，μ 值的最佳估值就是 $\overline{X}$。

如果我们选中的样本是编号为 1 的柱洞，我们会猜测总体中柱洞的均值是 10.4 厘米，因为 10.4 厘米是样本中的唯一值。如果我们的样本是编号为 2 的柱洞，我们就会猜测总体的均值是 10.7 厘米，其他情况以此类推。从我们可能选择的 17 种容量为 1 的不同样本中，我们能够得出 17 种对总体均值的不同估计。有一些估值很接近总体的实际情况（当样本是柱洞 10 或者柱洞 11 时），有一些估计则差得很远（当样本是柱洞 1 或者柱洞 17 时）。这个案例告诉我们，有些样本能够相对准确地代表总体，有些则不能。

在估计总体均值时，最大的误差出现在当样本是柱洞 17 时。根据这个样本，我们会估计总体均值为 20.3 厘米。这与实际相差 6.77 厘米，也是一个令人遗憾的大错误。不仅如此，当样本容量仅为 1 时，这个最大的误差（maximum error）会较频繁出现。从总体中进行抽样时，有 1/17（5.9%）的机会抽中柱洞 17。因此，如果我们重复地从总体中抽取容量为 1 的样本，有 5.9% 的样本会包含柱洞 17，它们会造成我们对总体均值的错误估计。那么，以这种方式抽样时，就会有 5.9% 的概率产生一个与实际均值相差 6.77 厘米的错误估值。

在这个案例中，如果我们对总体均值的估计误差不能大于 3 厘米，那么我们就需要计算达到这个要求的成功以及失败的概率。在我们可能选择的 17 个容量为 1 的样本中，3 个样本会导致误差超过 3 厘米，14 个样本会使得误差小于或等于 3 厘米（当样本是编号为 1、16 和 17 的柱洞时，误差会大于 3 厘米）。所以，有 82.4% 的样本可以使我们得到准确的总体均值，而 17.6% 的样本则不能。

如果我们重复多次选择容量为 1 的样本，那么我们有 82.4% 的可能性会得到一个在误差允许范围内对总体均值的准确估计，有 17.6% 的可能性会得到一个在误差允许范围外且不准确的估值（如果样本是被随机选择的，每个不同的样本出现的几率相同，我们就会得到这样的结果）。对于任何样本容量为 1 的单个事件来说，这些百分比就是概率（probabilities）。也就是说，在样本容量为 1 的条件

第Ⅱ部分 抽样

下，如果比例为82.4%的取样会产生总体均值在误差允许范围内的估计结果，那么能够得到误差允许范围内样本的概率就是82.4%（或0.824）。

用以上方法说明单次事件发生概率的方式无异于在一系列重复尝试中计算单次事件发生的百分比。例如，我们都习惯这样的说法——掷硬币时正面朝上的概率是50%。这种说法的意思是，当我们重复不断地掷硬币时，有50%的时候会是正面朝上。对于单次掷硬币，结果不是正面朝上就是反面朝上，不可能一半正面一半反面。掷硬币时，出现正面或者反面朝上的可能性是50%，这是因为在反复多次的尝试中，50%的结果是正面朝上，50%的结果是反面朝上。这种讨论概率的方法大多是常识，并且在口语中很好理解，但它对统计学的重要性则需要更清晰的表达。

在从17个柱洞的总体中选取容量为1的样本的案例中，我们得到有效结果（即误差允许范围内准确的结果）的概率是82.4%。我们不能获得所需准确结果的概率是17.6%。如果这个成功率不够高，常识告诉我们，我们也许需要一个更大的样本。

更大既定容量的所有可能样本

假如我们从17个柱洞的总体中选择包含两个柱洞的样本，所有可能的样本会更多。容量为2的样本可能包含编号为1和1的柱洞（与我们在第七章所讨论的相同，我们的抽样方法是重置抽样）。或者我们的样本可能包含编号为1和2的柱洞，或者包含编号为1和3的柱洞，或者包含编号为2和3的柱洞，等等。在这17个柱洞的总体中，能够抽取的容量为2的样本共有153个（抽样方法为重置抽样）。如果样本是被随机抽取的，那么这153个样本中的每一个都有同等出现的机会。

在这153个容量为2的样本中，当然有一些可使我们得出对总体均值的准确估计（误差小于等于 3 厘米），也有一些不能。对它们的识别并不困难。从编号为 1 和 1 的柱洞样本可得到 10.4 厘米的直径均值，误差超过了 3 厘米。第二小的样本均值是包含编号为 1 和 2 的柱洞的样本。这时候样本的直径均值是 10.55 厘米。这比总体均值小 2.98 厘米，所以误差是在可接受范围内的。也就是说，只有一个样本得出的总体平均值太小，误差也超过 3 厘米。

在另一端，样本均值大于总体均值（且差距超过 3 厘米）的所有样本包括：

柱洞 17 和柱洞 17 （$\bar{X}$ = 20.30 厘米）

柱洞 17 和柱洞 16 （$\bar{X}$ = 19.35 厘米）

柱洞 17 和柱洞 15 （$\bar{X}$ = 18.35 厘米）

柱洞 17 和柱洞 14 （$\bar{X}$ = 17.65 厘米）

柱洞 17 和柱洞 13 （$\bar{X}$ = 17.30 厘米）

柱洞 17 和柱洞 12 （$\bar{X}$ = 17.15 厘米）

柱洞 17 和柱洞 11 （$\bar{X}$ = 17.00 厘米）

柱洞 17 和柱洞 10 （$\bar{X}$ = 16.75 厘米）

柱洞 17 和柱洞 9 （$\bar{X}$ = 16.60 厘米）

柱洞 16 和柱洞 16 （$\bar{X}$ = 18.40 厘米）

柱洞 16 和柱洞 15 （$\bar{X}$ = 17.40 厘米）

柱洞 16 和柱洞 14 （$\bar{X}$ = 16.70 厘米）

其余容量为 2 的样本产生的均值与总体均值的误差都不大于 3 厘米，具备误差允许范围内所需的准确性。

总而言之，在 153 个容量为 2 的样本中，1 个样本会产生误差允许范围外且低于总体均值的估计，12 个样本会产生误差允许范围外高于总体均值的估计，140 个样本会产生误差允许范围内对总体均值的估计。所以我们有 140/153（91.5%）的机会能得到有效结果（即误差允许范围内的准确结果），有 8.5% 的机会无法得到误差允许范围内对总体均值的估计。在样本大小确定时，容量为 2 的样本（91.5% 的可接受准确度）比容量为 1 的样本（82.4% 的可接受准确度）成功率

第Ⅱ部分 抽样 ◆◆◆

更高。容量为2的样本产生误差允许范围外结果的可能性比容量为1的样本更低。因此，对于任何一个特定的随机样本而言，容量为2的样本一般比容量为1的样本能够产生更加准确的结果。容量为2的样本产生不准确结果的概率是8.5%（或者0.085），相比之下容量为1的样本产生不准确结果的概率是17.6%（或者0.176）。这是因为相对于容量为1的样本而言，不具有代表性的样本在容量为2的样本中更为罕见。

如果我们将样本容量扩大为3，同样的趋势也会出现。17个柱洞的总体一共有969个容量为3的样本。其中包含柱洞1的样本为：

柱洞1，柱洞1和柱洞1（或2或3…17），可产生17个不同的样本；

（柱洞1，柱洞2和柱洞1组合的样本已经被考虑在内，所以下一个是1-2-2）；

柱洞1，柱洞2和柱洞2（或3或4…17），可产生16个不同的样本；

柱洞1，柱洞3和柱洞3（或4或5…17），可产生15个不同的样本；

柱洞1，柱洞4和柱洞4（或5或6…17），可产生14个不同的样本；

柱洞1，柱洞5和柱洞5（或6或7…17），可产生13个不同的样本；

柱洞1，柱洞6和柱洞6（或7或8…17），可产生12个不同的样本；

柱洞1，柱洞7和柱洞7（或8或9…17），可产生11个不同的样本；

柱洞1，柱洞8和柱洞8（或9或10…17），可产生10个不同的样本；

柱洞1，柱洞9和柱洞9（或10或11…17），可产生9个不同的样本；

第八章　同一总体的不同样本

柱洞1，柱洞10和柱洞10（或11或12…17），可产生8个不同的样本；

柱洞1，柱洞11和柱洞11（或12或13…17），可产生7个不同的样本；

柱洞1，柱洞12和柱洞12（或13或14…17），可产生6个不同的样本；

柱洞1，柱洞13和柱洞13（或14或15…17），可产生5个不同的样本；

柱洞1，柱洞14和柱洞14（或15或16…17），可产生4个不同的样本；

柱洞1，柱洞15和柱洞15（或16或17），可产生3个不同的样本；

柱洞1，柱洞16和柱洞16或17，可产生2个不同的样本；

柱洞1，柱洞17和柱洞17，可产生1个样本。

因此，包含柱洞1的不同样本一共有153个：（17 + 16 + 15 + 14 + 13 + 12 + 11 + 10 + 9 + 8 + 7 + 6 + 5 + 4 + 3 + 2 + 1 = 153）。

包含柱洞2的样本为：

（柱洞2，柱洞1和其他柱洞的组合已经包含在前文计算中。所以接下来是：柱洞2 + 柱洞2 + 其他柱洞的组合）

（柱洞2，柱洞2和柱洞1组合的样本前面已经算过了，所以下一个是2 – 2 – 2）

柱洞2，柱洞2和柱洞2（或3或4…17），可产生16个不同的样本；

柱洞2，柱洞3和柱洞3（或4或5…17），可产生15个不同的样本；

柱洞2，柱洞4和柱洞4（或5或6…17），可产生14个不同的样本；

柱洞2，柱洞5和柱洞5（或6或7…17），可产生13个不同的样本；

第Ⅱ部分 抽样

柱洞2，柱洞6和柱洞6（或7或8…17），可产生12个不同的样本；

柱洞2，柱洞7和柱洞7（或8或9…17），可产生11个不同的样本；

柱洞2，柱洞8和柱洞8（或9或10…17），可产生10个不同的样本；

柱洞2，柱洞9和柱洞9（或10或11…17），可产生9个不同的样本；

柱洞2，柱洞10和柱洞10（或11或12…17），可产生8个不同的样本；

柱洞2，柱洞11和柱洞11（或12或13…17），可产生7个不同的样本；

柱洞2，柱洞12和柱洞12（或13或14…17），可产生6个不同的样本；

柱洞2，柱洞13和柱洞13（或14或15…17），可产生5个不同的样本；

柱洞2，柱洞14和柱洞14（或15或16…17），可产生4个不同的样本；

柱洞2，柱洞15和柱洞15（或16或17），可产生3个不同的样本；

柱洞2，柱洞16和柱洞16（或17），产生2个不同的样本；

柱洞2，柱洞17和柱洞17，可产生1个样本。

因此，包含柱洞2的不同样本一共有136个：(16 + 15 + 14 + 13 + 12 + 11 + 10 + 9 + 8 + 7 + 6 + 5 + 4 + 3 + 2 + 1 = 136)。

包含柱洞3的样本为：

（柱洞3，柱洞1和其他柱洞的组合已经包含在前文计算中）

（柱洞3，柱洞2和其他柱洞的组合也已经包含在前文计算中，下一个组合是柱洞3和柱洞3与其他柱洞的组合）

（柱洞3，柱洞3和柱洞1或者柱洞2的组合1－3－3和2－3－3

第八章 同一总体的不同样本

已经包含在前文中,下一个是 3 - 3 - 3)

柱洞 3,柱洞 3 和柱洞 3(或 4 或 5…17),可产生 15 个不同的样本;

柱洞 3,柱洞 4 和柱洞 4(或 5 或 6…17),可产生 14 个不同的样本;

柱洞 3,柱洞 5 和柱洞 5(或 6 或 7…17),可产生 13 个不同的样本;

柱洞 3,柱洞 6 和柱洞 6(或 7 或 8…17),可产生 12 个不同的样本;

柱洞 3,柱洞 7 和柱洞 7(或 8 或 9…17),可产生 11 个不同的样本;

柱洞 3,柱洞 8 和柱洞 8(或 9 或 10…17),可产生 10 个不同的样本;

柱洞 3,柱洞 9 和柱洞 9(或 10 或 11…17),可产生 9 个不同的样本;

柱洞 3,柱洞 10 和柱洞 10(或 11 或 12…17),可产生 8 个不同的样本;

柱洞 3,柱洞 11 和柱洞 11(或 12 或 13…17),可产生 7 个不同的样本;

柱洞 3,柱洞 12 和柱洞 12(或 13 或 14…17),可产生 6 个不同的样本;

柱洞 3,柱洞 13 和柱洞 13(或 14 或 15…17),可产生 5 个不同的样本;

柱洞 3,柱洞 14 和柱洞 14(或 15 或 16…17),可产生 4 个不同的样本;

柱洞 3,柱洞 15 和柱洞 15(或 16 或 17),可产生 3 个不同的样本;

柱洞 3,柱洞 16 和柱洞 16(或 17),可产生 2 个不同的样本;

柱洞 3,柱洞 17 和柱洞 17,可产生 1 个样本。

第Ⅱ部分 抽样 ◆◆◆

因此，包含柱洞3的不同样本一共有120个：（15 + 14 + 13 + 12 + 11 + 10 + 9 + 8 + 7 + 6 + 5 + 4 + 3 + 2 + 1 = 120）。

如果我们按以上逻辑继续计算，就可得出以下结果：

17 + 16 + 15 + 14 + 13 + 12 + 11 + 10 + 9 + 8 + 7 + 6 + 5 + 4 + 3 + 2 + 1 =	153 个包含柱洞1 的样本
16 + 15 + 14 + 13 + 12 + 11 + 10 + 9 + 8 + 7 + 6 + 5 + 4 + 3 + 2 + 1 =	136 个包含柱洞2 的样本
15 + 14 + 13 + 12 + 11 + 10 + 9 + 8 + 7 + 6 + 5 + 4 + 3 + 2 + 1 =	120 个包含柱洞3 的样本
14 + 13 + 12 + 11 + 10 + 9 + 8 + 7 + 6 + 5 + 4 + 3 + 2 + 1 =	105 个包含柱洞4 的样本
13 + 12 + 11 + 10 + 9 + 8 + 7 + 6 + 5 + 4 + 3 + 2 + 1 =	91 个包含柱洞5 的样本
12 + 11 + 10 + 9 + 8 + 7 + 6 + 5 + 4 + 3 + 2 + 1 =	78 个包含柱洞6 的样本
11 + 10 + 9 + 8 + 7 + 6 + 5 + 4 + 3 + 2 + 1 =	66 个包含柱洞7 的样本
10 + 9 + 8 + 7 + 6 + 5 + 4 + 3 + 2 + 1 =	55 个包含柱洞8 的样本
9 + 8 + 7 + 6 + 5 + 4 + 3 + 2 + 1 =	45 个包含柱洞9 的样本
8 + 7 + 6 + 5 + 4 + 3 + 2 + 1 =	36 个包含柱洞10 的样本
7 + 6 + 5 + 4 + 3 + 2 + 1 =	28 个包含柱洞11 的样本
6 + 5 + 4 + 3 + 2 + 1 =	21 个包含柱洞12 的样本
5 + 4 + 3 + 2 + 1 =	15 个包含柱洞13 的样本
4 + 3 + 2 + 1 =	10 个包含柱洞14 的样本
3 + 2 + 1 =	6 个包含柱洞15 的样本
2 + 1 =	3 个包含柱洞16 的样本
1 =	1 个包含柱洞17 的样本
一共有	969 个容量为3 的柱洞的样本

在这些样本中，比总体均值小且超过3 厘米的样本有：

柱洞1，柱洞1 和柱洞1 （$\overline{X} = 10.40$ 厘米）

柱洞1，柱洞1 和柱洞2 （$\overline{X} = 10.50$ 厘米）

比总体均值大且超过3 厘米的样本有：

柱洞17，柱洞17 和柱洞17 （$\overline{X} = 20.30$ 厘米）

柱洞17，柱洞17 和柱洞16 （$\overline{X} = 19.67$ 厘米）

柱洞17，柱洞17 和柱洞15 （$\overline{X} = 19.00$ 厘米）

柱洞17，柱洞17 和柱洞14 （$\overline{X} = 18.53$ 厘米）

柱洞17，柱洞17 和柱洞13 （$\overline{X} = 18.30$ 厘米）

◆◆◆ 第八章　同一总体的不同样本

柱洞17，柱洞17 和柱洞12（$\bar{X}=18.20$ 厘米）

柱洞17，柱洞17 和柱洞11（$\bar{X}=18.10$ 厘米）

柱洞17，柱洞17 和柱洞10（$\bar{X}=17.93$ 厘米）

柱洞17，柱洞17 和柱洞9（$\bar{X}=17.83$ 厘米）

柱洞17，柱洞17 和柱洞8（$\bar{X}=17.73$ 厘米）

柱洞17，柱洞17 和柱洞7（$\bar{X}=17.60$ 厘米）

柱洞17，柱洞17 和柱洞6（$\bar{X}=17.43$ 厘米）

柱洞17，柱洞17 和柱洞5（$\bar{X}=17.40$ 厘米）

柱洞17，柱洞17 和柱洞4（$\bar{X}=17.37$ 厘米）

柱洞17，柱洞17 和柱洞3（$\bar{X}=17.23$ 厘米）

柱洞17，柱洞17 和柱洞2（$\bar{X}=17.10$ 厘米）

柱洞17，柱洞17 和柱洞1（$\bar{X}=17.00$ 厘米）

柱洞17，柱洞16 和柱洞16（$\bar{X}=19.03$ 厘米）

柱洞17，柱洞16 和柱洞15（$\bar{X}=18.37$ 厘米）

柱洞17，柱洞16 和柱洞14（$\bar{X}=17.90$ 厘米）

柱洞17，柱洞16 和柱洞13（$\bar{X}=17.67$ 厘米）

柱洞17，柱洞16 和柱洞12（$\bar{X}=17.57$ 厘米）

柱洞17，柱洞16 和柱洞11（$\bar{X}=17.47$ 厘米）

柱洞17，柱洞16 和柱洞10（$\bar{X}=17.30$ 厘米）

柱洞17，柱洞16 和柱洞9（$\bar{X}=17.20$ 厘米）

柱洞17，柱洞16 和柱洞8（$\bar{X}=17.10$ 厘米）

柱洞17，柱洞16 和柱洞7（$\bar{X}=16.97$ 厘米）

柱洞17，柱洞16 和柱洞6（$\bar{X}=16.80$ 厘米）

柱洞17，柱洞16 和柱洞5（$\bar{X}=16.77$ 厘米）

柱洞17，柱洞16 和柱洞4（$\bar{X}=16.73$ 厘米）

柱洞17，柱洞16 和柱洞3（$\bar{X}=16.60$ 厘米）

柱洞17，柱洞15 和柱洞15（$\bar{X}=17.70$ 厘米）

柱洞17，柱洞15 和柱洞14（$\bar{X}=17.23$ 厘米）

柱洞17，柱洞15 和柱洞13（$\bar{X}=17.00$ 厘米）

第Ⅱ部分 抽样

柱洞17，柱洞15和柱洞12（$\bar{X}=16.90$厘米）

柱洞17，柱洞15和柱洞11（$\bar{X}=16.80$厘米）

柱洞17，柱洞15和柱洞10（$\bar{X}=16.63$厘米）

柱洞17，柱洞14和柱洞14（$\bar{X}=16.76$厘米）

柱洞16，柱洞16和柱洞16（$\bar{X}=18.40$厘米）

柱洞16，柱洞16和柱洞15（$\bar{X}=17.73$厘米）

柱洞16，柱洞16和柱洞14（$\bar{X}=17.27$厘米）

柱洞16，柱洞16和柱洞13（$\bar{X}=17.03$厘米）

柱洞16，柱洞16和柱洞12（$\bar{X}=16.93$厘米）

柱洞16，柱洞16和柱洞11（$\bar{X}=16.83$厘米）

柱洞16，柱洞16和柱洞10（$\bar{X}=16.67$厘米）

柱洞16，柱洞16和柱洞9（$\bar{X}=16.57$厘米）

柱洞16，柱洞15和柱洞15（$\bar{X}=17.07$厘米）

柱洞16，柱洞15和柱洞14（$\bar{X}=16.60$厘米）

因此，在969个样本中，有2个样本会产生在误差允许范围外低于总体均值的估计，48个样本会产生在误差允许范围外高于总体均值的估计。误差允许范围内的准确率是916/969，或者94.8%。随机选择一个容量为3的样本时，得到误差范围外不准确的估计的概率仅为5.2%（或者0.052）。这是因为，随机抽样得到的容量为3的样本中，样本均值与总体均值相差很大的情况是相当罕见的（仅占所有样本的5.2%）。所以在这个案例中，我们可以认为几乎（非绝对，但非常接近）任何容量为3的样本都可以准确地代表总体。

当然，我们可以继续考虑4845个容量为4的样本的情况，但是我们的观点已经表达清楚了。随机样本容量越大，样本能准确代表总体的几率就越大。当其余条件保持一致时，样本容量的大小就可以控制样本的代表性。容量更大的样本比容量小的样本更能代表总体。但是，正如上文所强调的，容量大的样本并不能完全保证对总体的代表性。容量为3的样本中，最不具代表性的是编号为17的柱洞被选中三次的样本。这个样本与容量为1的样本中最不具有代表性的样本（包含编号为 17 的柱洞的样本）相同，都是不具有代表性的样本。但是在容量较大的样本中，这种不具有代表性的样本出现的频率要比在容量较小的样本中小得多。

在估计 17 个柱洞总体均值的时候，误差大于 3 厘米的估计次数也取决于总体的离散程度。如果许多柱洞直径比均值大或者小很多，那么产生误差允许范围外不准确估计结果的样本数量也会增加。如果你一开始无法理解这一点，请回顾表格 8.1 的案例，将编号为 1、2、3 的柱洞直径分别改成 9 厘米、9.4 厘米和 9.8 厘米，并统计有多少个样本容量分别为 1、2 和 3 的样本所产生的均值与总体均值 13.53 厘米的误差超过 3 厘米。总体的离散程度越大，样本产生误差允许范围外不准确估计的概率就越大（对于任何误差范围都成立）。

尽管对于容量大的样本而言，也存在得出严重错误结论的风险，但是在容量更大的样本中，基于样本得出错误推断的几率较小。此外，同质性高的总体（离散小的数组）中，基于样本得出错误推论的概率较小；在异质性高的总体（离散大的数组）中，这种概率则较大。在这个案例中，我们知道总体是什么样的，并且可以设置误差允许范围（虽然这是任意设置的），也可以轻易得出可接受（在误差范围内）和不可接受（超出误差范围）的样本比例。现在，我们需要一种能够将这个案例中我们的观察进行类推的方法。

特殊数组

我们要将以上案例中所得到的特殊观察方法进行普遍推广，其重点就在一个特殊数组中。这个"特殊数组"由从总体中抽出的给定容量的所有不同样本的均值组成。让我们从前一个案例的角度来思考这个特殊数组。

对于容量为 1 的样本（即 $n = 1$）而言，包含 17 个柱洞直径的总体有 17 个不同的随机样本。其中每个样本都有自己的样本均值（$\bar{X}$）。

第Ⅱ部分　抽样

特殊数组就是由这17个均值组成的。上文中我们发现17.6%的样本均值与真正的总体均值相差超过3厘米，所以它们被看作误差允许范围外的不具有代表性的样本。不具有代表性的样本不是特别多，只占特殊数组的17.6%，但我们不会说它们非常少见。剩下大部分容量为1的样本都拥有足够的准确性，能够满足我们目前的需要，但是仍有一定比例的样本会让我们得出有关总体的不准确估计（误差允许外围以外），这样的结果并不理想。

当 $n = 2$ 时，17个柱洞直径的总体一共可产生153个不同的随机样本。每个样本都有自己的样本均值（$\bar{X}$）。这时候，特殊数组由这153个样本均值组成。无代表性的样本（与总体均值相差3厘米以上）在这个特殊数组中较为少见，仅占特殊数组的8.5%。

当 $n = 3$ 时，17个柱洞直径的总体一共有969个随机样本。每个样本都有自己的样本均值（$\bar{X}$）。这个特殊数组由这969个样本的均值组成。误差允许范围外的不具有代表性的样本更为少见，仅占特殊数组的5.2%。

我们可以继续分析。对于任何给定大小的总体和由此产生的给定容量的样本，都有一个由所有随机样本的均值组成的特殊数组。这个特殊数组包含从所有给定容量的样本中获得的对总体均值的可能估计，是计算从总体中抽取容量既定且对总体不具有代表性样本的异常性的关键。用"特殊数组"表达的非代表性样本的异常性，能够让我们将从总体中随机选出容量既定且对总体不具有代表性的样本的概率具体化。

标准误差

上文我们所用的异常性概念与第四章所提到的数组中数值的异常性是一样的。因为我们讨论的数值是特定容量样本的均值，进行比较的数组由所有给定大小样本的均值组成，也就是特殊数组。在第四章

◆◆◆ 第八章　同一总体的不同样本

中，我们曾经谈到评估数组中数值异常性的通用工具。这些工具均以数组的中心和离散指数为基础。我们也可以用这些工具讨论特殊数组中数值的异常性。为了实现这个目的，我们需要知道特殊数组的中心和离散。我们当然可以从特殊数组中选取给定大小的样本以讨论这个数组的中心和离散，但这显然是荒谬的。这比我们直接在总体中进行研究需要更大的工作量，所以这时抽样不会带来任何好处。其实我们有更简单的方式探索这个特殊数组。

从数学角度，我们可以看出特殊数组的均值就是样本来源总体的均值。当样本容量为1时，这一点是显而易见的。在样本容量为1的情况中，特殊数组恰好就是总体的数组，因为每个样本都对应总体的一个数值。那么总体均值一定等于特殊数组的均值。即便 n > 1 时（即样本容量大于1）仍是如此。

如果我们说特殊数组的均值就是样本来源总体的均值，那么我们就可以说所有给定容量的样本的均值与总体均值相同。这两个陈述是同义的，因为特殊数组就是所有给定大小的样本的均值。

只要愿意，你就可以轻易地理解这一点，也不需要任何数学证明。如果我们选取了所有给定大小的样本，并把多次取样的所有样本放在一起，我们会发现，总体中每个数值出现的次数都是相等的（出现次数多少取决于样本大小）。如果把这些样本中的数值合起来当作一个大数组的话，所有样本的均值的均值也是各样本中所有数值的均值。因为总体中每个数值在所有样本集合中出现的次数相同，将所有样本放在一起组成的大数组仅是将原总体复制若干次，并且这个大数组的均值与原总体的均值相同。每个数值仅仅是被加了若干次，但是总和会除以一个更大的数值，这个更大的数是由每个数被加多少遍决定的。

在数学上，特殊数组的标准差是已有总体的标准差除以样本容量的平方根。我们再次强调，当样本容量为1时，这样的规律很明显。特殊数组的标准差是总体标准差除以样本容量1的平方根。因为1的平方根还是1，所以当样本容量为1时，特殊数组的标准差与总体标

第Ⅱ部分　抽样　◆◆◆

准差是一样的。对于任意给定容量的样本来说，特殊数组的标准差、样本容量和总体标准差之间也存在同样的数学关系。

特殊数组的标准差是一个非常重要的数值。它有自己的名称，叫作标准误差。我们可以这样理解，由给定大小的所有样本的均值所组成的数组，其标准差（standard deviation）即为标准误差（standard error）。标准误差的计算公式是：

$$SE = \frac{\sigma}{\sqrt{n}}$$

SE = 标准误差，σ = 总体标准差，n = 样本容量

我们现在可以将特殊数组的中心和离散指数具体化，以便能够用普遍且有效的方法讨论特定样本的异常性。然而，在前面章节的具体讨论中，我们发现两个指数都不是很理想。这主要是因为无论是均值还是标准差，对异常值或者非对称性都不具备耐抗性。但我们也是幸运的，因为对于容量相对较大的样本，特殊数组在数学上的形状是呈正态分布的。由于正态分布是单峰且对称的，并且我们还知道正态分布数组的均值和标准差是理想的中心和离散指数，所以我们就不需要担心它们没有耐抗性了。在这种情况下，我们所说的容量相对较大的样本，是指样本量超过 30 个元素的样本。特殊数组的这个特征（样本容量较大时特殊数组呈正态分布）也是至关重要的。这被称为中心极限定理（central limit theorem）。

总而言之，在这一章我们理解了特殊数组是由从总体抽出给定容量的所有样本的均值组成。这个特殊数组在统计学中更正式的名称是样本均值的抽样分布（sampling distribution of the mean），但是我们在这里仍将其简称为特殊数组。我们需要注意这个特殊数组的三个特性：第一，特殊数组的均值与样本来源总体的均值是相同的；第二，特殊数组的标准差，也就是样本的标准误差，是 $\sigma / \sqrt{n}$；第三，只要样本容量超过 30，特殊数组（包括所有给定容量的样本的均值）的形状就呈正态分布。

特殊数组的这三个属性为我们提供了相对完整的特征。我们在不

必进行实际选择和处理给定大小的所有样本的情况下，也可以计算或估计特殊数组的中心（均值）、离散（标准差）和形状（单峰、对称和正态分布）。在下一章，我们会利用特殊数组及其特征对特定样本的异常性进行评估。

第九章 置信度和总体平均值

从一个随机样本开始

样本可能从什么样的总体中得来

置信度（Confidence）与精确度（Precision）

概率上更精确的值——t 检验（student's t）

特定置信水平的误差范围有限的总体（Finite Populations）

一个完整的案例

我们需要多大的样本

假设（Assumptions）和稳健方法（Robust Methods）

练习

  第八章中我们讨论了特殊数组。运用特殊数组性质的主要难点是，我们必须知道样本来源总体的很多情况，然后才可以将特殊数组的特征具体化。我们知道特殊数组的均值就是总体均值，特殊数组的标准差（即样本的标准误差）是总体标准差除以样本容量的平方根。但是在现实生活中，我们并不知道总体的均值和标准差。事实上，它们正是我们要基于样本进行估计的。因此，我们需要找到一种在不知道总体特征时就可以利用这个特殊数组特性的方法。

  在这一章我们会将样本的异常性概念进行延伸，并将其应用在更加现实的情况中，即由一个样本考虑其所属的所有可能的总体，而不是从一个总体中抽取所有可能的样本。我们的讨论由以下问题展开：一个样本及其均值对于它所属的总体而言有多异常呢？然后，我们将

第九章 置信度和总体平均值

会把这个问题进而延伸到：这个样本的所有可能来源的总体是什么样的？

从一个随机样本开始

我们可以设想从一个很大的总体中随机抽取 100 个箭镞作为样本，我们想要知道箭镞总体的长度均值。这 100 个箭镞组成的随机样本的均值是 3.35 厘米，标准差是 0.50 厘米。这种情况在现实生活中也可能出现，例如我们密集地调查了一个区域，并对所遇到的遗址全部做了地表系统采集。为了让逻辑更简单，我们可以假设采集的遗物都来自于史前同一时期。我们决定将采集的所有箭镞（总共 100 件）当作本地某个史前时期遗址箭镞总体的随机样本。

严格来讲，我们的样本并不能算作一个随机样本，但我们可以将它当作随机样本，至少可以用它来估计箭镞总体的长度均值。为了达到这个目的，我们必须考虑田野中的采集步骤以及箭镞被带到遗址地表的过程。这个过程始于箭镞被废弃的时候，终于它被发现的时间。在考虑这个过程时，如果我们发现后期的活动对不同长度箭镞的影响并没有实质性的差别（或者某些因素对我们采集的样本和其他我们想比较的样本有同样的影响），我们就可以继续将这个样本当作有关箭镞长度的随机样本。我们有关箭镞总体长度的任何推测都将建立在这个认识（或者决定）的基础上。必须承认的是，如果我们后来发现，样本在箭镞长度方面有我们不曾预料的偏见。那么，基于以上样本的结论也许会是无效的。

这一步骤看似是有风险的，但正如我们在第七章所讨论的，完全避免风险的办法就是我们根本不对箭镞长度总体进行任何推断。所以，想要认识总体箭镞长度，我们必须要冒一定的风险对其进行推断。我们关于美洲 Woodland 时代晚期箭镞的任何论断都是完全基于这样的逻辑，无论这些论断是用统计方法得出，还是完全仅凭主观印象

第Ⅱ部分　抽样 ◆◆◆

获得。考古学家经常基于非随机样本对个体数量较大而且特征模糊的总体做这样的概括性表述。即使不是用统计方法获得，这样的概括性论断也是基于将已有的样本当作无偏见样本（虽然我们无从知道样本是否有偏见）。如果这种根据已有样本做出论断的方法使用了统计学原则，那么这样的结论也比仅凭主观印象得出的结论保险些。道理上如此，事实也的确如此。这是因为，在应用统计技术的时候，我们仅仅假设样本是没有偏见的（或者没有系统性偏见），并不假设样本能准确代表总体。仅凭主观印象做概括的时候，人们不仅仅假设样本是没有偏见的，而且假设样本具有完全准确的代表性。这是一个更强的假设，很难为其做进一步辩解。

考古学家不是唯一陷入这种困境的科学家。在美国，我们经常引用男女平均身高，但却极少思考这些数值来自何处。显然，这些数值不是由测量美国所有成年男女的身高得来的，而是以比总体小得多的样本为基础得来的。从技术上讲，这些数值甚至不是国内所有成年男女身高的随机样本，而是从一个比总体小的子总体抽出来的。这个子总体被简单地用来代表总体。在仔细考虑并去除偏见样本后，更小但更易获得的总体被用来准确地代表整个国家国民的总体身高。没有人真的给美国每个成年男女编号，然后随机选择一个样本，并测量样本中的每个个体。

在用同样的方法描述个体数量较大且界定模糊的总体的特征时，考古学家不需要对总体中每个元素进行顺序编号，且对特定区域和时间段的元素（例如箭镞）随机抽样。考古学家能够（并且必须）论证位于地表某个给定时间段的箭镞是更大总体的无偏见子集（至少在特定特征上是无偏见的），并且论证从调查中获得的这100个箭镞是这个子集的无偏见样本。这种针对个体数量较大而且特征模糊的总体的抽样方法在很多学科中都被使用。用这种方法得出的结论，仅在样本的无偏见假设能被证明时才是可靠的。如果样本的无偏见假设存疑，那么结论的有效性也存疑。

如果暂时跳出以上话题，开始关注现实生活中实际抽样假设的应用，我们就会碰到另一个具体化的统计学术语。我们在此处理的个体数量大而且特征模糊的总体在统计学上被称作无限总体（infinite populations）。这不是说它们真的是无限的，只是说它们数量非常大并且无法被准确定义（在后文无限总体的定义中，我们可以看到，与天文学家相比，统计学家面对的无限总体还是很小的）。

样本可能从什么样的总体中得来

一旦我们认定现有的样本为随机样本（或者至少为了达到讨论的目的而这样认为），我们就可以开始考虑样本是从什么类型的总体得来的。让我们再回到100个箭镞的样本，它们长度的均值为3.35厘米，标准差为0.50厘米。对于大总体和大样本而言，与任何一个其他数值相比，样本均值在更多情况下与总体均值相同，样本标准差也更多与总体标准差相同。所以我们对箭镞总体的最佳估计就是其长度均值为3.35厘米，标准差为0.50厘米。

然而，我们知道样本并非总是准确地与总体拥有一样的均值，所以我们想知道对这个估计应该有多大信心。换句话说，这个估计有多大的可能性是错误的？更完整地说，这个错误的可能性在多大程度上应该引起我们的重视？上一个问题是有关准确性的现实且重要的问题。如果一个总体的均值是3.350000001厘米，而我们的估计均值是3.350000000厘米，那么我们几乎无须担心有关这个估计犯错的可能性。0.000000001厘米的差别显然是不重要的。几乎可以确定地说，很少有考古测量工具可以发现这样的差别。但重点是，即使我们可以达到这样的精准度，也无须追求这样的极限精准，因为它并不重要。只有当错误达到足够严重的程度时，我们才需要担忧。很可能0.01厘米甚至0.1厘米的差别都不足以使我们担忧。对于总体均值而言，或许0.4厘米甚至0.5厘米这样的差别也不足以引起我们的忧虑。

在上文中，必要的准确性问题并不是指统计学规则应用的准确性

第Ⅱ部分　抽样

问题，而是关于我们要了解箭镞总体长度均值的原因的问题。为了实现统计目的，我们将任何有关准确性的判断都看作是给定的，因为这个判断是以实质性的研究目的为基础，也是统计学原则以外的问题。例如，我们想知道某个区域箭镞长度均值的目的可能是为了与另一区域的同类进行比较，以得出两个地区狩猎活动的差别。在这种情况下，两个地区箭镞长度之间0.1厘米的差别并不能说明两种狩猎行为有太大差异。另一方面，如果箭镞长度差异是0.5厘米，而且这个差异反映了实质性的行为差异，那么这两种狩猎行为可能就有事实上的区别。

再回到我们已有的样本，我们已经推测它们最有可能来自一个长度均值为3.35厘米（与样本均值相同）的总体，但我们知道这并不能完全确定。我们的样本可能来自一个均值大于或小于3.35厘米的总体，甚至可能来自一个长度均值比3.35厘米大很多或小很多的总体。对于以上各种可能性，我们需要考虑样本有多大可能来自以上各个总体。对于每个具体的总体（样本的可能来源），我们需要考虑来自这个总体中所有容量为100的可能样本的均值所组成的特殊数组。

一开始，我们可以想象样本是从均值为3.25厘米的总体中抽取出来的。那么从均值为3.25厘米的总体中得到一个这样的样本（即均值为3.35厘米，标准差为0.50厘米）有多么异常呢？对于均值为3.25厘米的总体，所有容量为100的样本的均值所组成的特殊数组是怎样的呢？我们知道特殊数组的均值与总体均值相同，即3.25厘米。因为存在中心极限定理，且容量为100的样本是容量很大的样本，所以我们可以知道特殊数组的形状在大体上呈正态分布。我们只是还不知道特殊数组的离散，但我们知道特殊数组离散的计算公式：

$$SE = \frac{\sigma}{\sqrt{n}}$$

由于没有更好的信息，我们将会继续把样本标准差（0.50厘米）当作总体的标准差。所以，

第九章 置信度和总体平均值

$$SE = \frac{0.50 \text{ 厘米}}{\sqrt{100}} = \frac{0.50 \text{ 厘米}}{10} = 0.05 \text{ 厘米}$$

图9.1是由所有容量为100的样本的均值组成的特殊数组的柱状图，它的均值为3.25厘米，标准差为0.50厘米。明显的是，均值接近3.25厘米的样本数量远远多于均值远离3.25厘米的样本数量。图9.2用更常见且有用的方法表现了同一特殊数组。与有具体间隔（宽度）的柱子不同，柱子的高度被一条连接所有柱子顶部中心点的平滑曲线所替代。这使我们能够将水平标尺用作真正连续测量的标尺，而不是将其分成许多令人费解的间隔。在图9.2中，在水平标尺之上的曲线高度代表特定均值样本出现的频率，而图9.1中柱子的高度则代表特定均值样本出现在某个区间的频率。在统计学中，通常以这种方式代表符合正态分布的数组形状。这整个概念常被简单称作"正态曲线（normal curve）"。

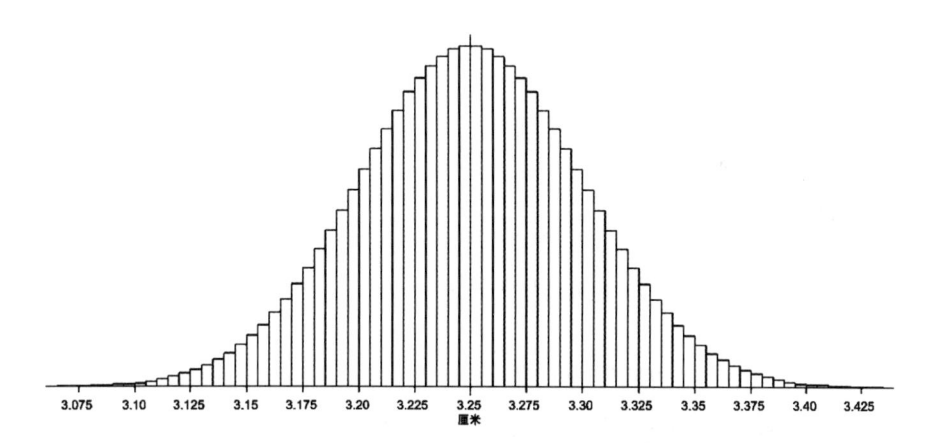

图9.1 由所有可从均值为3.25厘米、标准差为0.50厘米的总体中抽取出来的、容量为100的样本的均值组成的特殊数组

对于一个给定的均值（这个案例中是3.25厘米）和给定的标准差（这个案例中是标准误差，即特殊数组的标准差0.05厘米）而言，有且只有一个对应的正态分布，即如图9.2所示。因此，图9.2表现的是均值为3.25厘米和标准差为0.50厘米的总体中，所有容量为

第Ⅱ部分 抽样 ◆◆◆

100 的样本的均值所组成的特殊数组的图像。如果我们将均值为 3.35 厘米的样本放入以上图中，它的位置如图中所示，该样本在正态分布曲线上对应的位置较低。这表明均值为 3.35 厘米的样本，在样本容量为 100 且均值为 3.25 厘米的总体中出现的频率并不太高——不如均值更靠近 3.25 厘米的样本出现得频繁。在均值为 3.25 厘米的总体中，样本相当异常（或者出现频率较低）。因此，样本能从均值为 3.25 厘米的总体中被抽取出来的可能性虽然存在，但并不是很大。

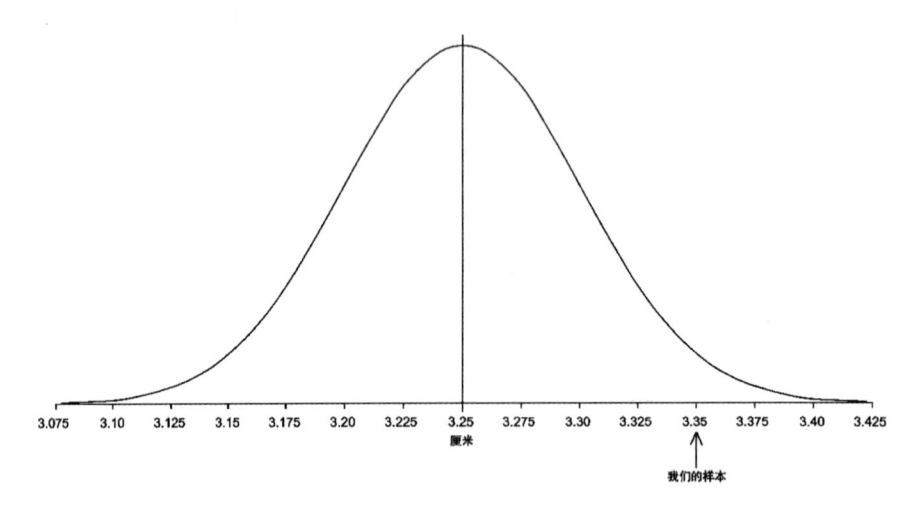

图 9.2　由所有可从均值为 3.25 厘米、标准差为 0.50 厘米的总体中抽取出来的、容量为 100 的样本组成的特殊数组

我们对样本可能所在的其他总体也可以进行类似的操作。比如，这个样本从均值为 3.20 厘米的总体中被抽出来的可能性有多大？图 9.3 显示了样本容量为 100 的特殊数组，其总体的均值为 3.20 厘米，标准差为 0.50 厘米。在图 9.3 的正态曲线中，样本所对应的位置极端的低。所以均值为 3.35 厘米的样本从均值为 3.20 厘米的总体中被抽取出来的概率是极端低的。样本从这样的总体中被抽取出来的可能性虽然不能说完全不存在，但是这种可能性极端低。

那么样本从一个均值为 3.30 厘米的总体中被抽取出来的可能性有多少呢？图 9.4 表现的是由样本容量为 100 的所有可能样本的均值组

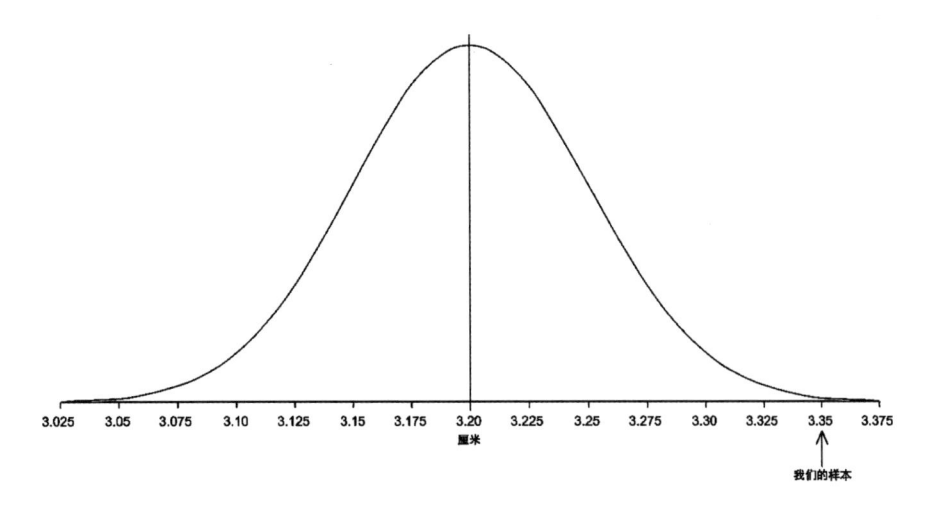

图 9.3 由所有可从均值为 3.20 厘米、标准差为 0.50 厘米的总体中抽取出来的、容量为 100 的样本组成的特殊数组

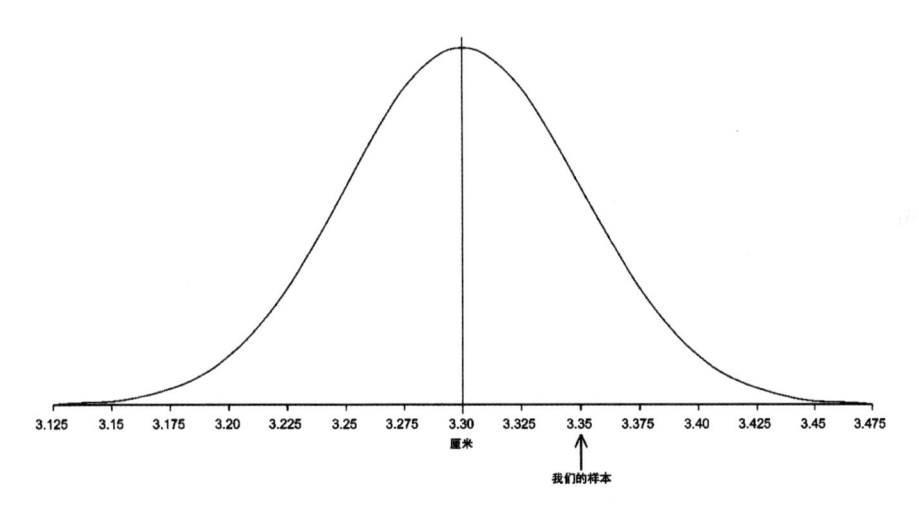

图 9.4 由所有可从均值为 3.30 厘米、标准差为 0.50 厘米的总体中抽取出来的、容量为 100 的样本组成的特殊数组

成的特殊数组，其总体均值为 3.30 厘米，标准差为 0.50 厘米。我们的样本在正态曲线上对应的位置非常高。所以有许多像该样本一样的样本可能从均值为 3.30 厘米的总体中被抽取出来。因此，该样本从这

第Ⅱ部分 抽样 ◆◆◆

个总体中被抽取出来的概率相对较大。

最后,图9.5显示了与均值为3.35厘米的总体对应的特殊数组——从这个总体抽出我们的样本的可能性要大于从其他任何可能的总体中抽出该样本的可能性。我们可以用这样的方法继续在更多的总体中尝试,再用其结果绘制更多的曲线。新曲线表明样本出自每个总体的可能性。如果执行这样的操作,新曲线上的参数会与图9.5曲线上的参数相同。最终,我们必须要做的就是用形成图9.5的逻辑来产生图9.6的曲线。

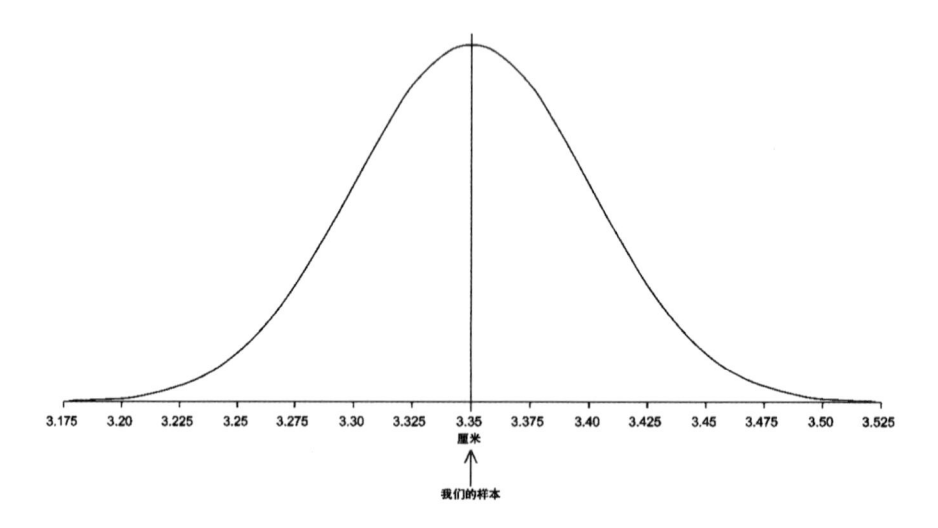

图9.5 由所有可从均值为3.35厘米、标准差为0.50厘米的总体中抽取出来的、容量为100的样本组成的特殊数组

需要再次指出的是,图9.5代表由容量为100的所有可能样本的均值组成的特殊数组,其总体的均值为3.35厘米,标准差为0.50厘米。所以它代表了从该总体中选出不同样本的异常性,进而表现它们从总体中被抽取出来的概率。从另一方面理解,图9.6则显示了容量为100、均值为3.35厘米和标准差为0.50厘米的样本的可能来源总体的均值,也代表该样本从任何可能来源总体中被抽出的概率。图9.6所代表的数组拥有与前面所讨论的特殊数组相同的中心、离散和

形状。就像我们熟悉的特殊数组一样,这个数组拥有与样本同样的均值;它的标准差是 $\sigma/\sqrt{n}$,或者称其为标准误差;它的分布形状是正态分布。

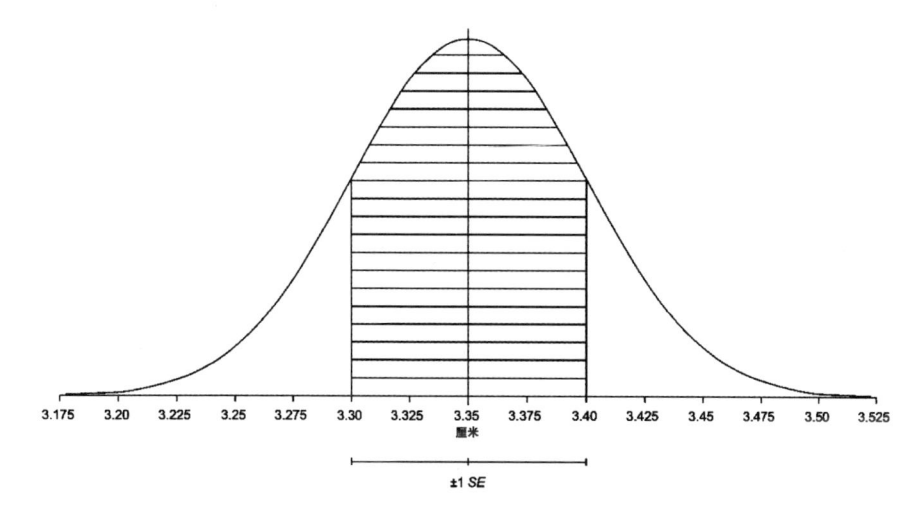

图 9.6 数组中包含了可能抽取出容量为 100、均值为 3.35 厘米、标准差为 0.50 厘米样本的总体的均值。大多数均值都落在样本均值的 1 个标准误差以内,但还是有大量均值落在这一范围之外

置信度与精确度

再来观察图 9.6,我们很快发现样本的很多可能来源总体的均值都在 3.30 厘米和 3.40 厘米之间(这些总体的均值都落在离样本均值 1 个标准误差的范围之内)。然而,根据特殊数组的形状,我们发现也有相当一部分总体的均值都落在这个范围之外。所以我们对样本是来自均值在 3.30 厘米和 3.40 厘米之间的总体只是勉强有信心。我们这样说是因为均值小于 3.30 厘米或者大于 3.40 厘米的总体是相对较多的。从均值小于 3.30 厘米或大于 3.40 厘米的总体中抽出均值为 3.35 厘米、标准差为 0.50 厘米的样本是非常可能的。图 9.6 说明这样的

第Ⅱ部分 抽样 ◆◆◆

事件是有一定概率发生的。所以样本可能来自均值在 3.30 厘米和 3.40 厘米之间的总体，但也非常有可能不是这样。换句话说，我们的样本来自均值为 3.35 厘米 ±0.05 厘米的总体的概率是中等的。

我们对样本来自均值在 3.30 厘米和 3.40 厘米之间的总体的论断缺乏信心。而我们对这样缺乏信心的论断也不甚满意。我们可以有更加自信的论断，但这只有通过降低论述的精确度才能达到。我们可以说样本来自均值在 3.25 厘米和 3.45 厘米之间的总体，而且我们能够对该论断为真更有信心。这个论断的含义如图 9.7 所示。它清晰地表达了大多数总体的均值都落在 3.25 厘米和 3.45 厘米之间。样本看似非常可能来自均值在此范围内的总体。这个范围之外的总体较少。所以从均值小于 3.25 厘米或者大于 3.45 厘米的总体中抽取到样本（均值为 3.35 厘米、标准差为 0.50 厘米）的概率是非常低的。换句话说，样本来自均值小于 3.25 厘米或者大于 3.45 厘米的总体的可能性是很低的。相应的，样本来自均值介于 3.25 厘米和 3.45 厘米的总体的概率是很高的。所以我们可以说，"样本有非常大的概率是来自均值为 3.35 厘米 ±0.1 厘米的总体"。和前一个论断相比，我们有更大的信心（置信度）认为样本来自均值在这个区间的总体。虽然总体的范围扩大了，但是精确性却降低了。

置信度和精确度这一对概念在日常口语中很常用，虽然我们常常不会直接想起它们。如果我确定我将会在预约中准时到达，我会说："我肯定会在 4 点钟到那里。"准时的习惯因人而异，但除非我十分自信能够在 4 点左右的五分钟内到达，否则我可能不会这样说。如果我的到达时间取决于交通拥挤的程度，我更有可能会说："我大约 4 点钟到那里。"这个较为不准确的陈述暗示我很可能提前或者迟到 10—15 分钟。如果我预见我的行程有更多无法计算的干扰，我可能说："我可能会在比 4 点更早或者更晚的时候到那里。"这个说法更不精确，可能是介于 3：30 和 4：30 之间。

我可以变化语句中所表现的信心程度来传达相似的信息。与其说"我大约 4 点钟的时候到那里"，我会说"我几乎肯定 4 点整会到那

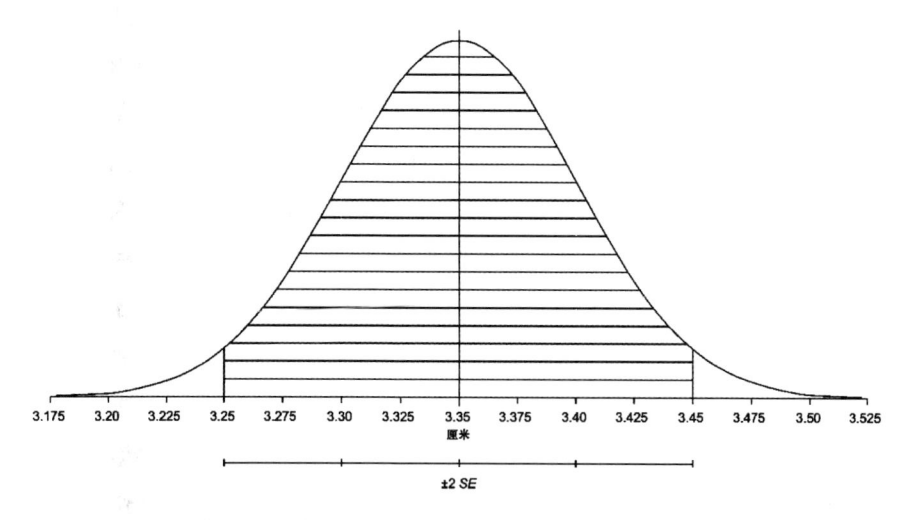

图 9.7 数组中包含了可能抽取出容量为 100、均值为 3.35 厘米、标准差为 0.50 厘米样本的总体的均值。绝大多数均值都落在样本均值的 2 个标准误差以内

里"。前一个陈述可能会让听者认为我会在 4 点早晚误差 10 分钟内到达，而后面的陈述则会让听者认为我应该会在 4 点准时到达，但对于我能否准点到达的信心不太大。这两个陈述传递的信息非常相似，但我可能会在不同的场合中运用它们。如果我计划见一个同事，只有在我到那里的时候会面才会开始，我会说"我会在大约 4 点钟的时候到那里"。这是为了强调在那个时间段我们可以见面。另一方面，如果我计划去讲一堂 4 点钟开始的课，无论我是否到那里，我都会说"我几乎肯定 4 点整会到那里"。因为只有我准时到那里，课程才能按时开始，所以我们可以想象我准点到那里的可能性。精确度和置信度通常是此消彼长的。当其他条件不变时，精确度越高意味着置信度越低；置信度越高意味着精确度越低。只有在罕见的情况下，我才会说"我一定会在 4 点整到达"，强调高置信度（我一定）和高精确度（4点整）两者。在天平的另一端是低置信度和低精确度："我会看我能不能在 4 点钟左右的时间到达。"

对于样本来源总体的统计表述也是用同样的方法。我们可以表示

第Ⅱ部分 抽样 ◆◆◆

高置信度但均值范围具有较低精确度的总体，或者表示均值更为准确但置信度较低的总体。图9.8延续了图9.6和图9.7的过程。它描绘了一个较不准确的论断，但该论断拥有较高的置信度。样本（容量为100，均值为3.35厘米，标准差为0.50厘米）的可能总体的均值几乎都落在3.20厘米和3.50厘米之间。总体的均值几乎没有小于3.20厘米或者大于3.50厘米的。从均值小于3.20厘米或者大于3.50厘米的总体中选出样本容量为100、均值为3.35厘米和标准差为0.50厘米的样本是罕见的。所以样本来自均值小于3.20厘米或者大于3.50厘米的总体是非常不可能的。或者可以说，样本来自均值在3.20厘米和3.50厘米之间的总体是极有可能的。那么，我们可以这样表述："样本来自总体均值为3.35厘米±0.15厘米的概率是非常高的。"

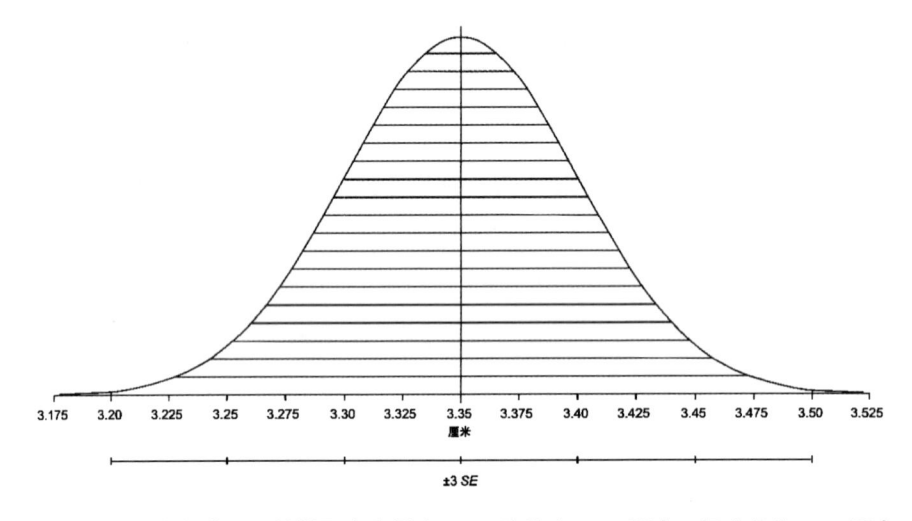

图9.8 数组中包含了可能抽取出容量为100、均值为3.35厘米、标准差为0.50厘米样本的总体的均值。只有小部分均值落在样本均值的3个标准误差之外

概率上更精确的值——t 检验（Student's t）

我们这里所用的近似概率的概念可以延伸至更准确且更有用的方

第九章 置信度和总体平均值

面,即基于一个具体结果在所有可能结果中的异常性来评估概率。我们已经用正态曲线的大致高度(图9.6、图9.7和图9.8的阴影区域)来粗略判断样本来自不同均值范围的总体的异常性(或者不可能性)。这些可能均值的范围被称作误差范围(error ranges)或者置信区间(confidence intervals)。它们经常被写作均值之后的"±"值。图9.6表现了±1个标准误差的误差范围;图9.7表现了±2个标准误差的误差范围;图9.8描绘了±3个标准误差的误差范围。在前面,我们对样本来自均值在±3个标准误差范围内的总体的结论很有信心(图9.8);我们对样本来自均值在±2个标准误差范围内的总体的结论较有信心(图9.7);对样本来自均值在±1个标准误差范围内的总体的结论有较小的信心(图9.6)。

在这三个不同精确度的结论中,通过计算图9.6、图9.7和图9.8的正态曲线与水平标尺之间的面积,我们可以获得三个不同的置信度(levels of confidence,本书一律译为置信度,也有人译作置信水平)。t 检验分布(Student's t)为我们提供了这些面积的准确数值。利用 t 检验的关键是通过利用中心和离散指数(在这个案例中是均值和标准差)去测量数组中具体数值的异常性。相关数组就是特殊数组,其均值与样本均值是相同的,其标准差即样本的标准误差(注意不要将样本和总体的标准差与特殊数组的标准差混淆。特殊数组的标准差就是样本的标准误差)。那么 t 检验为我们提供了特殊数组形状的具体描述。

例如,图9.7表示了2个标准误差的误差范围(3.35厘米±0.10厘米)。我们已经意识到样本所在总体的均值很可能在这个误差范围内。在接下来的讨论中,我们将利用表格9.1说明"很可能"的含义。首先我们必须基于样本大小决定使用表格中的哪一行。左手边的列是自由度(degree of freedom),它比样本元素的数量小1(即 $n-1$)。现在我们只需无条件相信自由度的概念(经常被简写成 $d.f.$)。对于我们的样本来说,$n-1=99$。没有一行是对应99的自由度,所以我们用 120 $d.f.$ 的那一行,因为它距离99最近(在表格中,99和120之间的差距最小)。我们需要寻找对应2个标准误差的误差范围的置

· 139 ·

第Ⅱ部分 抽样

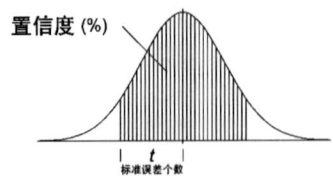

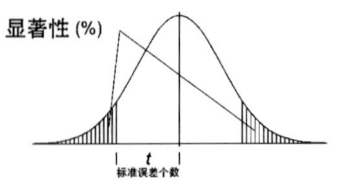

表格9.1　　　　　　　　　　　　　　t 检验的分布

置信度	50%	80%	90%	95%	98%	99%	99.5%	99.8%	99.9%
	0.5	0.8	0.9	0.95	0.98	0.99	0.995	0.998	0.999
显著性	50%	20%	10%	5%	2%	1%	0.5%	0.2%	0.1%
	0.5	0.2	0.1	0.05	0.02	0.01	0.005	0.002	0.001
自由度									
1	1.000	3.078	6.314	12.706	31.821	63.637	127.32	318.31	636.62
2	0.816	1.886	2.920	4.303	6.965	9.925	14.089	22.326	31.598
3	0.765	1.638	2.353	3.182	4.541	5.841	7.453	10.213	12.924
4	0.741	1.533	2.132	2.776	3.747	4.604	5.598	7.173	8.610
5	0.727	1.476	2.015	2.571	3.365	4.032	4.773	5.893	6.869
6	0.718	1.440	1.943	2.447	3.143	3.707	4.317	5.208	5.959
7	0.711	1.415	1.895	2.365	2.998	3.499	4.020	4.785	5.408
8	0.706	1.397	1.860	2.306	2.896	3.355	3.833	4.501	5.041
9	0.703	1.383	1.833	2.262	2.821	3.250	3.690	4.297	4.781
10	0.700	1.372	1.812	2.228	2.764	3.169	3.581	4.144	4.537
11	0.697	1.363	1.796	2.201	2.718	3.106	3.497	4.025	4.437
12	0.695	1.356	1.782	2.179	2.681	3.055	3.428	3.930	4.318
13	0.694	1.350	1.771	2.160	2.650	3.012	3.372	3.852	4.221
14	0.692	1.345	1.761	2.145	2.624	2.977	3.326	3.787	4.140
15	0.691	1.341	1.753	2.131	2.602	2.947	3.286	3.733	4.073
16	0.690	1.337	1.746	2.120	2.583	2.921	3.252	3.686	4.015
17	0.689	1.333	1.740	2.110	2.567	2.898	3.222	3.646	3.965
18	0.688	1.330	1.734	2.101	2.552	2.878	3.197	3.610	3.922
19	0.688	1.328	1.729	2.093	2.539	2.861	3.174	3.579	3.883
20	0.687	1.325	1.725	2.086	2.528	2.845	3.153	3.552	3.850
21	0.686	1.323	1.721	2.080	2.518	2.831	3.135	3.527	3.819
22	0.686	1.321	1.717	2.074	2.508	2.819	3.119	3.505	3.792
23	0.685	1.319	1.714	2.069	2.500	2.807	3.104	3.485	3.767
24	0.685	1.318	1.711	2.064	2.492	2.797	3.091	3.467	3.745
25	0.684	1.316	1.708	2.060	2.485	2.787	3.078	3.450	3.725
30	0.683	1.310	1.697	2.042	2.457	2.750	3.030	3.385	3.646
40	0.681	1.303	1.684	2.021	2.423	2.704	2.971	3.307	3.551
60	0.679	1.296	1.671	2.000	2.390	2.660	2.915	3.232	3.460
120	0.677	1.289	1.658	1.980	2.358	2.617	2.860	3.160	3.373
∞	0.674	1.282	1.645	1.960	2.326	2.576	2.807	3.090	3.291

[a] 根据 Lambert H. Koopmans 的 *Introduction to Contemporary Statistical Methods* (Boston: Duxbury Press, 1987) 表格3 制成。

第九章 置信度和总体平均值

信度，所以我们在这一行中寻找2。在第四列中，我们发现距离2最近的值是1.98。

第四列对应的置信度为95%。这意味着样本的可能来源总体中95%的总体（图9.7正态曲线下部的阴影部分）位于样本均值的1.98倍标准误差范围以内。或者说，样本来自均值在样本均值1.98个标准误差内的总体的概率是95%。所以当我们说样本"很可能"来自均值为3.35厘米±0.10厘米的总体时，更准确的意思是样本来自该总体的概率是95%。换言之，我们有95%的信心认为样本来自均值为3.35厘米±0.10厘米的总体。我们不能完全确定样本是否来自均值为3.35厘米±0.10厘米的总体，但样本来自这一范围总体的概率是95%。

因为样本来自均值在3.25厘米和3.45厘米之间的总体的概率是95%，所以样本来自均值小于3.25厘米或者大于3.45厘米的总体的概率是5%（这必须为真，因为来自这两个区间的概率总和是100%）。因为正态曲线是对称的，所以这5%会被平均分配到曲线的两端。样本来自均值小于3.25厘米的总体的概率是2.5%，来自均值大于3.45厘米的总体的概率是2.5%。当我们将误差范围定为2个标准误差时，正如刚才所做的，我们是以95%的置信度在讨论。这也符合我们的直接观察结果，即落在2个标准差上或者更远于均值的数值在数组里是异常的。具体来说，在正态分布的数组中，只有5%的数值是离均值如此之远。

以标准误差来表示的每个误差范围（或者置信区间）都对应一定的置信度（confidence level）[虽然置信区间（confidence interval）和置信度两个词看起来非常接近，甚至会引起概念混淆，但它们是两个完全不同的概念。所以我们在此用误差范围代表置信区间]。图9.8表示±3个标准误差的误差范围，对应约99.8%的置信度。在表格9.1中观察对应120 $d.f.$ 的行，就像我们之前做的那样，寻找数值3，3.160相对靠近3。这一列为99.8%的置信度。所以我们可以基于图9.8得出这样的结论：我们的样本来自均值为3.35厘米±0.15厘米的总体是非常可能的。"非常可能"意味着99.8%的概率。我们的样本

· 141 ·

第Ⅱ部分 抽样

仅有0.2%的概率来自均值小于3.20厘米或者大于3.50厘米的总体。再一次强调,因为正态分布是对称的,所以样本仅有0.1%的概率来自均值小于3.20厘米的总体,0.1%的概率来自均值大于3.50厘米的总体。

在表格9.1中找到1个标准误差范围的置信度有点困难。在120 $d.f.$ 这行中,我们看到1介于0.677—1.289之间。因此对应1个标准误差范围的置信度落在这两列之间。这两列分别对应50%的置信度和80%的置信度。对于像这样容量比较大的样本,1个标准误差范围的置信度实际上大约是66%。

特定置信度的误差范围

在某些情况下,当我们想要用误差范围表达总体均值的时候,我们只需要用1个标准误差代表误差范围。很多时候,用1个标准误差表述碳十四测年结果变成了标准操作。即便对于那些对统计学持保留态度的人来说,这也是能够让考古学家们乐于接受的案例。碳十四测年的误差范围常规上为1个标准误差(我们习惯称之为误差范围,而不是统计学传统上的置信区间)。这个范围是将我们刚才所讨论的原则应用到实验室亚原子颗粒样本上得到的。所以我们可以将之前讨论过的陈述和论断应用在碳十四测年结果上。当实验室的标准落在1个标准误差之间时,我们对样本可能来源的碳原子总体停止交换(有机体死亡)时间的推测只是一般有信心。准确地说,样本的真实年代落在这一范围内的概率是66%。真正的年代仍有相当的可能性落在这个范围之外。如果我们扩大误差范围(达到2个标准误差),测年精确性就会降低(两倍大的误差范围),但我们对真正的测年结果落在这个范围的信心会增强到95%。就像碳十四测年说明书里经常警告我们的一样,这个误差范围指的是由样本测量错误、埋藏单位错误或者样本污染等因素引起的风险。

第九章 置信度和总体平均值

需要指出的是，我们在第七章和本章前面讨论过，可以基于非严格意义上的随机样本对我们感兴趣的总体做出推断，而被广为接受的碳十四测年实践中的标准操作正是这一讨论的案例。放射性碳测年的误差范围是基于碳十四原子的随机样本（在原子辐射强度计数器中衰变的原子）。但是这个样本是从在田野中采集的被铝箔纸包着的碳十四原子总体中抽出的，没有经过严格抽样采集的步骤。根据随机样本得到碳原子总体的推断需要扩展到铝箔纸包以外的其他碳原子中。推断扩展后所涵盖的范围要比铝箔纸所包裹的碳原子范围大很多。如果我们对此持负责态度，我们就会承担埋藏单位错误和样本污染等因素引起的风险。如果真的发生了这样的错误，就会使我们对相关总体推断的扩展变得无效。但我们不能因噎废食，或者说不能因为有这样的风险就放弃使用这种功能强大的技术。我们在处理其他样本时也可以遵循以上步骤——承认样本具有偏见的可能性，但无论如何都值得继续研究，因为偏见发生的可能性永远不会消失。

在考古学中，很多案例研究中都使用 1 个标准误差范围，这正是因为它是放射性碳测年的标准。但是用这样的方法得出的误差范围有一个主要的缺点。只使用 1 个标准误差所对应的置信度在碳元素测年时或许可行，但不一定也适用于其他方面。有时候，研究者为了较高的置信度而牺牲精确度，也会使用 2 个标准误差的误差范围。在我们之前提到的 100 个箭镞样品的案例中，1 个标准误差相当于 66% 的置信度。同一个案例中，2 个标准误差是 95% 的置信度，3 个标准误差是 99.8% 的置信度。

置信度可以被当作经验法则，但当样本很小时则不能适用。假设我们的样本只有六个箭镞。我们只能用表格 9.1 中 5 $d.f.$ 对应的行。在这一行中，我们发现 t 值约等于 2 的列对应 90% 的置信度而不是 95% 的置信度。

无论样本量大小，为了得到给定置信度的误差范围，我们有必要用 t 值表格计算特定置信度需要多少标准误差。在 100 个箭镞样本的案例中，均值为 3.35 厘米，标准差为 0.50 厘米，我们想要得到置信

第Ⅱ部分　抽样

度为90%的总体均值估算。为了得到这个结果，我们需要知道标准误差是多少（与之前相同）：

$$SE = \frac{\sigma}{\sqrt{n}} = \frac{0.50 \text{ 厘米}}{10} = 0.05 \text{ 厘米}$$

那么，我们用 t 值表格（表格9.1）找出样本容量为100和置信度为90%条件下的标准误差值。因为 $n=100$，$d.f.=99$，所以我们用 $120\,d.f.$ 对应的行列。这一行中，90%置信度对应的值是1.658，这意味着当置信度为90%时，这样大的样本对应1.658个标准误差的误差范围。我们可以将标准误差（0.05厘米）乘1.658得出误差范围为 ±0.08 厘米。因此，我们有90%的信心认为样本来自均值为 3.35 ± 0.08 厘米的总体。如果样本包含的是12个箭镞而不是100个，那么我们要用 $11\,d.f.$ 对应的行，用1.796个标准误差的误差范围而不是1.658个。用这样的方法校正特定置信度对应的误差范围避免了样本大小不同带来的混乱。这个方法是值得推荐的。

注意你的表述

在基于样本（并且知道误差范围）估计总体均值的时候，一定也要说明这个估计的置信度。这个规则唯一的例外就是放射性碳测年结果，常规来说它的误差范围是±1个标准误差。例如，在讨论之前的箭镞长度案例的时候，我们可以说："基于样本，我们估计史前这个区域居民所使用箭镞的平均长度是3.35厘米±0.08厘米（置信度90%）。"或者，我们可以说："样本表明，在置信度为90%的时候，当地箭镞的平均长度是3.35厘米±0.08厘米。"有人也许会这么说："样本表明，在90%置信度时，当地箭镞的平均长度介于3.27厘米和3.43厘米之间。"这个说法也不是不对，但是用±符号表达均值的误差范围也许会更好。仅用最大值和最小值表示误差范围会让有些人认为范围中所有的值都具备同等可能性，而在范围外的值都是不可能的。但事实上均值才是最可能的估算，且总体均值也有可能落在误差范围之外。

第九章 置信度和总体平均值

有限总体

在这一章，我们用的案例是从个体数量巨大且特征模糊的总体中抽取的样本——这个总体在统计学中被称为无限总体（infinite population）。如果总体很小，样本又是其中的一部分，我们就可以利用数学上的优势直接观察。如果我们的 100 个箭镞的样本来自 120 个箭镞的总体，那么我们对总体均值的估计就有较少的不确定性。至少在这个案例中，常识性认识可以通过数学表现出来。当总体容量有限时，我们可以将有限总体修正（finite population corrector）加入到计算标准误差的方程中，即：

$$SE = \frac{\sigma}{\sqrt{n}}\sqrt{1-\frac{n}{N}}$$

σ = 总体的标准差（前面也是用来代表样本标准差），n = 样本中元素的数量，N = 总体数量。

除了加上 $\sqrt{1-n/N}$ 之外，这个公式与之前计算标准误差的公式是一样的。如果样本是总体中很大的一部分，有限总体修正会让标准误差更小（因为误差范围更小，精确度更高）。例如，如果我们从容量为 120 的总体中抽出 100 个样本，$n=100$，$N=120$，那么 $\sqrt{1-n/N} = \sqrt{1-(100/120)} = 0.408$。无论标准误差有多大，加上有限总体修正后，结果只有原来的 0.408 倍（乘以 0.408）。另一方面，如果样本来自容量为 10000 的总体，$n=100$，$N=10000$，那么 $\sqrt{1-n/N} = \sqrt{1-(100/10000)} = 0.99$。无论什么样的标准误差乘以 0.99 后，影响效果都会变得很小。

那么问题产生了，什么时候应用有限总体修正，什么时候不用呢？当总体容量已知时，永远可以应用。对于样本量而言，如果总体很大，那么修正值对标准误差几乎没有影响。但是，如果我们总是在

第Ⅱ部分　抽样 ◆◆◆

N 已知的情况下应用有限总体修正，那么无论样本容量是否大到足以影响总体，这仍然有作用。当我们无法知道总体容量的时候，当然就不能应用有限总体修正（即总体是无限时）。

一个完整的案例

至此，我们对于置信度和误差范围的讨论已经使得逻辑过程比实际情况更为复杂了。这是由于我们将过程分解，以了解为什么要进行如此操作。现在到了具体案例分析的时间。在案例分析过程中，我们不做进一步解释，而是直接展示通过样本估算总体均值的过程。

我们发掘了一个村寨遗址的某个家户，一共发现了 53 个碗口沿碎片，并随机抽取 25 个作为样本。基于这个样本，我们想要估算这 53 个碗口沿碎片所属器物的直径均值，并且希望以 95% 的置信度进行说明。这些直径具体测量值在表格 9.2 中。表格 9.2 的茎叶图确定了数组的形状近似单峰对称（至少样本这么小时是这样的），所以均值成为数组中心合理的指数。

表格9.2　　25 个碗口沿碎片样本的直径测量值

直径（厘米）	茎叶图
7.3	
9.3	
11.6	
11.8	21 | 0
12.2	20 |
12.5	19 | 45
12.9	18 | 8
13.3	17 | 37
13.4	16 | 25
13.8	15 | 678
14.0	14 | 0489
14.4	13 | 348
14.8	12 | 259
14.9	11 | 68

续表

直径（厘米）	茎叶图
15.6	10
15.7	9 | 3
15.8	8
16.2	7 | 3
16.5	
17.3	
17.7	
18.8	
19.4	
19.5	
21.0	
$\overline{X}$ = 14.79 厘米	
σ = 3.21 厘米	

这 25 个测量值的均值是 14.79 厘米，所以这 53 个碗口沿中最有可能的总体直径均值是 14.79 厘米。样本的标准差是 3.21 厘米，所以标准误差是：

$$SE = \frac{\sigma}{\sqrt{n}}\sqrt{1-\frac{n}{N}}$$

$$= \frac{3.21 \text{ 厘米}}{\sqrt{25}}\sqrt{1-\frac{25}{53}}$$

$$= \frac{3.21 \text{ 厘米}}{5}\sqrt{\frac{28}{53}}$$

$$= 0.64 \text{ 厘米} \sqrt{0.53}$$

$$= 0.47 \text{ 厘米}$$

因为我们需要的置信度是 95%，所以我们必须知道 95% 置信度所对应的 t 值和 $n-1$ 的自由度。在表格 9.1 中 24 $d.f.$ 所在的行和 95% 置信度所在的列中，t 值为 2.064。那么误差范围就是 2.064 个标准误差。因为标准误差是 0.47 厘米，误差范围就变成 0.97 厘米（2.064 × 0.47 = 0.97）。因此，我们有 95% 的信心认为这个家户出土的 53 个陶片的直径均值是 14.79 厘米 ± 0.97 厘米。

第Ⅱ部分 抽样 ◆◆◆

我们需要多大的样本

如果我们事先知道需要选择什么样本，就可以决定我们需要多大的样本，以达到研究目的。我们可以应用本章所探讨的逻辑来思考我们需要多大的样本，但是需要用以上逻辑倒推。即我们要提前决定需要什么样的置信度，可以接受多大的误差范围。然后我们就可以计算为了实现以上目的，需要多大的样本。我们唯一需要猜测的数值是样本的标准差。即使可以基于已知的相似样本进行计算，这个猜测在实践中有一定难度。

例如，假设我们要估算遗址陶片的平均厚度。这个估算的误差范围不超过 ±0.5 毫米，且置信度为 95%。我们已经测量过了一批从某区域内遗址中采集得到的陶片的厚度，并且发现陶片样本的标准差常常是在 0.9 毫米左右。我们想要用地表可见的陶片来代表遗址的陶片，并让助手在遗址表面上随机采集陶片样本。为了不浪费时间，我们要提前决定需要多大的样本。当然误差范围是 t 值乘以标准误差，即：

$$ER = t\left(\frac{\sigma}{\sqrt{n}}\right)$$

如果我们解方程中的 n，可得：

$$n = \left(\frac{\sigma t}{ER}\right)^2$$

我们之前发现样本的标准差是 0.9 毫米，所以 σ 即为此值。因为我们不知道样本大小，所以可以用表格 9.1 中 ∞ $d.f.$ 所在的行得到 t 值在置信度 95% 时是 1.960。我们需要 ER 是 0.5 毫米，所以，

$$n = \left[\frac{(0.9\text{ 毫米})(1.960)}{0.5\text{ 毫米}}\right]^2$$

$$= \left(\frac{1.764\text{ 毫米}}{0.5\text{ 毫米}}\right)^2$$

第九章 置信度和总体平均值

$$= 3.528^2$$
$$= 12.447$$

我们告诉助手需要采集 12 到 13 个陶片作为样本。

为了演示这个方法是如何操作的，我们假设助手采集了 13 个陶片作为样本，得到的厚度均值为 7.3 毫米，标准差是 0.9 毫米（与预期一样）。在置信度是 95% 的时候，误差范围将是：

$$ER = t\left(\frac{\sigma}{\sqrt{n}}\right)$$

样本容量为 13，我们找到 12 $d.f.$ 和 95% 置信度对应的 t 值是 2.179，所以，

$$ER = 2.179\left(\frac{0.9\text{ 毫米}}{\sqrt{13}}\right)$$
$$= 2.179\left(\frac{0.9\text{ 毫米}}{3.606}\right)$$
$$= 2.179(0.250\text{ 毫米})$$
$$= 0.54\text{ 毫米}$$

因此，我们得出结论：在置信度为 95% 时，遗址陶片厚度的均值是 7.3 毫米 ±0.5 毫米。我们达到了在误差范围不超过 0.5 毫米并且置信度为 95% 的情况下估计陶片厚度的目的。

考虑具体估算时需要的置信度和精确度是我们估算需要多大样本的可靠方法。当然，应用这样的方法需要提前决定我们具体需要研究什么、结果要多精确以及结论的置信度是多少。这些决定因素并不是绝对的，它们需视情况而定。在一种情况下有效且准确的精确度，在另一种情况下也许会变得极其不准确；而为某一目的设定的足够的置信度，在其他目的中也许会变得欠缺。如果我们不能清楚地说明研究目的，也不知道需要多大样本及想要的置信度和精确度，在此基础上的贸然抽样就会显得过于草率和不成熟。这时，我们需要回头仔细考虑我们到底想要研究什么。

第Ⅱ部分 抽样 ◆◆◆

> **样本容量、抽样比例和经验法则**
>
> 本章所用的公式充分说明了样本容量的重要性。统计学家通常用 n 来表示样本容量，n 即样本中元素的数量，而很少会用抽样比例（n/N，即样本所占总体的比例）来考虑样本容量。抽样比例缺乏有效性的原因在于：首先，样本通常是从无限总体中抽取出来的（至少是足够大且不可穷举的总体）。如果我们不知道总体中有多少元素，那么我们显然就无法得知抽样比例是多少。其次，样本中元素的数量对计算结果的影响要远大于抽样比例的影响（如果你不相信，可以用这一章中的公式尝试一下，之后你就会知道事实的确如此）。
>
> 这就是说，当我们考虑一个样本是否适用于我们的目标时，我们需要"轻"抽样比例而"重"样本容量。而这说明了广为流传的、考古学中普遍使用的抽样方法是一种严重的错误认识：人们认为，抽样的经验法则就是选取比例为5%的样本。这一章讨论的原则说明，这并不是一条好的经验法则。5%的样本有时并不合适，有时又没有必要，当总体的大小不一定时又是根本不可行的。

假设和稳健方法（抗干扰方法）

我们在这章及之后的章节中探讨的大多数方法都需要做一些假设，我们会在每一章的结尾进行探讨。大部分的方法都已经相当稳健（或者具有相当的抗干扰性），即它们可以被应用在仅大约符合假设的样本中。如果样本严重地违背了假设，我们甚至可以对样本进行处理。

一旦我们决定将一个数组当作被研究总体的随机样本，为估算总体均值及其误差范围所需的假设就是特殊数组必须近似正态分布。中

◆◆◆ 第九章　置信度和总体平均值

心极限定理告诉我们这只适用于容量较大的样本（即包含大于30或40个元素的样本）。当遇到容量较小的样本时，比较明智的做法是大致观察茎叶图并确定其是否是对称且单峰。如果小样本单峰且对称，那么我们可以认为其特殊数组是正态分布的。如果小样本形状严重偏斜，我们可以用一些变换公式修正它。但这并不是太有用，因为这会变成类似于对总体中各数值的对数均值的估计，而这样的值与我们想知道的值不容易产生联系。

无论如何，观察样本的茎叶图都应该是第一步，即使对于容量大的样本也不例外。这是因为样本可能有异常值或者严重偏斜的形状。正如我们在第二章和第三章所讨论的，异常值和严重偏斜会让均值和标准差无法成为中心和离散的指数。如果样本有异常值或者严重偏斜的形状，那么样本的来源总体可能也是如此。在这样的情况下，均值可能不是理想的总体中心指数，所以也不是我们想要估算的。如果问题出在异常值上，那截尾均值就是较理想的中心指数。如果问题出在偏斜形状，那么中值就是较理想的中心指数。在这类情况中，符合常理的方式是估算总体的截尾均值或者中值，而不能按常规情况估计总体均值。下文告诉我们如何估算截尾均值，因为它是均值的自然延伸。估算中值用的是不同的方法，需要另开一章来讨论。

估算总体截尾均值的最佳方法就是运用样本的截尾均值。在不同置信度下，对截尾均值误差范围的估算与对普通均值误差范围的估算方法一样。在所有的计算公式中，唯一不同的是用截尾样本量、截尾均值和截尾标准差代替样本数量、均值和标准差。除此之外，所有的计算都保持一致。

表格9.3是箭镞重量的一个小样本。茎叶图显示这个数组向上偏斜且有偏高的异常值。样本均值是47.45克，离数组中心的距离很远，所以均值不是理想的指数。如果样本如此，总体也可能如此。这时截尾均值可能是更有意义的数组中心指数。15%的截尾比例可以消除掉三个产生主要问题的异常值。15%的截尾均值是37.9克，正好落在数组的中心。极值调整数组（即用最大的非异常值替代三个异常值后的

第Ⅱ部分 抽样

数组）的方差是137.19，所以截尾标准差是14.16（见第三章）。标准误差是：

$$SE = \frac{\sigma}{\sqrt{n}} = \frac{14.16}{\sqrt{14}} = 3.8 \text{ 克}$$

表格9.3　　　　　　　　　　　　箭镞重量的小样本

重量（克）	茎叶图	
96		
37	15	6
28	14	
34	13	
52	12	
18	11	
21	10	8
39	9	6
156	8	
43	7	
44	6	
19	5	25
30	4	347
108	3	014799
55	2	1488
24	1	89
28		
47		
39		
31		

为了得到95%置信度的误差范围，我们将标准误差乘以13 $d.f.$ （$n_T - 1$）的 t 值。那么95%置信度的误差范围是 ± 8.2 克（即3.8 × 2.160）。对于这个总体，估算截尾均值而不是普通均值不仅更有意义（可避免高异常值的影响），而且更精确。95%置信度下普通均值的误差范围是 ± 16.1 克。这是因为我们消除的异常值会使普通的标准差变得很大，所以标准差和95%置信度下的误差范围也会很大。在这个案例中，估算截尾均值一举两得，既能够得到更为合理的数组中心指

数，也能得到更小的误差范围。

> **注意你的表述**
>
> 如果你要估算总体的截尾均值而不是普通均值，那么你就需要明确你的做法。请确认你所估算的一定是"截尾均值"而不是"均值"，并确定截取比例。与估算普通均值一样，计算误差范围得出的置信度也需要明确给出。对于文中的例子来说，我们可以说"基于样本可估算出，在95%置信度下，箭镞的15%截尾均值为37.9±8.2克"。

练 习

1. 假设你试掘了 Châteauneuf – sur – Loire 的一个新石器时期遗址，并决定把从探坑中出土的器物当作研究这个遗址石片的随机样本。表格9.4 是本遗址石片长度的测量值。你需要基于样本估算石片长度的数组中心指数，并提供在95%置信度下的误差范围。请你用一句话概括这个估算的均值及其误差范围表示的意义。

表格9.4　Châteauneuf – sur – Loire 遗址40个石片的长度（以厘米计）

4.7	6.8	3.5	5.9	6.5
4.1	6.2	6.0	7.8	8.8
8.0	9.3	8.3	8.1	7.4
3.2	6.9	5.5	4.3	8.5
9.7	7.3	4.3	4.7	6.3
7.5	4.5	4.8	3.0	7.0
5.7	3.9	5.6	6.1	5.3
5.0	5.4	6.1	5.1	2.6

2. 如果你认为 Châteauneuf – sur – Loire 遗址的石片长度不够精确，

第Ⅱ部分 抽样 ◆◆◆

你想使95%置信度下的误差范围是原有的一半,所以你需要从遗址中得到更多的样本。为了达到目的,你需要得到容量多大的石片样本?

3. 假设你在Berwick–upon–Tweed发掘了一个中石器时代遗址,且发现一定数量保存很好的火塘。表格9.5是火塘的直径。请将这组火塘当作该遗址火塘的随机样本,估算遗址整体火塘直径的中心指数,然后计算95%置信度下的误差范围。

4. 假设你对Huancabamba遗址的一个保存很好的史前家户进行了整体发掘,其中出土器物中有37个黑曜岩石叶。为了将这些器物与其他黑曜岩原料的器物相比较,你首先要知道这37个石叶的平均锌含量。因为锌含量很小且测量成本很高,所以即使出土石叶不多,你仍能将其视为总体,并从中随机抽出14个石叶进行分析。表格9.6是每个石叶的锌含量(一百万分质量分数中锌的含量)。请你估算37个石叶总体中平均每百万分质量分数中锌的平均含量。然后,请提供90%置信度下的误差范围,并用一句话表明估算均值及其误差范围的意义。

表格9.5 Berwick–upon–Tweed遗址44个中石器时代火塘的直径(以米计)

0.91	0.75	1.03	0.82	2.13
0.51	0.80	0.66	0.93	0.66
0.76	0.90	0.76	0.95	0.62
1.64	0.58	0.96	0.56	1.93
0.85	0.60	0.74	0.78	0.68
0.88	0.70	0.64	0.89	0.80
0.72	2.47	0.62	0.98	0.74
0.77	0.84	0.86	1.08	0.93
0.69	1.00	0.84	0.83	

表格9.6 Huancabamba遗址史前家户14个石叶中的锌含量(百万分率)

53	49	41	59	74
37	66	33	48	57
60	55	82	22	

第十章　中值和再抽样

自助法（Bootstrap）
练习

　　无论是由样本估算总体均值，还是在理想置信度下确定误差范围，经典统计学都为我们提供了有效的工具。这些我们都在第八章和第九章中讨论过了。如果样本中的异常值影响了均值的使用，那么我们可以用同样的工具估算截尾均值。如果样本的非对称（偏斜）形状影响了均值的使用，那么我们可以用数组形状变换公式修正。这也使得显著性检验成为可能（我们将会在第十一章到第十五章中讨论）。用公式对数组形状进行修正虽然对显著性检验有效，但修正值并非直接的测量值。因此，我们无法对修正值直接进行讨论。比如，讨论两个时期内遗址面积均值的对数是很困难的。在这样的案例中，中值就成了更理想的指数，对总体中值最好的估算就是样本中值。但是估算特定置信度下中值的误差范围没有理论基础，因为没有像研究均值那样的理论来研究中值的特殊数组（或者抽样分布）的中心、离散和形状。探索性数据分析对于这一难点的贡献是用再抽样（resampling）获取其特殊数组，即在样本中重复抽样。

　　表格10.1是古典时代早期和晚期遗址面积的背靠背茎叶图。古典时代早期的113个遗址的面积为1公顷到211公顷，古典时代晚期遗址的面积为小于1公顷到101公顷。与许多关于遗址面积的案例相似，这个数组向上偏斜，古典时代早期遗址面积数组中的最大值被认定为

第Ⅱ部分　抽样

表格10.1　　古典时代早期和晚期遗址面积的背靠背茎叶图

早期		晚期
1	21	
	20	
	20	
	19	
	19	
	18	
	18	
	17	
	17	
	16	
	16	
	15	
4	15	
	14	
	14	
	13	
0	13	
	12	
	12	
	11	
4	11	
9	10	
	10	1
	9	59
03	9	3
	8	
33	8	
9	7	556
	7	34
5557	6	588
2234	6	000
7889	5	5667
00244	5	00123
567899	4	566889
01112233	4	0012233
566789	3	556679
00112344	3	001344
555567889	2	55667889
02222344	2	00112234
55567788	1	55677788999
001111112234	1	0122344
566666677888999	0	67888899
001134	0	0344

异常值。虽然最大的遗址是古典时代早期的，但如果我们关注数组的中心部位，会发现古典时代晚期遗址的面积在整体上略微偏大。从早期到晚期遗址面积的改变不是太大，这也都显示在图10.1的箱点图上。中值、上下四分位数和极端临近值在古典时代晚期的数组中都更大。但是高异常值在古典时代晚期的数组中较少，相较而言也不极端。这就是为什么均值有时候会有误导性，这个案例就属于这种情况。古典时代早期遗址面积的均值是36.3公顷，古典时代晚期遗址面积的均值是35.7公顷，这告诉我们数组的中心不是变大了，而是变小了。对于两个数组来说，均值在茎叶图的标尺上都高于可见的数组中心。正如我们所预期的那样，对于这两个数组而言，中值是更理想的中心指数。古典时代早期遗址面积的中值是28.2公顷，而古典时代晚期遗址面积的中值是30.6公顷。这在茎叶图和箱点图中也显示为增加的趋势。总结对比结果，遗址面积的中值从28.2公顷增加为30.6

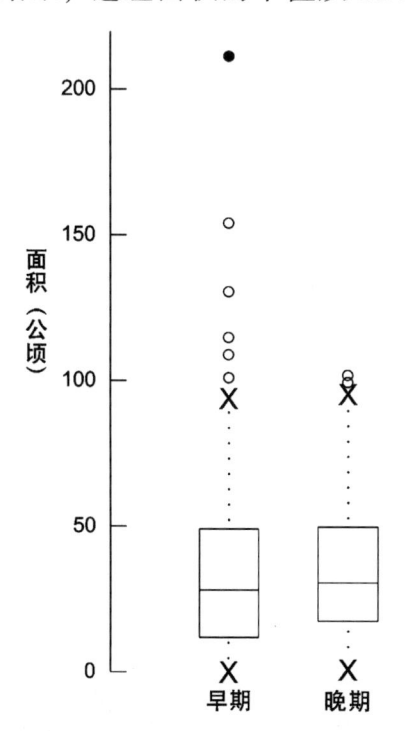

图10.1 比较古典时代早期和晚期遗址面积的箱点图

第Ⅱ部分　抽样 ◆◆◆

公顷。

然而，如果这两个数组是从我们想要了解的总体中抽出的样本，那么我们可以得到对总体的估算以及在特定置信度下的误差范围。正如我们所看到的，这种情况下均值不是让人满意的指数。截尾均值一定程度上改善了这种情况，特别是消除了古典时代早期遗址面积的异常值，但是真正的问题仍未解决，因为两个数组的形状都是向上偏斜的。数组形状变换可以使显著性检验成为可能，但是它会使我们在进行一些比较时难以操作，例如比较两个时期遗址面积的负倒数。再抽样就可以使计算这种案例的中值误差范围成为可能。

自助法（The Bootstrap）

最常见的再抽样技术就是自助法。它是将样本当作总体，并重复从样本中抽取新样本的方法。这个新样本是随机抽取出的，通常和原始样本数组的容量一样。它与原始样本数组的区别仅在抽样方法上，即用重置抽样（sampling with replacement）产生与原始样本不同的新样本，其中有些元素被省略，有些元素被重复抽出多次。在自助法中，我们通常会选择至少1000个再抽样样本。我们在每个再抽样样本中找到中值，新样本数组中就积累了所有再抽样样本的中值。与利用均值和特殊数组一样，我们可以利用这个数组完成同样的任务，即可以把其当作中值的抽样分布。

估算均值时，我们知道特殊数组呈正态分布（只要样本容量大于30或者40），并且我们能计算其均值和标准差。有了特殊数组的均值和标准差，我们就可以知道从一个均值与样本均值极为不同的总体中得出我们既有样本的异常程度（见第八章和第九章）。但是由再抽样样本的中值组成的特殊数组不可能是单峰且对称的。事实上，中值的特殊数组一定也经常是非对称和多峰的。例如，图10.2的柱状图就呈现了双峰且非对称的数组。这个数组由表格10.1古典时代早期遗址面

第十章　中值和再抽样

积的10000个再抽样样本的中值组成，其均值和标准差并非理想的数组中心和离散指数，所以它们也不是我们调查异常性的有用数值。但是，这10000个再抽样样本的中值是28.2公顷，与原始样本的中值相同，这可作为一个理想的特殊数组中心指数。

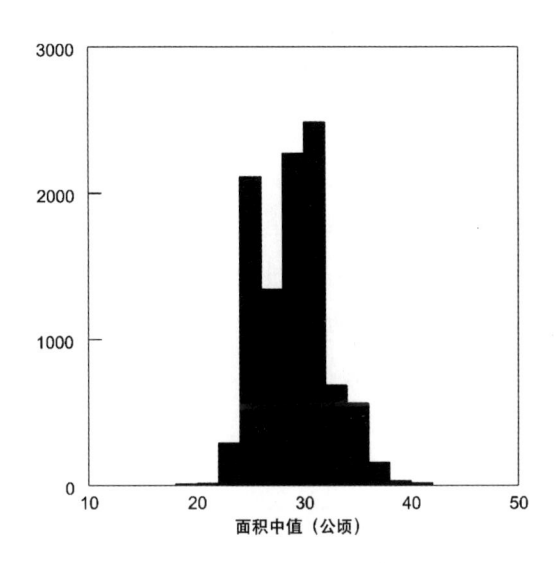

图10.2　古典时代早期遗址面积10000个再抽样样本中值的柱状图

我们在第四章中看到，与学生标准考试的报告类似，百分比也是一种常见的描述异常性的方法，特别是为研究像图10.2中这样的非正态分布数组的异常性提供了有用的方法。这个由一系列中值组成的特殊数组可以代表样本的所有可能来源总体的中值。为了得到90%置信度下的误差范围，我们需要观察这10000个再抽样样本的中值数组位于5%和95%处的数值，即中间90%的再抽样样本中值可代表在90%置信度下总体中值所在的范围。那么我们需要知道下5%的中值及上5%的中值的准确位置，剩下90%的再抽样样本的中值就位于这两个数值中间。因为10000个中值的5%是500，所以我们需要知道数组中第500个和第9500个数值（无论是从小到大，或是从大到小）。对于这个特殊数组，这两个数值分别是24.6公顷和35.0公顷。

最后，我们估算区域内所有古典时代早期的遗址面积中值为28.2

· 159 ·

第Ⅱ部分　抽样

公顷。我们有90%的信心认为总体中值落在24.6公顷到35.0公顷之间。对于通过自助法得到的中值误差范围而言，误差范围不对称是很正常的。它在中值以下的范围是3.6公顷，而在其以上的范围是6.8公顷，所以我们不能用±符号表达误差范围。任何特定置信度的误差范围只能用合适的百分比来表达。95%置信度的误差范围介于2.5%和97.5%的百分比之间；98%的置信度的误差范围介于1%和99%的百分比之间；99%的置信度的误差范围介于0.5%和99.5%的百分比之间。

　　自助法（bootstrap）听起来是个神奇的概念，直译为"通过拉自己的鞋带使自己站起来"，意为通过自己的努力来改善处境，或者自力更生。在这里意为仅仅通过使用手头现有的数据，而不对总体的分布做任何假设，来推断总体的特征。这并非来自于抽象的数学逻辑。试验反复证明，自助法对评估不同置信度的误差范围是一个很好的方法。这也可以在评估均值的误差范围上应用，即使经典理论使得这个方法成为一种非必要的手段。正如前面所提到的，古典时代早期遗址面积的均值不是数组中心的理想指数，但是它可以用来估计样本的可能来源总体。如果我们用第九章中讨论的方法，可以估算出古典时代早期遗址面积的均值是36.3公顷±6.0公顷（在95%的置信度下）。

　　如果用自助法来估算样本的可能来源总体，我们可以得到一个由10000个再抽样样本均值组成的数组。这个特殊数组是单峰且对称的，正如中心极限定理所告诉我们的那样，均值的特殊数组就是这样一个大的样本。10000个再抽样样本均值的均值是36.3公顷，与经典理论所提供的总体均值估算相同。因为数组是单峰且对称的，所以我们可以用均值和标准差处理异常性，再次得到在95%置信度的误差范围是±6.0公顷。这两个结果并不总是完美一致的。如果计算时小数点后数值足够精确，那么舍入所产生的误差和其他原因会导致它们有细微的差别，在不同的精确度下，用同样的计算器计算的结果也会有所不同。

　　除了自助法，另一种再抽样的方法叫作刀切法（jackknife）。刀切

第十章 中值和再抽样

法与自助法很像，只是在再抽样的选择上有略微不同。刀切法没有使用重置抽样产生与原始样本大小相同的再抽样样本，而是通过每次从原始样本中删去一个样本，由此一个接一个地删除原始样本中的每个案例来产生再抽样样本。所以再抽样样本会比原始样本容量少一个案例，并且抽样总数与原始样本量相同。与自助法相比，刀切法比自助法的稳健性和抗干扰性更弱，所以较少被使用。

统计软件

像自助法这样的再抽样方法在统计软件里的推广使用稍显缓慢，但是越来越多的统计学软件都开始有这个功能。通过自助法找到中值的误差范围不仅仅是从软件操作界面简单地点选选项。它的操作需要点选再抽样选项，在再抽样方法中选择自助法，设定再抽样样本的数量（一般至少需要 1000 个），并且确定中值是我们所需的统计数值等步骤。之后，统计软件就可以在一个新的数据文件中保存所有再抽样的中值。然后，我们可以在其中找到合适的百分比，并且确立特定置信度下误差范围的大小。

练　　习

1. 再次观察表格 3.5 中青铜时代晚期 Nanxiong 遗址的数据。通过之前的练习，我们发现数组是非对称的，无法用均值描述其特点。但是中值是一个较理想的中心指数。将这个遗址面积的数组当作青铜时代晚期遗址面积总体的一个样本，估算遗址面积总体的中值。再用自助法估算 90% 置信度下的误差范围。最后用一句话清楚说明这个估值及其误差范围的含义。

第十一章　类别比例和总体比例

我们需要多大容量的样本
练习

在第七章到第十章中，我们讨论了当我们想要估算总体的均值或中值时，应当如何基于样本做出这些估算。在第六章中我们讨论了基于类别而不是测量值的另一种观察方法。当我们考察的兴趣是一系列类别而不是测量值时，自然就没有理由从数组的中心或者离散角度去思考，而是需要从比例的角度分析。当观察样本中的类别时，我们对于样本来源总体的基本想法是着重考虑总体中不同类别的比例，而不是均值或者中值。

基于样本估计总体比例与基于样本估算总体均值很像，所以在这一章中我们把之前三章的原则延伸并运用在比例上。假设我们需要研究第九章讨论的 100 个箭镞的材料，我们会发现这 100 个箭镞中有 13 个是黑曜岩做成的。因为样本容量是 100，样本中黑曜岩箭镞的比例是 13/100 或者 13.0%。这 100 个样本其实来源于一个元素数量庞大且未被明确定义的总体。它能够在多大程度上反映这个总体的信息呢（正如均值一样），样本比例最有可能反映来源总体比例的情况。所以对总体比例最好的估算就是基于这个样本比例，即 13.0%。

正如样本可能有与总体完全不同的均值一样，黑曜岩箭镞所占的 13% 的比例也有可能与总体的黑曜岩比例不同。所以我们也希望获得给定置信度下总体比例估值的误差范围（正如估算总体均值一样）。

第十一章 类别比例和总体比例

我们也可以在百分比的估算中使用标准误差。唯一的困难在于，计算均值标准误差是以样本的标准差为基础的，并且这个计算值对于比例的标准差而言没有明显的直观意义。但是在数学上，我们可以用一个简单的等式来表现比例的标准差：

$$s = \sqrt{pq}$$

s = 比例标准差，p = 比例（以小数来表示），$q = 1 - p$

在我们的样本里，黑曜岩箭镞的比例被表达成小数，即 0.130，$q = 1 - p = 1 - 0.130 = 0.870$。所以，

$$s = \sqrt{pq} = \sqrt{(0.130)(0.870)} = \sqrt{0.1131} = 0.3363$$

这个比例的标准差与均值的标准差有常识上的联系。我们知道较小的标准差意味着数组的离散程度也较小。这样的数组可被称为高度同质的。一个同质数组的类别比例可能会很大或者很小。如果 99% 的箭镞都是由黑曜岩制作的，这个同质的数组就有较低的标准差：$\sqrt{pq} = \sqrt{(0.99)(0.01)} = \sqrt{0.0099} = 0.0994$。一个由 1% 黑曜岩和 99% 非黑曜岩的箭镞组成的数组当然也会产生同样的结果。最异质的数组是拥有 50% 黑曜岩箭镞的数组，它的标准差是 $\sqrt{pq} = \sqrt{(0.50)(0.50)} = \sqrt{0.2500} = 0.50$。异质性越强的数组拥有越大的标准差。

类别比例标准误差的计算方法（即使用标准差来计算）与均值标准误差计算方法的步骤是一样的。因为 σ，即总体标准差是未知的，所以我们用样本标准差来代替，即上文方程中的 s。

$$SE = \frac{\sigma}{\sqrt{n}} = \frac{0.3363}{\sqrt{100}} = \frac{0.3363}{10} = 0.03363$$

因此，在我们的案例中，比例的标准误差是 0.034 或者 3.4%。我们可以将其当作 1 个标准误差范围，并将其附在总体类别比例后面：我们可以说这个总体的比例是 13% ± 3.4%，或者在 9.6% 到 16.4% 之间。按照 1 个标准误差范围的常规操作，我们可以说我们有 66% 的信心认为总体比例落在 9.6% 到 16.4% 之间。

第Ⅱ部分 抽样 ◆◆◆

为了调整误差范围以得到理想的置信度，我们要用 t 值分布表（表格9.1）查找在给定自由度和置信度上的 t 值，并且将这个值乘以标准误差。为了获得95%置信度的误差范围，我们找到表格9.1中的 $120 d.f.$ 行（最接近的是 $n-1=99 d.f.$），并且发现95%置信度对应的竖列 $t=1.98$。我们将标准误差乘以1.98得到 (0.034)(1.98) = 0.067。所以在95%置信度下，我们估算总体中黑曜岩箭镞的比例是 $13\% \pm 6.7\%$（或者在6.3%和19.7%之间）。当然，这意味着有5%的样本（容量为100，黑曜岩箭镞的比例为13.0%）来源总体中，黑曜岩的比例小于6.3%或者大于19.7%。

与均值一样，有限总体修正可以被应用在总体标准误差的计算上。例如，假设我们发掘了一个使用时间较短的村落遗址，并识别出其中的24个房子遗迹（后简称为"房子"）。24个房子中的17个保存较好，我们可以判断其入口的位置。在这17个房子中，6个入口朝南。在仔细研究来源偏见后，我们决定将这17个房子当作24个房子的总体的随机样本。所以我们估计遗址中有6/17或35.3%的房子是朝南的。比例的标准误差是：

$$SE = \frac{\sigma}{\sqrt{n}}\sqrt{1-\frac{n}{N}}$$

$$\sigma = s = \sqrt{pq}$$

所以，

$$SE = \frac{\sqrt{pq}}{\sqrt{n}}\sqrt{1-\frac{n}{N}} = \sqrt{\frac{pq}{n}\left(1-\frac{n}{N}\right)}$$

$$= \sqrt{\left(\frac{(0.353)(0.647)}{17}\right)\left(1-\frac{17}{24}\right)}$$

$$= \sqrt{(0.0134)(1-0.7083)}$$

$$= 0.0625$$

如果我们想取90%的置信度，那么我们可以将标准误差乘以1.746（根据表格9.1，90%置信度和 $16 d.f.$ 对应的 t 值是1.746），得到90%置信度下的误差范围是0.1091。所以我们得出结论：在遗址的

24个房子中，入口朝南的比例是35.3%±10.9%（或者介于24.4%到46.2%之间）。因为这是有限的总体，我们可以将估算比例乘以总体中房子的数量，换算成具体的房子数量。将误差范围下估算比例的最低值乘以总体房子的数量，我们得到5.9个房子；将误差范围下估算比例的最高值乘以总体房子的数量，我们得到11.1个房子。因此，我们有90%的信心认为遗址中入口朝南的房子有6到11个。

在这个案例中，由于样本数量太小，以上统计学的计算结果看起来是没有太大帮助的。毕竟我们已经知道了至少6个房子的入口是朝南的——样本中本来就有6个已知入口朝南的房子。而且我们知道不会有超过13个入口朝南的房子，因为只有7个房子的入口朝向是没有被记录的。如果它们全部朝南，加上6个已知的房子，就会有13个。如果我们已经知道朝南的房子是介于6到13个之间，那么我们有90%的信心说朝南的房子介于6到11个又有什么用呢？其实，比以上案例更重要的是，我们需要明白，一旦样本太小，我们就不能得到在高置信度下关于总体的非常精确的结论。至少在特定研究方面，这个样本太小了，以至于无法告诉我们想知道的信息，即使这个比例达到了71%（17个个体占了总体的71%）。17个元素组成的样本在统计学上是很小的样本，不管它占总体多少百分比。如果我们分析的样本很小，那么样本中的类别比例很有可能会与总体的比例不同。我们从样本中得到的任何结论都不会很精确或肯定，即便它们是我们对总体的最佳猜测。在这种情况下，在特定置信度下对误差范围的计算告诉我们，我们的最佳推断也不是特别理想。在进行这样的观察并得出结论的时候，了解这一点对我们来说很重要。

我们需要多大容量的样本

就像估计总体均值一样，我们可以用这样的知识提前估计对于特定目标需要多大容量的样本。计算公式是相同的：

第Ⅱ部分 抽样

$$n = \left(\frac{\sigma t}{ER}\right)^2$$

如前文所示,我们可以将 $\sqrt{pq}$ 代入 σ。例如,假设为了估计不同类型的陶器比例,并使其误差范围在95%置信度下不超过 ±5%,我们就要知道应该在遗址内随机采集多少陶片。我们必须对类别比例进行猜测才能得到 σ。如果我们对类别比例并不知情,那么我们可以保守地猜测比例为50%,因为误差范围在比例为50%时最大。如果实际比例与50%不同,那么误差范围只会比我们所需要的更小。我们将50%代入公式,$\sqrt{pq} = \sqrt{(0.50)(0.50)} = 0.50$,所以 0.50 就是 σ 的值。95%置信度和 ∞ d.f. 所对应的 t 值(因为我们不知道 n 是多少)是 1.96。所以,

$$n = \left(\frac{(0.50)(1.96)}{0.05}\right)^2 = 384.16$$

我们应该随机采集 384 个陶片作为样本。

如果我们这样做了,并发现特定类型的陶片有 192 片,那么这个类型的比例就是 192/384 或者 50%。我们估计遗址中这个类型的陶器占所有陶器(样本所在的总体)的 50%。计算比例的标准误差的公式是:

$$SE = \frac{\sigma}{\sqrt{n}}$$

并且我们将 $\sqrt{pq}$ 代入 σ。所以

$$SE = \frac{\sqrt{(0.50)(0.50)}}{\sqrt{384}} = \frac{0.50}{19.5959} = 0.0255$$

为了得到95%置信度的误差范围,我们将标准误差乘以95%置信度和 ∞ d.f.(因为 383 d.f. 比倒数第二行的 120 大很多)的 t 值。95%置信度下的误差范围是 1.96 倍的标准误差,即 0.050 或 5.0%。因此,我们估计该陶器类型在遗址所有陶片中占 50.0% ±5.0% 的比例,并达到了样本所需的置信度和精确度。

如果样本中只有 14 个陶片代表遗址中另一类型的陶器,那么我们

第十一章 类别比例和总体比例

可以估计它在遗址陶片总体中的比例为 3.6%。在这个案例中，我们可以在同样置信度下获得更高的精确度，因为对于这个更小的比例来说，标准误差也更小：

$$SE = \frac{\sqrt{(0.036)(0.964)}}{\sqrt{384}} = \frac{0.1863}{19.5959} = 0.0095$$

我们将 0.0095 这个标准误差 ∞ d.f. 和 95% 置信度下对应的 t 值相乘，得到 (0.0095)(1.96) = 0.019 或 1.9%。我们可以有 95% 的信心得出结论：遗址中第二种陶片类型所占比例为 3.6% ±1.9%。

有些时候，我们在测量值分析和总体均值估计的过程中会受到来自异常值和非对称性的影响，但这些问题在我们分析类别和估计总体比例时根本不会出现。所以我们在这里不需要讨论计算方法的抗干扰或者稳健性问题。

练 习

1. 在 Mugombazi 遗址的系统地表采集中，你发现了 342 个石片。在对抽样偏见的可能性来源进行分析后，你判断这 342 个石片为随机样本。在这 342 个样品中，55 个是刻刀。请估计刻刀在遗址石片中的比例。然后提供在 99% 置信度下的误差范围。最后用一句话来说明这一估计，给出读者所需的所有信息。

2. 距离 Mugombazi 遗址南边不远处的 Bwana Mukubwa 遗址有另一个范围很大的石器堆积分布。假如你要对遗址的石片进行随机地表抽样采集，你的目的是估计不同类别的石片在石片总体中的比例，并且估计的误差范围（在 90% 置信度下）不能超过 ±5%。那么，你需要多大的样本？

3. 你按照计划前往 Bwana Mukubwa 遗址进行地表采集。某天，你遇到犀牛的攻击而停止了田野工作。为了让自己忘记疼痛，在急诊室消磨时间的时候，你开始观察这些采集器物。观察结果是样本中 45%

第Ⅱ部分　抽样 ◆◆◆

是石器废料。请估计遗址中石器废料所占的比例。然后计算90%置信度下的误差范围。最后，用一句话陈述你的结果。误差范围是否在±5%以内？如果不是，返回田野去找出错误之处，并再试一遍（这一次请留意野生动物）。

第Ⅲ部分 两个变量之间的关系

第十二章 比较两个样本的均值

置信度、显著性（Significance）和强度（Strength）

用 t 检验比较

一个样本的 t 检验

零假设（The Null Hypothesis）

统计结果和解释

假设和稳健方法

练习

到现在为止，我们关注的都是单个数组，并且将其作为样本对总体进行推断。我们在第七章到第十一章中讨论的原则也可以应用在数组的比较上，而我们早在第四章中就已开始探索数组的比较。

图 12.1 中比较了两个数组。这两个数组是形成时期（Formative）和古典时期（Classic）的房屋面积（平方米）。在仔细研究可能的样本偏见后，我们决定将两个数组当作随机样本，将每个时期的房屋面积作为一个样本。形成期的样本包括 32 个房屋的面积，而古典时期的样本包括 52 个房屋的面积。我们用图 12.1 的背靠背茎叶图开始观察这两个样本。茎叶图揭示了这两个样本都是单峰对称的，因此均值是数组中心的理想指数。虽然两个数组都不是完美的单峰对称，但它们都达到了相对较小的数组能达到的单峰对称水平。

以上从背靠背茎叶图中得到的结果也可以从图 12.1 的箱点图中得到印证。箱点图让我们清晰地看到，古典时期房屋面积的样本中心比

第Ⅲ部分 两个变量之间的关系 ◆◆◆

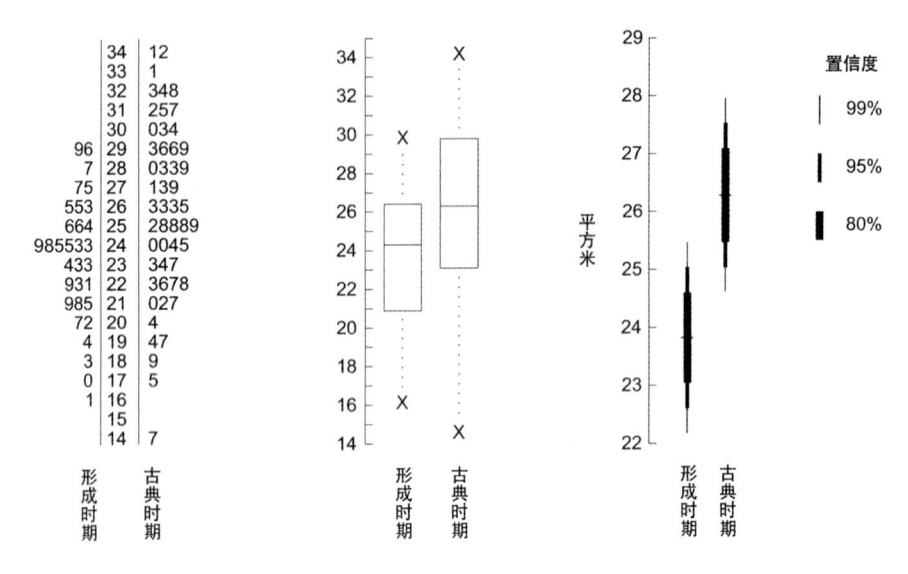

图12.1 形成时期和古典时期房屋面积（平方米）的比较

形成时期房屋面积的样本中心高。古典时期房屋面积的中值是26.3平方米，整体上大于形成时期房屋面积的中值24.3平方米（即使两个时期房屋面积有重叠，且最小的房屋面积属于古典时期——这在茎叶图和箱点图中都能看出）。这两个样本的离散相差不大，只是古典时期样本的离散比形成时期稍微大一些。

表格12.1比较了两个样本的中心和离散。无论我们比较的是中值还是均值，古典时期的房屋面积看起来都相对较大。无论我们比较的是中间离散还是标准差，古典时期的房屋面积都相对分散。

表格12.1 形成时期和古典时期房屋面积样本的比较

	形成时期	古典时期
$n =$	32个房屋面积	52个房屋面积
中值 =	24.3平方米	26.3平方米
$\bar{X} =$	23.8平方米	26.3平方米
中间离散 =	4.1平方米	6.7平方米
$s =$	3.4平方米	4.5平方米
$SE =$	0.60平方米	0.63平方米

◆◆◆ 第十二章 比较两个样本的均值

如果将数组比较结果（见第四章的数组比较）和随机样本的表现（见第七章到第九章）结合起来，我们可能会考虑这些观察到的差异是否是"真的"，抑或样本是否总是能够准确地代表总体。我们知道如果从同样的总体中随机抽样，我们可能会得到不同的样本。随机样本之间的差异被称为抽样差异（vagaries of sampling）。如果比较形成时期和古典时期的房屋面积，我们看到的不同会不会只是样本之间的随机差异？当然，我们知道实际上这两个样本并非来自同一个总体——一个来自形成时期的房屋面积，另一个来自古典时期的房屋面积。尽管我们常常想象这两个样本可能来自同一个总体，但实际上我们是说这两个样本来自均值相等的两个总体。如果这两个样本来自均值相等的两个总体，那么形成时期和古典时期房屋面积的均值就是一样的。正是因为这两个样本的均值是不同的，我们才会猜测它们的总体均值是不同的。尽管如此，基于之前随机样本的表现，我们还是认为两个样本有可能来自均值为25.0平方米的总体。如果事实的确如此，我们就会把在形成时期和古典时期观察到的不同归因于抽样差异。我们不会将其当作形成时期到古典时期房屋面积的变化。在第九章中，我们通过计算同一个样本在不同置信度下的误差范围来解决这个问题，但现在我们有两个样本，问题就变得更加复杂。然而，我们可以用同样的方法来解答这个问题，即轮流分析每个样本和它所在的总体。

表格12.2是在三个不同置信度下形成时期和古典时期房屋面积的估算。这些估算和它们所附的误差范围是按照第九章中的步骤计算出来的：分别对两个样本计算80%置信度、95%置信度和99%置信度的误差范围。这些误差范围在图12.1的右侧显示。这些图形叫作子弹图（bullet graphs）。这主要是因为误差范围的表现方法看起来有点像子弹。子弹图使两个样本的比较变得容易。我们不仅可以比较它们的均值，也可以比较它们在不同置信度下的误差范围。最粗的误差柱（error bar）代表80%置信度对应的误差范围。这是三种置信度中最精确的估算，对应的置信度也是最低的。较粗的误差柱代表95%置信度对

第Ⅲ部分　两个变量之间的关系

应的误差范围。这个误差范围更大，估算相对而言不太精确，但是其所对应的置信度较高。最后，最细的误差柱代表99%置信度对应的误差范围，这一估算更不精确，但却因此得到了最高的置信度。

表格12.2　　　　　　形成时期和古典时期房屋面积样本的比较

置信水平	面积均值	
	形成时期	古典时期
80%	23.8 ± 0.8 平方米	26.3 ± 0.8 平方米
95%	23.8 ± 1.2 平方米	26.3 ± 1.3 平方米
99%	23.8 ± 1.6 平方米	26.3 ± 1.7 平方米

需要指出的是，虽然子弹图和箱点图都代表了中心和离散，但子弹图并不是箱点图的另一种表达方式。箱点图代表的是两个样本的特点，子弹图代表的是两个样本所在总体的情况。子弹图的标尺与茎叶图和箱点图的标尺也不相同。子弹图最长的误差柱（99%置信度下）实际上也比箱点图的中间离散要短。子弹图的标尺是被放大了，使得误差柱的长度可以被清晰地比较。如果子弹图的标尺与箱点图一样，误差柱可能会小到我们无法轻易看见。

基于图12.1右侧的误差柱比较这两个时期，会产生与前面比较中心时相同的结果：古典时期房屋面积平均值比形成时期大。然而，这张图也帮助我们回答了这两个样本的差别有多大概率仅只是样本的随机差异，而它们所在的总体没有真正的差别。然而，子弹图也有助于回答我们在前文提出的问题，即这两个样本来自于具有相同均值的总体，而样本之间的差异只是随机抽样差异的可能性有多大？

我们估计形成时期房屋面积的均值在80%置信度下是23.8平方米±0.8平方米。换言之，形成时期的样本不太可能出自均值小于23.0平方米或者大于24.6平方米的总体。我们估算古典时期房屋面积的均值为26.3平方米。这完全在形成时期80%置信度对应的误差范围之外。所以形成时期的样本来自均值为26.3平方米的总体有低于20%的可能性。古典时期的这一估算均值同样在形成时期95%置信度

第十二章 比较两个样本的均值

的误差范围之外，甚至在99%置信度的误差范围之外。形成时期房屋面积的均值在99%置信度的误差范围内最大仅为25.4平方米，这个值低于古典时期房屋面积的均值26.3平方米。所以形成时期的样本来自均值为26.3平方米的总体的可能性不到1%，即形成时期的样本来自一个像古典时期一样的总体的概率不到1%。

如果用相反的方式来比较古典时期的样本来自形成时期总体的概率，我们会得到相同的结论。形成时期估算的均值均在古典时期80%置信度、95%置信度甚至99%置信度下的误差范围之外。

我们在图形上将单向的比较延伸到同步的双向比较，只会得到近似的结果，即古典时期的样本出自均值与形成时期样本均值一样低的总体，或者形成时期的样本来自其均值与古典时期样本均值一样高的总体的可能性都不超过1%。针对上文曾经提到的问题，即这两个样本来自同一个总体的概率会是多少（即它们来自两个均值相等的总体的概率是多少呢）？要回答这个问题需要基于两个样本的标准误差进行双向的比较。如果说两个样本来自同一个总体的概率低于1%，则其中一个样本的均值必须在另一个样本99%置信度的误差范围之外。至于在误差范围外多远，这是由两个样本的标准误差的差异大小决定的。然而，如果其中一个样本的均值在另一个样本99%置信度的误差范围之外，那么这两个样本来自相等均值的总体的可能性就非常低。用一种与我们的案例更相关的方式表达这个结论，即形成时期和古典时期的房屋面积均值相等的可能性非常低。这就是图12.1的子弹图所表明的结论，因为每个样本的均值都在另一个样本99%置信度的误差范围之外。

因此，图12.1的子弹图以简洁明快的方式揭示了形成时期房屋的面积均值比古典时期房屋的面积均值小2.5平方米，并且这一差异来源于抽样差异的可能性非常小。换而言之，这个图告诉我们，基于这两个样本的大小和特征，我们有较大的信心认为房屋的面积从形成时期到古典时期发生了变化。

第Ⅲ部分 两个变量之间的关系 ◆◆◆

置信度、显著性和强度

在上文的案例中，我们如果使用"形成时期和古典时期的房屋面积差异具有很大的显著性"的表述方式，就会更符合传统统计学的说法。统计学上的显著性是我们一直使用的置信度的镜像概念。置信度指的是结果不是由抽样差异造成的概率。相反，显著性是从这一概念的反面来进行表述——结果是由抽样差异造成的概率。我们可以说有99%的置信度认为形成时期和古典时期的房屋面积有所不同，也可以说两个样本的不同仅由抽样差异导致的可能性不到1%，二者表达的是同一事实。第二种说法涉及显著性概率（significance probability），其在这个案例中不到1%。置信度对应的概率和显著性对应的概率之和一定是100%。那么，统计学上肯定的结果（positive results）就同时对应高置信度和低显著性。需要在此重申，我们对这两个时期的房屋面积存在差异有很大信心，也就是说这两个时期房屋面积的差异非常显著。很高的置信度对应着很高的置信度概率；但与此同时，很高的显著性却对应着很低的显著性概率，这是因为这一概率意味着我们探寻的结果仅是由抽样差异造成的。

置信度和显著性在统计学上都有清晰且准确的定义（即使统计学家用不同的方法定义它们）。统计学上置信度的概念对应口语中所用的"信心"。在日常口语中，我们说对什么有信心，相当于我们不认为自己是错的。矛盾的是，我们说有信心的行为恰恰是识别到了可能存在错误的概率（如果我们真的怀疑所有的事实，就不会提到我们对它的信心了）。但是口语中的显著性与其在统计学中的使用很不同，重要的是不要将它们混淆了。我们常常在口语中说某某很显著——如果它很重要或者很有意义，但是在统计学中，"显著"与"信心"相同，都直接指的是结论错误的概率——它们代表的不过是随机抽样过程中正常差异（即抽样差异）的可能性。

◆◆◆ 第十二章　比较两个样本的均值

我们在这个案例中所得结论（即古典时期房屋面积大于形成时期）的意义和重要性或有或无，但它的确很显著。结论有意义与否是一个主观问题，与我们对结果的诠释有关。意义和重要性的问题与置信度或者显著性的问题是完全不同的。用纯粹统计学的范畴解释，在统计学上与意义或重要性问题最接近的概念是强度（strength）。在我们所做的比较中，强度的概念是很简单的。形成时期和古典时期房屋面积差异的强度仅仅是差异的大小，即 2.5 平方米——形成时期房屋面积均值与古典时期房屋面积均值的差异。

我们对识别这样的差异有高度的信心；我们知道这非常显著——这两个陈述仅仅表明我们观察到的差异不是由抽样差异造成的。古典时期的房屋面积均值有极大可能大于形成时期。至于此结果是否有意义，则与我们最初为什么对这个信息感兴趣相关。也许我们怀疑形成时期的核心家庭结构到古典时期演变为扩大家庭，而如果这个变化是存在的，我们应该会发现房子的平均面积也随之增加。在这个案例中，房屋面积的均值显著增大，但这不支持出现扩大家庭的想法，因为房子面积增大的幅度太小了（2.5 平方米）。这一变化似乎不能为更大的家庭提供足够的面积。一般来说，形成时期与古典时期的房屋即使对一个核心家庭而言都比较小，仅仅 2.5 平方米的变化很难证明家庭从四五个人的容量变为更大的家庭。所以这个案例的结果，虽然具有高度显著性，但至少在这个假设的背景中，强度不足以说明其重要性或者意义。

用 t 检验比较

两个样本在子弹图误差范围基础上的比较也可以被看作显著性检验。这个方法与我们之前做的比较是完全对等的——它只是提供了一个不同的，或许是补充的视角。t 检验在这个意义上也同样进行了同步的双向比较。t 检验让我们能同时抽两个样本，并计算它们来自同

第Ⅲ部分 两个变量之间的关系 ◆◆◆

一个总体的概率。因为在这种情况下,我们可能知道两个样本实际是来自不同的总体。或者实际上我们可以将这个陈述简称为"两个样本来自两个具有同样均值的总体的概率"。

两个样本的 t 检验根据合并标准差(pooled standard deviation)来评估两个样本均值的不同。如果我们基于标准差计算两个样本的误差范围,那么无论我们将第一个与第二个比较,或者将第二个与第一个比较,所得结果都会是一样的。计算的公式看起来很复杂,但这其实是个非常简单的过程。首先,两个样本的合并标准差的表达式是:

$$s_P = \sqrt{\frac{(n_1-1)s_1^2 + (n_2-1)s_2^2}{n_1 + n_2 - 2}}$$

其中 s_P = 两个样本的合并标准差,n_1 = 第一个样本的元素数量,n_2 = 第二个样本的元素数量,s_1 = 第一个样本的标准差,s_2 = 第二个样本的标准差。

将形成时期和古典时期房屋面积的样本数值代入公式可得:

$$s_P = \sqrt{\frac{(32-1)(3.4)^2 + (52-1)(4.5)^2}{32 + 52 - 2}}$$

$$= \sqrt{\frac{358.36 + 1032.75}{82}}$$

$$= \sqrt{16.9648}$$

$$= 4.12 \text{ 平方米}$$

两个样本的合并标准差落在形成时期标准差 3.4 平方米和古典时期标准差 4.5 平方米之间——这看起来很合理。合并标准差是合并标准误差 SE_P 的基础。

$$SE_P = s_P \sqrt{\frac{1}{n_1} + \frac{1}{n_2}}$$

在形成时期和古典时期的案例中,

$$SE_P = 4.12 \sqrt{\frac{1}{32} + \frac{1}{52}}$$

$$= 4.12 \sqrt{0.0505}$$

第十二章 比较两个样本的均值

= 0.93 平方米

已知合并标准误差可使我们得出两个样本均值之间存在几个合并标准误差的差异：

$$t = \frac{\overline{X}_1 - \overline{X}_2}{SE_p}$$

$\overline{X}_1$ = 第一个样本的均值；$\overline{X}_2$ = 第二个样本的均值。

在形成时期和古典时期房屋面积的案例中，

$$t = \frac{23.8 - 26.3}{0.93}$$

$$= -2.69$$

因此，从两个样本中观察到的房屋面积差是 2.69 个合并标准误差。我们已经知道这个较大数量的标准误差和很高的统计学置信度相关，也就是与高显著性（低显著性概率）相关。具体来说，t 值可以在表格 9.1 中查到。自由度是 $n_1 + n_2 - 2$，在这个案例中就是 32 + 52 - 2 = 82。所以我们使用 60 $d.f.$ 所在的一排（那是最接近 82 的一排）。暂时忽略符号，我们在这排中找 2.69 所在位置，其对应的显著性概率在 1% 和 0.5% 之间。所以两个样本的差别是由抽样差异造成的概率小于 1% 且大于 0.5%。我们也可以说这两个样本来自均值相等的总体的概率小于 1%。用另一种方式表达，即我们有超过 99% 的信心认为形成时期和古典时期的平均房屋面积有差别。当然这完全与我们从图 12.1 中已经得到的结论一致。

t 值的符号表明差的方向。如果第二个总体的均值比第一个总体的均值小，则 t 值为正数。如果第二个总体的均值比第一个总体的均值大，则 t 值为负数。与前面相同，差别的强度仍用两个样本的均值差表达，即为 2.5 平方米。

注意你的表述

当我们表述显著性检验的结果时，有必要说明我们做的是什么显著性测试，并提供统计结果及其相关的概率。例如，我们可

第Ⅲ部分　两个变量之间的关系 ◆◆◆

以说:"形成时期和古典时期房屋面积之间2.5平方米的均值差很显著（$t = -2.69$，$0.01 > p > 0.005$）。"这句话表达了所有我们必须表达的内容。如果这是写给一个熟悉基本统计学原则和实践的专业人员，那么我们已经不需要进一步解释了。这个案例中的"统计数据"是t，t检验是评估显著性的方法，这是一种标准方法，不需要在每次使用时都进行解释。由抽样差异导致的两个样本差异的概率即为显著性，或联合概率（associated probability）。通常来说，p代表概率，所以在这个案例中我们提供了显著性小于1%的信息。这同样意味着两个时期房屋面积差别的置信度大于99%。

如果不做t检验，仅用图12.1中的子弹图比较均值及其误差范围，那么我们可能说"如图12.1所示，我们有99%的信心认为形成时期到古典时期的房屋面积均值产生了变化"。在不同置信度下的估算及其误差范围也是非常标准的，我们也没有必要在每次使用时都进行解释。但是与箱点图相比，子弹图较为不常用，所以我们不能假设每个人都能不言自明地理解不同宽度的误差柱代表不同的置信度。所以我们需要对如图12.1的子弹图中什么是置信度加以说明。

但是在另一种也许是最直接的方法（即t检验）中，我们可以关注估算的均值差并说"我们有95%的信心认为从形成时期到古典时期房屋面积增加了2.5平方米±1.9平方米，但是这个变化不足以说明家庭规模的增大"。

在类似这样的案例中，子弹图和t检验都是可选用的方案。然而在报告里同时选用两者却是过犹不及。在你写作的内容中选择一种能够最为简单清晰地表达相关结论的方法，并持续使用这个方法即可。统计学结果的呈现应该支持你的结论，而不是干扰它。能够最简单直接地呈现完整信息的方法就是最好的。

t检验衍生的合并标准误差同样为得到均值差异的强度和置信度

第十二章 比较两个样本的均值

提供了更为直接的方法。它使我们能够估算两个总体均值的差,并且为其估算误差范围。对两个总体均值差的最佳估算是两个样本的均值差。t 检验产生的合并标准误差是 0.93 平方米,这和往常一样是在 66% 置信度下的误差范围。根据 t 表格,我们能将其转换成 95% 置信度下的误差范围。表格中 82 $d.f.$ 和 95% 置信度对应的 t 值是 2.000,所以这是 95% 置信度下的误差范围所需的标准误差个数。所以 (2.00)(0.93) = 1.86,我们有 95% 的信心认为形成时期和古典时期房屋面积的均值差是 2.5 平方米 ±1.9 平方米,换言之,相较形成时期而言,古典时期的房屋面积比前者大 0.6 平方米到 4.4 平方米。这个估算也许为我们提供了最有效的方法来呈现结果:我们有 95% 的信心认为从形成时期到古典时期房屋面积增加了 2.5 平方米 ±1.9 平方米——但是这个变化没有大到能够证明家庭规模的扩增。

一个样本的 t 检验

有时候我们对比较一个样本和另外一个样本不感兴趣,但对比较一个样本和某些特定的理论期望感兴趣。例如,我们可能对一个特定史前族群是否杀害女婴感兴趣,其中一条证据就是墓葬中的性别比例。假设我们有 46 个墓葬作为样本,并且是从非故意杀害婴儿的史前人口墓葬中抽出的随机样本(我们认为被杀婴儿的尸体都是以其他方式遗弃的)。在理论上我们期望墓葬样本有 50% 是男性、50% 是女性,除非性别比例被杀害女婴的行为所影响(实际上有其他理论上的原因会使这个比例轻微地偏离 50:50,但这不是我们在这里需要考虑的)。在仔细研究骨骼遗存后,我们判断 46 个墓葬中 21 个为女性,25 个为男性。所以在比例上 45.7% 为女性,54.3% 为男性。样本中较低的女性比例可能说明更多的女性在婴儿时期被杀,但是我们不知道这 46 个样品在多大程度上可以被当作一个随机样本。我们可以计算不同置信度下的误差范围,类似于在第十一章的操作。对于 46 个样品中

第Ⅲ部分　两个变量之间的关系 ◆◆◆

45.7%的女性，其标准误差是：

$$SE = \frac{\sqrt{pq}}{\sqrt{n}} = \frac{\sqrt{(0.457)(0.543)}}{\sqrt{46}} = \frac{0.498}{6.782} = 0.073$$

为了达到80%置信度，我们需要查到45自由度对应的t值。我们用标准误差乘以t值：（0.073）（1.303）= 0.095。所以在置信度为80%时，46个墓葬组成的样本所在的总体中女性的比例为45.7% ± 9.5%（或者介于36.2%到55.2%之间）。理论上预期的50%女性比例正好在80%置信度的误差范围之间，所以我们观察到的不平衡的性别比例有20%的几率是由抽样差异造成的。

为了使对一个样本的t检验更加精确，我们可以以稍微不同的方法使用标准误差和t值表格。样本中女性的比例是45.7%，即与预期50∶50相比少了4.3%。这0.043的不同（即4.3%）代表了0.589个标准误差，因为0.043/0.073 = 0.589。在t值表格中找自由度40对应的标准误差个数（因为这是我们能找到最接近45的自由度），这会把我们带到表格中第一列的稍左边（即对应50%的显著度）。也就是这个性别比例不平衡的随机样本有高于50%的机会来自一个性别比例平衡的总体。这意味着我们看到的不平衡的性别比例有相当的可能性是由抽样差异导致的。我们可以说这个样本中不平衡的比例和期望平衡比例之间的差异性是不显著的（$t = 0.589$, $p > 0.5$）。这个结果不能支持这个族群有杀害女婴行为的结论；同样也不能支持这个族群没有杀害女婴行为的结论，因为样本来自性别比例不平衡的总体也有很大的可能性。简而言之，根据可观察的比例，样本没有大到让我们有信心对其是否来自性别比例平衡或者不平衡的总体做出论断。

零假设

许多学科的从业人员会将显著性检验用于假设检验。在这样的方法中，零假设首先被制定出来。在形成时期和古典时期房屋面积的例

第十二章 比较两个样本的均值

子中,零假设假定我们在两个样本中观察到的差别是抽样差异的结果。然后选择一个任意的显著性水平来拒绝这个假说(被选择的显著性水平经常是5%,这没有任何特殊的理由),之后进行 t 检验。结果($t = -2.69$,$0.01 > p > 0.005$)的显著性概率小于常规5%的反对水平(即抽样差异导致差别的概率小于5%)。所以零假设(即抽样差异导致的不同)被否定,两个总体有不同的面积均值。

以这样的方法制定的显著性检验,对于被检测的观察结果是总体的真实特征还是抽样差异所致,都会给出一个清晰的"是"或"否"的答案。问题是统计学永远不会针对这个问题给出"是"或"否"的答案。显著性检验可以告诉我们这个由抽样差异导致的概率非常高、中等还是非常低。但是只要我们是用样本做出的推断,我们就永远不会绝对地确定样本所代表的总体。显著性不是关于存在或者不存在的条件。统计学的结果不是更显著就是不那么显著。我们对总体的结论不是有较大的信心就是有较小的信心,永远不会得到绝对的肯定。强迫我们拒绝或接受零假设的方法就是将一个复杂的情况过度简化为一个"是"与"否"的问题(实际上许多统计学的书都在这样费力地区分,但却不能接受零假设,也无法拒绝它)。在实践上,分析者往往将他们不能反对的零假设看作一个已被证明的真理——我们会在后面进行更多的讨论)。

这种受迫型的统计学结果从"可能"和"也许"变成了"不",而由"很可能"变为"是"的实践有其合理性,比如在有些质量控制的领域,基于显著性检验的结果必须给出明确的"是"或者"否"。如果一个复杂的机器生产出一些产品,一个质量控制工程师就会测试机器生产的样本结果,决定机器是否需要进行调整。在对样本检验基础上,工程师必须决定让这个机器继续运行(如果他/她是错的,就会生产出许多有缺陷的产品),还是为了校正而停止机器运作(如果他/她是错的,就会浪费时间和金钱)。在这个案例中,为回答是否停止机器运作的问题,像"机器可能产生缺陷产品"这样的统计结果就必须被转换成"是"或者"否"的答案。幸运的是,考古学家的研究

第Ⅲ部分　两个变量之间的关系 ◆◆◆

极少是这种情况。我们经常说"也许""大概""很可能"或者"极有可能"。

最后，为了拒绝零假设而选择5%显著性的传统规则，当抽样差异的概率仅有6%时就会使我们无法拒绝零假设。如果在房屋面积的样本中，t值较低，相关的概率是6%，我们就可以说"我们对古典时期房屋平均面积大于形成时期有较高的信心"。但是，如果我们遇到了试图拒绝零假设的问题，因为5%的反对水平，我们则不得不说"我们无法否定形成时期和古典时期房屋面积一样的假设"。这样的结果是，即使我们自己的统计结果表明两个时期的房子平均面积的大小的确有所不同的概率为94%，我们也只能说这两个时期没有不同。

在一些学科中，拒绝零假设中不容更改的5%反对水平的方法就是回到实验室去研究一个更大的样本。当其他条件不变时，样本量越大产生的置信度就越高，置信度越高则意味着显著性概率越低。大部分对零假设的拒绝可翻译成"可能有差别，但样本量并没有大到可以让我们对差异的存在有信心"。但是在考古学中，经常很难或不可能得到一个更大的样本，所以我们必须从现有样本中得到所有信息。因此，本书中显著性检验的方法不是为了拒绝零假设，而是为了努力表明我们得到的结果有多大的概率是抽样差异导致的。

表格12.3总结了零假设检验方法和本书所主张的更为标量化的显著性检验方法的不同。当然，接下来的方法可以被认为是检验零假设，但并不是迫使我们在是与否之间做出抉择。如果我们想要采取更标量化的方法，那么代入零假设的公式于我们而言没有任何优势。具体来说，表格12.3强调了零假设的可能性范围可以被准确地以从"极为可能"到"相当不可能"的范畴来描述。如果将这种描述和"是"或者"否"的简单答案比较，我们就会意识到后者是多么具有潜在的误导性。

孕检只有两个可能的结果：怀孕或是未怀孕。显著性检验则不是这样；它们的结果是一个从非常显著到不显著的连续变化的范畴。虽然一些统计学的使用者（例如扑克牌玩家）必须在显著性检验概率的

第十二章 比较两个样本的均值

基础上回答是与否的问题，但是考古学家却不常处在这样的情境中。我们几乎总是在说结果对我们的想法提供了强有力的支持、一般强度的支持、一些支持，或者几乎没有支持。为了拒绝或无法拒绝零假设而强制进行显著性检验通常是没有必要的，这不仅对考古学没有帮助，而且可能会产生误导性的结果。在这本书中，我们绝不会只将结果描述为显著或不显著，而是会用表格12.3的语言描述或多或少的显著度。一些统计学的书将这个步骤划为头等大罪；另一些觉得这是唯一合理的事。事实上，没有哪一种方法是由上帝直接揭示的真理。考古学家必须在理解原则后决定哪种方法最适合他们的需要，而不是评判哪个统计学专家看起来最像神一样地揭示了神圣不可辩驳的真理。

表格12.3　房屋面积案例中处理显著性检验的不同方法的比较总结

	将显著性检验作为拒绝零假设的方法（不推荐）	将显著性检验作为评估抽样异常可能性的方法（本书所用的方法）
设问：	形成时期和古典时期房屋面积样本所见的差别是否只是抽样异常导致的？（是或否？）	形成时期和古典时期房屋面积样本所见的差别是由抽样异常导致的可能性有多大？
不同置信水平下的回答：		
$p=0.80$	是	极为可能
$p=0.50$	是	非常可能
$p=0.20$	是	相当可能
$p=0.10$	是	不太可能
$p=0.06$	是	相当不可能
$p=0.05$	否	相当不可能
$p=0.01$	否	非常不可能
$p=0.001$	否	极为不可能

统计结果和解释

我们很容易在无意中将置信度（置信水平）或显著性概率延伸到其合理应用的范围以外。两者无论哪个，都是需要经过阐释才能具有

第Ⅲ部分 两个变量之间的关系 ◆◆◆

真实意义和重要的统计效果。在这一章讨论的形成时期和古典时期房屋面积的案例中，我们的目的是考察从形成时期核心家庭到古典时期是否出现了扩大家庭。根据现有的案例，我们发现古典时期房屋的平均面积大于形成时期，而且这个差别是非常显著的（或者说我们有较大信心相信其结果不是由抽样差异所导致）。但是这并非就理所当然地代表我们对形成时期的核心家庭结构向古典时期的扩大家庭结构的转变有很大的信心。前者是统计结果；后者是解释。对后者的解释有多大信心是由统计学以外的一系列因素决定的。一方面，如前文所述，除了形成时期和古典时期房屋面积差别的显著度外，其差别的强度（2.5平方米±1.9平方米）并不大——至少并不等同于我们预期的家庭结构转变。这也许需要其他不同的证据。只有在考虑所有相关的证据后（房屋面积的统计结果仅是其中一项），我们才能评估对这个解释的信心。对家庭结构的解释不能单纯依靠一个有置信度的数值。因为这需要对具体证据进行解释，而非统计结果。我们大概需要将家庭结构的解释和其他解释进行比较权衡。虽然多重证据的统计评估对这一过程非常有用，但置信度评估是针对样本测量值得出的，而不是解释本身。这些解释有时是通过一串可信的逻辑链条和统计结果而产生关联的。

假设和稳健方法

两个样本的 t 检验假设这两个样本近乎正态分布，且有大致相似的离散程度。如果样本较大（大于30或者40个元素），对第一个假设的违背就可以被容忍，因为 t 检验相对稳定。只要箱点图揭示一个样本的中间离散不超过另一个的两倍，第二个假设也就可以成立。如果两个样本的离散差距超过这个范围，那么这个事实即可表明它们所在的总体是不同的，毕竟这就是两个样本的 t 检验所试图评估的。

如果比较的样本包含异常值，两个样本的 t 检验就可能具有误导

第十二章 比较两个样本的均值

性，因为 t 检验所依赖的均值和标准差会受到异常值的强烈影响，正如我们在第二章和第三章中所探讨的那样。在这个案例中，合理的方法是将 t 检验置于截尾均值和截尾标准差的基础上（同见第二章和第三章的讨论）。这时，t 检验的计算与惯常的 t 检验的计算一致，除了用截尾样本容量、截尾均值和截尾标准差代替常规样本容量、常规均值和常规标准差。

如果样本较小且形状非对称，在 t 检验前可以用数组形状变换来校正，如我们在第五章中所讨论的。先把两个样本的数据转换，然后如上文所述，针对变换后的数组进行 t 检验。当然，这里需要对两个样本进行同样的变换，也需要合理调试，使得两个样本同时得到最对称的形状。

当然，对于非对称形状的样本来说，估计总体的中值而非均值是更为明智的选择。我们可以用第十章中讨论的自助法来估计中值的误差范围，也可以用中值及其误差范围代替均值来制作子弹图，如图 12.1 所示。另外一种图形是在箱点图上添加误差范围，我们已经在第四章的数组比较中讲解这种图形。在第十章中，图 12.2 中带有锯齿状的箱点图比较的是古典时代早期和晚期遗址的用自助法抽取的样本。每个箱子锯齿处的点是估算的总体中值，锯齿状箱子的上下两端是中值的误差范围。

锯齿状箱点图的误差范围通常不像我们在子弹图中只使用 95% 或者 99% 置信度下的误差范围。它们通常使用特别设计的误差范围，有一点像 t 检验中的合并标准误差。如果其中一个误差范围的上限与另一个误差范围的下限重合，那么这两个样本来自中值相同的总体的概率大约为 5%。如果两个数组的误差范围不重合，那么我们有超过 95% 的信心认为两个样本来自中值不同的总体。这是图 12.2 中锯齿状箱点图所表现的误差范围，它与子弹图中的比较方式有所不同。子弹图侧重直接比较特定置信度下的误差范围。子弹图和锯齿状箱点图均表明两个总体的差别，但它们所表现的侧重点各有不同。子弹图关注的不是两个数组是否在 95% 置信度下重合，而是其中一个总体的估计

第Ⅲ部分 两个变量之间的关系 ◆◆◆

均值是否在另一个总体的误差范围之外,反之亦然。

在图 12.2 中,锯齿的位置在大体上重叠。这让我们对于从古典时代早期到晚期遗址面积中值的转变有低于 95% 的信心。鉴于这个结果,我们不需要考虑古典时代晚期遗址面积中值略微增加的原因,因为如此低的置信度告诉我们这两个总体很可能没有差别,我们需要探寻的是面积没有发生变化的原因。

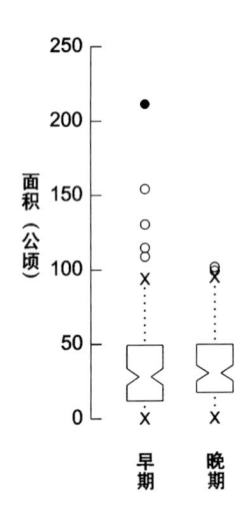

图 12.2 比较古典时代早期和晚期遗址面积的锯齿状箱点图

练 习

你刚刚完成了 Ollantaytambo 遗址的大面积发掘,需要从遗址中随机抽取 36 个黑曜岩石器。为了追溯其原材料的产地,你对其进行了元素示踪分析。你意识到需要研究元素的整体组合,但是和你合作的地质化学家只给了你锆元素的分析数据,然后他便乘着独木舟沿着 Urubamba 河离开了,并且带走了你计划研究原材料产地所剩余的经费。在黑曜岩样本中,有两种看起来很不同的类型——一种不透明的黑色黑曜岩和一种有条纹的灰色黑曜岩,你知道视觉上的不同有时候代表

· 188 ·

第十二章 比较两个样本的均值

着来源的不同。表格 12.4 是 36 个黑曜岩组成的样本中锆元素含量的数据。

表格 12.4　Ollantaytambo 遗址灰色和黑色黑曜岩器物样本的锆元素含量

锆元素含量（百万分率）	颜色	锆元素含量（百万分率）	颜色
137.6	黑	136.2	灰
135.3	灰	139.7	灰
137.3	黑	139.1	黑
137.1	灰	139.2	灰
138.9	灰	132.6	灰
138.5	灰	134.3	灰
137.0	灰	138.6	灰
138.2	黑	138.6	黑
138.4	黑	139.0	黑
135.8	灰	131.5	灰
137.4	黑	142.5	黑
140.9	黑	137.4	灰
136.4	黑	141.7	黑
138.8	黑	136.0	灰
136.8	灰	136.9	黑
136.3	灰	135.0	灰
135.1	黑	140.3	黑
132.9	灰	135.7	黑

1. 用背靠背茎叶图探索锆元素含量的数组，比较黑色和灰色黑曜岩的差别。这对研究黑色和灰色的黑曜岩来源有什么启发？

2. 估计灰色黑曜岩和黑色黑曜岩所在总体的平均锆元素含量。计算 80%、95% 和 99% 置信度下的误差范围，制作比较黑色和灰色黑曜岩的子弹图。灰色和黑色黑曜岩产自同一个来源的概率有多大？

3. 问题 2 的概率具体是多少？你对总体特征的描述是什么？根据证据，你可以得出关于黑曜岩来源的何种结论？

4. 用 t 检验回答问题 2。黑色和灰色黑曜岩中锆元素含量的差别的强度有多大？显著性有多大？你对 95% 置信度下误差范围的差别预估为多少？用一句话说明 t 检验的结论。

第十三章 比较两个以上样本的均值

估计均值（Estimated Means）和误差范围（Error Ranges）的比较
通过方差（Variance）分析进行比较
差异的强度（Strength）
总体之间的不同和变量之间关系
假设和稳健方法
练习

在第十二章中，我们用两种方法比较了两个样本的均值。第一种方法是用每个样本分别估计所在总体的均值。我们将不同置信度下的误差范围附在这些估计上，并用子弹图将它们做了整体比较（图12.1）。这种方法可以很简单地被延伸到多样本的比较上。在这一章中，我们用另外一个由Cottonwood河谷127个箭镞组成的虚构案例。在考虑抽样偏见后，我们决定将其当作从Cottonwood河谷箭镞总体中抽取出来的随机样本，而这个总体中的个体数量庞大且特征模糊。

我们感兴趣的是，在Cottonwood河谷古风时期（Archaic）的人们是否从捕猎大动物转向捕猎小动物。我们认为大箭镞应该是为了捕猎大动物而制作，小箭镞是为了捕猎小动物而制作。我们可以将这127个箭镞分成三组：古风时代早期、古风时代中期和古风时代晚期，并决定比较这三个时期箭镞的重量。表格13.1是组织样本数据的方法。表中记录了127个箭镞的两个特征：重量（单位为克）和时期（古风早期、中期或者晚期）。重量和时期这两个变量是不同类型的变量。

第十三章 比较两个以上样本的均值

重量是测量值,而时期是由三个选项组成的分类变量。

表格 13.1　Cottonwood 河谷古风时期箭镞样本的重量和时代数据

重量（克）	时期	重量（克）	时期	重量（克）	时期
54	早期	30	早期	63	中期
39	早期	52	早期	64	中期
49	早期	56	早期	78	中期
65	早期	63	早期	62	中期
54	早期	53	早期	78	中期
83	早期	79	早期	57	中期
75	早期	50	早期	59	中期
45	早期	54	早期	31	中期
68	早期	51	早期	69	中期
47	早期	59	早期	32	中期
57	早期	60	早期	69	中期
19	早期	48	早期	80	中期
47	早期	40	早期	78	中期
58	早期	50	早期	69	中期
76	早期	69	早期	34	晚期
50	早期	71	中期	39	晚期
67	早期	64	中期	40	晚期
52	早期	59	中期	45	晚期
40	早期	65	中期	37	晚期
58	早期	54	中期	32	晚期
42	早期	65	中期	31	晚期
43	早期	63	中期	60	晚期
58	早期	52	中期	58	晚期
28	早期	44	中期	45	晚期
59	早期	73	中期	50	晚期
43	早期	70	中期	40	晚期
45	早期	56	中期	41	晚期
60	早期	46	中期	38	晚期
27	早期	61	中期	59	晚期
64	早期	49	中期	37	晚期
73	早期	51	中期	28	晚期
70	早期	61	中期	37	晚期
68	早期	70	中期	31	晚期
68	早期	51	中期	40	晚期
85	早期	42	中期	34	晚期
49	早期	73	中期	37	晚期
21	早期	51	中期	44	晚期
24	早期	74	中期	47	晚期

第Ⅲ部分　两个变量之间的关系

续表

重量（克）	时期	重量（克）	时期	重量（克）	时期
50	早期	40	中期	54	晚期
52	早期	67	中期	36	晚期
62	早期	51	中期	48	晚期
44	早期	59	中期		
61	早期	68	中期		

估计均值和误差范围的比较

我们对应这三个时期，将127个箭镞分成三个样本——一个由58个古风时代早期的箭镞组成，一个由42个古风时代中期的箭镞组成，一个由27个古风时代晚期的箭镞组成。如果想要将这127个箭镞看作Cottonwood河谷古风时期箭镞的随机样本，那么等于将这58个古风时代早期的箭镞看作Cottonwood河谷古风时代早期箭镞的随机样本，42个古风时代中期箭镞看作Cottonwood河谷古风时代中期箭镞的随机样本，27个古风时代晚期箭镞看作Cottonwood河谷古风时代晚期箭镞的随机样本。如果我们这样做，那么就将一个数组变成了三个可比较的数组，正如在第十二章比较两个数组那样。

表格13.2　　　　　　古风时期各时期箭镞重量的比较

	早期	中期	晚期	古风时期总计
$n =$	58	42	27	127
$\bar{X} =$	53.67 克	60.45 克	41.56 克	53.34 克
$s =$	14.67 克	12.15 克	8.76 克	14.42 克
$SE =$	1.93 克	1.88 克	1.69 克	1.28 克
$s^2 =$	215.21	147.62	76.74	207.94

表格13.2提供了三个小样本的指数（样本大小、均值、标准差、标准误差和方差）。通过标准误差和表格9.1，我们可以估计这三个样本所在总体的重量均值，并且在图13.1中用图像进行全面比较。古风

第十三章 比较两个以上样本的均值

早期和古风中期的样本比较大，我们可以认为它们的特殊数组是正态分布的。古风晚期的样本量较小，无法认为其特殊数组是正态分布的，所以我们要观察古风晚期的茎叶图（见图13.1），从而确认其是否正态分布（事实上它是）。箱点图显示古风中期的箭镞最重，古风晚期的箭镞最轻，古风早期的箭镞重量位于两者之间。但是这三个范围肯定有重合，特别是古风早期和中期。图13.1最右边的子弹图显示置信度在80%、95%和99%的情况下，三个样本差别是很显著的。在99%置信度下，三个总体的误差范围均没有包含其他总体的估计均值。所以我们有99%的信心相信三个样本的差别不是由抽样差异导致的。相反，这三个不同样本来自三个不同总体的可能性很大。

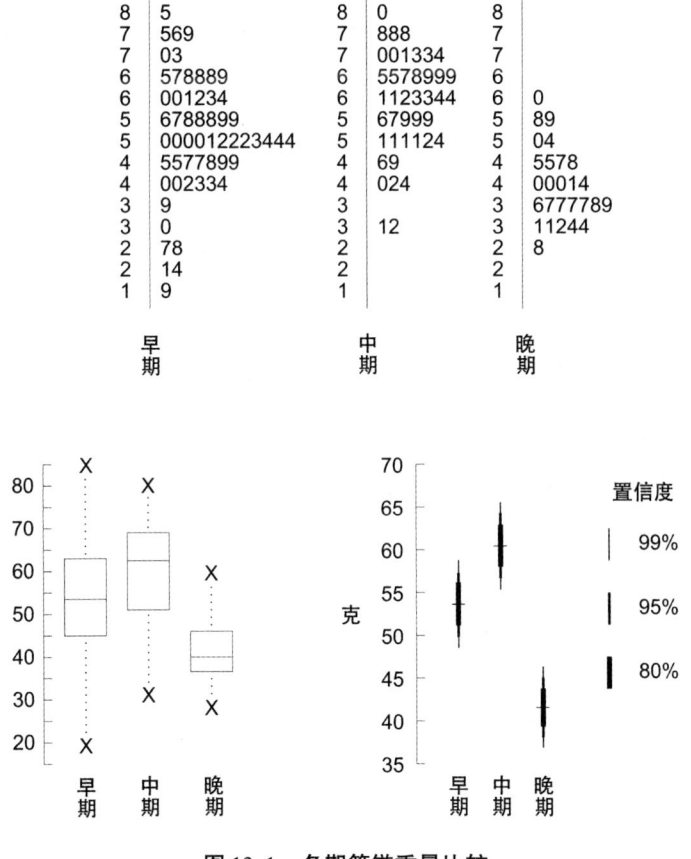

```
8 | 5            8 | 0            8 |
7 | 569          7 | 888          7 |
7 | 03           7 | 001334       7 |
6 | 578889       6 | 5578999      6 |
6 | 001234       6 | 1123344      6 | 0
5 | 6788899      5 | 67999        5 | 89
5 | 000012223444 5 | 111124       5 | 04
4 | 5577899      4 | 69           4 | 5578
4 | 002334       4 | 024          4 | 00014
3 | 9            3 |              3 | 6777789
3 | 0            3 | 12           3 | 11244
2 | 78           2 |              2 |
2 | 14           2 |              2 | 8
1 | 9            1 |              1 |

  早期           中期            晚期
```

图13.1　各期箭镞重量比较

第Ⅲ部分　两个变量之间的关系　◆◆◆

图 13.1 再次证明了箱点图和子弹图是不同的。图中代表中间离散的三个箱体有很大重合，但是 80%、95% 和 99% 置信度下的误差范围却不是。因为这两种图外表上很相似，都是处理数组的离散，很容易导致我们忽略这两者最本质的区别。虽然图 13.1 的子弹图误差范围部分基于每个数组的离散，但它们不仅只代表离散。它们同样基于样本大小，所以这张图不是三个数组的离散，而是其对应的特殊数组的离散，正如我们在第八章中所探讨的。所以子弹图比箱点图更能表达与总体相关的信息。

通过方差分析进行比较

估计均值并为其附上误差范围为我们提供了比较样本的较好方法，而子弹图在理论上描绘了比较方法的全景图。在显著性方面，这种全景图回答了以下问题："我们从同一个总体中抽取三个具有表格中均值和标准差的样本的概率是多少？"换言之，我们可以说"样本的差异由抽样差异导致的概率是多少？"当我们说"同一个总体"或"相同的总体"时，我们运用了比喻的说法，因为我们知道这三个样本来自三个不同的总体：一个是古风早期的箭镞，一个是古风中期的箭镞，一个是古风晚期的箭镞。假设它们来自同一个总体，只是这三个样本来自均值相同总体的简述。因此，我们提出的显著性问题其实是"古风早期、古风中期和古风晚期箭镞总体有相等重量均值的概率是多少？"

我们在第十二章中用两个样本的 t 检验回答了这样的问题，但是这个检验不能被简单地延伸到两个以上的样本中。对于三个或者多个样本，我们选择的技术是方差分析（analysis of variance），常常被简称为 ANOVA。顾名思义，方差分析是利用方差回答显著性的问题（数组的方差是标准差的平方）。表格 13.2 包含三个子样本以及 127 个案例整体的方差（s^2）。

方差分析假设样本来自正态分布的总体。我们观察三个子样本的

第十三章 比较两个以上样本的均值

茎叶图（见图13.2），发现每个样本基本都是单峰对称的。方差分析同样假设总体的离散（确切地说就是方差）大约相等。图13.1中的箱点图与表格13.2都提供了判断样本离散的简单方法。这里最大的方差几乎是最小方差的三倍。比较箱点图的中间离散则会观察到三者间类似的特征。这种离散差别保证了方差分析可以遵守的基本假设前提。然而，只要最大方差不超过最小方差的三倍，特别是样本容量不会过小时，我们就可以继续使用方差分析。

```
8 | E           8 |           8 |           8 | E
7 | EEE         7 |           7 | L         7 | EEEL
7 | EE          7 | M         7 | LL        7 | EEMLL
6 | EEEEEE      6 | MMM       6 | LL        6 | EEEEEMMMLL
6 | EEEEE       6 | MMMMMM    6 | LLLL      6 | EEEEEEMMMMMLLLL
5 | EEEEEE      5 | MMMMMMM   5 | LLLLL     5 | EEEEEEMMMMMMLLLLL
5 | EEEEEEEEEEE 5 | MMMMMMMM  5 | LLLLLLLL  5 | EEEEEEEEEEEEEMMMMMMMLLLLLLLL
4 | EEEEEEEE    4 | MMMMM     4 | LLLLL     4 | EEEEEEEEMMMMMLLLLL
4 | EEEEEE      4 | MMMMMM    4 | L         4 | EEEEEEMMMMMML
3 | E           3 | MM        3 |           3 | EMM
3 |             3 | MMM       3 |           3 | EMMM
2 | EE          2 |           2 |           2 | EE
2 |             2 | MM        2 |           2 | EEMM
1 | E           1 |           1 |           1 | E

    早                中               晚              所
    期                期               期              有
   (E)               (M)              (L)              时
                                                      期
```

图13.2　各期箭镞重量茎叶图（各期都有相似的均值）

图13.2说明了古风时期三个箭镞子样本的重量比较结果。请注意，图13.2所描绘的不是表格13.1的真实数据，只是说这组数据也有可能呈现这样的特征。我们创建这种特征仅出于讨论目的，此特征是由保留三个子样本的真实形状并改变它们的中心得到的。这使它们更加接近而便于比较。图13.2中的茎叶图用字母代表了不同的时期，这可以使我们更容易看清这三个子样本相结合时的特征，正如最右边的茎叶图所表现的那样。

我们在图13.2中比较127个箭镞的总样本与三个子样本时可以观察到以下几个特征。第一，从结果上来看，这三个子样本看起来很相似。三个子样本的中心都在大致相同的位置，而且有着相似的离散。第二，127个箭镞总样本的离散与单个子样本的离散相似。除了形状

第Ⅲ部分 两个变量之间的关系

上存在细微的差别以外,可以说这四个茎叶图非常相似。其中最大的差别就是总样本茎叶图的山峰比单个子样本的山峰高。这一点很好理解,因为总样本拥有相对较多的箭镞,但它的离散却不比其他子样本的离散大,因此总样本中的数值就形成了较高的山峰。

图 13.3 是一种不同的比较结果,事实上这张图准确地反映了表格 13.1 的数据。通过比较图 13.3 和图 13.2,我们可以发现二者差别的本质。第一,三个子样本看起来不再相似。它们的离散看起来仍然大致相似,但中心却明显处于不同位置。第二,与图 13.2 相比,图 13.3 中总样本的离散较大。图 13.3 中总样本的离散不再与单个子样本相似。虽然古风早期的子样本离散最大,与总样本离散更相似,但古风中期和晚期的子样本离散明显较小。第三,总样本的数组中心虽然与古风早期子样本的数组中心相似,但它比古风中期的数组中心低,比古风晚期的数组中心高。

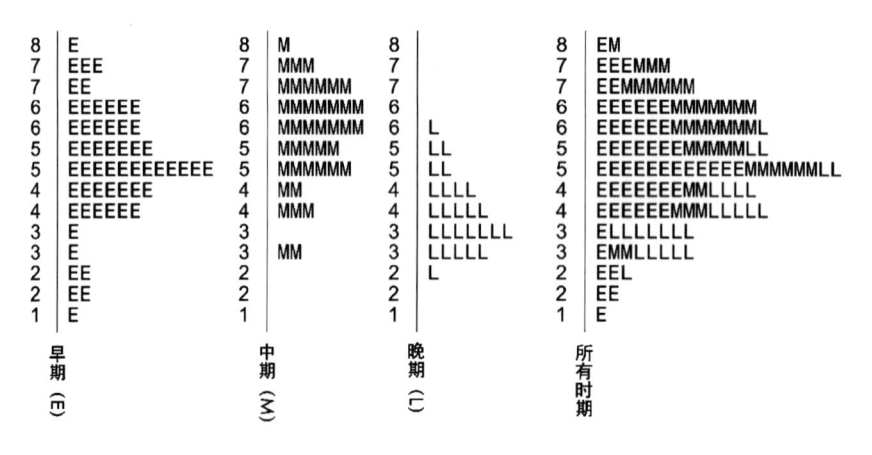

```
8 | E                8 | M           8 |              8 | EM
7 | EEE              7 | MMM         7 |              7 | EEEMMM
7 | EE               7 | MMMMMM      7 |              7 | EEMMMMM
6 | EEEEEE           6 | MMMMMM      6 |              6 | EEEEEEMMMMMM
6 | EEEEEE           6 | MMMMMM      6 | L            6 | EEEEEEMMMMML
5 | EEEEEEE          5 | MMMMM       5 | LL           5 | EEEEEEEMMMMM
5 | EEEEEEEEEEEE     5 | MMMMMM      5 | LL           5 | EEEEEEEEEEEEEMMMMMMLL
4 | EEEEEEE          4 | MM          4 | LLLL         4 | EEEEEEEMMLLLL
4 | EEEEEE           4 | MMM         4 | LLLLL        4 | EEEEEEMMMLLLLL
3 | E                3 |             3 | LLLLLL       3 | ELLLLLL
3 | E                3 | MM          3 | LLLLL        3 | EMMLLLLL
2 | EE               2 |             2 | L            2 | EEL
2 | EE               2 |             2 |              2 | EE
1 | E                1 |             1 |              1 | E

  早                  中              晚               所
  期                  期              期               有
  （E）               （M）           （L）             时
                                                      期
```

图 13.3 表格 13.1 所示各期箭镞重量的茎叶图

总而言之,图 13.3 表明子样本的中心各有不同。当三个子样本相结合时,总样本的案例就产生了更大的差异。在图 13.2 所描绘的情况中,三个子样本可能来自均值相同的总体。而在图 13.3 所描绘的情况中,三个子样本来自均值不同总体的可能性更大。方差分析一方面可以比较子样本之间的方差,另一方面也可以比较子样本之内的方差。

第十三章 比较两个以上样本的均值

组间（between groups）和组内（within groups）两种方差的计算与普通数组方差的计算相似。

回顾第三章中方差的计算公式：

$$s^2 = \frac{\sum (x - \overline{X})^2}{n - 1}$$

这个分数的分子 $\sum (x - \overline{X})^2$ 是样本中所有元素与样本均值之差的平方和。分母 $n-1$ 是自由度（degree of freedom），我们在第三章中并未使用这一术语，但在后面的章节中一直有所使用。

为了计算方差分析所需的组间方差，我们必须确定相关的平方和与相关的自由度是多少。组间平方和（全称为组间离差平方和）的公式是：

$$SS_B = \sum n_i (\overline{X}_i - \overline{X}_\cdot)^2$$

其中 SS_B =组间平方和，n_i =第 i 组（或子样本）中的元素数量，$\overline{X}_i$ =第 i 组（或子样本）的均值，$\overline{X}_\cdot$ =所有组（合并在一起）的均值。

我们的案例中有三个子样本，所以 i 分别指表格 13.2 中的三个组。

$n_1 = 58$ （古风早期箭镞的数量）
$n_2 = 42$ （古风中期箭镞的数量）
$n_3 = 27$ （古风晚期箭镞的数量）
$\overline{X}_1 = 53.67$ 克（古风早期箭镞的重量均值）
$\overline{X}_2 = 60.45$ 克（古风中期箭镞的重量均值）
$\overline{X}_3 = 41.56$ 克（古风晚期箭镞的重量均值）

$\overline{X}_\cdot = 53.34$ 克（所有箭镞的重量均值，即所有时期样本的重量均值）

因此，

$$\begin{aligned}SS_B &= 58 (53.67 - 53.34)^2 + 42 (60.45 - 53.34)^2 \\ &\quad + 27 (41.56 - 53.34)^2 \\ &= 6.32 + 2123.19 + 3746.75 \\ &= 5876.26\end{aligned}$$

组间平方和的相关自由度是子样本数量减 1。这个案例中有三个

第Ⅲ部分　两个变量之间的关系 ◆◆◆

子样本，所以自由度是 2。用组间平方和除以自由度，我们得到：

$$s_B^2 = \frac{SS_B}{d.f.} = \frac{5876.26}{2} = 2938.13$$

这个值就是组间方差，常指组间均方。这是为了进行方差分析用不同组的均值来表达离散的方法。

方差分析旨在比较组间方差，但也需要计算组内方差。与计算组间方差相同，计算组内方差也需要将平方和除以相关的自由度。这相当于合并子样本的方差。组内平方和是通过将每个子样本的方差乘以子样本量减 1，再将结果全部相加得到的：

$$SS_W = \sum (n_i - 1)s_i^2$$

SS_W = 组内平方和，n_i = 第 i 组（或子样本）的元素数量，s_i^2 = 第 i 组（或子样本）的方差。

在表格 13.2 中找到子样本的方差，得到以下几个值 s_i^2：s_1^2 = 215.21，s_2^2 = 147.62，s_3^2 = 76.74。因此，在我们的案例中，

$$\begin{aligned}SS_W &= (58-1)(215.21) + (42-1)(147.62) \\ &\quad + (27-1)(76.74) \\ &= 12266.97 + 6052.42 + 1995.24 \\ &= 20314.63\end{aligned}$$

组内平方和的相关自由度是总样本中元素的数量减去子样本的个数。在我们的案例中，总样本包含 127 个元素，子样本的个数是 3 个，所以组内自由度是 124。将组内平方和除以自由度，我们得到：

$$s_W^2 = \frac{SS_W}{d.f.} = \frac{20314.63}{124} = 163.83$$

这个值就是组内方差，常指组内均方。这是方差分析所需的组内离散的表达方法。

一旦我们计算出组间方差和组内方差，方差分析就基本完成了。现在剩下的只是以比值的形式表现这两个方差：

$$F = \frac{s_B^2}{s_W^2}$$

第十三章　比较两个以上样本的均值

这个 F 比率在我们的案例中是：

$$F = \frac{2938.13}{163.83} = 17.93$$

我们可以在一张表格中寻找不同 F 比率所对应的概率。F 比率 17.93 对应 2 组间自由度和 124 组内自由度的概率是 0.0000001。这意味着三个具有以上均值和标准差的子样本来自均值相同的总体的概率为千万分之一，即这三个样本的不同是由抽样差异造成的概率几乎为零。结果极其显著，我们对不同时期的箭镞确实有不同的重量均值有极高的信心。

表格 13.3　　　　本章方差分析的统计软件导出结果示例

ANALYSIS OF VARIANCE					
SOURCE	SUM OF SQUARES	DF	MEAN SQUARE	F	PROBABILITY
BETWEEN GROUPS	5880.6	2	2940.30	17.94	0.0000001
WITHIN GROUPS	20321.8	124	163.89		

（ANALYSIS OF VARIANCE = 方差分析；SOURCE = 数据来源；SUM OF SQUARES = 平方和；DF = 自由度；MEAN SQUARE = 均值的平方；F = F 比率；PROBABILITY = 概率；BETWEEN GROUPS = 组间；WITHIN GROUPS = 组内）

差异的强度

除了讨论古风时期不同阶段箭镞重量差异的显著性外，我们也应该讨论这些差异的强度。差异的强度可以用子样本的均值差异来表达。古风晚期箭镞的重量最轻，其均值比古风早期箭镞重量均值轻 12.11 克，也比古风中期的箭镞重量轻 6.78 克。所以最大的差异是 18.89 克，即古风中期和古风晚期箭镞重量均值之差。当然，我们已经估计了这些差异的显著性，首先用子弹图比较了估计均值及其误差范围，之后进行了方差分析。强度和显著性都可见于图 13.1 中，这也是这种表达方式的优点。我们很容易确定哪些子样本的重量较大、哪些子样本的重量较小，以及它们之间的差异大致是多少。事实上，图

第Ⅲ部分　两个变量之间的关系 ◆◆◆

13.1包含了对数组必要说明的大部分内容。对于大部分考古研究目的而言，子弹图比方差分析更加简单直接。但是如果需要的话，也可以在子弹图旁放一个概率图。

我们分析的结论有意义与否，是由显著性和强度决定的，但二者的作用方式不同。如果显著性不高，那么就没有必要讨论差异的意义，因为我们极有可能只是在讨论从三个均值相等的总体中抽出三个样本的随机差别。如果显著性相对较高，那么差异的强度就起码值得暂时加以讨论，因为样本之间可能会存在"真正的"不同。如果显著性水平非常高，那么差异的强度就值得我们认真加以讨论。即使样本的显著性非常高，这也不自动等于结论就有意义。这只能保证差异是"真的"，但许多"真的事情"也许对于我们的研究来说是微不足道的。这样的差异是否有意义取决于我们研究的事实。如果较小的箭镞确实被用来捕猎较小的动物，那么结果就可以用来支持一种解释——古风晚期的人们捕猎较小的动物，古风中期的人们捕猎较大的动物，而古风早期似乎在两者之间。这暗示着人们从捕猎小动物到捕猎大动物，再转而捕猎小动物的趋势。在这个背景下，10—20克的重量均值差别是否有意义是一个现实问题，而不仅仅是统计上的估计。当然，我们永远需要考虑相关问题的不同证据，比如遗址位置、动物遗存及其他因素。

统计软件

经过这样长篇的计算后，我们必须认识到手算方差分析是一个非常过时的技术。尽管有些计算上的捷径，且许多统计书都提供了这些捷径的详细指导，我们也没有理由不用电脑计算方差分析（除非你想用截尾均值和截尾标准差去除异常值的影响）。统计软件的方差分析使得理解方差分析是什么，以及结果意味着什么这样的问题变得尤其重要。这个案例的意义就是使我们理解方差分析是如何工作的，而不仅仅是提供计算方法的指导。

方差分析计算的细节在不同的统计软件中各不相同。大部分

第十三章 比较两个以上样本的均值

> 统计软件会像表格13.1中一样组织数据。古风时期的各期可以被称为分组变量或者自变量，重量可以被称为因变量。结果统计了组间平方和、组内平方和、自由度和均值的平方。同时，F比率为我们提供了概率。表格13.3是统计软件分析结果的一个案例。这个结果是从SYSTAT软件导出的，我们会发现结果与书中略有不同。这是存在进位误差的缘故。统计软件会记录比普通计算器中更多小数点后的数值，所以它们会提供更精准的答案，虽然这对结果没有实质性的影响。因为统计软件也会更精准地计算相关概率，甚至比一个更细化的F比率表格所能提供的更加精确。此外，需要手算方差分析的情况不经常出现，所以我们在本书中不提供F比率表格。

正如我们在第十二章中讨论的，显著性和强度是两个不同的概念。显著性在一定意义上更加"统计学"，而强度常常引导我们对统计结果进行实质上的解释。只有当相对高的显著性与足够产生实质意义的强度结合时，统计结果才会变得很重要。显著性高的结果可能意义不大，因为它们的强度很弱；强度高的结果也可能不重要，因为它们的显著性太低。

总体之间的不同和变量之间的关系

我们也可以从另一种视角考虑方差分析。除了关注总体均值之间的不同，我们还可以用方差分析调查两个变量的关系。在上文的案例中，这两个变量是箭镞重量和时期。以这种方法进行构思，在以上案例的方差分析中有两种变量：一种是测量值变量，另一种是分类变量。分类变量是将总样本分成子样本的基础，一个子样本对应着一种分类。

第Ⅲ部分　两个变量之间的关系 ◆◆◆

分类变量经常被看作是自变量（independent variable），因为我们基于分类将总样本分成子样本。测量值是因变量（dependent variable），因为它至少一部分是由分类决定的。在 Cottonwood 河谷古风时期箭镞的案例中，我们发现古风晚期箭镞的平均重量比古风早期的箭镞重量轻。所以可以说箭镞重量在一定程度上取决于时期。在统计上如此形容变量关系较为简单，虽然这在现实生活中不能表明直接因果关系。确实，将时期作为一个导致箭镞大小产生变化的自变量似乎没有道理。这仅仅是一种统计术语，与真正的因果关系无关。

预知变量之间的关系通常很有用。如果两个变量（箭镞重量和时期）相关，那么只要知道其中一个值就可以预知另一个值。如果在观察某个特定的箭镞之前，我们想要预知其重量，那么最佳猜测就是样本均值。这种猜测最有可能接近箭镞的真实重量。我们已经得到了方差分析的结果，但是如果我们知道箭镞属于古风时期哪一段，就能对其重量进行更好的预测。如果我们知道箭镞属于古风晚期，那么最佳预测就是古风晚期子样本的均值。这种预测比基于总样本均值的预测更为精确。在这一层面上，我们可以说，已知箭镞所属的时期可以帮助我们预测其重量。相反的，我们也可以通过箭镞重量预测其时期。但这不易表达，所以我们不便这样说。但是二者的关系在这个层面上是对称的。

注意你的表述

下面这个句子的表述比较完整地揭示了方差分析的结果："Cottonwood 河谷古风早期、中期和晚期箭镞重量均值之间的不同具有极高的显著性（$F=17.93$，$p=0.0000001$）。"这种说法含义明确，内容完整。通过以上表述，我们既可以知道在分析中显著性检验被运用（因为 F 比率是方差分析的结果），也能看出统计结果所揭示的显著性水平或者相关概率。或许有人会将分析结果表述为"Cottonwood 河谷古风早期、中期和晚期箭镞平均重量之间的差异是很显著的"。这种说法不是不正确，但肯定不够完整。这一

第十三章 比较两个以上样本的均值

说法中没有提到使用哪一种显著性检验，也没有给出显著程度的信息。它延续了将显著性当作非黑即白问题的错误（就像是否怀孕一样）。

如果我们感兴趣的是两个变量之间的关系，那么可以用另一种方式表达方差分析的总体结论："对于Cottonwood河谷古风时期的箭镞来说，其重量和所在时期的关系具有极高的显著性（$F = 17.93$，$p = 0.0000001$）。"

计算机软件显著性概率报告中有一个地方需要特别注意。统计软件报告概率有时会是0.000。这不等于绝对肯定。它只代表概率低于0.0005，因为一切比0.0005稍大的数都被四舍五入为0.001，一切比0.0005小的数都被四舍五入到0.000。如果我们在统计软件中显示小数点后更多位数，我们就能看到实际的概率。如果软件不允许，那么我们最好说概率小于0.0005，而不是说概率是0.000。

如果箭镞重量和时期没有关系，那么知道其一对预测其二没有任何帮助。从这个角度来看，显著性的问题就变成"箭镞样本重量和时期之间的关系有多大概率仅是抽样差异的结果？"另一个说法是，"从没有关系的两个变量所在的总体中抽出两个变量，二者强烈相关的概率有多少？"方差分析可以用F比率及相关概率来回答这个问题。对于我们的样本来说，这两个问题的答案都是极端不可能，即千万分之一的概率。

当问题是两个变量之间的关系而不是两个总体之间的差别时，方差分析就能为我们提供答案。当问题是两个总体之间的差别时，估算不同总体的均值及其误差范围可能更为直接，也能为我们提供更多的信息。

第Ⅲ部分 两个变量之间的关系 ◆◆◆

假设和稳健方法

我们对总体均值及其误差范围的预测很大程度上会受到异常值的影响。这一问题可以被截尾均值及其误差范围修正，正如我们在第九章讨论的一样，估计均值和误差范围可以呈现在子弹图中。无论比较多少子样本，估计的方法必须一致。每个子样本都应被当作一个独立的样本，用来预测总体的截尾均值。如果对一个子样本的估计基于截尾均值，那么对所有子样本的估计也都要用截尾均值。将截尾均值与普通均值进行比较，就相当于将苹果和橘子进行比较。如果子样本是非对称的，那么用其预测总体均值或者截尾均值就不可信，而估算总体中值和误差范围就更合理。我们可以用子弹图或锯齿状箱点图来表现预测的中值及其误差范围。

方差分析假设样本来自正态分布的总体，且总体的离散程度大致相同。考察假设有效性的方法在很大程度上基于茎叶图和箱点图，我们已在前文分析中有所讨论。这些假设与两个样本的 t 检验假设相似。如果子样本的离散差异很大，那么这就表明它们不是来自同样的总体。如果子样本的形状是非对称的，那么在方差分析之前就应该对所有子样本进行数组变换。

如果子样本包含异常值，那么我们可以基于截尾均值和截尾标准差进行方差分析，如第二章和第三章所讨论的那样。只有很少部分的统计软件在方差分析时有截尾的选项，但是大部分统计软件都能帮助我们得出每个子样本的截尾均值和截尾标准差。一旦我们得到这些值，就可以得到类似表格 13.2 中的信息，并可以以此手算方差分析的最后几步。在计算过程中，仅需要用截尾均值和截尾标准差的平方替换普通均值和普通标准差的平方（我们需要在 F 比率表格中找到对应的概率。许多统计书中都有这个表格）。

第十三章 比较两个以上样本的均值

表格 13.4　Heiligenstadt 附近新石器早期、中期和晚期房屋面积数据

房屋面积（平方米）	遗址	时期	房屋面积（平方米）	遗址	时期
19.00	Hlg001	早	15.94	Hlg002	中
16.50	Hlg004	中	23.05	Hlg003	中
16.10	Hlg002	晚	24.15	Hlg001	早
19.20	Hlg001	晚	20.35	Hlg003	中
15.20	Hlg005	中	18.95	Hlg004	早
20.40	Hlg001	中	16.85	Hlg002	中
16.40	Hlg002	早	19.95	Hlg003	早
16.40	Hlg002	晚	20.16	Hlg001	早
16.40	Hlg002	中	19.16	Hlg003	中
15.40	Hlg005	早	17.66	Hlg004	早
20.60	Hlg001	中	15.26	Hlg001	中
17.20	Hlg004	中	16.26	Hlg005	中
19.90	Hlg003	晚	19.46	Hlg002	晚
22.01	Hlg001	晚	15.46	Hlg005	早
21.11	Hlg003	早	18.66	Hlg002	早
16.51	Hlg002	早	18.36	Hlg004	中
22.71	Hlg003	中	16.07	Hlg005	晚
20.81	Hlg001	晚	17.17	Hlg002	中
15.81	Hlg005	晚	17.17	Hlg003	晚
16.52	Hlg004	早	20.47	Hlg003	晚
21.12	Hlg003	晚	23.57	Hlg003	晚
18.22	Hlg001	晚	22.77	Hlg001	中
23.22	Hlg003	早	22.77	Hlg003	晚
16.32	Hlg005	晚	15.87	Hlg005	晚
16.13	Hlg005	早	15.08	Hlg005	中
15.33	Hlg002	早	18.28	Hlg001	早
16.83	Hlg004	早	15.78	Hlg004	晚
16.43	Hlg004	中	16.98	Hlg004	晚
13.04	Hlg002	晚	20.58	Hlg001	早
21.14	Hlg003	中	16.08	Hlg004	早
18.24	Hlg005	早	21.68	Hlg003	中
17.34	Hlg002	晚	15.09	Hlg005	晚
14.84	Hlg004	中	17.79	Hlg004	晚
17.34	Hlg005	中	17.09	Hlg004	晚
21.64	Hlg001	早	21.69	Hlg001	中
15.74	Hlg005	早	21.69	Hlg001	晚
19.84	Hlg001	中	20.69	Hlg003	早
22.99	Hlg003	早	24.99	Hlg003	早

第Ⅲ部分　两个变量之间的关系 ◆◆◆

<h2 style="text-align:center">练　　习</h2>

假设你对人群的流动性感兴趣，你认为这影响家户的大小。你在 Heiligenstadt 附近发掘了五个不同遗址中一系列新石器时代的家户遗存。每个遗址所处的环境各不相同，但它们都包含新石器时代的早期、中期、晚期三个阶段的家户。具体信息见表格 13.4。十月节（Oktoberfest）的长假给了你充足的时间去深刻考虑抽样偏见的问题。假设每个遗址在本区域内都有与其相似环境下的其他遗址，你可以把这个遗址中房屋面积的样本作为个体数量巨大且特征模糊的总体（本地区所有遗址房屋面积）的随机样本。同样的，你可以用新石器时代早期、中期和晚期房屋面积的样本分别作为其所在时期内总体（本地区各期所有遗址房屋面积，个体数量巨大且特征模糊）的随机样本。

1. 估计以这五个遗址为代表的五种不同环境中的房屋面积均值。制作子弹图，比较五个总体在 80%、95% 和 99% 置信度下房屋面积的均值及其误差范围。不同环境的房屋面积是否有所不同？用一两句话总结你在图中得出的结论。

2. 基于 76 个房屋面积组成的样本，用方差分析评估房屋面积与遗址的关系。观察房屋面积是否与其所处环境有关？用一句话清晰地说明你分析的结论。

3. 估算该地区新石器时代每个时期房屋面积的均值。制作子弹图，比较新石器时代早期、中期和晚期的房屋面积及其在 80%、95% 和 99% 置信度下的误差范围。观察房屋面积是否随着时间而改变？用一两句话总结你看到的结论。

4. 基于 76 个房屋面积组成的样本，用方差分析评估房屋面积和时期的关系。房屋面积是否与其所属时期有关？用一句话清晰地说明你分析的结论。

第十四章 比较不同样本的比例

利用估计比例（Estimated Proportion）和误差范围对不同总体进行比较

用卡方检验（Chi-Square）比较

衡量强度

样本大小的影响

总体之间的不同和变量之间的关系

假设和稳健方法

附言：理论预期和比例的比较

练习

正如我们在第十三章中所说，有时我们将一个样本分割成几个子样本，但我们比较的目的并不聚焦在测量值的均值，而是分类。这种比较方法是利用子样本和相关的误差范围估计总体中的相关比例。然后我们可以将每个总体的相关比例及其误差范围放在子弹图中，以比较不同的总体，正如第三章中的均值比较一样。

利用估计比例和误差范围对不同总体进行比较

表格14.1是两个遗址（San Pablo 和 San Pedro）两种不同器型（碗和罐）陶片的数量信息。在仔细分析抽样偏见后，我们认为采用

第Ⅲ部分 两个变量之间的关系 ◆◆◆

地表调查方法获得的样本可被视为每个遗址陶片总体中的随机样本，而这个总体的特征模糊且其中个体数量巨大。我们计算每个样本中碗和罐的陶片比例，并用这个比例估计对应的总体中的个体比例，进而在标准误差的基础上附加相应的误差范围。这和我们在第十一章中讨论的一样。San Pablo 遗址碗陶片的比例是 60%，罐陶片的比例是 40%，两个比例的标准误差均是 9%。San Pedro 遗址碗陶片的比例是 45%，罐陶片的比例是 55%，两个比例的标准误差均是 8%。

表格 14.1　　　　San Pablo 和 San Pedro 遗址不同器型的陶片

	碗陶片	罐陶片	总计
San Pablo	18	12	30
San Pedro	18	22	40
总计	36	34	70

我们将这些结果画在图 14.1 的子弹图中。图中只有碗陶片的比例，因为罐陶片的子弹图正是这张图的颠倒。基于这些样本，我们可以说 San Pablo 的碗陶片比例高于 San Pedro 的碗陶片比例。但是我们对此陈述的置信度不是很高。经过对不同置信度下误差范围的比较，我们发现对 San Pedro 的估算比例落在 San Pablo 99% 置信度的误差范围之内（并不是由取样差异引起），反之亦然。所以样本反映两个遗址差别的置信度低于 99%。继续这个比较，我们看到 San Pedro 的估算比例落在 San Pablo 95% 置信度下的误差范围之内，反之亦然。最后，我们发现 San Pedro 遗址估算比例落在 San Pablo 遗址 80% 的置信度对应的误差范围之外。所以我们观察到的差别不是由抽样差异导致的置信度在 80%—95% 之间——置信度中等但不算太高。两遗址碗的比例介于 45%—60% 之间的比例差异可能是有意义的，但这种差异有可能只是从相同总体抽出的两个相对小的样本造成的偶然差异，而且这一可能性高于我们的预期。

第十四章　比较不同样本的比例

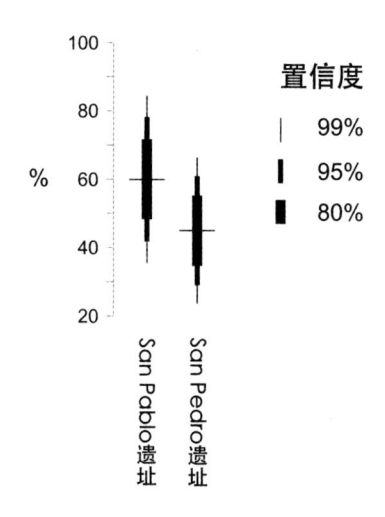

图 14.1　San Pablo 遗址和 San Pedro 遗址碗陶片与罐陶片比较

用卡方检验比较

我们首先通过估计总体均值比较两个或多个样本（见第十二章和第十三章），然后用显著性检验将整个比较简化成单个概率值（t 检验和方差分析）。我们现在用同样的方法分析两个样本中不同分类所占总体的比例。在本案例中也有一种可以将整个比较简化成单个概率值的显著性检验。这就是卡方检验（the chi-square test），一个统计学计算术语，χ^2，即希腊字母 chi。卡方检验可以用在任何数量的样本分类，或者任何数量的样本分类比例中。对于没有分类比例的双样本案例，我们用 t 检验比较了测量值；对于多样本案例，我们用方差分析比较了测量值。这一点与比例比较不同。

表格 14.1 类似于我们在第六章中研究过的表格。用行比例来看表格比较自然，因为行代表两个遗址。我们想要比较的是两个遗址器物比例的不同能否反映其活动的差异性。如果这两个遗址关于某类器物的活动有实质性差异，就有可能会反映在人们使用的陶器类型的比例

第Ⅲ部分 两个变量之间的关系 ◆◆◆

上。事实上我们已经比较了两个遗址中碗的比例。表格14.2是行比例。我们可以看到San Pablo遗址有较高比例的碗，而San Pedro遗址有较低比例的碗——正如我们在图14.1中总结的那样。我们可以用第六章的条状图表现它们与均值的差异，但是对于这样简单的比较来说似乎没有必要。

卡方是基于样本与均值之间差异的分析，是用预期值（expected values）与观测值（observed values）进行比较得到（表格14.1）。如表格14.2中，如果碗陶片的平均比例是51.4%，那么我们预期San Pablo遗址和San Pedro遗址都有51.4%的碗。对于San Pablo遗址来说，30个陶片的51.4%意味着15.42个碗陶片。对于San Pedro遗址来说，40个陶片的51.4%意味着20.56个碗陶片。相应的，我们预期两个遗址有48.6%的罐陶片。这个预期值在表格14.3中显示。

表格14.2　San Pablo和San Pedro遗址不同器型陶片的行比例

	碗陶片	罐陶片	总计
San Pablo	60.0%	40.0%	100.0%
San Pedro	45.0%	55.0%	100.0%
总计	51.4%	48.6%	100.0%

表格14.3　San Pablo和San Pedro遗址不同器型陶片的预期值

	碗陶片	罐陶片	总计
San Pablo	15.42	14.58	30
San Pedro	20.56	19.44	40
总计	36	34	70

需要注意的是，预期值和观测值的行总数和列总数（并称为边际总数marginal totals）是一致的（允许舍入误差）。事实上，预期值的计算基于边际总数。计算预期值的简单方法是将行总数乘以对应的列总数再除以整张表中的案例总数。例如，为得到San Pablo碗陶片的预期值，我们可以将其行总数（30）乘以列总数（36）再除以整张表的

案例总数（70）得到15.43——这正是从行比例中得到的值（允许舍入误差）。无论我们是否使用行比例、列比例或者边际总数，我们都会得到相同的比例。这张预期值表格是统计学中χ^2的基础。

χ^2的统计学计算非常像标准差，其中包括计算离差，然后将他们平方，再相加。但是这里的差不是样本与均值的差，而是观测值与预期值的差：

$$\chi^2 = \sum \frac{(O_i - E_i)^2}{E_i}$$

其中O_i = 表格中第i单元格的观察值，E_i = 表格中第i单元格的预期值。

我们的案例是一张两行两列的表格，一共有四个单元格。我们计算四个单元格中每个单元格的$(O_i - E_i)^2 / E_i$值，再将这四个值相加：

$$\chi^2 = \frac{(18 - 15.42)^2}{15.42} + \frac{(12 - 14.58)^2}{14.58}$$

$$+ \frac{(18 - 20.56)^2}{20.56} + \frac{(22 - 19.44)^2}{19.44}$$

$$= 0.4317 + 0.4565 + 0.3188 + 0.3371$$

$$= 1.5441$$

计算得出$\chi^2 = 1.5441$。然后，我们到表格14.4中找到对应的概率。在此之前，我们只需要确定χ^2相应的自由度（表格中行和列的数量各自减1，然后将结果相乘）。因为案例中的表格有两行和两列，所以自由度$1 \times 1 = 1$。1所对应的自由度在表格的第一行，χ^2值1.544落在0.455和1.642之间。所以相对应的概率就在50%到20%之间。如其他显著性检验所示，我们观察到的差别（在这个案例中是两个遗址不同陶器类型的比例）是抽样差异的结果的概率是多少——即我们从具有相同器型比例的总体中抽出具有如此不同器型比例的样本的概率是多少。卡方检验就是为了回答："如果两个遗址的碗或罐陶片比例没有不同，样本拥有这种不同比例的碗或罐陶片的概率是多少？"

第Ⅲ部分 两个变量之间的关系 ◆◆◆

表格14.4　　　　　　　　　　卡方分布

置信度	50% 0.5	80% 0.8	90% 0.9	95% 0.95	98% 0.98	99% 0.99	99.9% 0.999
显著性	50% 0.5	20% 0.2	10% 0.1	5% 0.05	2% 0.02	1% 0.01	0.1% 0.001
自由度							
1	0.455	1.642	2.706	3.841	5.412	6.635	10.827
2	1.386	3.219	4.605	5.991	7.824	9.210	13.815
3	2.366	4.642	6.251	7.815	9.837	11.341	16.268
4	3.357	5.989	7.779	9.488	11.668	13.277	18.465
5	4.351	7.289	9.236	11.070	13.388	15.086	20.517
6	5.348	8.558	10.645	12.592	15.033	16.812	22.457
7	6.346	9.803	12.017	14.067	16.622	18.475	24.322
8	7.344	11.030	13.362	15.507	18.168	20.090	26.125
9	8.343	12.242	14.684	16.919	19.679	21.666	27.877
10	9.342	13.442	15.987	18.307	21.161	23.209	29.588
11	10.341	14.631	17.275	19.675	22.618	24.725	31.264
12	11.340	15.812	18.549	21.026	24.054	26.217	32.909
13	12.340	16.985	19.812	22.362	25.472	27.688	34.528
14	13.339	18.151	21.064	23.685	26.873	29.141	36.123
15	14.339	19.311	22.307	24.996	28.259	30.578	37.697
16	15.338	20.465	23.542	26.296	29.633	32.000	39.252
17	16.338	21.615	24.769	27.587	30.995	33.409	40.790
18	17.338	22.760	25.989	28.869	32.346	34.805	42.312
19	18.338	23.900	27.204	30.144	33.687	36.191	43.820
20	19.337	25.038	28.412	31.410	35.020	37.566	45.315
21	20.337	26.171	29.615	32.671	36.343	38.932	46.797
22	21.337	27.301	30.813	33.924	37.659	40.289	48.268
23	22.337	28.429	32.007	35.172	38.968	41.638	49.728
24	23.337	29.553	33.196	36.415	40.270	42.980	51.179
25	24.337	30.675	34.382	37.652	41.566	44.314	52.620
26	25.336	31.795	35.563	38.885	42.856	45.642	54.052
27	26.336	32.912	36.741	40.113	44.140	46.963	55.476
28	27.336	34.027	37.916	41.337	45.419	48.278	56.893
29	28.336	35.139	39.087	42.557	46.693	49.588	58.302
30	29.336	36.250	40.256	43.773	47.962	50.892	59.703

上表根据 Herbert Arkin 和 Raymond R. Colton 所著 *Tables for Statisticians* (New York: Barnes and Noble, 1963) 中表格 14 制成。

在这个案例中，我们的答案是，如果两个遗址的碗或罐陶片比例没有不同，那么我们得到如此比例的样本有介于 50% 到 20% 之间的可能性。这个概率已经高到让我们认为两个样本的差别不能反映两个遗

· 212 ·

址的器型比例有差别，我们不能根据这个证据来证明两个遗址有不同的活动。这与我们用图14.1的子弹图所得出的结论不同。单单看子弹图，我们有80%到95%的置信度认为两个遗址的碗陶片和罐陶片的比例有所不同。置信度80%到95%对应的显著性概率在20%到5%之间，但是卡方检验告诉我们的显著性概率介于50%到20%之间。这是因为这两个方法不仅是相同原则的镜像应用。子弹图的误差范围和卡方检验使用的是略微不同的方法，它们产生的结果略微不同也并不会令人感到惊讶——只是略微不同，因为两个结果并不真的像看起来这么不同。如果仔细观察子弹图，我们可以看到置信度更接近80%而不是95%。如果仔细观察卡方检验的表格，我们会发现结果更接近20%而不是50%。所以子弹图的结果是置信度略微大于80%，而卡方检验的结果是显著性略微大于20%，事实上这两个结果并没有相差太多。

衡量强度

正如我们在其他情况中讨论的一样，显著性和强度是两个不同的概念。在这个案例中，显著性水平让我们必须认真进行考虑。20%左右的概率说明两个遗址可能拥有相同比例的碗陶片和罐陶片。当然，这确实让我们比较担心，因为这两个案例的不同更可能确实反映了两个遗址的不同。如果事实的确如此，那么我们观察到的差别（15%）可能足够强且足以得到一个有意义的解释。与 t 检验和方差分析不同，卡方检验的显著性测量与若干强度测量是相伴随的。

强度测量最灵活简单的方法是计算克莱姆 V 系数，或者叫克莱姆相关系数（Cramer's V）。

$$V = \sqrt{\frac{\chi^2}{n(S-1)}}$$

其中 n = 样本元素的数量（即表格的总数），S = 表格中行数量或者列数量，取两者中较小的数。

第Ⅲ部分　两个变量之间的关系　◆◆◆

所以在样本中，

$$V = \sqrt{\frac{1.544}{70(1)}} = 0.15$$

V 值在 0 到 1 之间。如果观测值与预期值没有区别，则 V 值为 0；如果观测值与预期值差别很大，则 V 值为 1。如果 San Pedro 遗址只有碗陶片，而 San Pablo 遗址只有罐陶片，那么上述第二种情况就会发生。所以 V 值越接近 1，类别之间的差异就越强（在一个 2×2 的表格中，V 值与两个类别的差别是相同的——碗陶片中 60% 和 45% 相差 15%，罐陶片中 55% 和 40% 也相差 15%）。

自由度

在卡方统计的表格中，自由度是直观的。当然，有许多方法可以将单元值放到一个表格中，使它们相加得到一系列给定的边际总数。但是在一张 2×2 的表格中，一旦单个单元值已经被填入，那么其他三个单元值也就被确定下来了，因为另外三个单元格中各只有一个值可使其相加得到给定的边际总数。在这个意义上，一张 2×2 的表格中自由度只有 1。而在 3×4 的表格中，自由度就是 6（行数减 1 乘以列数减 1）。对于一套给定的边际总数，就需要 6 个单元值去得出这样一个表格（在纸上自行试验，就可以看到这是如何计算的。在一张 3×4 的表格中，已知边际总数时，五个或五个以下的单元格是无法决定表格中剩下的值的）。

回顾样本数组的标准差计算及 t 值表格，它们都反映了相关的原则。t 值表格中的自由度是样本容量减 1。如果一个样本数组有给定的均值，我们就可以确定或猜测这个数组中的数值（最后一个数值除外）。这个概念当然有更多数学上的逻辑，但是在 t 值表格、卡方表格中应用自由度及计算样本标准差时除以 $n-1$ 都与这个概念有关。

对于任何一张不超过两行（或者不超过两列）的表格来说，$S-1$

永远是1，这个数字永远不会影响结果。在这种情况下，V值就与另一种强度测量相同，即 ϕ（希腊字母 phi，在统计学中通常发 fee 的音）。计算 ϕ 的方法比较简单：将 χ^2 值除以表格中的案例总数，然后计算其平方根。只要表格只有两行或两列，ϕ 就限于 0 到 1 的范围之间，与 V 值相同。对于超过两行或者两列的表格来说，ϕ 不是很有用，因为此时它的范围是开放的。V 可以被看作是对 ϕ 的改进，可以应用在任何大小的表格中，且便于计算。当有人在 2×2 的表格中提到 ϕ 时，这与 V 是同一回事。

注意你的表述

在卡方案例的结论中，我们可以说 "San Pablo 遗址和 San Pedro 遗址在碗陶片和罐陶片比例上的差别不是很显著（$\chi^2 = 1.544$，$0.50 > p > 0.20$）"。这一陈述清晰地说明了我们发现的差别；它告诉读者我们使用的是什么显著性检验，因为 χ^2 是卡方测验的结果；同时它为读者提供了我们的统计结果及其概率。

仅仅说 "San Pablo 遗址和 San Pedro 遗址在碗比例和罐比例的方面差异不显著" 是不合适的。首先，这里并未告诉读者我们使用的是什么显著性检验，也未提供具体结果。其次，将显著性检验看作一个简单的 "是" 与 "否" 的条件问题是一种过度简化。由此产生的不合理的结论也常常误导读者。χ^2 值（1.544）实际上落在相当接近 20% 显著性的列上。如果我们将相关数值带入表格后，会发现其实际的概率仅略大于 20%。换句话说，两个遗址在碗比例和罐比例差别上的置信度接近 80%。我们应该说，两个样本确实存在不同而不是抽样差异导致的概率接近 80%。抽样差异风险是实际存在的（略大于 20%），但两个遗址的碗比例和罐比例的差异也有相当概率是确实存在的。我们基于显著性检验最终要做的是假设这两个遗址拥有相同比例的碗和罐。在此基础上，我们需要讨论两个遗址是否真的有所不同的几率，即使这种差别存

第Ⅲ部分　两个变量之间的关系　◆◆◆

> 在的概率也许不大。
>
> 　　通常人们以近乎神圣的 5% 的显著性水平来决定是否对零假设进行拒绝或者不拒绝（见第十二章），也因此将 5% 的显著性水平定义为高显著性。如果显著性水平为 1% 或者更小时，人们经常说显著性是非常高的。在案例中，显著性水平约等于 20%（常常被称为是很低的显著性）。虽然我们说显著性从非常高到低，但其实所有的显著性都还停留在显著性水平标尺较低的一端。可是我们认为显著性较低的说法是合理的，因为显著性水平超过 20% 时，样本差异由抽样差异导致的概率非常高，所以结果并不引人注意。样本差异"非常显著"等同于差异的"置信度非常高"。但是请注意，高显著性对应低显著性概率（例如 5% 甚至更低），低显著性对应高显著性概率（例如 20% 左右甚至更高）。

样本大小的影响

　　得到卡方检验的结果后，两个遗址不同的可能性也许激发了我们的兴趣。我们可能要进行进一步的探索。当然，结果显著性很低的部分原因是我们的样本相对较小（和大样本相比，小样本越可能表现出与总体有更大的差别。所以得到差异较大的两个小样本是由抽样差异导致的概率更大）。因此，我们可能决定获取两个遗址陶片的更大样本。表格 14.5 提供了收集更大样本后可能得出的结论。现在我们收集了原来样本四倍大小的新样本，器型比例与之前样本相同。比例差异的强度仍保持一致（15%）。表格 14.2 的行比例对新结果仍然有效。新的预期值（表格 14.6）是旧预期值的四倍（表格 14.3）。

　　基于更大的样本计算 χ^2，我们得到了与之前不同的结果：

$$\chi^2 = \frac{(72-61.71)^2}{61.71} + \frac{(48-58.29)^2}{58.29}$$

$$+ \frac{(72 - 82.29)^2}{82.29} + \frac{(88 - 77.71)^2}{77.71}$$

$$= 1.7158 + 1.8165 + 1.2867 + 1.3626$$

$$= 6.1816$$

χ^2 值为 6.1816、自由度为 1，对应 0.02 到 0.01 之间的显著性概率。这个结果是高度显著的。我们可以说基于这个样本，我们有 98% 到 99% 的置信度认为 San Pablo 遗址和 San Pedro 遗址碗陶片和罐陶片的比例不同。这一结论与之前结论的不同之处仅在于样本大小。在其他条件相同的情况下，由大样本得到的结果比由小样本得到的结果更为显著。比例不同的强度仍然相同（遗址之间的碗比例和罐比例差别是 15%）。V 值仍然为 0.15。

表格 14.5　San Pablo 和 San Pedro 遗址不同器型陶片更大的样本

	碗陶片	罐陶片	总计
San Pablo	72	48	120
San Pedro	72	88	160
总计	144	136	280

表格 14.6　San Pablo 和 San Pedro 遗址不同器型陶片更大样本的预期值

	碗陶片	罐陶片	总计
San Pablo	61.71	58.29	120
San Pedro	82.29	77.71	160
总计	144	136	280

对于小样本而言，只有非常强的结果才是显著的。对于大样本来说，即使较弱的结果也会很显著。对于非常大的样本来说，即使非常弱的结果也会有极端高的显著性。结果的强度也揭示了很强的实际意义。两个遗址 15% 的碗比例差异反映了两个遗址陶器使用的差异。那么 5% 的差别会有相似的意义吗？如果是 1% 呢？如果是 0.1% 呢？在某种意义上，我们一定会说这样的比例差别太弱，无法反映陶器使用的差别。当然，我们可以获取一个足够大的样本，使得哪怕 0.1% 的

第Ⅲ部分　两个变量之间的关系 ◆◆◆

差别都是高度显著的。但是显然获取那样大的样本是不值得的，因为它不能（至少在这一方面不能）告诉我们任何有用的信息。大样本并不一定比小样本包含的信息量更高，因为它们可能只是提高了那些微弱到没有意义的统计结果的显著性。

当然，较小和较大样本的这些差别可以从图14.1总体比例的估计中看出。在子弹图中，较大样本的影响是使误差条实质上缩短，这样碗的比例差别（保持不变）就会变得更显著。如果这一点不太直观，我们不妨自己试一试。用更大的样本制作有误差条的子弹图，你会看到在给定的置信度下，样本容量的增加是如何缩小误差范围的。

总体之间的不同和变量之间的关系

与方差分析相同，卡方检验可以研究总体之间的不同，或观察变量之间的关系。在这个案例中，两个变量都是分类变量。我们可以将案例中的其中一个变量作为遗址（分为 San Pablo 遗址和 San Pedro 遗址两个类别），另一个变量称为陶器类型，它同样有两个分类（碗和罐）。我们发现这两个变量之间存在一种联系——一定的强度与较低的显著性。如果你的分析是为了研究两个变量的关系而不是两个总体的不同，那么我们可以说"陶器类型比例在遗址间有所不同，但遗址和陶器类型之间的关系显著性很低（$\chi^2 = 1.544$,. $50 > p > 0.20$, $V = 0.15$）"。

在第十二章和十三章中，子弹图是显著性检验的另一种方式。在多目的分析中，图14.1的子弹图是表达 San Pedro 和 San Pablo 遗址差异及其置信度的最清晰直接的方法。同时提供子弹图和卡方检验在统计上是过度计算（同时计算这两者确实浪费时间）。它们表示的是同一件事。在二者中，只需要选择最适合当下需求的方法即可。

随着分类数量的增加（表格中的行数和列数也会增加），卡方检验会变得越来越难以解释。在众多的单元格中，通常只有一小部分在

第十四章 比较不同样本的比例

预期值和观测值上有较大差别。容量较大表格的具体单元格之间会有较大的不同，这就需要用各种方法对特定的单元格进行分析。它们在一定层面上都可被归结为比较预期值和观测值，所以在卡方检验的结果中经常需要提供预期值和观测值。在这种情况下，我们更倾向于使用子弹图，因为它们能独立表现每个分类，并在图中分别显示其置信度/显著性。

假设和稳健方法

卡方检验不包括均值和标准差，所以我们不用担心测量值数组的中心和离散指数。因此我们没有做出关于数组形状的假设，关于异常值的问题也还未出现。卡方检验首先要考虑的是样本量足够大，从而能够得出对概率的可信评估。在这个方面，许多文章都提到不同的经验法则。当表格中的预期值低于10时，一些统计学家就不希望我们使用卡方检验。另一些统计学家则没有如此保守，即使预期值等于1时也愿意接受卡方检验。我们在这里采用一个中间值，即预期值不低于1且小于5的预期值不超过20%就可以使用卡方检验。

如果未达到这些条件，且表格很大时（即有许多行和/或许多列），我们可以用一个或两个变量对类别进行合并，这样可以减少表格的行和列。同样数量的案例除以较少的单元格，预期值当然会较高。因为我们采用的是相对非保守的预期值要求，所以合并分类足以将预期值提高到可以接受的水平。

如果一个 2×2 的表格预期值较低，使得卡方分析的结果不可信，那么还有一种被称为费舍尔精确检验（Fisher's exact test）的方法可用。这个检验直接对显著性概率进行计算，并且对预期值大小没有要求。事实上，这一计算过程甚至不会涉及预期值。用费舍尔方法计算 2×2 表格的精确显著性的公式如下：

· 219 ·

第Ⅲ部分 两个变量之间的关系

$$p = \frac{(A+B)!(C+D)!(A+C)!(B+D)!}{N!A!B!C!D!}$$

其中 $A = 2 \times 2$ 表格左上角单元格的观测频数（observed frequency），$B = 2 \times 2$ 表格中右上角单元格的观测频数，$C = 2 \times 2$ 表格左下角单元格的观测频数，$D = 2 \times 2$ 表格右下角单元格的观测频数。

我们也许并不熟悉符号"!"的数学用法。X！［读作 X 阶乘（factorial）］的意思是将 X 按顺序乘以比 X 小的正整数。例如 5！= 5 × 4 × 3 × 2 × 1 = 120。或者 9！= 9 × 8 × 7 × 6 × 5 × 4 × 3 × 2 × 1 = 362880。计算表格 14.1 的概率得到：

$$p = \frac{(18+12)!(18+22)!(18+18)!(12+22)!}{70!18!12!18!22!} = 0.237$$

它提供了表格 14.1 中案例准确的显著性概率——卡方检验仅能给出这一概率的近似值。大多数人都希望由计算机来完成这样的计算。最重要的是，费舍尔精确检验可以应用在任何一个单元值上，无论预期单元值有多低。当数字较小时，手算将不那么困难。

统计软件

用卡方分析检验两个变量的关系，或像表格 6.1 中那样排列的两个分类变量时，统计软件可以很好地协助我们进行卡方检验。如果数据以表格 6.4 或表格 14.1 的形式排列，那么手算 χ^2 值可能更简单。我们需要进行的工作大部分是读取表格中的数字。许多统计软件在交叉表（cross tabulation）的菜单下有卡方分析选项。与这一章我们计算的案例相比，用统计软件对表格 6.1 中的数据进行卡方检验，我们发现不同遗址之间有纹饰和无纹饰陶器的比例差异强度中等且显著性较低（$\chi^2 = 2.493$，$p = 0.29$，$V = 0.133$）。这一章中，我们用统计软件计算表格 14.1 中的样本，并得到了与手算相同的结果，但统计软件计算的联合概率更为精确（$p = 0.214$）。这再次确认了我们在表格 14.4 中做出的粗略判断，即显著性概率在 50% 和 20% 之间，且更接近 20%。

第十四章　比较不同样本的比例

附言：理论预期和比例的比较

有时候，大家在进行数据分析时遇到的问题与我们在这一章面对的问题相似，但也会有一点重要的不同。我们的样本可能被分为一系列的类别，且我们知道对分类的比例有怎样的期待——不是基于另一组分类的比例，而是基于一些不同的分类标准。例如表格14.7是三个不同自然环境下区域调查的结果。因为我们调查的大部分区域都在河谷，在其他条件相同的情况下，我们也期待大部分的遗址都在这个环境里。然而表格14.7显示三种环境的遗址比例与我们的预期相当不同。但我们的样本是否大到可以让我们有足够的信心论断它与我们的期望的确不同呢？

表格14.7　　　　　　　　　　　三种环境的区域调查

环境分类	遗址数量	在遗址总数中所占比例%	调查区域 平方千米	总面积中占比%
河边斜坡	19	50.0	3.9	28.7
河谷	12	31.6	8.3	61.0
坡地	7	18.4	1.4	10.3
总计	38	100.0	13.6	100.0

乍一看，卡方检验可以回答这个问题（表格14.8），但是仔细思考表格后，我们放弃了这一想法。表格14.8并不包含两种分类变量。相反，它仅包括了一种分类（三种环境）。或者说，根据同一种分类区分了两种事物——38个遗址和13.6平方千米的调查面积。我们在此不能将38（遗址数量）和13.6（遗址面积）相加，因为这样的相加没有任何意义。如果要计算 χ^2，我们需要能够在类似的单元格进行这样加法计算的表格（或者分类）。

第Ⅲ部分　两个变量之间的关系 ◆◆◆

表格 14.8　　对表格 14.7 中的观测值进行卡方检验时错误的制表方式

	遗址数量	调查面积（平方千米）
河边斜坡	19	3.9
河谷	12	8.3
坡地	7	1.4

在这个案例中，我们有包含38个遗址的样本。如果想要将其当作本区域遗址的随机样本，那么我们可以将不同环境下遗址的比例与理论上的期望进行比较。而理论上的期望是基于我们如何在这个区域进行调查，并发现三类环境中的38个遗址的。我们可以用第十一章中讨论的方法估计不同环境的遗址比例，并附上误差范围。计算结果显示，我们有99%的信心认为，这38个遗址样本来自河谷遗址比例为31.6%±20.3%的总体（可以用第十一章的步骤自己计算）。但如果史前居民对这种环境没有偏爱，我们预期的比例就是61%，因为调查区域中61%是处在河谷的。这个比例比置信度99%的误差范围的最高值（51.9%）还要高，所以我们可以说此样本基本不可能来自河谷遗址占比61%的总体。虽然我们在那里发现了遗址，但史前居民并没有表现出居住在河谷的倾向（也有可能近代堆积更多地覆盖了河谷遗址，从而导致我们调查失败。这是需要进一步阐释的实际问题，而统计结果并不会直接告诉我们答案）。

如果想要知道样本来自河谷遗址占比61%的总体的概率有多少，我们就可能需要进行 t 检验，正如在第十二章中讨论的那样。与第十二章中单个样本的 t 检验有所不同，在这个案例中有三个分类而不是两个。我们可以在这三个分类上分别运用这种方法，判断基于样本所估算的比例是否与预期比例不同，这也可以帮助我们观察三个样本的不同在多大程度上是由这样大小的样本随机差异所造成的。这会引导我们对三种环境下各自的选址偏好（或明显的规避）进行具体讨论。

我们可能需要用更综合的方式来处理这个问题，但不是关注每个具体的分类，而是需要提出更有概括性的问题："这38个遗址来自对特定自然环境没有选址偏好的总体的概率是多少？"我们可以用卡方检验来回答这个问题，但不是用表格14.8中的方法。这主要使用已知的信息确定每种自然环境中遗址数量的预期值，如表格14.9所示。因为有28.7%的调查面积是在河边斜坡上，所以我们预计38个遗址中也有28.7%（即10.9个遗址）在河边斜坡上，以此类推。现在我们得到一个单变量的表格——三个分类的观测值和预期值，并可以用观测值和预期值计算χ^2，如之前一样：

$$\chi^2 = \sum \frac{(O_i - E_i)^2}{E}$$

$$\chi^2 = \frac{(19 - 10.9)2}{10.9} + \frac{(12 - 23.2)2}{23.2} + \frac{(7 - 3.9)2}{3.9}$$

$$= 6.0192 + 5.4069 + 2.4641$$

$$= 13.8902$$

因为这张表格只有一排（或者一列——表格是横向或纵向排列并没有区别），自由度的值是分类数量减1。这里有三个分类，所以自由度是2。χ^2值为13.8902，刚好大于表格14.4中自由度为2一排中最右边的列。最右列的显著性是0.001。因此我们可以得出结论："样本几乎不可能来自在不同环境中均匀分布的遗址总体（$\chi^2 = 13.8902$，$p < 0.001$）"，或者"我们的调查结果与所预期的结果差别非常显著（$\chi^2 = 13.8902$，$p < 0.001$）"。

表格14.9　　　　　　用于卡方检验的遗址观测值和预期值

调查区域		遗址数量	
		预期值	观测值
河边斜坡	28.7%	10.9	19
河谷	61.0%	23.2	12
坡地	10.3%	3.9	7
总计	100%	38	38

第Ⅲ部分　两个变量之间的关系 ◆◆◆

练　习

1. 你在 Granger 和 Rawlins 遗址进行了地表采集。两个遗址的采集都包括了相同类型的陶器，你想知道两个遗址是否在陶器类型的比例上有所不同。在 Granger 遗址中，你采集了 162 个 Serengeti 素面陶片、49 个 Mandarin 橙黄色陶片和 57 个 Zane 灰陶片；在 Rawlins 遗址中，你采集了 40 个 Serengeti 素面陶片、43 个 Mandarin 橙黄色陶片和 49 个 Zane 灰陶片。在考虑可能的样本偏见后，你决定将采集到的陶片当作遗址所有陶片的随机样本。请估计每个遗址中三种陶片的比例。用子弹图比较两个遗址在 80%、95% 和 99% 置信度下的误差范围（仔细思考如何排列子弹图以方便进行比较）。你对两个遗址在陶片比例上的差别有多大信心？用一两句话对图中的比较进行总结。

2. 评估遗址和陶器类型这两个变量相关性的强度和显著性，以此回答第一题。用一句话总结你的结果。这些结果和第一题的结果有什么不同？用卡方检验代替估计总体比例的方法有何优缺点？

3. 你在 Opelousas 遗址中发现了极少量磨损的陶片。你只能判断出其中有些以贝类和沙子作为羼和料，有些有红色涂料，其他的都是素面的。完整数据如表格 14.10 所示。研究陶器羼和料和表面涂料关系的显著性和强度。用一句清晰的话总结你所得到的结果的意义。

表格 14.10　　　　Opelousas 遗址陶片的羼和料及器表情况

羼和料	器表	羼和料	器表	羼和料	器表
沙子	红色涂料	贝壳	素面	贝壳	红色涂料
沙子	红色涂料	沙子	素面	贝壳	红色涂料
沙子	红色涂料	贝壳	红色涂料	沙子	素面
贝壳	素面	贝壳	素面	沙子	素面
沙子	红色涂料	沙子	红色涂料	沙子	红色涂料
沙子	素面	贝壳	素面	沙子	红色涂料
沙子	红色涂料	贝壳	红色涂料	沙子	素面

第十四章 比较不同样本的比例

续表

羼和料	器表	羼和料	器表	羼和料	器表
贝壳	素面	沙子	红色涂料	沙子	红色涂料
贝壳	红色涂料	贝壳	红色涂料	贝壳	素面
贝壳	红色涂料	贝壳	红色涂料	沙子	红色涂料
沙子	素面	沙子	素面	沙子	红色涂料
沙子	红色涂料	沙子	红色涂料	沙子	红色涂料
沙子	红色涂料	贝壳	素面	贝壳	红色涂料
沙子	素面	贝壳	红色涂料	贝壳	素面
沙子	素面	沙子	红色涂料	贝壳	红色涂料
贝壳	素面	沙子	素面	贝壳	素面
贝壳	素面	沙子	素面		
贝壳	红色涂料	贝壳	素面		

第十五章　一个测量型变量与另一个测量型变量的相关性

从宏观上着眼

线性关系（Linear Relations）

最佳拟合直线（The Best – Fit Straight Line）

预测

最佳拟合（Best Fit）效果

显著性和置信度

残差（Residuals）分析

假设和稳健方法

练习

在第十二章和第十三章中，我们研究了一个测量型变量和一个分类变量之间的关系。我们使用了两种方法来完成这个任务。第一种是估计每个分类变量的总体均值，并附上误差范围。第二种是使用两个样本的 t 检验（如果只包含两个分类）或者方差分析（如果包含大于两个分类）。在第十四章中我们同样使用了两种方法研究两个分类变量之间的关系。第一种是估计每个分类的总体比例，并附上误差范围。第二种是使用卡方检验评估显著性，且用克莱姆相关系数评估关联的强度。研究测量型变量和分类变量的组合中，现在就只剩下研究两个测量型变量之间的关系了。这就是这一章的内容。我们将研究其中一种非常有用的方法。鉴于这种方法在实际操作中非常有用，我们

第十五章 一个测量型变量与另一个测量型变量的相关性

也不再介绍它的替代方法。

表格 15.1 是 Río Seco 河谷绿洲时期 14 个遗址的观测数据。在每个遗址中，地面系统调查为我们提供了正好 100 个器物的样本。在仔细研究了可能存在的样本偏见后，我们决定将这个遗址样本当作随机样本。相似的，在考虑过器物采集可能的偏见后，我们决定将每个器物样本当作地表器物的随机样本。因为每个地表采集包括 100 个器物，锄头的数量就是每个地表采集中锄头的百分比，同时也是我们对每个总体（即每个遗址的地表器物的总体）中锄头比例的最佳估计。在效果上，我们在这里处理的是百分比，像这样的百分比完全适合测量型变量的研究。我们想要研究的是遗址的面积（地表可见遗物的面积）和 100 个器物样本中的锄头数量是否存在联系。

表格 15.1　　Río Seco 河谷绿洲时期遗址面积的观测数据和每 100 个采集器物中的锄头数量

遗址面积（公顷）	每 100 个器物中的锄头数量	遗址面积（公顷）	每 100 个器物中的锄头数量
19.0	15	12.7	22
16.4	14	12.0	12
15.8	18	11.3	22
15.2	15	10.9	31
14.2	20	9.6	39
14.0	19	16.2	23
13.0	16	7.2	36

从宏观上着眼

与往常一样，我们的分析将从观察包含重要特征的图开始。两个测量型变量的关系最好画成散点图（scatter plot）（图 15.1）。散点图中每个 x 代表一个遗址，其位置是由遗址的面积（横坐标）和在 100 个器物中的锄头数量（纵坐标）决定的。

第Ⅲ部分　两个变量之间的关系 ◆◆◆

散点图揭示了两个变量之间的某种关系。图中左边的点（即遗址面积较小）趋向于图中较高的位置（说明锄头数量较多）。图中右边的点（说明遗址面积较大）趋向图中较低的位置（说明锄头数量较少）。这说明了大遗址的每100个器物中有相对较少的锄头，而小遗址在每100个器物中有相对较多的锄头。

在观察散点图的特征时，特别当这些特征不是很清晰时，分组观察图中的点并考虑子数组的中心会对我们有所帮助。在图15.1中观察代表小遗址（面积在5—10公顷之间）的点。图中只有两个小遗址，代表它们的点都落在图中非常高的位置，说明这两个遗址都有数量非常多的锄头。这两个遗址组成的小数组的中心也相当高，大致有37个锄头。事实上，这两个最小的遗址拥有遗址中数量最多的锄头。接着观察图15.1中代表中等大小遗址（面积在10—15公顷之间）的点。这些点都比代表小遗址的点位置低。中等大小遗址数组的中心比小遗址数组的中心低，可能接近20个锄头。显然中等大小的遗址比小遗址有更少的锄头。最后观察代表大遗址（面积在15—20公顷之间）的点。数组中心仍然很低，只有大约15个锄头。散点图更细节化地展现

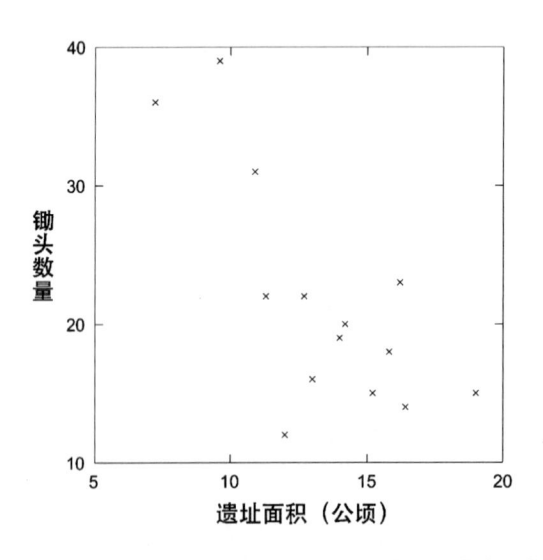

图15.1　不同面积遗址每100件器物中锄头数量的散点图

第十五章　一个测量型变量与另一个测量型变量的相关性

出了同样的特征：总的来说，遗址面积越大，100个器物中锄头的数量越小。

细节化观察散点图为我们提供了一种解决问题的方法。我们将遗址面积分成了三类（小、中、大），并估计其中每类遗址中100个器物中的平均锄头数量。然后我们可以附上误差范围，并画出子弹图描述整体特征。或者我们可以进行方差分析——另一种适合研究测量值和分类之间关系的技术。测量型变量经常可以用这样的方式转换成一系列的分类，有时候这样做很有效。然而还有更有效的方法可以探索两个测量型变量之间的关系。

线性关系

最简单地表达两个测量值之间关系的方法是线性（linear）或直线关系。这样的关系之所以被称为线性关系，是因为它是由散点图中的一条直线所代表的。当两个测量值相等时，它们之间的关系也许是最简单的。如果我们用 X 代表其中一个测量值，用 Y 代表另一个测量值，那么相等的关系就可以简单地表示为 $Y=X$。对于任何一个 X 值都有与其相对应的 Y 值，这是由此方程决定的。比如当 $X=5$ 时，$Y=5$；当 $X=-10$ 时，$Y=-10$。X 值和 Y 值都在图 15.2 中画出（按照常规，我们永远将 X 作为横坐标，Y 作为纵坐标）。所有满足 $Y=X$ 的点都分布在图 15.2 中标注有 $Y=X$ 的线上——这是 X 和 Y 之间完美的直线关系。

图 15.2 中的其他线同样表达了 X 和 Y 之间完美的直线关系。它们的旁边都标注了对应的方程。这些线的位置可以用试验的方法确定。比如 $Y=-2X$ 的线是由所有满足 $Y=-2X$ 方程的点组成的。其中包括 $X=5$，$Y=-10$；$X=-7$，$Y=14$，等等。图 15.2 中的方程是用代数方法表达的两个测量值的关系，而图中的线是用几何方法表达的关系。如果这样还不够清晰，你可以自己用一些方程和对应的图形进

第Ⅲ部分 两个变量之间的关系 ◆◆◆

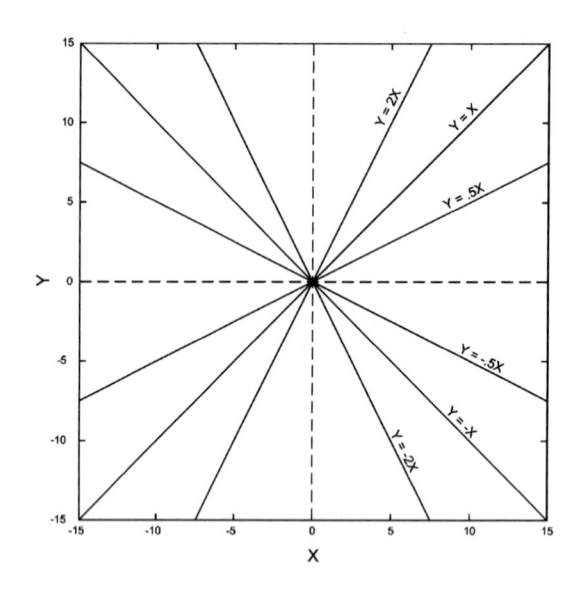

图 15.2 部分直线和其对应的方程

行试验。自行取一些 X 值,计算对应的 Y 值,并将这些点画在图中。

图 15.2 中方程的对比地揭示了方程和线之间关系的一种属性。如果 Y 等于 X 乘以某个数值,那么用几何方法表达的关系就是一条直线,且这条直线穿过原点(原点是 $X=0$,$Y=0$ 的点)。X 乘以的那个数值在方程中叫做 X 的系数(coefficient),这个系数决定线的斜率(slope)。如果 X 的系数是正数,那么直线会从左到右上升。如果 X 的系数是负数,那么直线会从左到右下降。X 的系数的绝对值越大,直线的斜率就越大。即 $Y=2X$ 比 $Y=0.5X$ 的斜率大;$Y=-2X$ 比 $Y=-0.5X$ 的斜率大(在方程 $Y=X$ 中,X 的系数为 1)。

图 15.3 还表达了直线的另外一个特征——它们的位置与原点的关系。图 15.3 中所有的直线都有同样的斜率——X 的系数都为 0.5。但是它们离原点的偏移程度各不相同。这些方程的不同仅是在 X 和它的系数旁边有一个附加的部分。$Y=0.5X+5$ 对应的直线在 $Y=5$ 处穿过 Y 轴(这当然是因为 Y 轴上 $X=0$,当 $X=0$ 时 $Y=5$)。这个附加的部分叫作 Y 截距(intercept),因为这是当 $X=0$ 时得到的 Y 值。换句

◆◆◆ 第十五章　一个测量型变量与另一个测量型变量的相关性

说，这是当直线穿过 Y 轴时的 Y 值。

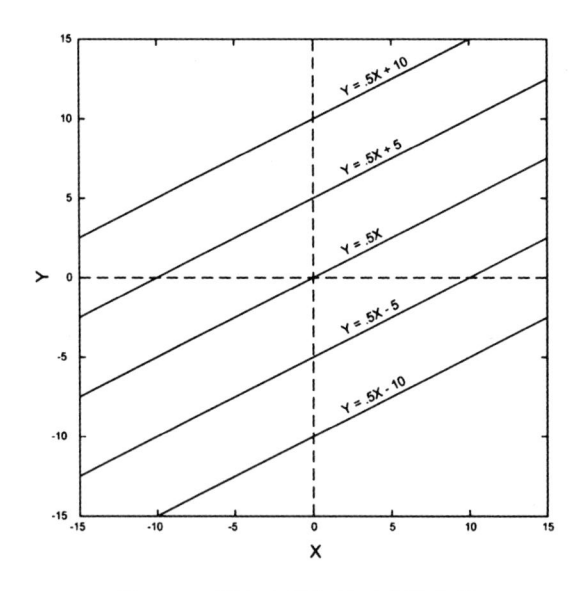

图 15.3　更多直线和其对应的方程

因此，对于任意 X 和 Y 的直线关系，我们都可以用这样的方程表达：

$$Y = bX + a$$

其中 b = 直线的斜率，a = Y 截距，或直线穿过 Y 轴时的 Y 值。

这个方程具体说明了 X 和 Y 之间的关系。它使我们能够确定对于一个给定的 X 值来说，与其相对应的 Y 值是多少。按照常规，我们总是将 X 值视为给定的值，而 Y 是由 X 值决定的。所以 X 是自变量（independent variable），Y 是因变量（dependent variable）。

最佳拟合直线（the best–fit straight line）

现在我们已经与研究遗址面积和 100 个器物中的锄头数量关系的案例偏离很远了。但对于直线关系的讨论是为了让我们搞清楚我们在

第Ⅲ部分　两个变量之间的关系 ◆◆◆

两个测量型变量中期待发现怎样的数学关系。如果遗址面积和锄头数量的关系可以被准确地描述为直线关系，那么我们就可以用此方法描述这种关系的特征。如果图 15.1 的散点图看起来像图 15.4 一样，我们就可以很简单地应用直线方程的原则。图 15.4 中的点基本完美地落在一条直线上，这条大致的直线已被画在图中。我们可以测量线的斜率以及在直线穿过 Y 轴时的 Y 值，并用代数方法写下两个测量值之间关系的方程。

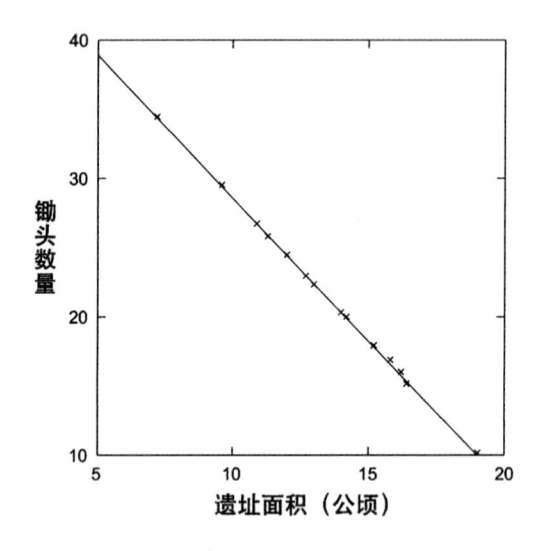

图 15.4　如果图 15.1 的散点图如本图所示，那就很容易找到拟合直线

但问题是，用我们案例中的数据制成的散点图中的点并不完美地分布在一条直线上。虽然随着遗址面积的增加，每 100 个器物中的锄头数量减少的大体特征是清晰的，但我们画不出一条可以穿过所有点的直线。然而用直线关系进行研究有很多优点，值得我们在图 15.1 中尝试画一条尽可能准确地表达所有点的大致趋势的直线——一条最佳拟合直线。我们称这种统计技术为线性回归（linear regression）。

线性回归概念的起点是，考虑用何种标准在所有可能的线中确定哪条最拟合所有的点。显然，我们想要尽可能多的点都接近这条线。因为我们将 X 值当作给定的值，所以我们在接近度上仅考虑 Y 值。即

第十五章 一个测量型变量与另一个测量型变量的相关性

对于给定的 X 值,我们考虑点在 Y 方向上离这条线有多远。这个距离叫作残差(residuals),我们会在后面更详细地讨论这个概念。

我们可以在图 15.4 中完全虚构的散点图上探索残差的问题。因为散点图上的点都非常靠近直线,所以可以比较容易地观察直线是否拟合。图 15.5 描绘了一条并不像图 15.4 中那样拟合所有点的直线。这在图上很容易就能看出来。我们可以在直线上找到一个合适的点来测量残差,进而评估拟合程度。这个更合适的点在图 15.5 中用虚线标出了位置。测量值垂直落在 Y 轴上,并且用 Y 单位表示(即锄头的数量)。我们也可以用代数方法表达同样的操作。因为直线对应具体的 X 和 Y 的线性方程,所以我们就可以用方程计算每个 X 值所对应的"正确"的 Y 值。"正确"的 Y 值和实际的 Y 值之间的差别对应图形上的残差。这个残差及其测量值对应图 15.5 散点图中最左边的点。这个点落在直线上方 4.88 个 Y 单位。这个点对应的残差是 4.88。这意味着这个遗址实际有比基于图 15.5 中所画直线计算出的预期值多 4.88 个的锄头。

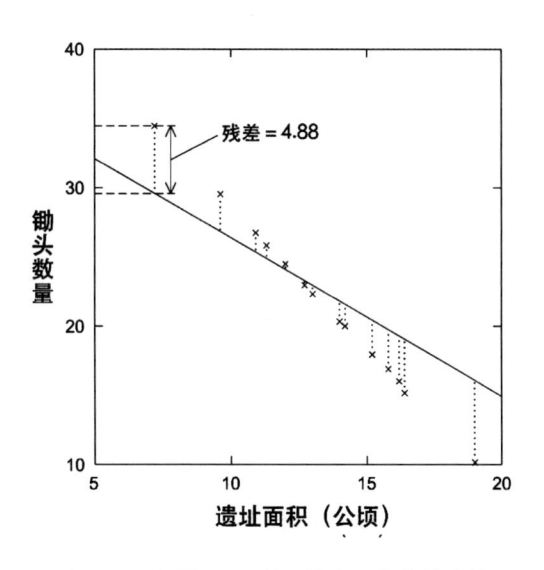

图 15.5 和图 15.4 所示散点不拟合的直线

第Ⅲ部分　两个变量之间的关系 ◆◆◆

我们可以很容易地看到图 15.5 中的直线按顺时针方向旋转一些后会更拟合点的趋势。如果我们这样做的话，代表残差的虚线就会变短一些。事实上，我们把直线放回到图 15.4 的位置时，所有的残差都会等于或接近 0。所以我们看到，减少残差可以提供一些数学标准，能够更好地对应我们从散点图中所看出的特征。直线越拟合散点图中的点，所得的所有残差就越小。

残差是给定 X 值所对应的两个可能的 Y 值之间的差。一个 Y 值由直线表示，另一个 Y 值由数据点表示。在统计学中，通常不直接用这些差，最有效的方式是用差的平方。所以最有用的数学标准是：最佳拟合直线是所有残差平方和最小的线，或者说找到那条对所有点来说残差平方和最小的直线。按照这个定义，我们正在进行的这类分析被称为最小平方回归（least-squares regression）。

回归分析的数学核心主要考虑如何决定哪条直线是最佳拟合的。幸运的是我们不需要再三尝试来得到结论。让我们回到 X 与 Y 关系的方程：

$$Y = bX + a$$

我们在数学上根据两个方程可以得到 a 和 b 的值，将其代入总方程，描绘最佳拟合直线：

$$b = \frac{n \sum X_i Y_i - (\sum Y_i)(\sum X_i)}{n \sum X_i^2 - (\sum X_i)^2}$$

并且，

$$a = \overline{Y} - b\overline{X}$$

其中 n = 样本容量，X_i = 第 i 个元素的 X 值，Y_i = 第 i 个元素的 Y 值。

因为包含 b 的等式很复杂，所以值得解释方程的细节。分数的分子第一部分 $n \sum X_i Y_i$ 中，我们将每个元素中的 X 值乘以同样元素的 Y 值，那么将这 n 个乘积相加，再将总和乘以 n。分子的第二部分 $(\sum Y_i)(\sum X_i)$ 中我们将所有 nX 值相加，将所有 nY 值相加，再将两个总

◆◆◆ 第十五章　一个测量型变量与另一个测量型变量的相关性

和相乘。分母的第一部分是 $n\sum X_i^2$，首先我们将所有 X 值平方，再将这些平方相加，最后将总和乘以 n。分母的第二部分是 $(\sum X_i)^2$，我们将所有 X 值相加，再将总和平方。我们只要用 Y 的均值减去 b 值乘以 X 的均值，就得到了 a。

对于这些繁琐运算有许多捷径，但事实上本书的读者多用电脑进行回归分析，所以我们不需要花费篇幅来讲这些运算捷径。我们也不需要用手算这些方程，以得到案例中实际的数字。我们可以用电脑进行这个案例的回归分析。介绍这些方程的重点不是提供计算的方法，而是告诉我们计算的是什么，以及结果有什么含义。

预　　测

一旦我们得到了 a 和 b 的值，我们就可以将 X 和 Y 之间关系的方程具体化，将两个已知的 X 值代入，得到对应的 Y 值，用这两个点画出最佳拟合直线。如果我们使用表格 15.1 的数据，就会得到图 15.6 中的结果。这个回归分析的结果是：

$$a = 47.802$$
$$b = -1.959$$

所以 X 和 Y 之间关系的方程是：

$$Y = -1.959X + 47.802$$

或者，

$$锄头的数量 = (-1.959 \times 遗址面积) + 47.802$$

如果我们知道遗址面积的话，这个方程让我们得以"预测"每 100 个器物中有多少个锄头。比如当遗址面积为 15.2 公顷时，我们预测：

$$Y = (-1.959)(15.2) + 47.802 = 18.03$$

所以，如果回归分析得到的 X 和 Y 之间的关系是真实的，那么在

第Ⅲ部分　两个变量之间的关系 ◆◆◆

一个面积为15.2公顷的遗址中，100个采集器物中会包含18.03个锄头。在原始数据中，一个面积为15.2公顷的遗址确实在100个采集器物中得到了15个锄头。对于这个遗址来说，实际值比预期值少了3.03个锄头。所以这个遗址的余数是3.03（对应的残差是－3.03），说明回归分析有一些无法预测或无法"解释"的差异（"残差"这个词之所以被使用，是因为残差代表了无法解释或者被剩下的差异）。即便如此，基于回归方程的预测也比我们能做出的任何其他预测更好。没有回归分析，我们对每个遗址锄头数量的最佳预测就是所有遗址锄头数量的均值，即21.57个锄头。这对于15.2公顷的遗址面积来说，有6.57个锄头的误差。在这个案例中，回归方程让我们能基于遗址面积预测锄头数量。虽然不是每个案例的回归分析都会准确，但它在平均上是准确的。

回归分析帮助我们预测或解释各遗址每100个器物中锄头数量的差异。但是它仍然没能解释一些差异。我们不知道为什么15.2公顷的遗址实际中会比预期少了3.03个锄头。这个残差表明了一些无法解释的差异，我们会在接下来的章节中进行解释。

最佳拟合的效果

已知等式：

$$Y = -1.959X + 47.802$$

代表了样本数据的最佳拟合直线，所有残差的平方和是最小的（仅限直线等式）。这些残差在图15.6中用虚线表示。我们发现有些残差数值非常大。虽然最佳拟合直线能帮助我们预测或解释锄头数量的多样性，但它显然不像我们希望的那样完全拟合我们的数据。我们需要评估拟合效果有多好，而确定最佳拟合直线的过程正为我们提供了这样的方法。因为最佳拟合直线是所有残差的平方和最小的直线，残差的平方和越小，拟合效果就越好。残差的平方和能衡量最佳拟合

◆◆◆ 第十五章　一个测量型变量与另一个测量型变量的相关性

直线与散点图中点的接近程度。

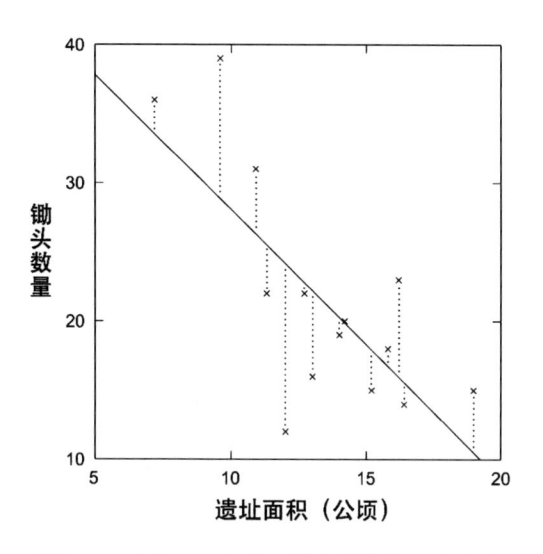

图 15.6　图 15.1 中所示散点的最佳拟合直线

残差的平方和当然永远不会小于 0，因为余数的平方永远不会是负数（负残差的平方也是正数）。只有当所有残差都为 0 时，残差的平方和才是 0。这种情况仅在所有点都在直线上时发生，此时拟合效果是完美的。残差的平方和没有上限，但它是由实际的 Y 值决定的。如果能确定上限会很有帮助，因为这样我们就能知道特定的残差平方和在最大值和最小值之间的位置，也确定最佳拟合直线是否比其他线更接近最佳拟合（残差平方和为 0），还是所有可能中最不拟合的（无论残差平方和的最大值是多少）。结果是，残差平方和的最大值是 Y 值与其均值之差的平方和 [Y 值与均值之差的平方和是计算 Y 方差公式的分母，即 $\sum (y_i - \overline{Y})^2$]。所以比值

$$\frac{(残差平方和)}{\sum (y_i - \overline{Y})^2}$$

介于 0 到 1 之间。它的最小值 0 意味着最佳拟合直线是完美拟合的，因为所有残差都为 0。它的最大值为 1，这意味着拟合度最差，因为残差平方和大到可以是任何一组给定的 Y 值 [即等于 $\sum (y_i - \overline{Y})^2$]。

第Ⅲ部分 两个变量之间的关系 ◆◆◆

这个比值能让我们在一个从 0 到 1 的比值中评估最佳拟合直线的拟合度。0 表示完美拟合，1 表示最不拟合。直观上用 1 表示最好、0 表示最差更加容易，所以我们习惯上颠倒这个比值，用 1 减去比值（如果这还不够直观，你可以试着代入一些数字。比如在 0 到 1 的比值中的 0.2 会变成在 1 到 0 的比值中的 0.8）。用 1 减去这个比值后得到的值被称为 r^2，且

$$r^2 = 1 - \frac{(残差平方和)}{\sum (y_i - \overline{Y})^2}$$

这个比值（r^2）与方差比值相同。分子是 Y 的原始方差（仅省略除以 $n-1$ 这一步骤），分母是最佳拟合直线的 Y 方差（再一次省略除以 $n-1$ 的步骤）。加入除以 $n-1$ 的步骤对结果没有影响，因为分子和分母同时都除以 $n-1$。

如果与最佳拟合直线的差异比 Y 与均值之间的原始差异小很多，那么 r^2 的值就会较大（接近 1），且最佳拟合直线确实是很好拟合的。如果与最佳拟合直线的差异和 Y 与均值之间的原始差异几乎一样大，那么 r^2 的值就会较小（接近 0），最佳拟合直线就没有很好地拟合。按这个逻辑，r^2 通常被当作是 Y 总体中可以被回归分析解释的部分的比例。这是根据我们将残差视为回归方程未解释或无法预测的差异所得出的。当然，这些都要归因于"解释差异（explaining variation）"这种相当狭义的数学定义。但无论如何，它在线性回归中都是很有用的。例如，如果 r^2 结果是 0.535，这就意味着，每 100 件器物中锄头数量差异总数的 53.5% 是遗址面积能够解释或说明的。对于这种方式来说，这一比例是相当大的。

比 r^2 更为常见的是平方根 r，也称为皮尔逊相关系数（Pearson's r），或皮尔逊积矩相关系数（product-moment correlation coefficient），或相关系数（correlation coefficient）。那么我们就用两个测量型变量之间的相关性来衡量最佳拟合直线的拟合效果。因为 r^2 的范围是 0 到 1，那么其平方根的范围也是 0 到 1。虽然 r^2 永远是正数（任何数的平方永远为正），但 r 却可以是正数或是负数。我们赋予 r 与 b 相同的标

◆◆◆ 第十五章　一个测量型变量与另一个测量型变量的相关性

志，即最佳拟合直线的斜率。那么正值的 r 所对应的最佳拟合直线的斜率也为正，因此 X 和 Y 是正相关，即 X 增加时 Y 也相应增加。负值的 r 对应的最佳拟合直线的斜率也为负，因此 X 和 Y 是负相关，即 X 增加时 Y 相应减少。相关系数 r 的符号表示 X 和 Y 关系的方向，r 的绝对值表示在 0 到 1 标尺中 X 和 Y 关系的强度（0 表示完美相关，1 表示完全无关）。在我们的案例中，$r = -0.731$ 表示相对强烈的相关（尽管为负）。

显著性和置信度

可能很多人还在好奇，为什么显著性的问题还没有在第十五章中被提起。我们在此将两个测量型变量关联起来的逻辑，与关联两个分类变量或者关联一个测量型变量和一个分类变量的逻辑非常不同。但是通过线性回归，我们还是得到了相关性强度的衡量值，即相关系数 r。这个强度测量与 V 值相似（V 值测量两个分类变量之间的关系）。它也与两个子组之间的方差分析相似，表明自变量和因变量之间关系的强度。但是我们仍然缺乏衡量两个测量型变量之间关系显著性的方法。我们寻找的是一个类似两个分类变量的 χ^2，或者是分类变量和测量型变量的 t 或 F 值——一个能够表明我们观察到的关系在多大程度上是抽样差异结果的统计值。

对于最佳拟合直线及其拟合效果指数的讨论，我们的重点大多放在了方差和方差的比值上。这听起来很像方差分析。事实上，我们就是通过计算作为方差比值的 F 值得到回归分析的显著性水平。方差分析的公式是：

$$F = \frac{s_B^2}{s_W^2} = \frac{SS_B/d.f.}{SS_W/d.f.}$$

即

$$F = \frac{（组间平方和 /d.f.）}{（组内平方和 /d.f.）}$$

第Ⅲ部分　两个变量之间的关系 ◆◆◆

在回归分析中我们得到：

$$F = \frac{(\text{回归可解释的平方和}/d.f.)}{(\text{回归未解释的平方和}/d.f.)}$$

这等同于

$$F = \frac{r^2/1}{(1-r^2)/(n-2)}$$

在我们的案例中，$F=13.811$，相关概率是 0.003。通常来说，显著性检验中非常低的 p 值意味着非常显著的结果。在这个测试中，有若干方法来考虑显著性测试的概率。这个结果非常清晰地表明，从两个不相关变量所在的总体中选出一个相关性这样强的随机样本有 0.003 的概率。即在 1000 次机会中只有 3 次机会能从遗址面积和锄头数量不相关的总体中得到遗址面积和锄头数量强烈相关的 14 个遗址。换句话说，样本中遗址面积和锄头数量的关系是由抽样差异产生的可能性只有 0.3%。如果我们想要将 14 个遗址当作 Río Seco 河谷绿洲时期的随机样本，那么我们有 99.7% 的信心认为 Río Seco 河谷绿洲时期的较大遗址中，每 100 件地面采集器物中的石锄数量更少。

注意你的表述

我们可能以如下方式描述回归分析的结果："Río Seco 河谷绿洲时期遗址面积（X）和每 100 个采集器物中的锄头数量（Y）有较强的相关性（$r=-0.731$，$p=0.003$，$Y=-1.959X+47.802$）。"这种陈述清晰地表达了两者的关系。它让读者知道我们使用的是什么样的显著性检验；它也提供了强度和显著性的计算结果；它同时还准确地表达了最佳拟合直线的关系是什么。与"显著性"相同，"相关性"这样的词在统计学上都有与在口语中不同的意思。它特指皮尔逊相关系数和两个测量值关系的其他指数。正如"显著性（significance）"在统计学中的意思不是"重要"或者"有意义"一样，"相关（correlated）"在统计学上也不应仅指两个事物的一般关联。

◆◆◆ 第十五章　一个测量型变量与另一个测量型变量的相关性

通常来说，显著性概率可以告诉我们样本特征（在这个案例中是遗址面积和锄头数量的关系）并不存在于样本来源总体的概率是多少。我们也可以把置信度纳入到回归关系的讨论中。这与我们之前讨论不同置信度的误差范围是相似的。在这个案例中，与其讨论个体估计的误差范围，不如考虑总体中两个变量之间的关系。我们知道从样本得到的显著性概率显示遗址面积和锄头数量几乎不可能没有关系。从样本分析得到的回归方程所表达的特殊关系是我们对总体遗址面积和锄头数量之间关系的最佳估计。但是，与之前样本处理的经历一样，我们基于样本所观察到的具体关系可能与总体中存在的具体关系有所不同。我们观察总体得到的回归方程（如果能得到的话）应与我们对样本分析所得出的大致相似。总体中的关系与样本中所观察到的关系存在不同的概率是很低的（虽然仍有可能）。并且正如显著性概率已经告诉我们的那样，遗址面积和锄头数量之间根本没有关系的概率是极端不可能（仅有3/1000的概率）。

样本所在总体中可能存在关系的范围，以及这些关系可能的概率都显示在图 15.7 中。讨论95%置信度区域曲线的计算不是很现实，也很不具有启发性。在实践中，这样的图一般都由计算机绘制。我们

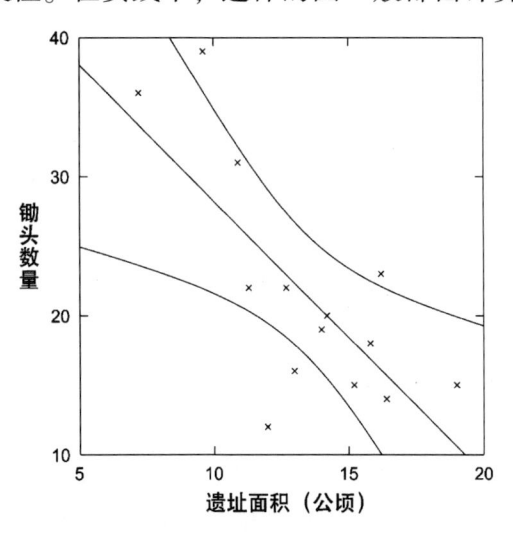

图 15.7　最佳拟合直线（95%置信度区域）

第Ⅲ部分　两个变量之间的关系 ◆◆◆

在此会集中观察这张图所包含的信息。95%置信度的区域（包括样本中的最佳拟合直线）显示该置信度区域内总体最佳拟合直线的位置。总体的最佳拟合直线不在这两条曲线中间的概率只有5%。这个置信区域让我们认为样本中遗址面积和锄头数量之间的关系可能也存在于14个遗址的来源总体中。该分析中置信度区域和显著性概率的关系，与我们之前用不同置信度下误差范围表达的显著性检验相似。

残差分析

上文案例中描述的回归分析让我们在一定程度上得以解释每100个器物中锄头比例的差异。以上现象可能表示，较大的聚落中有数量较多的手工业者、精英和较少的农业人口。所以在较大遗址器物组合中锄头的数量较少（首先我们可能会有这样的想法，或者我们可能对研究遗址面积和锄头数量的关系不感兴趣。我们也可能为以上想法提供了额外的证据）。

回归分析可以部分解释锄头数量的差异，但它也留下一些无法解释的部分。这无法解释的差异就以残差的形式出现。比如面积为15.2公顷的遗址实际上比回归分析所预计的少了3.03个锄头。这3.03就是残差，或者是残余的差异。类似的，对于每个遗址而言，残差代表了实际锄头数量与预期锄头数量的差别。表格15.2提供了原始数据外加两类新数据。每个遗址都附上了基于回归分析计算的预期锄头数量，然后列出每个遗址的残差（即实际锄头数量减去回归分析计算得出的预期锄头数量）。

在检查残差后，我们意识到一些遗址比我们所预期的拥有更少的锄头，一些遗址却拥有更多。我们将这些残差当作另一个变量来研究它们之间的关系。在效果上，回归分析制造了一个新的测量型变量——一些无法被遗址面积解释的锄头。我们可以用任何处理其他测量型变量的方式来处理这个变量，比如茎叶图和箱点图。假设我们对

第十五章　一个测量型变量与另一个测量型变量的相关性

这个新数组的多峰可能性感兴趣。双峰的形状意味着两组不同的遗址，可能其中一组比我们预计的锄头数量更大（给定遗址面积），而另一组则比我们预计的锄头数量更小。我们也许能判断两组遗址的另外一些特征，以帮助我们理解为什么它们与预期的锄头数量不同。如果数组形状是单峰的，我们可以继续探索新数组测量值与其他变量之间的关系。例如，我们可能会猜想除了遗址面积反映非农业人口以外，在土地较肥沃遗址上的居民比起在土地更贫瘠遗址上的居民可能更愿意进行农业劳作，那么我们也许会研究新变量（回归分析的残差）与土壤肥沃度的关系。

表格 15.2　Río Seco 河谷绿洲时期遗址锄头数量的预期值和残差

面积 （公顷）	每 100 件器物中 锄头数量	遗址面积回归分析 预期的锄头数量	锄头数量 的残差
19.0	15	10.59	4.41
16.4	14	15.68	-1.68
15.8	18	16.86	1.14
15.2	15	18.03	-3.03
14.2	20	19.99	0.01
14.0	19	20.38	-1.38
13.0	16	22.34	-6.34
12.7	22	22.93	-0.93
12.0	12	24.30	-12.30
11.3	22	25.67	-3.67
10.9	31	26.45	4.55
9.6	39	29.00	10.00
16.2	23	16.07	6.93
7.2	36	33.70	2.30

表格 15.3 是关于土壤生产力的信息——玉米产量的预估（单位为千克/公顷）——针对 Río Seco 河谷的 14 个遗址。茎叶图显示两个数组（残差和土壤生产力）都是单峰对称的，所以我们继续研究拥有比预期数量更多的锄头的遗址是否分布在生产力更高的土地上。因为两个变量都是真实测量值，所以我们又选择回归分析。两个变量的散点图（图 15.8）说明其强烈的正相关关系。按照预期，土壤生产力更

第Ⅲ部分 两个变量之间的关系 ◆◆◆

高的遗址的锄头数量会高于预期值,土壤生产力较低遗址的锄头数量会低于预期值。最佳拟合曲线的拟合效果看起来也很好,大部分点都分布在95%置信度的范围内。回归分析完整地确认了所有观察。其中的相关性很强且高度显著($r = 0.923$,$p < 0.0005$)。因为$r^2 = 0.852$,所以残差中85.2%的差异可以被土壤生产力所解释。

表格15.3　　Río Seco河谷锄头数量残差和遗址的土壤生产力

锄头数量残差	土壤生产力（千克/公顷）
4.41	1200
-1.68	950
1.14	1200
-3.03	600
0.01	1300
-1.38	900
-6.34	450
-0.93	1000
-12.30	350
-3.67	750
4.55	1500
10.00	2300
6.93	1650
2.30	1700

　　两个回归分析的结果是互补的,并且共同解释了遗址锄头数量的差异。第一个回归分析（锄头数量和遗址面积）显示,遗址面积可以解释53.5%的锄头数量差异,剩下46.5%的差异无法解释。第一个回归分析无法解释46.5%有残差的遗址。第二个回归分析（锄头数量的残差和土壤生产力）在第一个回归分析的基础上,解释了46.5%样本遗址中85.2%的锄头数量的残差。46.5%中的85.2%是样本锄头数量的39.6%。相加起来,两次回归分析一共解释了93.1%的锄头数量差异（第一次回归分析53.5%,第二次回归分析39.6%）。两个独立的变量（遗址面积和土壤生产力）共同解释了锄头数量的许多差异,为较大聚落拥有较多手工业者、精英和较少的农业人口（除了那些分布

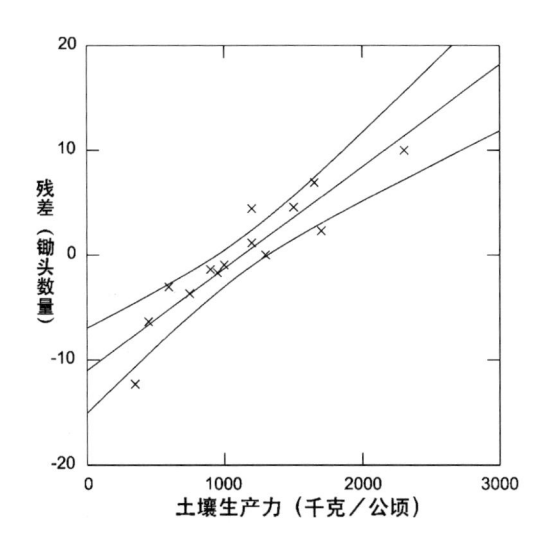

第十五章　一个测量型变量与另一个测量型变量的相关性

图 15.8　用土壤生产力解释的锄头数量残差的散点分布图
(最佳拟合直线和 95% 置信度区域)

在肥沃土壤上的聚落外）的解释提供了强有力的支持。变量关系的特征不仅很强，而且高度显著。这告诉我们，尽管样本很小，但也足以使我们有很大信心认为这不是由抽样差异引起的。

前文变化性的比例评估是累加的，基于两个自变量预测锄头数量的方程也是如此。我们已经得到基于遗址面积预测锄头数量的回归方程：

锄头数量 = （-1.959 × 遗址面积） + 47.802

现在我们也能预测前面的误差（即残差）：

锄头数量残差 = （0.010 × 土壤生产力） - 11.004

因为残差是第一个预测的误差，加上第二个方程后产生对锄头数量的预测，这两者是基于遗址面积和土壤生产力计算得出的。

锄头数量 = {（-1.959 × 遗址面积） + 47.802}
　　　　　+ {（0.010 × 土壤生产力） - 11.004}

第二个回归分析当然还是有残差。如果它们数量大到足够引起我们的兴趣，那么我们就会继续研究它们与其他未研究变量之间的

第Ⅲ部分　两个变量之间的关系　◆◆◆

关系。回归分析用这样的方法使我们进行一系列双变量之间关系的组合，并产生了多变量综合分析结果。大部分统计软件都可以进行的多元回归（multiple regression）分析就是这个基本观念的延伸和细化。

假设和稳健方法（抗干扰方法）

我们可以发现，回归分析并不基于两个测量值都是正态分布的假设。在线性回归分析中，我们必须注意散点图中点的分布。正如通过茎叶图检验正态分布的单峰对称性，我们也需要在线性回归前检验散点图中点的分布形状：散点分布的片区应大致呈椭圆形，并且散点中应该没有极端值。椭圆整体也应该具备相似的厚度，且不应有弯曲的趋势。我们可以分别对这三个潜在问题进行讨论。

首先，异常值的存在是线性回归中严重的风险。图15.9是一个极端的案例，让这一原则变得直观清晰。散点图左下角的点显示极端强

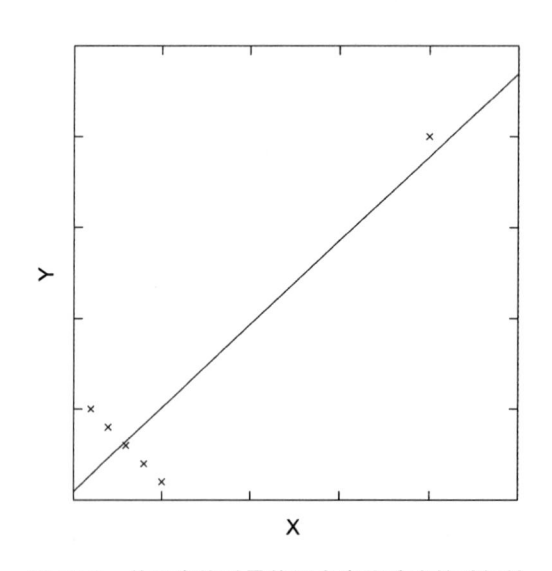

图15.9　单异常值对最佳拟合直线造成的破坏性

◆◆◆ 第十五章　一个测量型变量与另一个测量型变量的相关性

烈的负相关。然而，右上部的异常值造成最佳拟合直线向正方向移动。异常值会对最佳拟合直线产生强烈影响，以至于我们无法忽视它们。当异常值被识别出来后，应当对它们进行检查，看它们是否由测量或记录错误造成，或者是否有理由从样本中去除掉它们。

第二，如果点的椭圆形状分布中有较薄或者空白的部分（或者更糟糕，有两个或者多个分开的点簇），说明这个数组是多峰的。它们对线性回归产生的影响与异常值一样。图 15.10 显示另一个极端样本，两个椭圆的点簇显示出一种负相关，使得最佳拟合直线产生了一个正相关的斜率。这样的形状会在两个变量的散点图中看出。而且单独来看，它们是单峰且对称的。像这样的形状应该被拆开分析。

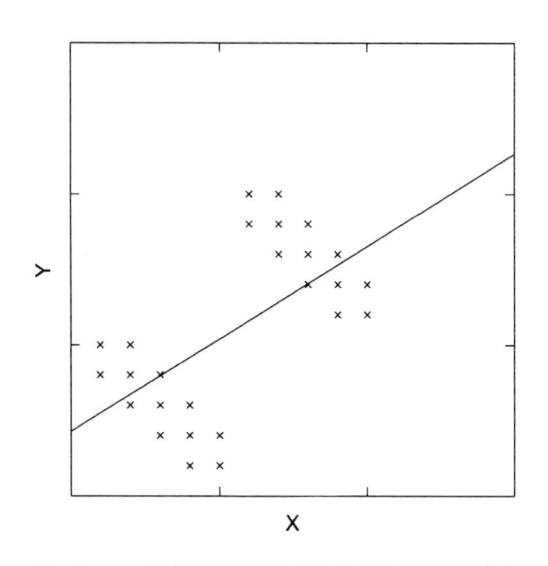

图 15.10　两个椭圆点簇对最佳拟合直线的影响

第三，如果点的椭圆形分布倾向弯曲，这就会妨碍产生拟合效果较好的直线。有些方法可以扩展线性回归的逻辑，来表达两个变量间更复杂的曲线关系，但是通过将两个变量进行变换可以让点的分布更容易直线化。这样的变换与第五章所讨论的内容相似，也可以应用到两个变量上，去除弯曲的倾向。正如图 15.11 所描绘的那样，如果散

第Ⅲ部分 两个变量之间的关系 ◆◆◆

点图倾向线性特征，但却以向下的曲线收尾，我们可以对 X 值进行平方根变换，以获得一条直线。如果需要更强烈的变换，则 X 的对数变换更为适合。对于图 15.11 中的数据来说，对数变换的效果过于强烈，会产生与原本相反的曲线。图 15.12 显示的是变换尾部向上弯曲的线。对于这些数据来说，X 的平方变换会产生较好的效果。对 X 值进行立方变换会产生更强烈的效果。对于图中的例子，我们先对 X 求平方根变换。这样得出的分析图当然研究的是 $\sqrt{X}$ 和 Y 的关系，而不是 X 和 Y 的关系。所以线性回归是基于 $\sqrt{X}$ 而不是 X 来预测 Y 的值。

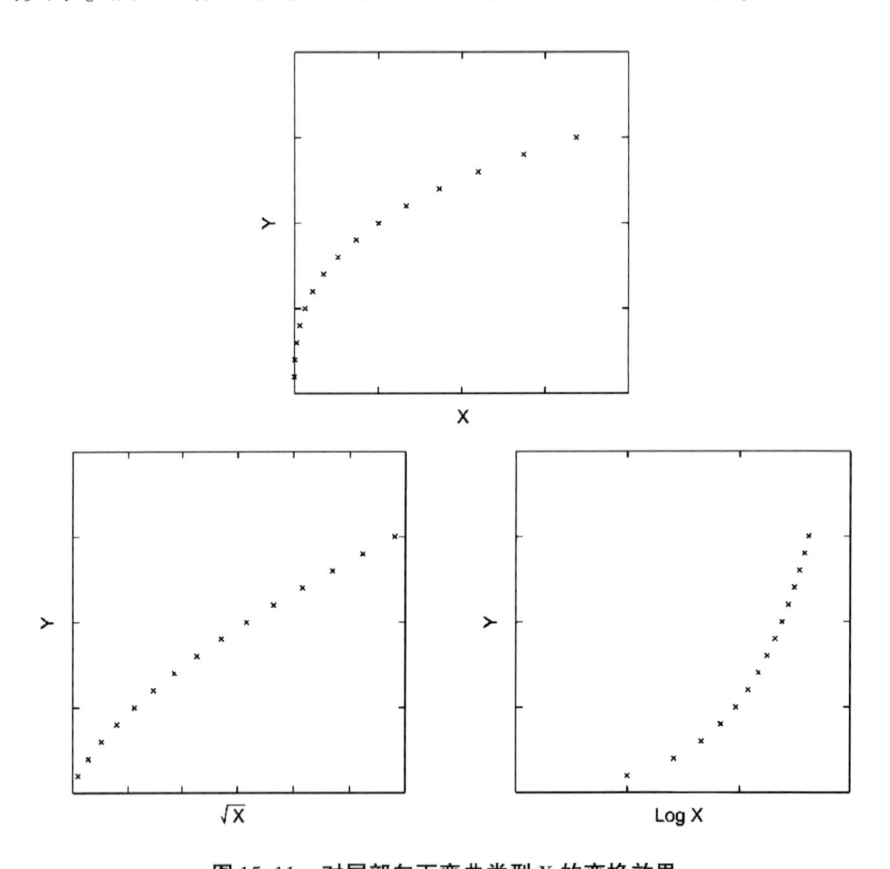

图 15.11 对尾部向下弯曲类型 X 的变换效果

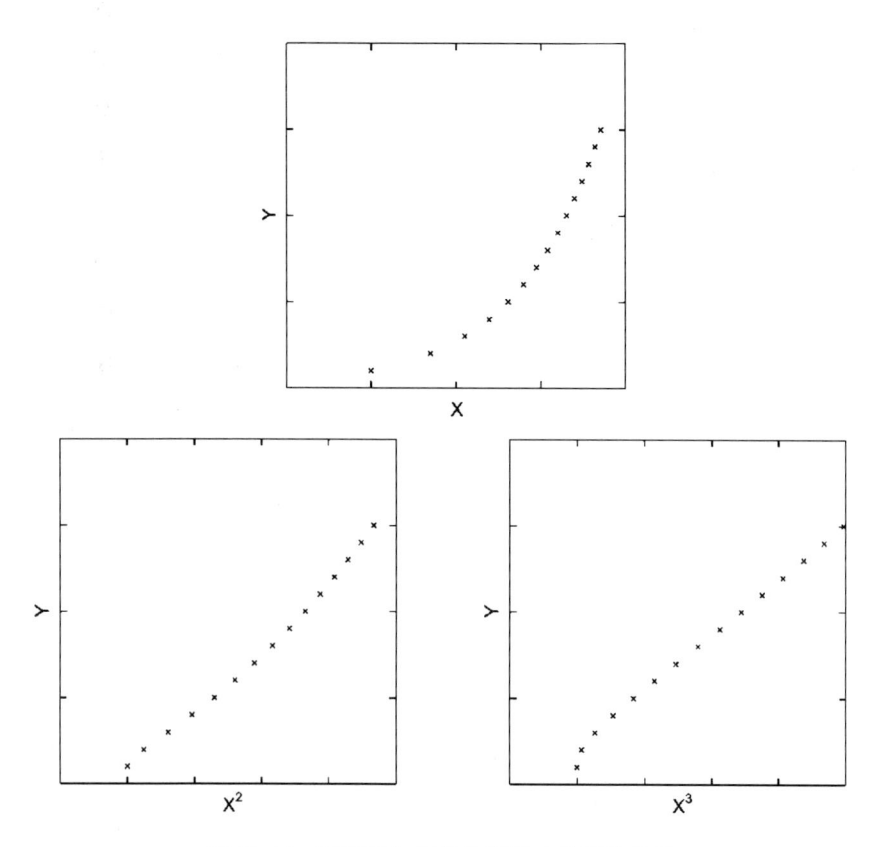

第十五章 一个测量型变量与另一个测量型变量的相关性

图 15.12 对尾部向上弯曲类型 X 的变换效果

统计软件

如果不使用电脑,我们很难进行回归分析。不同的统计软件用不同的词汇来讨论回归分析,部分原因是线性回归仅是冰山一角。回归分析是一个系列分析方法,除了直线拟合外还包括曲线拟合,既包括两个变量也可包括多个变量。任何一个大型软件都包括许多这样的分析。简单但非常有用的线性回归分析就包含在这样的一系列分析方法中。因此,命令或者菜单选项产生的简单线性分析在不同的统计软件中略有不同,也通常都比我们需要

第Ⅲ部分　两个变量之间的关系 ◆◆◆

的看起来更为复杂。说明书或者帮助系统是必需的。一些统计软件将回归分析整合在散点图中作为一个选项，另外一些统计软件将数字分析作为一个选项，而散点图作为另一个选项。通常限定最佳拟合直线的曲线所包括的置信度范围是制作散点图的一个选项。残差当然是回归分析一部分，但是可以将它们变成新的变量，进行进一步的分析。它们对于回归分析来说是很重要的选项。通常这些新数据在统计软件中是普遍可见的数据形式。新数据和原始数据有着相同的案例，只是多了一个回归分析得到的残差变量。

练　　习

你发掘了 Yenangyaung 附近的一个遗址，并发现一些窖穴里有器物和一些碎片。你希望研究所有窖穴的器物密度（即每个容积单位包含的器物数量，另一种叙述方式是已知窖穴的体积，你能否准确预测器物的数量）是否一致。每个窖穴的容积测量值和发现的器物数量都被记录在表格15.4中。

1. 做一张窖穴容积和器物数量的散点图。这张散点图说明它们之间有什么关系？

2. 对窖穴容积和器物数量进行回归分析。器物数量和窖穴容积呈现怎样的数学关系？一个1.000立方米的窖穴预计会有多少器物？

3. 器物的差异中有多少是可以被窖穴容积解释的？窖穴容积和器物数量关系的显著性是多少？制作一张散点图，显示最佳拟合直线以及90%的置信度区间。

4. 简明并清晰地总结窖穴容积和器物数量关系的回归分析。

第十五章 一个测量型变量与另一个测量型变量的相关性

表格 15.4　　　　　　　　Yenangyaung 遗址窖穴数据

容积（立方米）	器物数量	容积（立方米）	器物数量
1.350	78	1.110	47
0.960	30	1.230	47
0.840	35	0.710	20
0.620	60	0.590	28
1.261	23	0.920	38
1.570	66	0.640	13
0.320	22	0.780	18
0.760	34	0.960	25
0.680	33	0.490	56
1.560	60	0.880	22

第十六章 等级的相关性

计算斯皮尔曼等级相关系数
显著性
假设和稳健方法
练习

有时候一些变量看起来像测量值，但我们进一步观察就会发现它们并不是实际测量值，而是相对等级，比如土壤生产力有时候就是用一定的公式计算得出的指数。这些指数背后有着对各种营养素的成分、土壤深度、含水量和其他影响土壤生产力等变量的考虑。在用公式得出的数值中，比较大的数值代表生产力高的土壤，比较小的数值代表生产力低的土壤。例如，我们可以说数值为 8 的土壤比数值为 4 的土壤具备更高的生产力。我们无法将这些数值理解成真正的测量值，它们只是等级（rankings）。等级使我们能够将事物进行排序（生产力最高的土壤、生产力第二高的土壤和生产力第三高的土壤，等等），但是我们并不知道高的等级比低的等级具体高多少。

线性回归的逻辑主要基于测量原则（想想散点图和回归方程。如果 X 大两倍，相对应的点也大两倍，它对 Y 的预测值同样也具有两倍的影响力）。如果 X 仅是等级而不是真实的测量值，那么就不宜使用回归分析。这时我们需要使用等级序列相关系数（rank order correlation coefficient）来评估等级序列关系的强度和显著性。

等级关系与变量等级的实际大小无关，仅与等级的次序有关。如

◆◆◆ 第十六章　等级的相关性

果我们根据 X 值的大小对数组进行排序，这个等级序列与 Y 值的等级序列相同，那么 X 和 Y 就具备完美正相关的等级关系，即 X 的最大值对应 Y 的最大值、第二大的 X 值对应第二大的 Y 值，以此类推。完美负相关的等级序列意味着最大的 X 值对应最小的 Y 值、第二大的 X 值对应第二小的 Y 值，以此类推可知最小的 X 值对应最大的 Y 值。

我们可以想象等级序列相关系数与皮尔逊相关系数类似，所以完美正相关的等级序列关系被指定为 1，完美负相关的等级序列关系被指定为 –1，中等相关的等级序列关系则位于 1 和 –1 之间。我们根据相关程度观察其更接近这两种理想情况的哪一种。在若干相关系数中，最常用的系数是斯皮尔曼等级相关系数［Spearman's rank correlation coefficient（r_s）］。

计算斯皮尔曼等级相关系数

表格 16.1 包含 Konsankoro 平原上 17 个不同土壤生产力区域，其生产力高低用相关数值排序。新石器时代的遗址包括了一系列大小一致的定居村庄遗址。我们将每个土壤区域的遗址数量除以每个土壤区域的面积（平方千米），用这个指数表示这个区域村庄的密度。我们想要研究生产力高的土壤区域是否拥有密度较高的人口。

计算斯皮尔曼等级相关系数的第一步是确定每个案例中两个变量各自的等级序列。这些等级序列显示在表格 16.1 中。在有些区域，土壤生产力是一样的。比如 H 和 K 的土壤区域被排在生产力最低的分类里（1）。这两个土壤区域应该被排序为 1 和 2，但我们没有理由将其中一个排在另一个前面，因为它们的生产力得分相同。因此我们将它们的等级序列写成 1.5（1 和 2 的均值）。土壤区 C、I 和 P 在生产力得分中也有类似的现象。如果我们确定它们的土壤生产力有差异，那么这些土壤区域应该被排序为 5、6、7。因为生产力相等，我们不能这么排序，所以每个土壤区域都被赋值为 6 分（5、6 和 7 的均值）。当

· 253 ·

第Ⅲ部分 两个变量之间的关系 ◆◆◆

土壤生产力一样时，我们都使用这样的方法。在对村庄密度进行排序时，我们发现每平方千米的村庄数量一般不会相等（因为它是真实的测量值），所以其等级序列较为简单。土壤区域 K 排序为 1，然后是土壤区域 A、H 等，最后是土壤区域 F，排序为 17。因为这个区域内每平方千米的村庄数量最多。

表格 16.1　　　　　　Konsankoro 平原的土壤生产力和村庄

土壤区域	生产力分级 X	每平方千米村庄数量 Y	X	Y	d	d^2	t_x	T_x	t_y	T_y
A	2	0.26	3.5	2	1.5	2.25	2	0.5	1	0.0
B	6	1.35	11.5	14	-2.5	6.25	2	0.5	1	0.0
C	3	0.44	6	6	0.0	0.00	3	2.0	1	0.0
D	7	1.26	13.5	12	1.5	2.25	2	0.5	1	0.0
E	4	0.35	8.5	4	4.5	20.25	2	0.5	1	0.0
F	8	2.30	16	17	-1.0	1.00	3	2.0	1	0.0
G	8	1.76	16	16	0.0	0.00	3	2.0	1	0.0
H	1	0.31	1.5	3	-1.5	2.25	2	0.5	1	0.0
I	3	0.37	6	5	1.0	1.00	3	2.0	1	0.0
J	5	0.78	10	11	-1.0	1.00	1	0.0	1	0.0
K	1	0.04	1.5	1	0.5	0.25	2	0.5	1	0.0
L	8	1.62	16	15	1.0	1.00	3	2.0	1	0.0
M	7	1.34	13.5	13	0.5	0.25	2	0.5	1	0.0
N	2	0.47	3.5	7	-3.5	12.25	2	0.5	1	0.0
O	4	0.56	8.5	9	-0.5	0.25	2	0.5	1	0.0
P	3	0.48	6	8	-2.0	4.00	3	2.0	1	0.0
Q	6	0.76	11.5	10	1.5	2.25	2	0.5	1	0.0

$$\sum d^2 = 56.50 \quad \sum T_x = 17.0 \quad \sum T_y = 0.0$$

从土壤生产力序列（X）中减去每平方千米村庄数量的等级序列（Y）得到两个序列的差 d，我们将其平方且相加得到 $\sum d^2$。

如果以上计算的得分相等，我们需要进一步进行校正，如表格 16.1 的最后四列所示。每个土壤区域的 t 值是具有相同土壤生产力的土壤区域总数。比如土壤区域 A 的 t_x 值为 2，因为总共有 2 个土壤区

(A 和 H）的生产力分数为 2。因为每平方千米的村庄数量没有相同值，所以所有的 t_y 都等于 1。对于每一个 t 值来说，这两个变量都会对应一个 T 值，其计算公式为：

$$T = \frac{t^3 - t}{12}$$

斯皮尔曼等级相关系数需要计算表格 16.1 中的三个总和：$\sum d^2$，$\sum T_x$ 和 $\sum T_y$。另外，还需要分别计算两个变量的平方和：

$$\sum x^2 = \frac{n^3 - n}{12} - \sum T_x$$

其中 $\sum T_x$ 来自表格 16.1，n 即样本容量（在这个例子中是 17）。所以表格 16.1 的案例，

$$\sum x^2 = \frac{17^3 - 17}{12} - 17.0 = 408 - 17 = 391 \text{ 和}$$

$$\sum x^2 = \frac{17^3 - 17}{12} - 0.0 = 408 - 0 = 408$$

通过这个方程得到斯皮尔曼等级相关系数：

$$r_s = \frac{\sum x^2 + \sum y^2 - \sum d^2}{2\sqrt{\sum x^2 \sum y^2}}$$

样本 16.1 的案例即

$$r_s = \frac{391 + 408 - 56.5}{2\sqrt{(391)(408)}} = \frac{742.5}{798.8} = 0.93$$

因此，在 Konsankoro 平原上土壤生产力和每平方千米村庄数量的斯皮尔曼等级序列相关系数是 0.93，暗示一个强烈的正相关（r_s 值与皮尔逊相关系数相似，尽管两者不能直接进行比较，即斯皮尔曼等级相关系数为 0.85 所表示的两个变量间的相关性并不意味着比皮尔逊相关系数为 0.80 所揭示的相关性更强）。

注意你的表述

对于文中案例的结论，我们可以说："土壤生产力和每平方千米的村庄数量呈现强烈和高度显著的等级序列相关性（$r_s = 0.93$，

第Ⅲ部分　两个变量之间的关系 ◆◆◆

> $p<0.001$）。"这告诉读者二者的关系是正向的（土壤生产力越高，区域内的村庄越多），我们使用的是什么样的相关系数，以及如果样本所属总体不存在这种相关性时，样本中出现这种相关性的可能性。

如果没有相等值，我们可以看到 $\sum T = 0$（对于表格 16.1 中每平方千米的村庄数量来说）。如果两个变量中任何一个没有相同值，就没有必要计算 t 和 T，那么斯皮尔曼等级相关的公式就可以简化为：

$$r_s = 1 - \frac{6\sum d^2}{n^3 - n}$$

显著性

通常，显著性的问题是"样本表现的相关性不是总体相关性，而仅是抽样差异的结果的概率有多少？"换一种说法就是"一个拥有强烈相关性的样本来自没有相关性的总体的概率有多少？"对于包含 10 个或 10 个以上元素的样本，这个问题可以用 t 表格来回答（见表格 9.1）。计算 t 值的公式是：

$$t = r_s \sqrt{\frac{n-2}{1-r_s^2}}$$

在案例中，

$$t = 0.93\sqrt{\frac{17-2}{1-0.93^2}} = 0.93\sqrt{\frac{15}{1-0.86}} = 0.93\sqrt{107.14} = 9.63$$

> **统计软件**
>
> 斯皮尔曼等级相关系数仅是几种类似等级相关性计算方法中的一种。很多统计软件在等级相关系数计算或者非参数相关性选

第十六章 等级的相关性

> 项中也提供了以上多种算法。有时候，皮尔逊 r 计算的选项中包含了 r_s 的计算。因此，你可以在皮尔逊 r 计算选项中计算斯皮尔曼等级相关系数。你也可以对你观察的变量中的每个案例进行等级排序（如表格 16.1 第四列和第五列所示），进而利用软件对相关变量进行回归分析。这样的相关系数和 r_s 是相同的。

在表格 9.1 中寻找这个值，对应第 $n-1=16$ 排的自由度，我们发现 t 值比表格最右边的列还要高很多。那么相关的概率远小于 0.001。所以斯皮尔曼等级强烈相关的这 17 个区域组成的样本来自两个变量没有相关的总体的概率远低于 1/1000。

需要注意的是，这个案例产生了一些样本是来自什么样的总体的复杂问题。这个样本包括了 17 个调查的土壤区域。为了完成研究，我们必须将这 17 个土壤区域当作范围更大区域总体（也许是在 Konsonkoro 平原）中的随机样本。这个样本告诉我们对于两个变量的 17 种独立的观察，或者说这 17 种观察就是我们分析的样本。严格意义上，这不是土壤区域的随机样本。事实上，这个样本可能代表对整个 Konsankoro 平原的完全调查。如果我们已经研究了总体全部，那么将这些数据当作样本似乎是不合理的。但是估计显著性时，我们常常假设它们是来自于个体数量巨大且特征模糊的总体中的样本。从显著性评估中获得的结果是，我们是否应该对观察到的相关性抱有信心。在以上案例中观察到的相关性不是小样本产生的随机结果。我们会在第二十章中更细致地分析假设抽样的概念。

t 值方程式仅在样本容量是 10 个或 10 个以上时是适用的。如果样本容量小于 10，那么应该用表格 16.2 来确定相关概率。

表格 16.2　容量小于 10 的样本的斯皮尔曼等级相关系数 (r_s) 概率值

置信度	80%	90%	95%	99%
	0.80	0.90	0.95	0.99

续表

置信度	80%	90%	95%	99%
显著性	20%	10%	5%	1%
	0.20	0.10	0.05	0.01
n				
4	0.639	0.907	1.000	
5	0.550	0.734	0.900	1.000
6	0.449	0.638	0.829	0.943
7	0.390	0.570	0.714	0.893
8	0.352	0.516	0.643	0.833
9	0.324	0.477	0.600	0.783

此表根据 E. G. Olds "Distributions of Sums of Squares of Rank Differences for Small Numbers of Individuals" (*Annals of Mathematical Statistics* 9, 1938, pp. 133 – 148) 制成。

假设和稳健方法

因为斯皮尔曼等级相关系数并没有假设正态分布，也没有依赖均值、标准差或者散点图，所以它自然是非常稳健的（或者说具有较强的抗干扰性）。我们不需要应用任何形状变换或者其他修正方法。因此这使得 r_s 成为一个非常稳定的相关系数，可以在皮尔逊相关系数受到以上因素影响时加以应用。

练 习

你发掘了 Teixeira 村庄遗址的 12 个房子，并且注意到一些房子中出土的器物质量比另一些更好。这可能意味着家户之间有社会地位或者财富的差异。你识别了一些带有装饰的器物，并认为有刻印装饰的陶器可能是社会地位的象征，于是你记录了每个家户中每 100 个出土器物中这类器物的数量。这些器物组合为你提供了不同家户社会地位或财富的指数。你希望研究这个指数是否与房屋大小有关（验证富有

第十六章 等级的相关性

家户拥有较大房子的理论)。数据见表格 16.3。

表格 16.3　　　　Teixeira 遗址房屋面积和器物地位指数

地位指数	房屋面积（平方米）
23.4	31.2
15.8	28.6
18.3	27.3
12.2	22.0
29.9	45.3
27.4	33.2
24.2	30.5
15.6	26.4
20.1	29.5
12.2	23.1
18.5	26.4
17.0	23.7

1. 房屋面积和社会地位指数之间的关系有多强和显著？
2. 你的结论对验证富有家户（由财产所显示）拥有较大房子的猜想提供了怎样的支持？

第Ⅳ部分 抽样专题

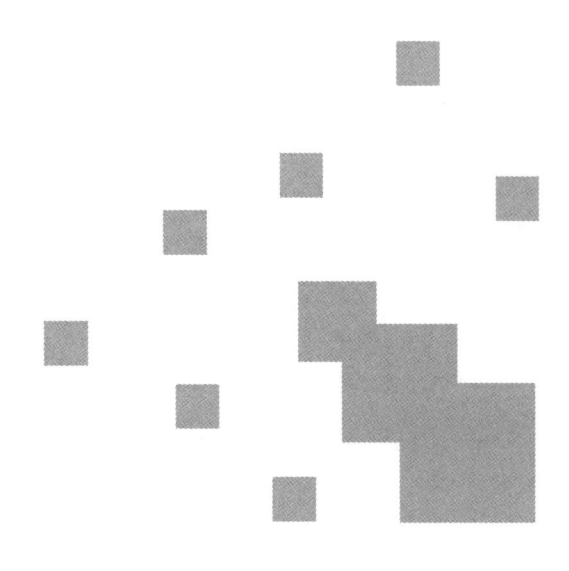

第十七章　分组抽样（Sampling a Population with Subgroups）

合并估算（Pooling Estimates）

分层抽样（Stratified Sampling）的优点

当研究总体可以被分成一个个独立的子群（subgroups），且我们对每个子群也感兴趣时，我们也可以从每个子群中抽取元素作为小样本。出于这种目的，每一个子群都会被视为一个完全独立的总体。我们从每一个独立的总体中抽取一个任意规模的样本，并对我们感兴趣的数值分别进行评估。假如我们已掌握某个地区所有遗址的具体位置，然而尚未知晓其具体规模。为了知道每处遗址的具体大小，我们可以从已知的遗址中选择一处，开展系统的地表采集工作。采集获得的信息最终可以为估算这个地区内每处遗址的平均规模奠定基础。此外，如果这个地区可以被分为三种不同的环境背景（河边斜坡、河谷和山坡），那么我们也可以分别估算不同环境背景下的平均遗址面积。

表格17.1提供了某个遗址样本在这三种环境中的数据信息以及每个样本的茎叶图。这张表中的 N 表示每种环境下所有遗址的总量（共三个总体）；n 即每个样本中遗址的数量。在茎叶图中，每一个样本的分布都显示了单峰对称的特点。同时，因为每个样本抽样比（样本规模和总体规模的比值）较大，每个样本的标准误差也通过有限总体修正（第九章中提到）被计算出来。将这些标准误差与95%置信度对应的 t 值以及 $n-1$ 的自由度相乘，得到这三种环境下遗址样本面积均值

第Ⅳ部分　抽样专题

估算值的误差范围。因此，我们有95％的信心认为河边斜坡处遗址面积均值为1.71公顷±0.32公顷；河谷遗址为2.78公顷±0.31公顷；山坡遗址则为0.83公顷±0.32公顷。

表格17.1　　　　　三种环境中的遗址面积（公顷）

河谷	河边斜坡	山坡
$N = 53$	$N = 76$	$N = 21$
$n = 12$	$n = 19$	$n = 7$
$\overline{X} = 2.78$	$\overline{X} = 1.71$	$\overline{X} = 0.83$
$SE = 0.14$	$SE = 0.15$	$SE = 0.13$

河谷			河边斜坡			山坡		
3.3			2.9			0.7		
2.7	4		1.7	4		1.3	4	
2.1	3	8	1.3	3	2	1.2	3	
3.8	3	134	2.1	3		0.6	3	
2.7	2	7789	1.9	2	59	0.6	2	
3.4	2	144	1.2	2	0113	1.2	2	
2.9	1	8	2.5	1	66779	0.2	1	
2.8	1		2.1	1	0234		1	223
2.4	0		1.6	0	78		0	667
1.8	0		1.7	0	4		0	2
2.4			2.0					
3.1			1.6					
			1.0					
			1.4					
			2.3					
			3.2					
			0.8					
			0.4					
			0.7					

　　置信度为95％并且附有误差范围的估算证实了不同环境背景下的遗址有截然不同的规模（我们同样可以从茎叶图中得出这一结论）。这也证实了我们在这三个样本中观察到的差异极有可能不是由抽样差异导致。当然，讨论至此，我们仍只是运用了第九章中提到的方法处理这三个样本。

第十七章　分组抽样（Sampling a Population with Subgroups）

合并估算

我们或许需要忽略这三个样本所处的不同环境背景，将它们放在一起考虑并讨论这个地区的所有遗址。然而事实上，我们并不能这样"简单粗暴"地将来自不同环境背景的遗址样本归为一类，作为这个地区遗址的随机样本。这样的样本显然不能被当作这个地区所有遗址的随机样本，因为在抽样过程中，属于该地区的每一处遗址并没有获得同等被选中的机会。具体来说，在21处位于山坡的遗址中，有7处（即33.3%）被选中；在53处位于河谷的遗址中，有12处（即22.6%）被选中；在76处河边斜坡遗址中，有19处（即25%）被选中。因此，位于河谷的遗址（概率为0.226）比位于河边斜坡的遗址（概率为0.250）被选中的机会更小，河边斜坡的遗址（概率为0.250）比山坡的遗址（概率为0.333）被选中的机会更小。如果将三个独立样本直接合并为一个总样本，只会产生一个过度代表山坡遗址而未完全代表河谷遗址的样本。我们根据这个样本得出的任何关于这个地区遗址平均大小的结论都会受到抽样偏见的影响。

在分层抽样中（stratified sampling，即从总体的几个子群中分别抽取样本），我们必须要考虑到一个更严重的问题。在这个案例中，这三种环境中的任意一个都可以被看作是一个抽样层（sampling stratum）。每一个抽样层都会形成一个独立于其他抽样层的抽样总体（正如我们在这个案例中已经做过的那样）。每个抽样层都分别有适合自身的样本大小以及抽样方法，同时被抽取出来的样本将会被分别用于估计与其相对应的总体。至此，我们所做的一切都符合第七至第十一章中所提到的情况，且并未产生新的问题。

直到最后一个步骤，在合并每个抽样层的估算时，需要进行一些特殊处理。首先，在发现这三种不同环境下的遗址群有截然不同的面积均值后，我们需要考虑是否有必要将这个地区所有的遗址看作一个

第Ⅳ部分 抽样专题 ◆◆◆

整体来讨论其遗址面积的均值。如果这个地区的所有遗址面积呈现多峰分布，那么将所有遗址面积放在一个数组并且进行分析就是非常不明智的。当然，我们并不能确定所有遗址面积的整体分布情况，但是这三个抽样层的抽样比例并没有很大的不同，所以我们可以将其放在同一茎叶图以观察整体分布情况。在表格 17.2 的茎叶图中，我们可以确定这个数组呈单峰分布，同时其分布也足够对称，故用样本均值作为整个数组的中心指数是有意义的。因此，我们可以通过对这三个抽样层进行合并估算来推测该地区所有遗址的面积均值。具体如下：

$$\overline{X}_p = \frac{\sum (N_h \overline{X}_h)}{N}$$

其中 $\overline{X}_p$ 代表对均值的合并估算值，即将所有抽样层结合为一个总体，对其估算的均值。$\overline{X}_h$ 代表抽样层 h 的样本中所有元素的均值。N_h 代表在抽样层 h 中所有元素的个数。N 代表总体中所有元素的个数。

表格 17.2　　包含表格 17.1 中三个样本遗址面积的茎叶图

4	
3	8
3	1234
2	577899
2	0111344
1	667789
1	0222334
0	66778
0	24

例如在表格 17.1 的案例中，

$$\overline{X}_p = \frac{(76)(1.71) + (53)(2.78) + (21)(0.83)}{150}$$

$$= \frac{294.73}{150} = 1.96 \text{ 公顷}$$

◆◆◆ 第十七章　分组抽样（Sampling a Population with Subgroups）

因此，我们将该地区遗址面积作为一个总体（不考虑遗址所处环境的不同）估算均值，得到其遗址面积均值为 1.96 公顷。按照相似的方法，我们通过合并这三个独立样本各自对应的误差范围，对这一估算值附上误差范围：

$$SE_p = \frac{\sqrt{\sum (N_h^2)(SE_h^2)}}{N}$$

其中，SE_p 代表将所有的抽样层合并在一起所得的标准误差，SE_h 代表抽样层 h 的标准误差，N_h 代表在抽样层 h 中所有元素的数量，N 代表整个总体中所有元素的个数。

例如，在表格 17.1 的案例中，

$$SE_p = \frac{(76^2)(0.15^2) + (53^2)(0.14^2) + (21^2)(0.13^2)}{150} = \frac{13.87}{150} = 0.09$$

我们可以将这个合并标准误差与其他一般的标准误差一样进行处理。为了得到 95% 置信度所对应的误差范围，我们用它与 95% 置信度及 $n-1$ 自由度所对应的 t 值相乘。在这个案例中，n 是这三个样本所对应的元素数量 38，可以得到 t 值为 2.021，所以我们有 95% 的信心认为该地区所有遗址的面积均值是 1.96 公顷 ± 0.18 公顷。

分层抽样的优点

有时候，分层抽样比直接进行抽样更能为整个总体提供精确的估算值。这使得我们即使不需要关注不同抽样层的均值，也可以利用分层抽样。当子群各自的均值不同但它们之间的标准差较小时，较小的误差范围可以提高估算的精确度。换句话说，如果子群各自对应的数组离散比总体离散更小，那么估算其均值时的误差范围也会很小。如果在对总体的估算中运用了对子群误差范围合并估算的方法，那么所得误差范围会比直接从总体中随机抽取样本得到的误差范围更小。有

第Ⅳ部分　抽样专题 ◆◆◆

时这个效果的强度足以弥补子群样本容量比从总体中抽取的样本容量小这一不足。如果一个总体可以被很容易地划分为子群，同时各子群对应的均值之间差异不大，那么采用对子群进行抽样而不对总体进行抽样的方法是十分合适的，即使子群本身没有什么实际意义。

第十八章　通过空间单元对遗址或区域抽样

空间抽样单元：点（Points）、样带（Transects）和样方（Quadrats）

估算总体比例

估算总体均值

密度

有时可选的抽样元素并不是我们真正想要研究的元素。这种情况在考古学中常常出现在基于空间的抽样研究中，比如对某个遗址的样本探方进行研究，或者对调查区域的样本区块或者样带进行研究。例如，我们从一处遗址得到一个包含 500 个陶片的随机样本。我们想对该遗址陶片的平均厚度进行估算，也想了解该遗址特定种类陶器的陶片比例。我们研究的元素是陶片。假如我们的样本是从对遗址进行随机抽样得到的 10 个探方中获得的，那么样本的元素就是探方而不是陶片。真正由随机抽样所得到的样本是该遗址被选中的 10 个探方，而不是该遗址所有陶片中的 500 个陶片。因此我们可以肯定样本元素是 10 个探方，而非 500 个陶片，而这 10 个探方与我们想研究的对象（陶片）并非直接对应。在这个案例中，每一个样本元素（探方）都包含一群或者一类数量和种类不同的陶片。在估算总体比例及总体均值时，我们必须考虑这一情况。

根据样本估算总体均值以及总体比例，再为估算值附加误差范围

第Ⅳ部分 抽样专题 ◆◆◆

是第九章至第十一章的主题。本章将对样本所含元素与研究对象不同的特殊情况进行延伸讨论。本章所讨论的整群抽样（cluster sampling）可被看作是第九章至第十一章所讨论的简单随机抽样的一种特殊情况，以便于将其与其他更为复杂的抽样方法进行区分。其实，这样的整群抽样在考古学中尤为重要，因为我们做的绝大多数抽样都是建立在空间单位上的。

空间抽样单元：点、样带和样方

至少有三种不同种类的空间抽样单元可能会被运用在考古学中，即点（points）、样带（transects）和样方（quadrats）。考古学中几乎不使用真正的样带，但对于点进行取样的方法却很常见，例如在部分地区，沉积作用会将遗址压在很深的地下。如果需要研究这个地区所有遗址的面积，那么抽样就需要通过从地下沉积物中获取钻芯来实现。如果居址被横贯叠压，那么钻取的钻芯直径必须足够大才能发现可辨析的遗物，也才能判断其是在某遗址内还是在某遗址外。这些钻芯在一定程度上可以被认作点观测。如果随机选取某些点进行钻芯，那么这些"点"便可以被认为是该地区面积的一个随机样本。在遗址内的点所占比例可以被认为是所有遗址占当地总面积比例的一个估算值。换句话说，如果该地区面积为100平方千米，有5%的钻芯发现了遗物，那么我们就可以据此推测在该占地100平方千米的区域中有5%的范围是在遗址内的，因此我们推测该地区遗址占地5平方千米。在这个案例中，抽样的单元是空间中的点，估算的比例是空间属性本身。因此这不是一个整群抽样的案例，而是简单随机抽样。其误差范围可以通过第十一章中提到的步骤计算。它依赖于样本规模（n），即钻芯的数量。这个案例中总体的数量（N）是无限的。在第六章最后的习题中就涉及一个点抽样的例子。

样方是一种二维的空间单位，在考古学中往往指的是网格系统中

第十八章 通过空间单元对遗址或区域抽样

的方块。它们也可以被设计成矩形或其他形状。当矩形又长又细、从研究范围的一端延伸至另一端时,我们通常将它们称为样带,但从技术上来说它们其实是样方。真正的样带形似于线,只能用长度来度量,其宽度为0。然而,当考古学家沿着"样带"从研究区域的一端走到另一端时,其观测范围实则并不是一条线,而是一个横跨其走过的一端至另一端的细长矩形。这样的"样带",在整群抽样中最好被当作细长的样方,因为根据考古学家观测的范围,无论其观测内容是什么,从其观测路径的一端至另一端的确有自己的宽度,于是便形成一个区域。

从若干样方中随机选取一个样本时,最常用的方法就是对抽样区域(例如一处待发掘的遗址)用网格进行划分,形成一个个抽样单元。网格中可能被选中的探方都被从1开始编号,接着可以运用一张随机数表格在这些样方中进行随机抽样。通过这种抽样方式可能会得到如图18.1这样的结果。同样的抽样系统也可以被用于细长的样方(即"样带")。在这种情况下,每个网格将研究区域划分成又细又长的矩形,从观测路径的一端至另一端,所有矩形的宽度都是和单一样带的宽度相同的。这就是通过编号进行随机抽样的方法(如图18.2)。

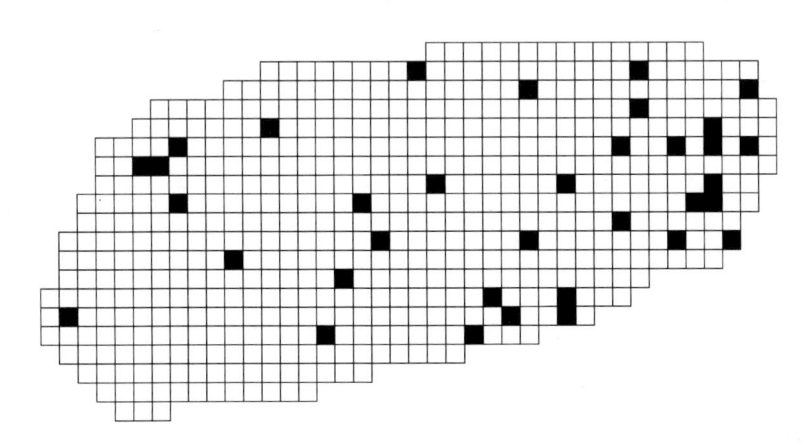

图18.1 单独随机抽取的样方

第Ⅳ部分　抽样专题 ◆◆◆

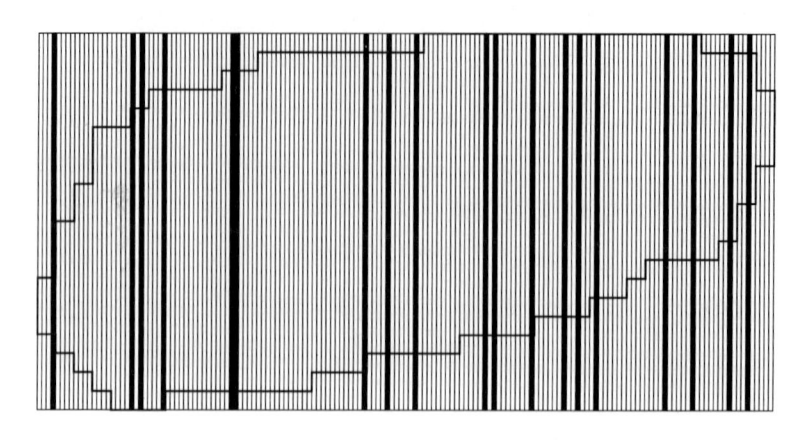

图 18.2　单独随机抽取的"样带"（实际上是长且窄的样方）

还存在一种比较有趣的情况。有时，为了避免每一处观测的"样带"都是互相平行的，我们可以在地图上用矩形框将待抽样的区域一个个包围起来，同时在每一条边框标上刻度。刻度间距离必须和观测的"样带"一样宽。这些"刻度"被按顺序标号，从任意一点开始标1，接着沿着边框继续编号，直到再次回到原点。我们可以用随机数字确定第一个样带的一端，另一个随机数字确定该截面的另一端（如果第二个随机数字代表的"刻度"与第一个"刻度"在边框的同一边上，那么就放弃这个数字再选一个）。我们不断重复这个步骤，直到获得想要的"样带"数量。图18.3 就是利用这种方法抽样得到的样带分布。

在呈网格分布的所有样方中有 n 个随机样方被选中时，常常出现的情况是一些样方之间相隔十分近（可能甚至是相邻的），导致一处或更多处面积较大的研究区域没有被选中。图 18.1 中就出现了这样的情况。这或许会令抽样者不太满意，因为可能我们想要对一处遗址进行发掘（出于其他原因），也不希望遗留下一整个区域没有被取样。针对这种情况，我们可能会选择系统抽样（systematic sampling）的方法。例如，假设我们想要从某个区域 570 个样方中抽取 36 个样方作为样本。为了得到一个系统性的样本，我们将会对包含 570 个样方的网

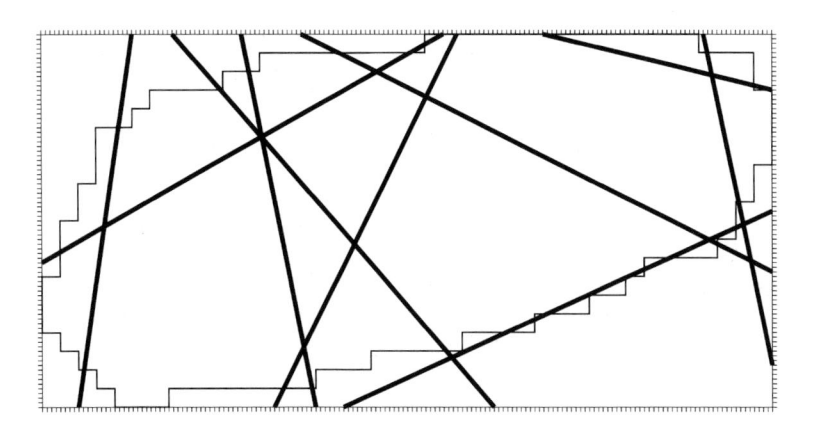

◆◆◆ 第十八章 通过空间单元对遗址或区域抽样

图18.3 通过随机选择端点得到的随机"样带"（实际上是长且窄的样方）

格进行再次划分，将其分为36个子集，每个子集中包含16个相邻的样方（如图18.4中画阴影线的方格，为了使每个子集中都包含16个样方，我们又增加了6个虚拟的样方）。通过在1至16之间不断地随机抽取数字，我们将会从每个包含16个样方的子集中分别得到一个样方，因此最终得到的样本容量将为36。但如果6个虚拟的样方中有任何一个被选中了，那么最终得到的样本容量将会小于36。即使虚拟的样方被选中了，它们也不会出现在样本中，因为它们是我们想象出来的。虚拟样方的功能是使真正存在的样方有相同的概率（1/16）被选中。如图18.4，虽然最终得到的样本可能仍然包括相邻的样方，但在对样方的随机抽样中几乎不可能出现大面积未抽样的区域。

有时候，人们认为系统抽样可被当作是随机抽样，从技术上来讲，这种认识是正确的。严格来说，从一个随机样本中选取一个元素的过程不能对其他元素的选取产生任何影响。然而，从系统性样本中选取一个样方会使同在一个子集中的其他样方失去被选中的机会。更重要的是，系统抽样是不重置抽样，因为一个样方一旦被选中，就不会被再次选中。而本章中给出的公式和第九章及第十一章中一样，是针对重置抽样的。当然，在绝大多数情况下，这两个技术问题所产生的影响是极小的，尤其是我们这里提到的系统抽样方法。它比其他形

第Ⅳ部分　抽样专题 ◆◆◆

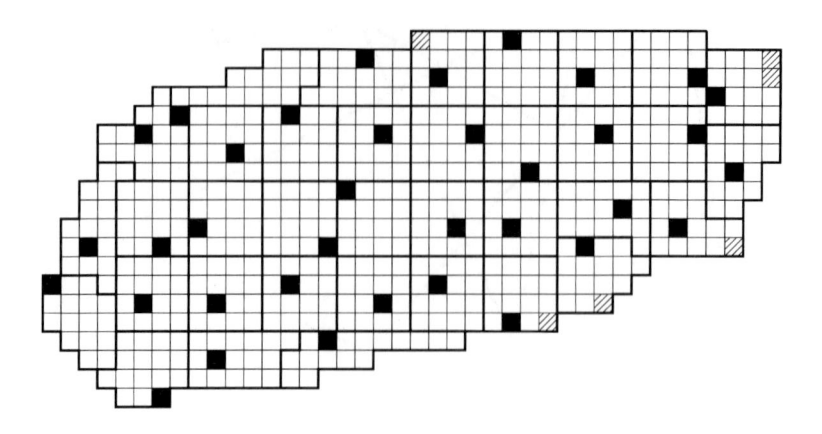

图 18.4　系统随机抽样得到的样方

式的系统抽样违背随机抽样规则的程度更低。在基于空间的抽样研究上，避免遗留一整块大面积未研究区域的重要性往往高于这些细节上的技术问题。

估算总体比例

与简单随机抽样相似，在整群抽样中，对总体比例的最佳估算值就是对从总体中所得随机样本的估测值。例如，我们在某处遗址中得到一个包含 10 个探方的随机样本，其中一共有 500 个陶片。如果在这个整群样本中有 35% 的陶片是绳纹陶片，那么我们便可推知在该遗址中也有 35% 的陶片是绳纹陶片。

与这个估算值相对应的误差范围，与简单随机抽样一样，是建立在该比例的标准误差基础上的。在整群抽样中，比例的标准误差应按如下公式进行计算：

$$SE = \sqrt{\left(\frac{1}{n}\right)\left(\frac{\sum \left(\frac{x}{y} - P\right)^2 \left(\frac{yn}{Y}\right)^2}{n-1}\right)\left(1 - \frac{n}{N}\right)}$$

第十八章　通过空间单元对遗址或区域抽样

其中，SE = 该比例的标准误差，n = 样本容量（即样本中单元的数量），N = 总体的容量（即总体中单元的数量），x = 在一个单位中研究对象 x 的数量，y = 在一个单位中研究对象 y 的数量，P = 对总体中 x/y 比例的估算值，$Y = \sum y$，即在 n 个单元中，研究对象 y 的总数。

需要注意的是，这个公式结合了在第九章中讨论过的有限总体修正值 $1 - (n/N)$。由于在空间抽样中，研究总体总是有限且可定义的，所以我们常常运用这个修正。然而，和样本量相比，如果总体的规模十分大，那么这个校正对于最终结果只能产生极其微小的作用，因为该值会十分接近1。

表格 18.1 提供了一个与上述计算相关的研究案例。它是一个包含 10 个探方的随机样本，来自于一个面积为 100 个探方的遗址总体。这个样本的规模 n 为 10，总体规模 N 是 100。这 10 个探方中总共出土了 500 个陶片，其中包含一些绳纹的陶片。如果我们想要估算绳纹陶片在该遗址所有陶片中所占的比例，为了方便随机抽样，我们用数字按顺序标记这些探方。我们想要估算的比值是陶片组合中绳纹陶片所占的比例。x 表示每一个探方中绳纹陶片的数量，y 是每一个探方中陶片的总数。那么 $\sum x$ 或 X 就等于 175——在 10 个探方中所得绳纹陶片的总数；$\sum y$ 或 Y 就等于 500——在 10 个探方中发现的陶片总数。于是可得，样本中的绳纹陶片在样本中所有陶片中所占的比例为 $(175/500) = 0.350$；即样本中有 35% 的陶片是含绳纹的。由于对总体比例的最佳估算就是样本中各类的比例，所以我们可以估算该遗址中也有 35% 的陶片是绳纹陶片。

表格 18.2 将表格 18.1 中的内容进行细化，展示了标准误差具体计算步骤。第一步计算 (x/y) 所得结果显示在表中第四列，即用每一个探方的 x 除以 y，所得的值是每一个探方中绳纹陶片的比例。这个比值最低为 26%，位于 31 号探方；最高为 51.2%，位于 56 号探方。这种不同探方间比值的差异正是我们计算误差范围的基础。

第Ⅳ部分　抽样专题

表格 18.1　　　　　　　由 10 个探方组成的随机样本中的陶片

单位	x 绳纹陶片的数量	y 陶片数量
07	10	32
18	13	27
29	16	38
31	19	73
37	17	55
56	21	41
72	18	63
83	30	81
87	19	56
91	12	34

表格 18.2　　　　　　　用样本整体比例计算加权离差总和

单位	x	y	$\dfrac{x}{y}$	$\dfrac{x}{y}-P$	$\left(\dfrac{x}{y}-P\right)^2$	$\dfrac{yn}{Y}$	$\left(\dfrac{yn}{Y}\right)^2$	$\left(\dfrac{x}{y}-P\right)^2\left(\dfrac{yn}{Y}\right)^2$
07	10	32	0.313	-0.037	0.001369	0.640	0.409600	0.000561
18	13	27	0.481	0.131	0.017161	0.540	0.291600	0.005004
29	16	38	0.421	0.071	0.005041	0.760	0.577600	0.002912
31	19	73	0.260	-0.090	0.008100	1.460	2.131600	0.017265
37	17	55	0.309	-0.041	0.001681	1.100	1.210000	0.002034
56	21	41	0.512	0.162	0.026244	0.820	0.672400	0.017646
72	18	63	0.286	-0.064	0.004096	1.260	1.587600	0.006503
83	30	81	0.370	0.020	0.000400	1.620	2.624400	0.001050
87	19	56	0.339	-0.011	0.000121	1.120	1.254400	0.000152
91	12	34	0.353	0.003	0.000009	0.680	0.462400	0.000004

$$\sum y = 500 \qquad\qquad \sum\left(\dfrac{x}{y}-P\right)^2\left(\dfrac{yn}{Y}\right)^2 = 0.053132$$

　　表的第五列为 $x/y - P$，即用每个探方的比例减去整体比例。显然，这表示的就是每个探方所得比例与整体比例估算值之间的差异。和标准差类似，下一步的计算就是 $(x/y - P)^2$，即将第五列的结果平方，结果显示在第六列中。第六列所表示的正是必须要相乘以求和的两个项之一。

第十八章　通过空间单元对遗址或区域抽样

另一个项实际上是有关权重的。第六列是一组离差的平方。在整群抽样中，我们更注重可以获得较多证据的探方（在这个案例中即更多的陶片）。如果回顾之前章节的内容，我们知道从大样本中获得的估算值比在小样本中得到的更加精准，那么以上做法会在直觉上显得更加合理。实际上，每一个探方都是从遗址中抽取的一个有关陶片的独立样本。我们预计这些通过独立样本得到的估算值会产生一些不同的结果，即与整体估测值不同的结果。如果它们与整体比例相差较少，那么，与整群抽样估值相关的误差范围就会相对较小（探方之间的相对一致性使我们相信这个遗址是均匀分布的，我们得到的估算值也是相对精确的）。与出土少量陶片的探方的估算值相比，如果出土大量陶片的探方所得估算值与整体比例相差得更多，那么这种情况会引起我们对结果精确性的担忧。因此，当我们把离差的平方相加得到总和时，应当对含有大量陶片的样本进行更加认真的计算（因为那些含有少量陶片的样本所产生的误差很有可能只是因为样本容量小所引起的误差）。

第七列便是对这个权重因子的计算。这个权重因子主要基于我们需要研究的元素所在样本探方总量的大小。在这个案例中，我们需要研究的元素是陶片，所以权重较大的样本探方就是那些发掘出数量较多陶片的探方。第七列（yn/Y）表示的是每一个探方中的陶片数量与该样本中探方总数（10）的乘积除以样本陶片总数（500）。为了方便验算，我们有必要知道第七列所有数字之和正是这个样本中的探方总数 n。第八列即第七列的平方。

表格18.2的最后一列 $(x/y - P)^2 (yn/Y)^2$ 由第六列与第八列相乘所得，每个探方的该值最后需要相加。所有探方的这个值的总和被列在了最后一列的底部，即 0.053132。

至此，便可直接将数字代入计算标准差的公式中：

$$SE = \sqrt{\left(\frac{1}{10}\right)\left(\frac{0.053132}{10-1}\right)\left(1-\frac{10}{100}\right)}$$
$$= \sqrt{(0.100)\,(0.005904)\,(0.900)}$$

第Ⅳ部分 抽样专题

$$= \sqrt{0.00531} = 0.023$$

于是可得这个比例的标准误差是 0.023，因此该遗址陶片中绳纹陶片的比例估算值为 35%±2.3%。这个误差范围可以通过与一个合适的 t 值相乘来进一步扩大，以满足任何置信度（见第九章）。例如，如果我们希望估算 95% 置信度下的误差范围，那么通过观察表格 9.1 可知，与置信度为 95%、自由度为 9（由 $n-1$ 所得）相对应的 t 值为 2.262。因此，我们需要的误差范围就是 (2.262)(0.023) = 0.052，我们有 95% 的信心确定绳纹陶片占该遗址陶片总数的 35%±5.2%。

统计软件

只有少部分统计软件可以提供整群样本标准差的计算。我们当然可以自己进行计算，只是中间分数分子求和的过程实在是过于乏味。这一计算过程可以用一个表格来说明，表格的每一列都是通过相对简单的重复计算从上一列中推导出来的，因此简单的解决方案就是将其程序化。Excel 电子表格程序就是专为这种计算所设计的，它也许是最便捷也是最容易的计算工具，让我们可以把大多数无聊的工作交给电脑来做。通常来讲，对变量进行变换的统计软件也可以被用来完成这项工作，因为表格 18.2 和 18.4 中的每一列其实都是前一列经由重复数学计算得到的新变量。有些数据库管理程序中的数学工具也可以进行这样的运算。

估算总体均值

与估算整体比例相似，对于总体均值的最佳估算值就是样本均值。表格 18.3 提供了上文讨论的探方的相关数据。这里提供的数据是相同探方中箭镞的长度（单位为毫米）。一共有 21 件箭镞被发掘，长度的均值为 21.8 毫米。由此，我们可以估算该遗址中所有箭镞的平均

第十八章 通过空间单元对遗址或区域抽样

长度也为 21.8 毫米。

标准误差（附在均值后面）的计算公式与计算比例标准误差的公式十分相似：

$$SE = \sqrt{\frac{1}{n}\left(\frac{\sum (\bar{x} - \bar{X})^2 \left(\frac{yn}{Y}\right)^2}{n-1}\right)\left(1 - \frac{n}{N}\right)}$$

其中，SE = 均值的标准误差，n = 样本容量（即样本中群的数量），N = 总体规模（即总体中群的数量），$\bar{x}$ = 一个群中 x 的均值，$\bar{X}$ = 总体均值 x 的估值（即整体样本均值），y = 一个群中被测量 x 的总数，$Y = \sum y$（即 n 个群中 y 的总数）。

表格 18.3　　　　　　　　　　10 个探方的箭镞长度

发掘单位	x 箭镞长度（毫米）
07	15，19，23
18	17
29	18，23
31	18，18，27
37	18，19
56	24
72	20，21，26，28，29
83	16
87	28
91	25，26

同样的，公式中间分数分子部分所进行的计算是比较复杂的。不过这个求和过程与求比例标准误差所需的求和过程十分相似。表格 18.4 将这个计算过程进行展开。

在这个案例中，y 表示每一个探方中发现的箭镞数量。对于每一个探方，我们都根据在探方中的箭镞计算其长度均值。这个均值出现在表格 18.4 的第三列中。现在我们关心的是每一个探方中箭镞长度均值与样本中所有箭镞长度均值（第四列）之间的差异。和通常一样，我们将这个差值进行平方（第五列）。权重因素与估算比值时发挥的作用相同

· 279 ·

(第六、七列)。将最终结果求和,显示在最后一列。

这个结果可以被代入前页的公式,如下:

$$SE = \sqrt{\left(\frac{1}{10}\right)\left(\frac{114.783}{10-1}\right)\left(1-\frac{10}{100}\right)}$$

$$= \sqrt{(0.100)(12.7537)(0.900)}$$

$$= \sqrt{1.1478} = 1.07 \text{ 毫米}$$

与我们之前计算比例的标准误差时的操作一样,为了保证所得结果有95%的置信度,我们可以用前面所得的标准误差与95%置信度及自由度9所对应的 t 值相乘,其中 t 值仍是2.262。因此,误差范围是 (1.07)(2.262) = 2.42 毫米,我们有95%的信心认为这个遗址中所有箭镞的长度均值为21.8 毫米 ±2.4 毫米。

表格18.4　　　　　　　用整体样本均值计算离差总和

单位	y	$\bar{x}$	$\bar{x} - \bar{X}$	$(\bar{x}-\bar{X})^2$	$\frac{yn}{Y}$	$\left(\frac{yn}{Y}\right)^2$	$(\bar{x}-\bar{X})^2 \left(\frac{yn}{Y}\right)^2$
07	3	19.0	-2.8	7.840	1.429	2.042	16.009
18	1	17.0	-4.8	23.040	0.476	0.227	5.230
29	2	20.5	-1.3	1.690	0.952	0.906	1.531
31	3	21.0	-0.8	0.640	1.429	2.042	1.307
37	2	18.5	-3.3	10.890	0.952	0.906	9.866
56	1	24.0	2.2	4.840	0.476	0.227	1.099
72	5	24.8	3.0	9.000	2.380	5.664	50.976
83	1	16.0	-5.8	33.640	0.476	0.227	7.636
87	1	28.0	6.2	38.440	0.476	0.227	8.726
91	2	25.5	3.7	13.690	0.952	0.906	12.403

$\bar{X} = 21.8$　　　　　　　　　　　$\sum (\bar{x}-\bar{X})^2 \left(\frac{yn}{Y}\right)^2 = 114.783$

密　度

基于空间的抽样常常将我们带入整群抽样而非简单随机抽样的领域,但这个事实并不应混淆我们对整群抽样基本原则的理解。有时

第十八章 通过空间单元对遗址或区域抽样

候,整群抽样就是简单随机抽样。二者的界定是由研究对象决定的。在上述两个案例中,研究对象分别为陶片和箭镞。然而,二者都并不是抽样单元,因为网格图中的样方才是随机抽样得到的样本。因此,将估算绳纹陶片的比例及估算箭镞的长度均值问题都看作整群抽样的问题是十分有必要的。

然而,我们通常想要研究的对象是对空间单位随机选择得到的样本。正如本章开头提到的点抽样。这也同样适用于估算某些遗物或遗迹的密度(每个单位内的数量)。这样的密度很容易被事物的数量表示出来,例如每个单位中的陶片数量。这样的数值一般不是陶片的特征,而是网格单位的特征。当我们想要研究的元素与随机抽样所得样本中的元素相同时,这就变成了一个简单随机抽样的问题。在上述案例中,我们有一个包含了10个探方的样本,其中出土的陶片数量分别为32、27、38、73、55、41、63、81、56和34。根据第九章中提到的步骤,基于一个含10个探方的样本所提供的测量数据,我们可以估算该遗址中每个单位的陶片数量均值。

在这个样本中,每一个网格单位中陶片的数量均值为50.0。因此,在该遗址中,我们估算的每一个网格单位中陶片的数量均值也为50.0。标准误差为5.8个陶片,但其在有限总体修正中降低至5.5个陶片。因此,95%置信度对应的误差范围是(2.262)(5.5)= 12.4个陶片,我们有95%的信心认为该遗址中每一个单位中陶片的数量均值为50.0±12.4个。

这种计算密度的方法是对某遗址中各类器物总体数量的最直接快速的估算方法。例如,我们已经估算了在该遗址的每个单位平均有50.0±12.4个陶片(95%的置信度)。我们知道在整个遗址中一共有100个单位。因此估算密度就转化为估算该遗址中陶片的总数量,即(每个单位有50.0个陶片)(100个单位)= 5000个陶片。误差范围也按同一种方法被转化,即(每个单位有12.4个陶片)(100个单位)= 1240个陶片。因此,我们有95%的信心认为该遗址中的陶片总数为5000±1240。

第十九章　不含研究对象的抽样

　　抽样统计一般会以样本中的某些发现作为出发点。例如在一个遗物样本中有一些箭镞。我们可以据此估算箭镞在所有遗物组合中的比例、总体中箭镞的重量均值、总体中制作箭镞的原材料比例各为多少等问题。根据第九章、第十一章、第十八章中的步骤，我们可以为这些估算值附上特定置信度下的误差范围。

　　然而，有时候我们出于某些原因想要了解的研究对象并没有出现在样本中。例如，我们想要了解箭镞的原材料——黑硅石、燧石、黑曜石作为可能的原材料各自所占的比例。然而我们手头的样本中只包含黑硅石和燧石。那么我们有多少把握可以说黑曜石不是箭镞的原材料呢？现在我们当然知道，黑曜石没有出现在样本中的事实并不意味着其在总体中也没有出现。无论样本有多大，这点都是毋庸置疑的。只有彻底研究了所有箭镞的总体后，我们才能确定黑曜石是否出现在原材料中。只要还有一个箭镞没有被检测，黑曜石就仍有可能是其原材料之一。

　　只要我们运用抽样对总体进行研究，我们就不得不面对置信度必定小于100%的情况，正如通过样本对总体做出推断的可信度也不是100%一样。一般来说，置信度取决于样本规模。如果我们手头的样本包含100个箭镞，并且在其中没有发现黑曜石的成分，那么我们会较有把握地声称箭镞的原材料中不包含黑曜石。但如果样本容量仅为5，我们的把握就会大大降低。同样的，对于总体中黑曜石比例的估算也如上述。直觉告诉我们，如果总体中的确含有许多以黑曜石为原

第十九章 不含研究对象的抽样

材料的箭镞，那么在某个样本中至少会出现一个含黑曜石成分的箭镞的可能性会较大。

本章的目标就是给予这些直觉上（但非常有效）的粗略估算更为合理的解释。为了将统计学的原则运用于这个目标上，只需要决定我们所需置信度的大小，以及我们能冒险无视多少黑曜石箭镞的存在。决定置信度的高低不是本章的新知识，在前面几章已经提及。而决定无视黑曜石箭镞的具体数量则是新问题，这个决定需要我们合理运用统计学知识。实际上，我们必须要确定黑曜石箭镞的比例低至何种程度时我们能将其视为不存在。如果在十亿件箭镞中只有一件是含黑曜石的，那么我们便会（至少在许多目的下）认为黑曜石不是箭镞的原材料。实际上，即使是在一百万件箭镞中只有一件是由黑曜石制成的，我们也可以认定黑曜石不是箭镞的原材料。至少出于某些目的，我们有较大把握认为低于5%甚至1%的箭镞是以黑曜石为原材料的，这种说法是有意义且有实际效用的。

假如我们有一个包含16个箭镞的样本，且其中没有一件是由黑曜石制成的。那么我们想要确定的是，我们有多大的置信度认为总体中只有低于1%的箭镞是含有黑曜石的。换句话说："我们有多大的可能性从一个黑曜石箭镞占比低于1%的总体中抽取一个容量为16且不含黑曜石箭镞的样本？"对这个问题的解答很简单，其实就是对一系列连续事件发生概率相乘所得的积。

假设我们抽样的总体中的确有1%是以黑曜石为原材料的，那么我们抽取的第一件箭镞不是由黑曜石制成的可能性就变为0.99（因为有99%的箭镞不是由黑曜石制成的，所以在100次的随机抽取中有99次将会抽到不含黑曜石的箭镞）。同样的，抽取第二件箭镞，其不含黑曜石成分的概率仍为0.99。因此，我们第一次抽到不含黑曜石成分的箭镞的概率为99%，如果上述情况的确发生，那么第二次抽到不含黑曜石成分的箭镞的概率也为99%。因此，在总体中抽取容量为2的样本中不含黑曜石箭镞有99%中的99%的可能性。那么在一个黑曜石箭镞占1%的总体中抽取2个箭镞作为样本，其不含黑曜石成分的概

第Ⅳ部分 抽样专题

率为（0.99）（0.99）= 0.980，或98%。

如果我们不断地从总体中抽取容量为2的样本，那么在这些样本中，将有98%的样本不包含黑曜石箭镞。观察到容量为2的样本中不含黑曜石箭镞后，我们可能会想再随机抽取三个箭镞以扩大样本容量。第三件被抽取的箭镞，和任何一件随机抽样的箭镞一样，有99%的可能性是不含黑曜石的。因此，在不断进行的随机抽样中，我们有98%的可能性抽取2件不含黑曜石的箭镞，在这98%中，我们又有99%的可能性继续抽到一个不含黑曜石的箭镞。按照这个趋势，我们可以继续抽样，每一步的概率都是前一步概率与0.99的乘积。

对于任意样本规模n，从总体中抽出不含黑曜石箭镞的样本概率均为0.99^n。因此在该总体中抽取容量为16的样本，其中不含黑曜石箭镞的概率为$0.996^{16} = 0.851$。同样，对于一个从上述总体中抽取的包含50个箭镞的样本来说，其不包含黑曜石箭镞的概率为0.605（$0.99^{50} = 0.605$）。换句话说，即使总体中有1%的箭镞含有黑曜石的成分，也存在抽取一个不含黑曜石成分的容量为50的样本的可能性。而其相对的概率（1 - 0.605 = 0.395）正是我们认定总体中含有低于1%黑曜石箭镞的置信度。因此，一个不含黑曜石箭镞的容量为50的样本只能使我们有39.5%的把握认为其来自一个黑曜石箭镞占比低于1%的总体。

表格19.1列出了给定样本容量n和研究成分占总体的比例分别对应的置信度。根据上述案例中讨论的数据，我们可以在$n = 50$的行及比例为1%的列找到对应的数值0.395。当然，39.5%并不是有效的置信度。为了确定我们需要多大的样本才能有95%的把握认为总体中不含黑曜石成分，我们需要在表中研究成分占总体的比例为1%的一列中继续寻找，直到置信度为95%为止。在样本容量为300对应的行中，我们发现置信度已达0.951，因此我们得出结论：如果我们想要有95%的把握认为总体中黑曜石占比低于1%，那么我们就需要容量为300左右的样本（如果我们在这300个器物中的确发现了黑曜石的成分，那么我们就需要借助第十一章中提到的步骤，根据95%的置信

第十九章 不含研究对象的抽样

表格 19.1 判定"样本中研究成分缺失表明该成分在总体中占比低"所对应的置信度

研究成分占总体的比例	0.1%	0.5%	1.0%	2.0%	5.0%
n					
20	0.020	0.095	0.182	0.332	0.642
25	0.025	0.118	0.222	0.397	0.723
30	0.030	0.140	0.260	0.455	0.785
35	0.034	0.161	0.297	0.507	0.834
40	0.039	0.182	0.331	0.554	0.871
45	0.044	0.202	0.364	0.597	0.901
50	0.049	0.222	0.395	0.636	0.923
55	0.054	0.241	0.425	0.671	0.940
60	0.058	0.260	0.453	0.702	0.954
70	0.068	0.296	0.505	0.757	0.972
80	0.077	0.330	0.552	0.801	0.983
90	0.086	0.363	0.595	0.838	0.990
100	0.095	0.394	0.634	0.867	0.994
110	0.104	0.424	0.669	0.892	0.996
120	0.113	0.452	0.701	0.911	0.998
130	0.122	0.479	0.729	0.928	0.999
150	0.139	0.529	0.779	0.952	>0.999
175	0.161	0.584	0.828	0.971	—
200	0.181	0.633	0.866	0.982	—
250	0.221	0.714	0.919	0.994	—
300	0.259	0.778	0.951	0.998	—
350	0.295	0.827	0.970	0.999	—
400	0.330	0.865	0.982	>0.999	—
450	0.363	0.895	0.989	—	—
500	0.394	0.918	0.993	—	—
600	0.451	0.951	0.998	—	—
700	0.504	0.970	0.999	—	—
800	0.551	0.982	>0.999	—	—
900	0.594	0.989	—	—	—
1000	0.632	0.993	—	—	—
1200	0.699	0.998	—	—	—
1400	0.754	0.999	—	—	—
1600	0.798	>0.999	—	—	—
1800	0.835	—	—	—	—
2000	0.865	—	—	—	—
2500	0.918	—	—	—	—
3000	0.950	—	—	—	—
4000	0.982	—	—	—	—
5000	0.993	—	—	—	—
6000	0.998	—	—	—	—
7000	0.999	—	—	—	—

第Ⅳ部分　抽样专题 ◆◆◆

度为估计值找到对应的误差范围）。

表格 19.1 可以被用于确定置信度——我们可以在何种程度上从某个特定规模的样本中，得出关于未出现在该样本中的元素在总体中占比低于 5%、2%、1%、0.5% 或 0.1% 的结论。它也可以被用于确定在特定置信度下，我们需要多大的样本才能确定总体中某种成分占比低于某个特定值。正如我们已经知道的那样，如果我们需要以高置信度来确认样本中未出现的元素在总体中的占比低于某个值，那么我们所需的样本规模就必须非常大。

第二十章　抽样和现实

我在第七章的开头已经强调过，抽样在本书的统计学原则中占据着核心位置。我希望这几章可以使这个道理被解释得更加明晰。无论是估算总体的均值或总体比例，比较几个数组的均值、比例，还是观察两组测量数据间的关系，统计学家采取的方法与思维逻辑都会涉及样本所属的总体。我们真正感兴趣的是总体。

有时候，这在表面上是符合事实的。例如，我们挖掘了一个岩棚类型的遗址，并发现了452516件石器遗物。为了研究这个总体的特征，我们会随机抽取一些样本进行更深入的研究。在这个情况下，我们将会获得一个石器废料的样本，用来研究该遗址出土的所有石器废料的总体。对整个抽样过程的设计是十分复杂的。例如，我们可能想要对该遗址中不同层位进行比较，那么就需要从每一个层位中抽取样本。第九章至第十一章中提到的技巧可以帮助我们决定需要多大规模的样本来实现我们的目标，也可以帮助我们估算测量值的均值及不同种类的废弃物在总体每一个层位中所占的比例。我们可以为估算值附加误差范围以确定估算所得的均值（或者比例）处于何种置信度和精确度上（第九章至第十一章）。我们也可以通过使用估算值以及误差范围或 t 检验和方差分析来比较不同地层测量数据的均值（第十二章和第十三章）。我们可以使用估算值及误差范围或卡方检验来比较不同地层中不同种类的比例（第十四章）。我们也可以利用回归分析评估测量值之间关系的强度以及显著性（第十五章）。如果手头数据是等级排序而不是具体的测量值，那么我们可以用等级相关性进行研究

第Ⅳ部分　抽样专题 ◆◆◆

（第十六章）。我们可以合并分析来自不同地层的样本以做出对于整个遗址遗物群的推断（第十七章）。如果某些种类的材料没有出现在我们的样本中，在讨论样本所属的总体中该材料的罕见性时，我们可以评估不同情况下的置信度（第十九章）。上述所有的分析将会帮助我们通过样本以不同的置信度推断总体某些特征。这是对第九章至第十八章中原则的最直接的运用。

对于古风时代早期、中期、晚期箭镞的较大样本，我们一般也会对它做同样的处理——估算均值、比例及其误差范围和早期与中期、中期与晚期等两个不同时期箭镞差异的显著性检验，等等。然而我们需要停下来思考：基于该样本，我们研究的总体究竟是什么。或许我们研究的总体就是个体数量巨大且特征模糊的早期、中期及晚期出土的箭镞；又或许我们的研究兴趣在于观察总体在不同阶段某些方面的变化。无论如何，我们仍有一个样本，并且可以用它来推测研究的总体，尽管这可能是一个比较模糊的总体。由于这个样本不是严格按照随机抽样得到的，因此与前面提到的不同（第七章），在这个案例中抽样偏见的问题就变得十分关键了。

如果我们对一个形成期的村落进行发掘，得到早、中、晚期的27处房屋结构的相关信息，那么我们也许会用到同样的统计工具。尽管我们已经对这些房屋进行了发掘，也很难确定将这些房屋作为一个样本的意义究竟是什么。它们作为一个样本，所属的总体究竟是什么？这些房屋是不是一个完整的总体？这是否意味着我们不能对形成时期早中期之间的差异进行显著性检验？在这样的案例中，存在着若干个我们可能感兴趣的总体，其中一个就是在该遗址处于形成期的所有房屋遗址。其中一些房屋可能已经由于后续房屋的建造等其他活动而被破坏。我们手头的样本并不是一个完整的总体，但在某些特定背景下，它或许可以被当作一个完整的总体。在其他背景下，我们或许可以利用形成期早期的房屋样本研究形成期早期的所有房屋。在这个背景下，样本与我们感兴趣的总体之间的关系与古代箭镞研究的第一个样本十分相似。

第二十章　抽样和现实

如果我们对整个地区进行了全覆盖式调查（100%覆盖），那么确定样本来自怎样的总体反而会变得更加困难。一些遗址可能会存在破坏损毁的情况，使调查过程中出现一些困难。但如果调查过程中的所有条件都是十分完美的，那么描述样本所属的总体就是我们必须要做的。比如说，对新石器时代与青铜时代的遗址面积均值间的差异进行显著性检验究竟有什么意义？鉴于我们已经可以通过必要的计算，以95%的置信度断定新石器时代的遗址面积均值为1.4±0.2公顷，同时其在青铜时代变为3.6±0.3公顷（或者相反的，我们可以通过t检验证明新石器时代与青铜时代遗址面积均值间的差异的显著性是极高的）。因此，我们将会有极高的置信度认为，青铜时期的遗址面积均值在总体上比新石器时代的遗址面积均值大。但是很难说明该结论在样本和总体上究竟意味着什么。表面上，我们已经得出结论——与新石器时代样本相比，青铜时代的样本来自遗址面积更大的总体。但实际上，这两个总体可能都是我们想象的。如果我们的调查的确十分可靠和有效，即在该地区不存在未被调查的遗址，那么这个地区的总体实际上就与我们得到的样本没有区别。如此一来，继续考虑该地区外的总体可能也没有多大意义了，因为或许在下一个区域根本就不存在任何新石器时代的遗址。

在这个案例中，样本是从一个想象出来的总体中抽取的。那么我们根据样本推断总体的相关信息就显得不太接近现实了，但就算我们研究的样本的确包含了整个总体，讨论其中的显著性以及置信度也仍然是有意义的。从上述最后一个案例中可知，对显著性的评估可以告诉我们，我们在数量和特征上所做的研究的确为我们讨论从新石器时代到青铜时代遗址面积均值变化的提供了可靠基础。我们观察到的变化一般不可能是由于我们观察的样本规模较小或观察存在误差导致的。总体来说，我们有足够的信心认定的确存在变化，并对变化的本质及发生变化的动力进行深入理解与研究。这样的观点使我们能够暂时回避一些始终困扰考古学家的顾虑：我们是否有足够的证据支持自己的说法。无论我们对自己得出的结论有什么疑问，我们至少不需要

第Ⅳ部分　抽样专题

担心是否已经获得足够的遗址信息，以证明从新石器时代到青铜器代的遗址面积均值的变化。

回顾处于早期、中期、晚期的箭镞，假设我们有95%的置信度认为在早期阶段有46%±23%的箭镞有缺口，同时其在中期阶段的占比为34%±19%（置信度仍为95%）。我们并不会对造成这个比例变化的原因感兴趣，因为我们观察的数量和特征并没有使我们有足够信心认为比例的变化的确存在。我们或许会想要走访更多博物馆以观测更多的箭镞。借助一个更大的样本，我们可以在95%置信度下获得更小的误差范围。最后，我们可以确定我们有足够的信心认为这两个阶段间的确存在比例上的变化；或者相反，我们认为比例上的变化比较小，不值得我们进行研究。

在这两个案例中，对置信度这个统计学概念（或者它的镜像概念显著性）的运用告诉我们，无论是定量还是定性的观察，都足以支持我们得出某些结论。统计学的解释为我们提供了强大的工具来消除这个顾虑。如果你发现你在两组观测值中发现的差异有较高的显著性，那么你至少不需要担心没有足够的观察数据来支持自己的结论。当我们认为这个差异具有较高的统计学显著性，但仍需一个更大的样本以支持我们的结论时，其实就揭示了我们缺少对显著性检验的理解。至少极高的显著性意味着不需要一个更大规模的样本进行观测。

上述内容没有涉及第七章中提到的样本偏见问题。一旦我们决定将手头的样本当作随机抽样得到的样本，那么就可以着手利用统计学的相关工具。我们可能会发现，无论观察到的现象来自怎样的样本，它们都不足以支持我们需要研究的内容。换句话说，我们观测的特征显著性较低。或许我们会发现观察到的特征显示出足够大的显著性，无论该样本来自怎样的总体。当我们走到这一步时，或许需要重新思考样本来自怎样的总体。如果取样方法中有一些偏见，影响到我们想要观测的内容，那么就必须反思并改进在该步骤的方法。在这种情境中，我们从统计学中得到的帮助是有限的：统计学不能帮助我们清晰地区分抽样偏见引起的问题，或者说不能从样本量角度对它们分门别

第二十章　抽样和现实

类地区分，而本书中提供的统计学工具却可以很直接地解决这个问题。

我们可以利用放射性碳测年为背景来讨论这个问题。在该背景下，考古学家会习惯性地以以下方式进行论证。当一个含碳的样本被送进测年实验室，并被确定其年代为距今 800±100 年，我们会认为有 66% 的可能性这个样本已有距今 700 到 900 年的历史（考虑到惯例，放射性碳断代的误差范围一般为一个标准误差）。在我们利用该数据对某个地层进行断代前，还有一些其他问题需要考虑。我们有多大的信心认为所得样本是未被污染的？我们有多大的信心认为该样本不是来自于一个距今更近地层中的鼠洞？我们有多大的信心认为该样本不是来自一棵距今更近的树根？我们又有多大的信心认为该样本不是来自于一棵远在堆积形成之前就存在的树根？实际上，所有附加的疑问就是对实验室中碳原子总体本质的质疑。

误差范围可以告诉我们观测数据是否足以为我们提供想要了解的信息。假如我们想要知道某个地层是否形成于 400 年前，对距今 800±100 年的放射性碳研究会给我们较高的置信度认为该断代样本距今超过 400 年。向实验室提供大量的碳样本有时候并不能有效地缩小误差范围。扩大样本规模，有时候是时间和资金上的浪费。我们十分有信心地认为这些碳原子来自于一个早于距今 400 多年的碳原子集合的总体。样本容量已经足以告诉我们这些信息。然而，关于样本是如何抽取的问题（实际上就是样本偏见的问题）仍然存在。更大规模的样本以及更多的数据并不能帮助我们解决这个问题。我们必须尽可能反思处理数据的方法与手段，而不是质疑数据。

本书中提到的处理抽样偏见的方法和处理放射性碳测年过程运用到的方法有些类似。我们需要考虑的不是在使用统计学工具前就要求自己严格使用随机抽样的方法（这个问题可能会阻止我们继续进行考古统计学的分析），而是考虑获得观测数据的样本是否来自于我们真正关心的总体。如果观测数据在统计学上没有足够的显著性以使它们具有实际意义，那么就不需要浪费时间处理抽样过程中出现的偏

第Ⅳ部分　抽样专题　◆◆◆

见问题了。相反，我们需要的是一个尽可能避免抽样偏见的更大样本。

正如我们在第七章中讨论的，统计学工具的确可以帮助我们更好地得出结论或解释，有助于我们理解统计学以外的考古现象。我们需要尽量做出推断，而不能仅仅停留于统计本身。借助统计学工具，我们得到的置信度及显著性水平需要与所研究的总体（想象中的或实际存在的）有关。我们得出的确定结论对应的置信度（或显著性）可以帮助我们估计结论的可靠性。当然，置信度的具体数值并没有直接被运用到结论中。

如果我们认为家庭的规模会随着时代的变迁而扩大，那么这样的变化或许会导致在下一阶段中出土的储物罐的体积相应地增大。我们可以使用统计学的工具确定对储物罐容量增大这个变化持多大置信度。如果我们发现有99%的可能性储物罐的容量的确增大了，这并不能直接表明有99%的可能性家庭规模扩大了。因为其他原因也可能解释储物罐容量增大这个事实。置信度是针对观测过程的，并不针对我们观测的意义。当然，我们对储物罐容量增大观测结果的高置信度在一定程度上为结论提供了支持（反之，如果对储物罐容量增大的置信度很低，则不能支持家庭规模增大的结论）。高置信度的观测值或其他与家庭规模增长有关的观测值同样可以为我们的结论提供更多支持，同时不支持家庭规模增大的高置信度的观测会使我们对结论产生怀疑。对这些看似矛盾的所有观测进行加权是评估结论时必要的步骤，而这不仅只是统计学的问题。

在较低层次上，统计学工具能够更有效地帮助我们评估单线证据，并评估每组观测值对最终结论的支持力度（或大或小）。在很多情况下，我们利用统计学在考古中进行结论支持度方面的研究，而不是基于零假设来回答对错或者正误这样的问题。在某些情况中，通过样本推测总体的某些值以及误差范围，并且通过子弹图对这些估算值进行比较会更加清晰和直接。

当考古学家担心观测数据是否足以得出某些结论时，本书中的统

第二十章 抽样和现实

计学工具,尤其是被多次提及的那些,就能够为其提供强有力的帮助。从遗址中出土的253个陶片是否足以使我们有足够信心对不同类型陶片所占比例做出推测?通过包含5个房屋居住面的样本讨论形成期房屋的规模,我们能有多大的信心?在只包含16个遗址的样本中,我们是否有足够的信心推测祭祀土墩的数量和遗址面积相关?我们是否需要分析所有从遗址中出土的单面加工的石器工具?抑或是我们通过对一个样本的集中研究反而能得到更多信息?这些都是使考古学家在无数夜晚辗转反侧难以入睡的问题。这些问题在考古研究中经常以主观臆断的方式被简单地应付过去。当然,仅通过主观印象或"直觉"来回答这些问题显然是不恰当的。而本书讨论的这些统计学工具能够帮助我们解决这类问题的大部分。

第Ⅴ部分　多变量分析

第二十一章 多变量方法（Multivariate Approaches）和变量

一个样本数据集

变量类型、数据缺失（Missing Data）和统计软件

我们在第三部分（两个变量之间的关系）中所学习的叫作双变量分析（bivariate analysis）。作为本书的最后一部分，第五部分将双变量关系的探讨延伸至多变量（multivariate）领域。有许多不同的方法可以进行多变量分析。这里讨论的方法只是多变量分析技术中的一小部分，并重点关注那些尤其适用于探索和寻找多变量数据规律的方法（与之形成对比的是那些对预先假设的特定特征的强度和显著性进行评估的方法）。因此，在阅读本书的最后一部分时，我们需要重点回忆第一部分对数组的讨论。但是，这一部分的讨论并不是针对单一数组或者变量的。这一章所探索的内容远远超出两个变量之间的关系，直接进入一种更加复杂的情况，即每个案例都包含多个变量。当然，我们会分开研究这些变量中每一对的关系，每一次取两个变量，并用第三部分所讨论的工具来评估它们之间关系的强度和显著性。然而，如果我们无法把这些成对的变量之间关系的评估结果结合起来，那么情况很快就会失控。

事实上，在第十五章中我们讨论过实现上述目标的一种方法，那就是把一组回归分析的残差作为另一组回归分析的因变量。实际上，这是通向多变量分析的一种途径。多元回归可以被视为一种合并的单

第Ⅴ部分　多变量分析 ◆◆◆

一分析方法，可以被用来完成上述目标，并且大多数统计软件都能运行多元回归。在第十五章中我们讨论了如何将多个双变量回归分析整合为单一结果。多元回归的基本原理已经包含在其中了，所以这里就不再对其进行过多的讨论。多元回归已经在考古学中有所应用，特别是当我们的研究目的是将一系列变量结合在一起，以预测某一个极其重要的因变量的值时。例如，多元回归在建立模型预测遗址位置的研究中就有着广泛应用。另一方面，多元回归也不同于我们将会讨论到的多变量方法。和双变量回归一样，多元回归评估的是变量之间特定关系的强度和显著性——这种关系体现在根据一系列自变量的值预测一个因变量值的等式中。因此，相对于探索数据特征或规律，多元回归更多的是一种评估方法，它评估的是某种特定假设方法表达的关系与数据集的匹配程度。

我们在这一章中所讨论的，更多是一种探索性分析。我们不需要预测主要因变量的值，也不需要评估关于变量之间关系的特定假设模型。我们考虑的是一系列具有若干不同特征的事物。这些事物的特征就存在于一系列测量值和（或）类别中。在这最后几个章节中，我们的目的是用这里所学的工具探索数据集内部的关系——这种关系可以通过不同的方式表现出来。

我们可以通过一个具体的例子，使上述内容更加清楚易懂。考古学家之所以对多变量分析感兴趣，一个重要的原因就是他们想让器物类型的定义更加严格且可重复使用。例如，陶器类型学的问题就可以被视为多变量分析问题。当然，传统陶器分类的方法就是把许多陶片平摊在桌子上，按照相似度和差异性进行分类，并成堆堆放。成堆分类结束后，每堆陶片的特征就会被记录下来，成为一个特定的类型描述。这种方法经常被视为主观且武断的方法，也使得考古学实验室中的器物分类经常具有争议性，因为人们总是为如何分堆或者某片陶片究竟应该放在哪一堆而争论不休。

一些考古学家曾经认为多变量分析为这个难题提供了解决途径。这些大量的陶片可以被视为数据集中的案例；每一个案例中我们感兴

◆◆◆ **第二十一章　多变量方法（Multivariate Approaches）和变量**

趣的或有用的特征就成了一个变量。有一些变量是按类别划分的（比如器物表面的处理方式，可能是粗糙的、打磨的或是抛光的）；另一些可能是按尺寸划分的（比如口沿的厚度是 XX 毫米）。以上例子就是一个多变量数据集！因此，正确的统计学分析可以找出多变量数据集中的规律，并远离有关器物类型分类的争议。然而出于某些原因，事实并不是我们想象的这样。目前，多变量分析还没有被用在考古学类型研究中，虽然其能够使类型学分析更加严格并且能够重复。用多变量分析去改进器物类型研究的基本思想，能够帮助我们更清楚地理解多变量数据集是什么，以及探索多变量数据集中的规律意味着什么。

一个样本的数据集

在所有后续章节中，我们将用同一个多变量数据集作为例子。和本书用到的其他所有数据集一样，这个数据集是为了让我们更好地专注于数组中心原则而被编造出来的。这个数据集的规律十分简单直接，但是并不完美，其中包含了足够的随机干扰和常见的杂乱状况，这为我们了解多变量方法如何展示真实数据集的规律提供了接近现实的案例。

我们将会用到的这个数据集包括 20 个来自于虚构的中美洲 Ixcaquixtla 遗址中期的家户单位。Ixcaquixtla 遗址的发掘揭露了这 20 个家户相对应的居住址结构，同时每个家户也对应各自垃圾堆中出土的人工制品。每个家户的周围也发现了大量的墓葬。这个遗址的使用期很短暂，我们可以认为这些家户都是同一时期的，且显然它们组成了这个小村落遗址的主要家户。

表格 21.1 展示了所有的数据。我们将这些家户进行编号，以方便记录和区分，并用 10 个变量概括房屋结构、墓葬、垃圾堆中的人工制品和生态物组合（ecofact assemblages）的一些特征。第一个变量，陶

第Ⅴ部分　多变量分析 ◆◆◆

片中碗的百分比，是指垃圾堆中可以被确认为盛器的陶片在陶片总体中的比例。因为剩下的大多数陶片都来自于储藏器和炊器，所以高比例的碗表明器物组合中有大量精美的食物盛器。人们普遍把这种高比例的食物盛器与贵族家户或宴请中更精细的饮食习惯相关联。第二个变量，有装饰性陶片的百分比，是指垃圾堆中发现的带有精美彩绘陶片的比重。和那些没有装饰的器物相比，这些有彩绘的器物显然需要相对更多的劳动投入，所以拥有它们可能代表着拥有一定的财富和声誉。

表格 21.1　　　　　　　Ixcaquixtla 遗址家户的多变量数据集

家户单位	碗陶片百分比	有装饰陶片百分比	墓葬投入	权杖头	动物群/陶片比例	平台	贝壳/陶片比例	烧窑废弃陶片百分比	石器废料百分比	黑曜石遗物百分比
1	0.25	0.03	2	0	0.32	0	0.000	0.000	0.79	0.00
2	0.37	0.07	3	0	0.55	0	0.000	0.000	0.35	0.00
3	0.15	0.01	1	1	0.10	1	0.008	0.000	0.32	0.00
4	0.19	0.01	2	0	0.20	0	0.000	0.000	0.26	0.00
5	0.35	0.04	3	0	0.57	0	0.000	0.000	0.69	0.00
6	0.21	0.01	1	0	0.13	1	0.000	0.000	0.31	0.12
7	0.24	0.01	1	0	0.19	0	0.000	0.000	0.86	0.00
8	0.20	0.05	2	0	0.28	0	0.000	0.016	0.19	0.00
9	0.49	0.09	3	0	0.48	0	0.000	0.000	0.28	0.00
10	0.23	0.02	2	0	0.24	0	0.000	0.000	0.29	0.00
11	0.26	0.02	2	1	0.21	1	0.000	0.021	0.31	0.13
12	0.19	0.00	1	0	0.15	0	0.000	0.000	0.46	0.00
13	0.31	0.04	2	0	0.37	1	0.000	0.025	0.26	0.10
14	0.45	0.05	3	1	0.60	1	0.009	0.000	0.65	0.00
15	0.48	0.03	3	0	0.43	0	0.000	0.000	0.43	0.00
16	0.09	0.00	1	1	0.15	0	0.005	0.000	0.29	0.00
17	0.11	0.02	1	0	0.09	0	0.000	0.014	0.28	0.00
18	0.29	0.02	2	1	0.25	1	0.007	0.000	0.87	0.00
19	0.28	0.03	2	1	0.40	0	0.000	0.000	0.31	0.00
20	0.19	0.03	1	0	0.05	0	0.000	0.000	0.95	0.00

墓葬都位于死者生前居住的房子附近。有些墓穴非常简陋，有些则是精美的石板墓，而且墓葬内随葬品的数量和质量差别很大。建造

◆◆◆ 第二十一章 多变量方法（Multivariate Approaches）和变量

墓葬的能量投入是一个宽泛的类别，指的是建造与每个家户相关的墓葬所需的平均劳动力。这不可能被完全准确地计算出来，但是可以被划分成三个等级（1＝低级，2＝中级，3＝高级）。一般来说，对于特定房主墓葬的大量劳动力投入，往往意味着这个家户的特殊性——有可能是财富、社会声誉、超自然权威、宗教地位或者其他权力。权杖头指的是那些雕刻精美的石制品，通常它们的仪式意义大于实际意义。我们偶尔会在墓葬中发现它们，但是十分罕见，所以只用存在（1）或者不存在（0）来记录它们。

动物群/陶片比指的是每个家户的垃圾堆中发现的动物骨骼数量除以同一垃圾堆中发现的陶片总数。有些情况下，肉被视为一种很受欢迎的食物。有能力消费更多肉的家户，也就是集中发现动物遗存的家户，在某种程度上被视为特殊的家户。有些房屋结构被建在涂有灰泥且高出地面1米的平台上；这个变量中1代表房子建在平台上，0代表房子没有建在平台上。同样，房屋结构在平台上显著升高可能意味着这间房屋的特殊性——可能是在社会、经济或政治上有较高等级，也可能由其他非等级因素的分化造成。

贝壳/陶片比指的是每个家户的垃圾堆中发现的海贝碎片总数除以这个垃圾堆中发现的陶片总数。海贝需要从遥远的海岸地区进口，所以它们的数量很稀少，且显然被用作装饰。垃圾堆中发现的大多数海贝碎片都不是精巧的装饰品成品，而是制作装饰品时留下的废屑。因此，考古学上可能会把它们和手工业活动联系起来。烧窑废弃物的存在表明制陶业的存在——烧窑废弃物指的是那些在烧制过程中被严重损坏的陶器碎片。这些损坏的陶器不会被投入使用，而是被直接丢弃。废弃物比例指的是每个家户垃圾堆中发现的烧窑废弃物总数除以这个垃圾堆中发现的陶片总数。在对垃圾堆积物精细过筛后，我们发现了制作石片石器时产生的大量石片废屑。用每个家户垃圾堆中发现的石片废屑总数除以这个垃圾堆中发现的石片石器制品的总数，所得比例就叫作废屑/石器比。最后，黑曜石是制作石片石器的一种质量极高的原材料。它们是从距离Ixcaquixtla遗址十分遥远且数量极其有

第Ⅴ部分　多变量分析 ◆◆◆

限的几个黑曜石原产地之一进口而来的。黑曜石/石器百分比是每个家户的垃圾堆中发现的黑曜石碎片的总数除以这个垃圾堆中发现的石片石器制品的总数所得比例。

因此，这个多变量数据集包含了 Ixcaquixtla 遗址每个家户单位的多种信息。这些变量经常是与地位、财富、领导力、宴会、宗教以及手工业生产相关联的证据。不管我们是否设定了待检验的具体假设和模型，我们都很可能会对探索这些数据之间的关系和规律感兴趣。这就是我们在接下来几个章节中即将用不同的多变量分析方法进行探索的内容。

变量类型、数据缺失和统计软件

表格21.1中有几种变量，除了上面提到的那些细节以外，我们有必要关注不同类型变量的另外一些细节，因为它们在多变量方法中有不同的处理。表格21.1中的大部分变量都是以测量值为单位（比例和比率）。其中两个变量（权杖头和平台）是以类别为单位的。所有的类别之间必须是互斥且周延的（mutually exclusive and exhaustive）。这就是说，每一个案例的每一个变量都必须且只能符合一个类别。我们在前面所处理的所有变量的类别都符合这个要求；因为在那种情境下这种做法是明显的，甚至没有什么提及的必要。在多变量分析中，我们一定要避免定义没有这一特性的变量。

显然，对于每个家户而言，权杖头要么存在于墓葬中，要么不存在。这两种情况不能同时存在，只能取其一。对于平台这个变量也是如此。在多变量分析中，像这样的存在/不存在变量往往会区别于其他类型的变量而被特殊对待。像这样的数据集可能还有一个变量，例如墙面建筑，它可以被分为三类：木骨泥墙、木板墙或泥砖墙。这些类别也需要彼此互斥且周延。如果在一个房屋结构中同时发现了木板墙和泥砖墙，那么我们就会添加第四个类型（木板泥砖墙），这样可

◆◆◆ 第二十一章 多变量方法（Multivariate Approaches）和变量

以保证每个房子都对应且只对应一个类型。但是这个类别的变量就不是存在/不存在变量，在一些方法中也不会被当作存在/不存在进行处理。

最后，在表格21.1中有一个变量代表等级（建造墓葬的能量投入）。在第十六章中，我们把等级当作一个不太重要测量值变量——其中较大值的确代表"更多"，但是这里一个值比另一个值"高两倍"并不意味着像测量值变量那样的"两倍"。这里建造墓葬的能量投入有三个类别，从这个层面上来讲它与其他类型变量很相似。它区别于其他类型变量之处在于，这三个等级必须来自于一个预先规定好的排序。我们觉得用低、中、高来分类是不够准确的。我们可以分别为低、中、高赋予1、2、3的值。这种数学的处理使得低、中、高的意义非常清晰。

表21.1中的数据是按照统计软件所需的方式进行排列的。和往常一样，我们用数值表示测量值变量，也用我们之前没有用到过的数值表示类别。这在多变量分析中是必要的，因为我们要对变量进行数学运算。我们不能用"P"代表平台存在（present），用"A"代表平台不存在（absent），因为我们不能对"P"和"A"进行加减乘除的运算。理论上，我们可以为"存在"赋予0值，为"不存在"赋予1值，但是我们习惯反过来使用。如果我们用0代表不存在，用1代表存在，大多数软件也会更容易以这样的方式识别存在/不存在。

与我们之前对等级的处理一样，数值1、2和3被赋予建造墓葬的能量投入这个变量。理论上，我们可以将3赋予"低"、将2赋予"中"、将1赋予"高"，但是把低的数值赋予低等级、高的数值赋予高等级更加清晰明了。如果一个数据集有像"墙面建筑"这样的类型变量（木骨泥墙、木板墙、泥砖墙和木板泥砖墙），我们也会为这些类别赋予数字。我们通常不会为这些变量赋0值，因为没有类别"不存在"的情况。我们会用1代表木骨泥墙、用2代表木板墙、用3代表泥砖墙、用4代表木板泥砖墙。对于这个变量来说，我们也可以随意替换它们之间的顺序。任何一个类别都可以被赋予数值1，因为这

第 V 部分　多变量分析　◆◆◆

个值没有任何等级的意义。重要的是，那些被赋予建造墓葬能量投入的数字，它们有确切的等级意义，但是被赋予墙面建筑类型的数字并没有等级意义。这种区别在以后的多变量分析中很重要。

数据空缺（missing data）这一概念在多变量分析中也极其重要。我们之前没有讨论过数据空缺，这是因为当变量只有一个或两个的时候，丢失的数据自然会被妥善处理和计算。如果一个刮削器破损而没法测量它的长度时，我们自然不会在需要考察和计算指数的数组中记录它的尺寸。当我们观察长度测量值的样本时，这个刮削器是不存在的。当我们以原材料类别观察数组时，这个刮削器才可能会重新出现。因为即使它有破损，也不影响我们分辨它的原材料。当我们观察刮削器长度和原材料的关系时，这个刮削器就又不存在了。因为我们无法知道这个刮削器的长度测量值，所以样本中就不能包括它。我们之前就提及过，当一个案例因为缺失长度而有信息空缺时，它应该从分析中被剔除。

一般在多变量分析中，我们都能为大多数（但并非全部）变量进行测量和分类。例如，表格 21.1 中有一座房子周围没有墓葬，那么我们既不能对"建造墓葬的能量投入"分类，也不能看"权杖头"在墓葬里存在或者不存在。这座房子的这两个变量就需要被赋予一个能反映这种特殊情况的值。所有统计软件都建立了处理数据缺失的程序。软件会用一个从来不会被用到的特殊值作为数据缺失代码（missing data code）。它可能只是一个英文中的句号（"."），或者是记录数据时不常用到的符号。有效利用这些数据缺失代码，并准确区分"数据缺失"和"不存在"的差别，在多变量分析中是极其重要的。有时候选择软件中对数据缺失的不同处理方法也是很有必要的。

数据缺失这个概念对于测量值和分类变量都适用。我们假设在 Ixcaquixtla 遗址一座房子所属的垃圾堆中发现的陶片受到了严重腐蚀，以至于无法辨别它们是否带有装饰。在这种情况下，有装饰的陶片的百分比就应该是"数据缺失"而不是 0.00。如果有的陶片腐蚀严重，即使有装饰也无法辨认出来，那么我们需要将这些陶片从计算有装饰

◆◆◆ 第二十一章 多变量方法（Multivariate Approaches）和变量

的陶片的百分比的相关数据中排除。这些腐蚀严重的陶片既不能算在分母里也不能算在分子里，因此要用有装饰的陶片（装饰必须清晰可辨别）的总数除以保存良好的陶片总数（其中包含的陶片的装饰必须清晰可辨），最终计算出有装饰的陶片的比例。

第二十二章 案例之间的相似性

欧氏距离（Euclidean Distance）
标准化变量的欧氏距离
何时使用欧氏距离
存在/不存在变量：简单匹配（Simple Matching）和 Jaccard 系数
混合变量组：Gower 和 Anderberg 系数
Ixcaquixtla 家户之间的相似性

部分多变量分析方法都始于测量每个案例中一系列变量数值的相似性，进而评估数据集中不同案例之间的相似性。这种相似性的测量叫作相似系数（similarity coefficient）。在这里，案例间相似性的概念就是我们通常所理解的相似性。对于两个案例而言，如果它们之间每一个变量的值都很相近，那么我们就说它们很相似；如果它们之间的每一个变量的值都有差异，则认为它们不相似。有物理测量值的实际物体会为这一概念提供更清晰的解释，比如表格 22.1 中的箭镞尺寸。如果我们观察这四个箭镞的长度，会很容易发现箭镞 1、2 和 3 之间的长度很相似，而箭镞 4 与它们不同。如果我们观察厚度，会发现箭镞 2 和其他不同。当我们观察它们的重量时，又会发现不一样的规律：箭镞 1 和 4 很相似（实际上完全相同），箭镞 2 和 3 的重量也完全相同，但是这两组之间又有差别。

第二十二章 案例之间的相似性

表格 22.1   四个箭镞的测量值

箭镞编号	长度（厘米）	宽度（厘米）	厚度（厘米）	重量（克）
1	4.3	1.2	0.35	75
2	4.5	1.4	0.55	80
3	4.4	1.1	0.37	80
4	2.3	0.9	0.30	75

简而言之，对于单一变量而言，我们能很容易判断箭镞之间的差异和相似性。但是，当我们要同时考虑所有的变量时，情况马上就变得复杂起来。如果说哪两个箭镞在整体上更相似，我们可能不会立刻得出答案。相似系数就是为了应对这种情况而产生的。相似系数是将所有的变量作为一个整体来考虑，并判断两个案例相似度的指数。相似系数越大，案例之间的相似度越大。

当两个案例不相似（即差异很大）时，相似系数会以相异系数（dissimilarity coefficient）的形式呈现。这时相异系数越大，案例之间的差异就越大。一些差异系数也被称为距离（distance），用来指代两个案例之间的相似性相差有多远。相似系数和相异系数（或距离）在理论上显得并不重要，但是在实际操作中至关重要。相似系数和相异系数的相互转化很简单，只需要用最大值减去其中一个就好。但是在统计软件中，我们也很可能把相似系数误选为相异系数。这样可能会使数据集中所有的关系都反过来，在多变量分析中产生没有意义的结果。

相似系数有不同种类，分别适用于不同种类的变量。有些适合测量值变量，有些适合类型变量，有些则专门用于存在/不存在变量。

欧氏距离

欧氏距离（Euclidean distance）是一种使用频繁且用途广泛的系

第Ⅴ部分 多变量分析

数,被用来评估案例之间的相似度。它建立在初中几何所学的勾股定理的基础上。如果我们只考虑表格22.1中长度和宽度两个变量,就可以很容易建立起一个像图22.1那样的散点图,其中 x 轴代表长度,y 轴代表宽度。图中点之间的距离让我们直观地看到四个箭镞之间的差异性。箭镞1、2和3比较相似,但是4离它们比较远。当我们对照表格22.1中长度和宽度的数据时,可以发现图与表可以很好地对应起来。箭镞1、2和3有着相似的长和宽,但箭镞4就比较特殊,特别是长度与1、2和3差异较大。我们可以直接在图22.1中测量或计算箭镞之间的距离,并用这个距离评估箭镞之间长和宽的差异性。

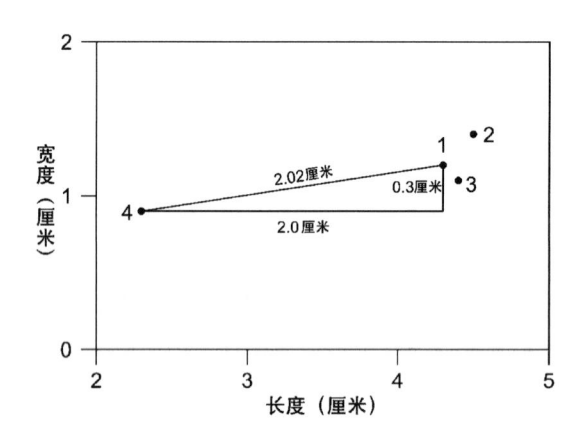

图22.1 箭镞之间二维欧式距离的测量

图22.1中,箭镞1和4之间的距离可以通过勾股定理计算。这个直角三角形的长直角边代表两个箭镞在长度上的差异(或者4.3厘米 − 2.3厘米 = 2.0厘米)。直角三角形的短直角边代表两个箭镞在宽度上的差异(或者1.2厘米 − 0.9厘米 = 0.3厘米)。点1和点4的直线距离是三角形的斜边,其长度就是两个直角边平方和的开方,或者

$$\sqrt{2.0^2 + 0.3^2} = \sqrt{4.0 + .09} = 2.02$$

我们可以按照这种方法计算每一对箭镞之间的距离。我们发现点1和点2相对较近,点1和点3、点2和点3也很近。点1和点4、点2

第二十二章 案例之间的相似性

和点 4，以及点 3 和点 4 之间则很远。这些就是二元坐标系中基于长宽两个变量的简单欧氏几何中每一对点之间的欧氏距离。

这种方法对于任何数量的变量都适用，对距离的计算也是相同的。很容易想象，如果我们添加了第三个变量组成了 z 轴会是怎样的。我们就会有一个 z 轴垂直于纸面的三维图。用代数表示，就是任何两点（即两个案例）之间的距离都等于两个案例在每个变量上数值差的平方和再开方。这个代数公式可以被延伸到任意数量的维度，这就形成了欧氏距离的公式：

$$D_{1,2} = \sqrt{\sum (X_{j,1} - X_{j,2})^2}$$

这里 $D_{1,2}$ = 案例 1 和 2 之间的欧氏距离，$X_{j,1}$ = 案例 1 的第 j 个变量的值，$X_{j,2}$ = 案例 2 的第 j 个变量的值。

将每一对案例的所有变量同时考虑，将这两个案例所有变量 j 的差的平方相加，就产生了每一对案例之间的单一距离。距离的结果显示在表格 22.2 中。这样的矩阵被称为方形对称矩阵（square symmetrical matrix）。这个表永远是方形，因为每个案例都有数量相等的行和列。这个表也永远是对称的，因为案例 1 和案例 2 之间的相似性或差异性永远与案例 2 和案例 1 之间的相似性或差异性相等（至少欧氏距离符合这一点）。实际上，这张表就像高速公路地图边缘上的城市之间距离的表一样。如果以左上角到右下角的沿线作为一条对角线，沿线上所有格子里的值都为零，因为它们代表了每个案例与其自身之间的欧氏距离，这个距离永远是零。对角线右上的值与左下的值对称，因为表的两半代表着不同方向上的相同距离。正因为这样，相似性或者差异性表格在印刷的时候总是只有一半，也就是三角形表，这样可以节省空间。表格 22.2 就是这样。根据这个基于四个测量数据的相似性或差异性的表可得出，案例 2 和案例 3 最相似，因为它们之间的差异距离最小（0.3639）；案例 2 和案例 4 最不相似，因为它们之间的差异距离最大（5.4911）。

· 309 ·

第Ⅴ部分　多变量分析

表格22.2　　　　　　表格22.1中箭镞之间的欧氏距离

	1	2	3	4
1	0.0000			
2	5.0120	0.0000		
3	5.0020	0.3639	0.0000	
4	2.0230	5.4911	5.4272	0.0000

标准化变量的欧氏距离

如果我们仔细思考，就会发现表格22.2中的差异指数其实还有不尽如人意之处。案例2和案例3之间最相似，它们的重量和长度的确差异很小，但是它们宽度和厚度的差异似乎并没有被考虑进来。案例1和案例2之间的欧氏距离是5.0120，远远大于案例2和案例3之间的距离。但是如果我们仔细对照四个变量，就会发现其实案例1和案例2之间的差距并没有比案例2和案例3大太多。

在表格22.1中，箭镞4和其他箭镞之间的长度差距是最明显的。虽然差距只有2厘米，但是长箭镞的长度几乎是短箭镞的两倍，这自然引起了我们的注意。当我们参考箭镞4和其他箭镞之间的长度差距时，我们会觉得箭镞3和箭镞4之间的重量差距其实很小。这种观察毫无疑问是基于我们从第四章就开始接触到的异常性概念。考虑4个箭镞的长度，我们发现箭镞4是最特殊的。它的长度为2.3厘米，远低于平均长度3.88厘米1.5个标准差。箭镞4在长度上与其他箭镞相差1.9到2.1个标准差。箭镞3重80克，虽然与箭镞4不同，但是并没有达到像箭镞4的长度那样异常的程度。这80克的重量仅比平均重量77.5克高0.87个标准差，也仅和75克的重量相差1.7个标准差。这里重量轻5克（1.7个标准方差）与长度上2厘米的差距（1.9—2.1个标准方差）相比异常性更小，对我们而言则没有那么重要。这里相差5的重要性比相差2的重要性低，但这并不让我们感到吃惊。毕竟以厘米计的长度和以克计的重量有完全不一样的单位，所以比较

第二十二章 案例之间的相似性

它们是没有意义的。然而因为在数字上 5 大于 2，欧氏距离就把 5 克当作比 2 厘米更大的差距。在计算欧氏距离时，我们直接认为这些不同的刻度之间是完全可以进行比较的。

但是其中一个是长度单位，另一个则是重量单位。这只是问题的一部分。即使对于同一类别同一单位的测量值也有根本性的不兼容问题。箭镞 1 和箭镞 2 在长度和宽度上都相差 0.2 厘米。然而宽度上的差别影响更大，因为这是 1 个标准差的差别。而长度上的差别（同样为 0.2 厘米）只是 0.2 个标准差的差别。

标尺在这两个方面的不兼容都会严重影响欧氏距离。在计算欧氏距离时，我们应该基于异常性测量值，而不是基于原始的刻度单位。习惯上，我们可以将数组中的数值去除中心和离散差异，以异常性标尺重新表达这个数组。在计算欧氏距离时，我们通常用均值和标准差进行标准化（standardizing）处理。也就是对于每一个变量来说，该组变量的每一个数都要减去该组变量的均值，所剩的余数再除以标准差。表格 22.1 中的变量标准化之后的结果显示在表格 22.3 中。例如，箭镞 1 的长度比箭镞的长度均值高 0.404 个标准差，箭镞 4 的长度比箭镞的长度均值低 1.495 个标准差。

表格 22.3　　　　　　　　**四个箭镞的标准化测量值**

箭镞编号	长度	宽度	厚度	重量
1	0.404	0.240	-0.390	-0.866
2	0.593	1.201	1.444	0.866
3	0.498	-0.240	-0.206	0.866
4	-1.495	-1.201	-0.848	-0.866

新的欧氏距离就是用这些标准化处理过的数据进行计算。计算方法和我们之前计算那些没有标准化的数字的欧氏距离一样。标准化处理的过程改变了我们之前在多维空间计算距离的坐标系。新的坐标轴是以与均值相差几个标准差为单位，而不是与箭镞长度相对应的以厘米为单位的坐标轴。对于每一个坐标轴（变量）都是如此。表格 22.4

· 311 ·

第V部分 多变量分析 ◆◆◆

显示了标准化处理之后每一对箭镞的欧氏距离。

表格22.4 根据表格22.3标准化变量得出的表格22.1箭镞之间的欧氏距离

	1	2	3	4
1	0.0000			
2	2.7061	0.0000		
3	1.8093	2.1933	0.0000	
4	2.4276	5.2882	2.8829	0.0000

箭镞2和箭镞3在标准化处理之前差异很小，而现在差异变大。它们的宽度和厚度之前相差很小，而现在差距变大且更加重要。之前它们的差距之所以显得很微小，是因为与未经处理的长度和重量相比，宽度和厚度的数据差的确显得很小。处理之前，箭镞1和箭镞4以及箭镞2和箭镞3之间的重量差都是5克，使得箭镞1与箭镞2、箭镞1与箭镞3、箭镞2与箭镞4以及箭镞3与箭镞4之间的欧氏距离都很大。标准化处理使这些原数据差别很大的重量单位与那些原数据差别很小的宽度和厚度单位之间更有可比性。在大多数多变量分析中，在计算欧氏距离之前对数据进行标准化处理可以说是有利无害的。

何时使用欧氏距离

欧氏距离是一种适用于大多数变量的测量差异性的方法。这种方法最广泛地应用于真实的测量值变量，在这种情况下计算欧氏距离最有意义（特别是变量进行了标准化处理时）。如果变量是等级，计算欧氏距离也较有意义，尽管欧氏距离将等级4视为等级2的两倍。即使是存在/不存在变量（或者其他只有两个类别的变量），欧氏距离的计算也是有意义的。

有一种变量不能使用欧氏距离，那就是拥有超过两个非等级类别的变量。在第二十一章中提到的Ixcaquixtla遗址家户数据集中的"墙面建筑"就是这样一个变量。这个变量中的四个类别是完全不同的——没有哪两类之间的差异大于其他的类别。如果这四个类别分别被赋值1、2、3和4，那么计算欧氏距离时就会自动认为1和4之间的差别要远远大于1和2之间的差别。这种情况是非常不理想的，所以欧氏距离不能应用在这种情况中。值得考虑的解决方法就是重组数据集，这样每一个类别都是一个独立的存在/不存在变量。这样就会有三个新的存在/不存在变量：木骨泥墙、木板墙和泥砖墙。每一种的存在与不存在都会被独立记录。因为这些变量变成了独立变量，而不是之前一个变量内互斥且周延的类型，所以就没有必要设置"木板泥砖墙"这样组合在一起的变量了。当木板和泥砖同时出现时，只要记录这两个变量同时为"存在"就可以了。

正如我们之前所说，标准化处理在计算欧氏距离时十分有用。虽然对存在/不存在变量计算均值和标准差，并用它们进行标准化似乎意义不大，但是标准化处理的确可以平衡不同变量之间的影响，在大多数情况下十分有用。

存在/不存在变量：简单匹配和Jaccard系数

当所有变量都只包含两个类型，即存在和不存在的时候，有几个特殊的相似系数可以供我们考虑和使用。在这种情况下，关于两个案例同一个变量的所有比较结果都被列入表格22.5中。单元格 a 代表的是案例1和案例2的变量都"存在"的情况。有时候我们称之为存在—存在的匹配（present – present matches）。单元格 b 代表的是变量在案例1中不存在，在案例2中存在的情况（两个案例之间不匹配 mismatch）。单元格 c 代表的是变量在案例1中存在，在案例2中不存在的情况（也是不匹配）。单元格 d 代表的是变量在案例1和案例2中都"不存在"的情况。这是不存在—不存在的匹配（absent – absent match）。所有这样成对的案例和变量都可以被制成表格22.5这样的列

· 313 ·

第V部分 多变量分析 ◆◆◆

表,其中单元格 a 代表了两个案例的所有变量出现存在—存在匹配的数量总和,以此类推。

表格22.5　　　比较两个案例存在/不存在变量的四种可能结果

		案例1 存在	案例1 不存在
案例2	存在	a	b
	不存在	c	d

基于这种列表的最简单系数被称为简单匹配系数(Simple Matching Coefficient)。它的计算方法是用匹配的数量除以变量总数,或者,

$$\frac{a+d}{a+b+c+d}$$

例如表格22.6中的陶片数据,对于陶片1和2来说,简单匹配系数就是匹配数量3除以变量总数6,即0.5000。对于陶片1和3来说,也是匹配数量3除以变量总数6,即0.5000。最相似的陶片是陶片6和7:匹配数量6除以变量总数6,即1。因为这两个陶片完全一样,所以我们可以发现简单匹配系数的最大值是1,最小值为0,也就是在任意数目的变量中,匹配数量为0。因此,简单匹配系数的范围为0到1,0表示两个完全不同的案例,1表示两个完全相同的案例。这个从0到1的性质对于系数来说非常有用,这也是简单匹配系数优于欧氏距离之处。而欧氏距离的最小值为0,这代表两个案例之间完全相同、没有距离;最大值可以为任意值,代表两个案例之间的差异性很大。

有时,当存在/不存在变量代表的类型很少出现时(例如表格22.6中的刻划、刻点、夹石英和夹云母这些变量),存在—存在的匹配就比不存在—不存在的匹配更有意义。这就是说,陶片6和7都有夹石英的特征比它们都没有刻点纹的特征更重要。毕竟大部分的陶片既没有刻点纹也没有夹石英,所以这些陶片并不显眼。在大多数情况下,我们倾向于注意那些稀有却同时存在的特征,而不是那些普通的

特征。好比两个人相遇时，如果他们发现彼此都是右撇子，那么这并不足以为奇；但是如果他们发现彼此的生日都在同一天，则会让人非常震惊。Jaccard 系数（Jaccard's Coefficient）就是为这种情况而设计的，也就是用存在—存在的匹配数量除以存在—存在的匹配数量与所有不匹配的数量之和，即

$$\frac{a}{a+b+c}$$

表格 22.6　　　　　　　7 个陶片的若干存在/不存在变量

陶片编号	化妆土	涂红	刻划纹	刻点	夹石英	夹云母
1	存在	不存在	不存在	不存在	不存在	不存在
2	不存在	存在	存在	不存在	不存在	不存在
3	不存在	存在	不存在	不存在	不存在	存在
4	存在	不存在	不存在	不存在	不存在	不存在
5	存在	存在	不存在	存在	不存在	不存在
6	存在	不存在	不存在	不存在	不存在	不存在
7	存在	不存在	存在	不存在	存在	不存在

因此 Jaccard 系数完全忽略了不存在—不存在匹配这一类情况，就像你在路上遇到一个生日跟你不一样的人时完全不会感到吃惊一样。当遇到极少类别的存在/不存在变量时，Jaccard 系数则是最合适的选择。

和简单匹配系数一样，Jaccard 系数的范围也是 0 到 1。二者都是计算相似性（与计算差异性的欧氏距离相反），大的系数意味着更相似，而小的系数意味着差异性更大。和欧氏距离一样，简单匹配系数和 Jaccard 系数也是通过方形对称矩阵表示，并且通常都只包含非重复性数据的左下半部分的三角形矩阵。有时候这个矩阵也会只有右上半部分而非左下半部分，但是这种情况较少见。有时候矩阵中有对角线，有时候没有（对于这两种相似系数来说，对角线上的所有数字都是 1）。表格 22.7 和表格 22.8 展示了表格 22.6 中陶片的简单匹配系数矩阵和 Jaccard 系数矩阵。比较这两个表，我们可以看出两个不同系

第 V 部分　多变量分析

数对同一组数据的关系做出了不同的评估。虽然在大多数情况下，一个表中相似系数较高的一对案例，在另一个表中对应的系数也较高，但是有时候系数发生了改变，相似关系也随之发生了改变。例如在表格 22.7 中，陶片 1 和 2 的相似度与陶片 3 和 4 的相似度是一样的。但是在表格 22.8 中，陶片 1 和 2 被看作完全不同，而陶片 3 和 4 却并不是如此。

表格 22.7　　表格 22.6 中陶片间的简单匹配相似系数

	1	2	3	4	5	6	7
1	1.0000						
2	0.5000	1.0000					
3	0.5000	0.6667	1.0000				
4	0.6667	0.5000	0.5000	1.0000			
5	0.6667	0.5000	0.5000	0.3333	1.0000		
6	0.6667	0.5000	0.1667	0.6667	0.3333	1.0000	
7	0.6667	0.5000	0.1667	0.6667	0.3333	1.0000	1.0000

表格 22.8　　表格 22.6 中陶片间的 Jaccard 相似系数

	1	2	3	4	5	6	7
1	1.0000						
2	0.0000	1.0000					
3	0.0000	0.3333	1.0000				
4	0.3333	0.2500	0.2500	1.0000			
5	0.3333	0.2500	0.2500	0.2000	1.0000		
6	0.3333	0.2500	0.0000	0.5000	0.2000	1.0000	
7	0.3333	0.2500	0.0000	0.5000	0.2000	1.0000	1.0000

混合变量组：Gower 和 Anderberg 系数

当变量全是测量值和等级时，欧氏距离是理想的。欧氏距离也可以被用于存在/不存在变量（只要我们不用对存在—存在的匹配和不存在—不存在的匹配进行区分）。当数据集只包含存在/不存在变量时，简单匹配系数和 Jaccard 系数提供了一种更优雅简单的测量相似度的方法。然而正如上文所说，当变量中包含两个以上的非等级类别时，这些方法都不能很好地发挥作用。在这种情况下，变量可以被重新编写，使每一个类别都变成一个存在/不存在的独立变量。对于这种情况还有另外一种解决方案，这种解决方案也适用于包含多个不同类型变量的数据集。Gower 系数（Gower's Coefficient）和 Anderberg 系数（Anderberg's Coefficient）就是为这种情况所设计的。

Gower 系数是通过计算两个案例中每个变量的分数而实现的。最终的相似系数是所有分数的均值。不同类型的独立变量分数不同：

• 对于存在/不存在变量，存在—存在匹配为 1 分，不匹配为 0 分。如果有不存在—不存在匹配，那么这个变量会被整体忽略（这一点不同于上面的取 0 分作为均值）。Gower 系数中对存在/不存在变量的处理和 Jaccard 系数的处理相同。

• 对于非等级类型变量，如果两个案例的类型相同，则分数为 1；如果两个案例的类型不同，则分数为 0。因此类型所被赋予的数值上的差别在这里可以被忽略。

• 对于测量值和等级数据，用两个案例的两个值之差的绝对值除以数组中测量值的范围；如果是等级的话，就除以这个变量所有的等级总数。用 1 减去所得的商的结果就是相似性的得分。这有一点像欧氏距离对于测量值和等级数据的处理方法。

用以上计算规则做一些尝试，我们就会发现每个分数的区间都是 0 到 1。因此最终的系数（所有变量分数的均值）的区间也是 0 到 1。所以 Gower 系数也是一个相似系数而不是差异系数，因为越大的值对应的相似度越高。

Anderberg 系数与 Gower 系数非常相似，也是为每一个变量计算分数，最后求所有变量分数的均值来得出相似系数：

• 对于存在/不存在变量，不匹配的分数为 1，匹配（无论是存在－存在匹配还是不存在—不存在匹配）的分数为 0。因此，对于存在/不存在变量来说，Anderberg 系数是一种简单的不匹配系数。也就

第V部分　多变量分析 ◆◆◆

是说，这就像将简单匹配系数用于计算差异性一样，值越大代表的差异越大。

- 对于有多个非等级类型的变量，当这对案例的这个变量类型相同时，分数为0；当这对案例的这个变量类型不同时，分数为1。
- 对于等级来说，代表类别的数字差异的绝对值除以类别总数减1即为分数。例如一个变量有五个类型（1、2、3、4和5），案例分别是2和4，那么它们的分数为2/4或者0.5000。
- 对于测量值来说，用两个测量值之差的绝对值除以数组中测量值的范围即为分数。为了降低异常值的影响，Anderberg系数推荐使用分数的平方根而不是原始分数。

一旦每一个变量都有了分数，我们就可以取所有分数的均值作为一对案例的Anderberg系数。像Gower系数一样，Anderberg系数的最小值是0、最大值是1。所以最终的系数范围也在0到1之间。但是不同于Gower系数，这样计算出的Anderberg系数实际上是差异系数。0代表完全相同的案例，1则代表完全不同的案例。

Ixcaquixtla遗址家户之间的相似性

表格22.9显示的是表格21.1中Ixcaquixtla遗址家户之间的Gower系数。如第二十一章中所讨论的，这个数据集同时包含测量值和等级数据，同时还有存在/不存在变量，而且这里存在—存在的匹配似乎要比不存在—不存在的匹配更有意义。因为不同变量混合在一起，选择不同的处理方法较为合适，所以我们在这里选择Gower系数。在实际操作中，通常应该检查这样包含相似性数据的矩阵。因为在操作中很可能会出现错误——不论是使用软件时产生错误，还是在思考所选系数的概念时产生错误——所以如果能看到变量很相似的案例得到很高的相似分数、变量很不同的案例得到很低的相似分数，那么我们对计算结果的信心会大大增强。例如表格22.9中的家户2和家户5有很

第二十二章 案例之间的相似性

表格 22.9　Ixcaquixtla 遗址 20 个家户之间的 Gower 相似系数（数据基于表格 21.1）

	1	2	3	4	5	6	7	8	9	10	11	12	13	14	15	16	17	18	19	20
1	1.0000																			
2	0.7198	1.0000																		
3	0.5120	0.4037	1.0000																	
4	0.8390	0.7036	0.6250	1.0000																
5	0.8191	0.8916	0.3936	0.6910	1.0000															
6	0.5864	0.4660	0.6970	0.7038	0.4548	1.0000														
7	0.8655	0.5853	0.6012	0.8209	0.6846	0.6855	1.0000													
8	0.7688	0.6889	0.4903	0.8316	0.6486	0.5597	0.6588	1.0000												
9	0.6589	0.9073	0.3629	0.6657	0.7989	0.4236	0.5245	0.6511	1.0000											
10	0.8794	0.7440	0.6006	0.9596	0.7314	0.6877	0.8154	0.8434	0.7028	1.0000										
11	0.5192	0.4159	0.6172	0.5790	0.4058	0.7202	0.4739	0.6031	0.3777	0.6004	1.0000									
12	0.7842	0.6125	0.6625	0.8794	0.6362	0.7425	0.8956	0.7110	0.5516	0.8488	0.4956	1.0000								
13	0.5757	0.5335	0.4539	0.5876	0.5224	0.6956	0.4562	0.6921	0.4999	0.6147	0.7905	0.4804	1.0000							
14	0.5084	0.6092	0.6351	0.4165	0.6532	0.3731	0.4009	0.4048	0.5751	0.4488	0.4695	0.3726	0.4338	1.0000						
15	0.7814	0.8696	0.4319	0.7389	0.8709	0.4974	0.6470	0.6687	0.8775	0.7793	0.4441	0.6741	0.5402	0.6104	1.0000					
16	0.5827	0.4623	0.8275	0.7170	0.4511	0.6048	0.6817	0.5673	0.4257	0.6898	0.7793	0.5322	0.7745	0.3741	0.4808	1.0000				
17	0.6737	0.5382	0.6269	0.8003	0.5257	0.6715	0.7574	0.7997	0.5004	0.7943	0.5587	0.8340	0.5592	0.2843	0.5735	0.7211	1.0000			
18	0.6779	0.4737	0.7931	0.5968	0.5531	0.5533	0.6364	0.5075	0.4250	0.6291	0.6498	0.5529	0.5160	0.7619	0.5230	0.6611	0.4645	1.0000		
19	0.7942	0.7228	0.6505	0.7915	0.7116	0.5689	0.7291	0.6804	0.5274	0.7470	0.6653	0.6989	0.5924	0.6042	0.7542	0.7395	0.6445	0.7077	1.0000	
20	0.8311	0.5509	0.5869	0.7621	0.6502	0.6463	0.9100	0.6493	0.4900	0.7594	0.4241	0.8550	0.4255	0.3733	0.6125	0.6457	0.7718	0.5892	0.6441	1.0000

第V部分 多变量分析 ◆◆◆

高的相似分数（0.8916）。如果我们观察表格 21.1，就会发现这两个家户的大多数变量的值都很接近。与之相反，表格 22.9 中的家户 14 和家户 20 有很低的相似分数（0.3733）。再次观察表格 21.1，我们会发现表中的情况与这个结果相一致，因为家户 14 和家户 20 的大多数变量的值都不同。因此 Gower 系数的计算与原始数据一致，让我们进一步确认我们选择的系数是正确的，并且它的计算也是正确的。

统计软件和结果报告

案例之间相似度的计算其实是与统计软件的常规用途不相符的，因为统计软件常规的对象是变量而不是案例。但是一些统计软件也为计算案例之间的相似度提供了选项。不同软件在这一方面的操作差异很大。有的统计软件可以计算案例之间的某些相似度。而有一些则需要将整个数据集进行转换，也就是把行（案例）和列（变量）互换。这样计算变量之间的关系就被转换为计算案例之间的关系。在另一些软件中，测量案例之间的相似性并非一个独立的任务，而是被嵌入多变量分析的过程中（以案例之间相似性分析为起始）。只有少数软件能够完全计算本章讨论案例之间的各种系数。然而，的确有专门处理这种任务的单一型程序。

不论使用何种统计软件，在汇报案例之间相似性的多变量分析结果时，最重要的是明确指出相似性的计算方法。相似系数的选择对于多变量分析的结果有重大影响，应当时刻向读者表明我们所选择的系数是什么，以及为什么要选择这种系数。

第二十三章　多维标度（Multidimensional Scaling）

不同数量维度的构型（Configurations）
解读构型

多维标度法或许是多种多变量分析方法中最简单直观的一种，这也是其最大的优势。多维标度法的基础理论很容易解读。多维标度法始于一个案例之间相似度（或者差异度）分数的矩阵，像表格22.9中所显示的一样。这个分析过程是一个可重复的且具有实验性的过程，通过创造一系列点的分布结构，使其分别代表数据集中的每一个案例。这些代表案例的点在空间中是按照它们之间的相似度分布的。也就是说，这些点之间距离的排序和它们之间相似系数的排序一致。这种构图的目的是使代表两个最相似的案例的两个点之间的距离最近。而代表第二相似的两个案例的两个点之间的距离应该要远一些。最后，代表两个相似度值最低的案例的两个点在构型中的距离应该最远。多维标度法试图用这样一种直接的方法，通过相似系数的结果来展现案例之间的关系。因为多维标度法只关注点之间相似度和距离的排序，所以多维标度法有时候也被叫作非度量多维标度法。

多维标度法的简单概念掩盖了写出程序、进行运算并产生这些构型中的点所面临的极高难度挑战。多维标度的程序必须先把代表所有案例的点放入空间内，从而设置一个起始构型，然后通过移动点的位置去改善点之间距离的排序关系和案例之间的相似度关系，并进一步

第Ⅴ部分　多变量分析 ◆◆◆

调整这个构型。重复进行这一项工作，直到构型不再需要改善为止。随着多维标度法的发展，不同程序得到不同结果的情况很常见。但是人们对这种迭代程序的算法已经进行了充分的修补，所以目前所有程序的运算情况都差不多。一些大型统计软件可以运行多维标度程序。

我们很容易想象二维甚至三维的多维标度，但是多维标度法的维度可以超过物质空间的维度。点之间的距离和相似系数之间等级排序都可以通过比变量总数少一的维度数表现出来。例如，Ixcaquixtla 遗址家户数据集中一共有十个变量，那么代表相似系数之间以及点之间完美排序关系的点构型就可以通过九个维度表现出来。但是，多维标度的结果要通过看这些点的构型来解释，所以这并不是一个让人满意的方法。从九个维度中观察点的分布让人感觉繁琐到无法忍受——甚至比直接看原始数据寻找规律更加困难。所以这个"游戏"的目的其实是在尽可能少的维度下展现出点之间的距离和相似分数之间的等级排序。维度数量越少，解释多维标度的构型就越容易。所以，如果能产生一个代表相似系数之间分布规律的图，它也许并不完美，但是能非常准确地用尽可能少的维度反映出规律的分布情况，那么这本身就是一个巨大的优势。对于任意数据集来说，维度数量越多，点之间的距离和案例之间相似性分值的等级排序相关性就越强。

不同数量维度的构型

多维标度法的运用始于让统计软件对一个数据集中案例之间的相似分数进行运算（第二十二章），并产生一维度下的最佳构型。一维构型当然就是把这些代表案例的点放在一条线上。多维标度可以基于不同等级序列相关性中的任意一种。在这里，这种相关性通常被称作压力值（stress values）。不同的压力系数通常不会产生差别很大的结果。压力值越低，点间距离和相似系数之间等级序列的关联度越好。对于表格22.9中Ixcaquixtla遗址家户之间的相似系数来说，一维构型

◆◆◆ 第二十三章　多维标度（Multidimensional Scaling）

产生的最终压力值为0.3706。我们之所以称之为"最终"压力值，因为这个过程是可重复的，在这个过程中每一步都计算一个压力值。这个迭代过程始于一个压力值为0.4452的初始构型。在第一次成功迭代之后，构图得到了改进，压力值变成0.4139。之后压力值持续下降，在每一轮迭代结束后分别变成0.3988、0.3874、0.3795、0.3709以及0.3707，最终为0.3706。在这之后，这个算法再也无法改善了，也就标志着分析结束了。0.3706的压力值相当高，并且在这个一维的线性构型中几乎没有观察到任何有价值的规律。

接下来，我们选择二维空间进行重复运算，也就是把所有的点放到一个平面上，形成一个散点图。对于Ixcaquixtla遗址家户数据集来说，二维空间构型的最终压力值是0.1813，与一维的0.3706相比有巨大的改善。但是我们知道三维的构型会产生点间距离和相似系数之间等级排序的更好的关联。对于Ixcaquixtla遗址家户数据集来说，一个三维构型产生的最终压力值是0.0726，这又是一个极大的改善。在四维中有更大的提高，压力值降到了0.0465；在五维中，压力值降到了0.0332。

在实际操作中，我们必须选择一种构型（一维构型、二维构型、三维构型，等等）去尝试进行解释。因为解释以观察构型中点的分布为基础，所以我们一般不会选择在超过三维的构型中进行解释。在超过实际物质空间的维度中想象和检验点的分布实在是太困难了。二维构型比三维构型更容易检查，而一维构型是最容易的。然而，如果一维构型无法提供一个清楚准确的、用相似系数表示的案例之间的规律关系，那么我们也会很难进行解释。正是压力值向我们表明了每一张图的准确性。

有时候观察如图23.1所示下降的压力值图是很有帮助的。这个图向我们展示了上文所述一维的压力值，二维比一维的压力值低很多，三维的压力值则有更大幅度下降。除此之外，在四维和五维，压力值也持续下降，但是下降速度明显慢了许多。图中压力值下降的"拐点"表明三维构型能够较好地代表数据集特征。因为在四维和五维构

第Ⅴ部分 多变量分析 ◆◆◆

型中的改善很小，所以观察这些构型的收获可能也很少。还有一个非常有帮助的经验法则，就是当压力值小于等于0.15时，相对应的构型会较为容易理解。对于Ixcaquixtla遗址家户数据集来说，三维构型的压力值小于0.15。再结合图中的"拐点"，我们可以说三维构型会是一个表现数据集规律的有效方式。

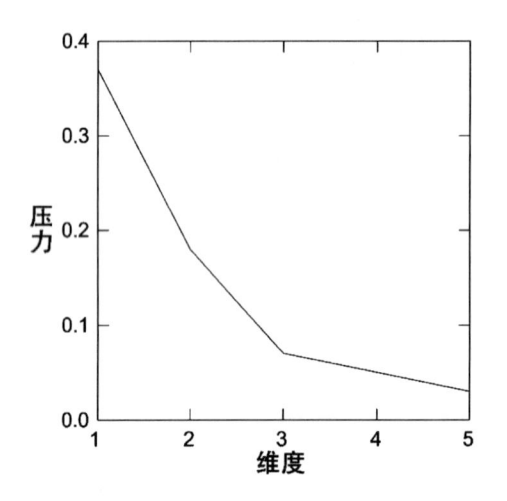

图23.1　Ixcaquixtla遗址家户数据维度增加情况下最终压力下降图

解读构型

以上多维标度分析结果中的基本因素就是三维中每个案例的坐标值（表格23.1）。检验多维标度的构型通常是把点按照坐标绘制在图中，并检验它们之间的关系。对于一些数据集来说，直接把点绘制在图上并标注清楚就可以看出规律，如图23.2所示。图中的二维标度构型是根据在真实空间中计算出的欧氏距离绘制的——也就是每一组城市之间的距离。只需根据这一种信息，多维标度法就能把城市的实际位置准确地绘制在图中。只要将每个城市的名字标注出来，就能一目了然地看出图中的规律。

第二十三章 多维标度（Multidimensional Scaling）

相对来说，对 Ixcaquixtla 遗址家户多维标度的理解会更加复杂。首先，我们要理解的构型并不是二维的，而是三维的。通常从三个视角观察三维构型会更容易，每次取三维中的二维观察。如果我们在真实空间中想象三维图，则会是很多点散布在一个立方体中的形式。我们可以选取一个角度作为视角观察这个立方体，大多数统计软件都可以绘制这样的图表，但是这样很难观察清楚点与点之间的关系。通常从三个不同的面观察立方体会更清楚：第一，直接从正前方观察；第二，从一个侧面观察；第三，从顶端观察。这就是我们观察 Ixcaquixtla 遗址家户数据三维构型的方法。

表格 23.1　　Ixcaquixtla 遗址家户单位多维标度的三维坐标

家户编号	维度 1	维度 2	维度 3
1	-0.285	0.301	0.142
2	-1.069	-0.003	-0.083
3	0.996	-0.568	0.523
4	0.062	0.421	-0.088
5	-0.963	0.011	0.224
6	0.970	0.056	-0.517
7	0.178	0.619	0.427
8	-0.146	0.425	-0.624
9	-1.228	-0.008	-0.159
10	-0.059	0.348	-0.105
11	0.739	-0.761	-0.830
12	0.314	0.626	0.216
13	0.102	-0.466	-1.261
14	-0.541	-1.384	0.527
15	-0.881	0.064	0.024
16	0.817	0.017	0.716
17	0.504	0.780	-0.242
18	0.382	-0.935	0.504
19	-0.121	-0.305	0.082
20	0.229	0.762	0.524

第二个复杂之处在于，在图中标注家户编号并不会直接使图形的规律变得更清晰。图 23.2 中这一操作之所以能使我们认清规律，是因为我们知道城市具体在哪里，所以标注后我们能立刻知道它们都被放

第 V 部分　多变量分析 ◆◆◆

在了实际的空间位置中。但如果我们先前并不知道家户6号具体在哪里，所以标注并不能使规律更清晰地显现出来。在这种情况下，最有效的方法就是在三维构型中逐一观察每个变量的表现。

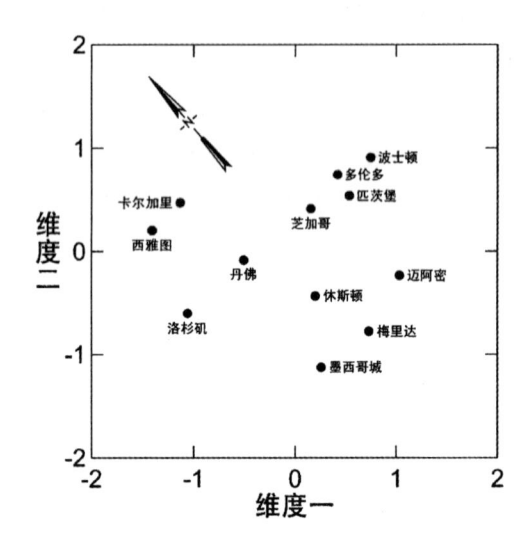

图 23.2　基于城市之间距离的二维标度构型

我们在图 23.3 中开始这个过程，通过三幅图来观察这个三维构型。首先，沿着第三维度垂直观察维度一和维度二构型。之后，沿着第二维度观察维度一和维度三构型。最后，沿着第一维度观察维度二和维度三构型。要将整个三维构型想象成一个立方体，就要把图 23.3 中最左边的图切掉并粘贴到立方体的顶部，把中间的图切掉并粘贴在

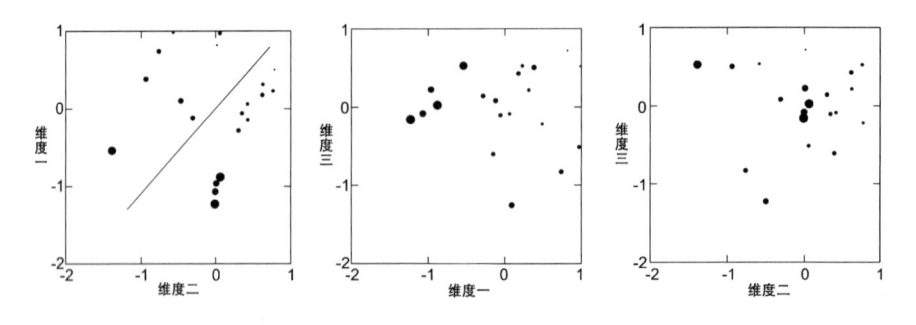

图 23.3　Ixcaquixtla 遗址家户数据的三维标度图（较大的圆点代表较高比例的碗）

第二十三章 多维标度（Multidimensional Scaling）

立方体的左边，最右边的图则粘贴在立方体前侧。我们可以通过这三张图全方位地观察这个立方体。在图23.3中，每一个圆点代表一个家户，大的圆点对应的是数据集中第一个变量较高的值，也就是碗/陶片百分比。在维度一和维度二构成的图中，我们可以看到清晰的趋势。图的右上角碗/陶片的百分比很低，并逐步向左下角增大。因此，拥有大量碗的家户都集中在由维度一和维度二构成图的左下角。

图23.4用同样的方法展现了建造墓葬的能量投入，这一次我们看到了相似的规律。拥有最高墓葬能量投入的家户集中于维度一和维度二所构成图形的左下角。在图23.5中我们发现，有装饰的陶片/陶片的百分比的规律和前面图23.3和图23.4中两个变量的情况虽然不完全相同，但是十分相似。有装饰的陶片比重最高的家户趋向集中于维度一和维度二构成图形的下端，并略微趋向于左端。动物/陶片比率再一次展现了同样的规律：高的值集中于维度一和维度二构成图形的下端，并略微趋向于左端。

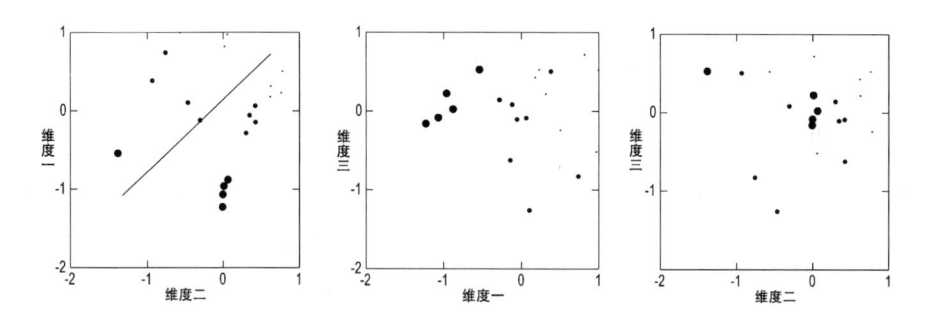

图23.4　Ixcaquixtla遗址家户数据的三维标度图（较大的圆点代表较高的墓葬投入）

因此，这四个变量在三维构型中的分布规律是一样的。对于这些家户来说，一个变量的值较高，其余几个变量的值也较高。这四个变量形成了从右上角到左下角的梯度（gradient）。这四个变量的值，即碗的比重、建造墓葬的能量投入、有装饰的陶片比重以及动植物比重，都沿着梯度或多或少地增长。我们接下来会看到，其他的变量并没有形成这样的规律。到目前为止，我们描述的是数据集中的规律，

第V部分 多变量分析 ◆◆◆

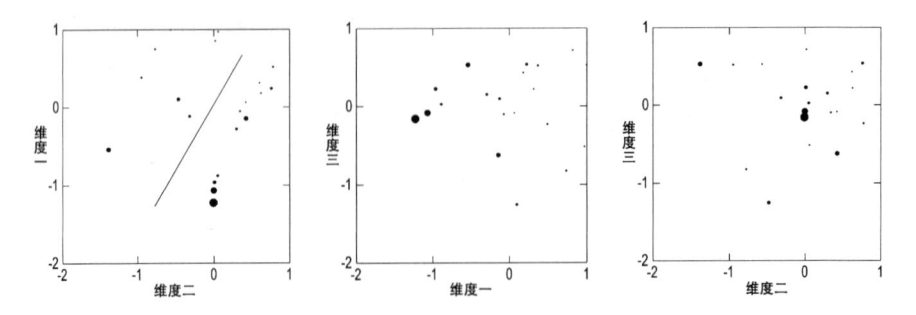

图23.5 Ixcaquixtla 遗址家户数据的三维标度图（较大的圆点代表较高比例装饰型的陶片）

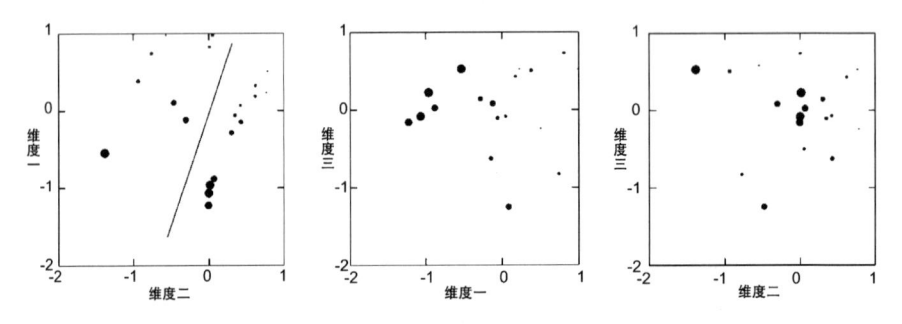

图23.6 Ixcaquixtla 遗址家户数据的三维标度图（较大的圆点代表较高比例的动物遗存）

这些规律可以清晰地显示在多维标度的空间中。下一步，我们就要在多变量分析中解释以上规律。我们可以把这种规律理解为 Ixcaquixtla 遗址家户之间的经济差别。这四个变量可能都与当地的经济实力和生活标准有关。所以，四张图中的特征可能共同显示了财富从低到高的梯度趋势。

继续观察变量，我们发现图 23.7 中维度一和维度二的图形也显示了"平台"的分布规律。但是，这个规律和我们之前看到的规律有很大区别。较高的值都集中在图的左上方。因为"平台"是一个存在/不存在变量，较高的值（大圆点）意味着存在（即1），而较低的值（小圆点）意味着不存在（即0）。其他的存在/不存在变量，如权杖头，在图 23.8 中也展现了十分相似的规律。作为一个存在/不存在变

◆◆◆ 第二十三章 多维标度（Multidimensional Scaling）

量，它的性质决定了一个不可避免的结果：图中的规律看起来更像一个聚群而不是梯度。然而，进一步比较图23.7和图23.8，我们发现这个规律实际上比第一眼看到时更像梯度。在图的左上方最远处的四个家户都位于平台上，同时墓葬里有权杖头。在左上方稍近一些有两个家户位于平台上，但是没有权杖头；另外两个墓葬中有权杖头，但是没有建在平台上。在与之方向相反的标尺末端有更多家户，它们既没有建在平台上，也没有权杖头。它们都趋向于维度一和维度二的右下端。

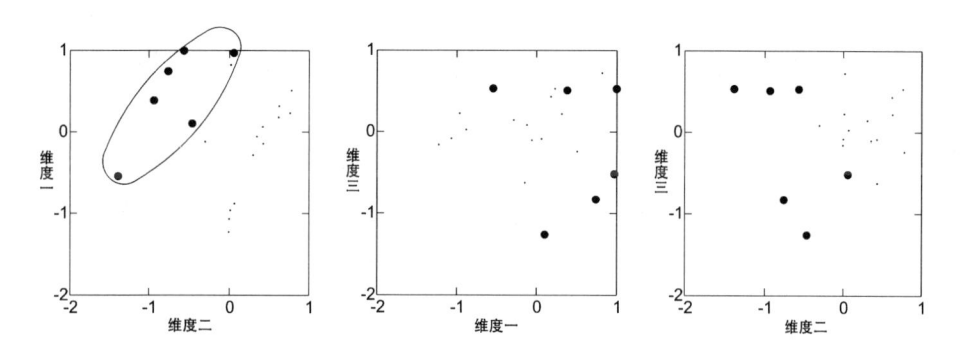

图23.7 Ixcaquixtla遗址家户数据的三维标度图（较大的圆点代表建于平台上的房子）

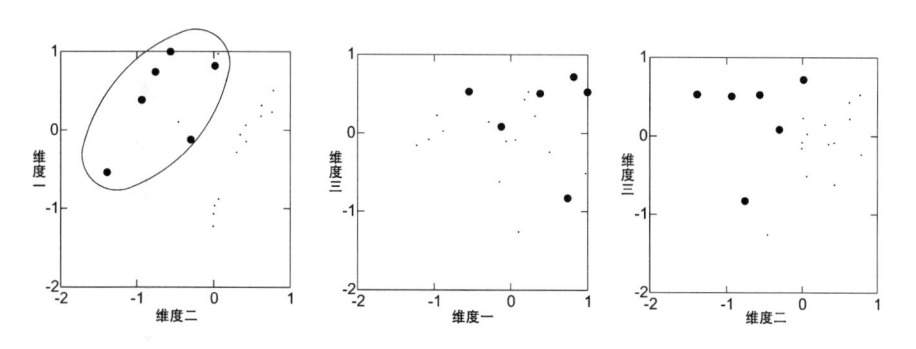

图23.8 Ixcaquixtla遗址家户数据的三维标度图（较大的圆点代表出土权杖头的墓葬）

所以，这个梯度的趋势与图23.3—图23.6中的梯度相垂直。因

第 V 部分　多变量分析 ◆◆◆

为它们互相垂直，所以它们之间没有关联。一些有平台和权杖头的家户趋向于第一个梯度较富裕的一端，而另外一些则并非如此。于是图 23.7 和图 23.8 描绘出了多维标度图中第二种独立的特征。这个特征依然很清晰，虽然可能也存在多种解释。我们可以认为这第二个梯度代表了一种威望或者政治权威，这种权威在 Ixcaquixtla 遗址家户中和财富并没有直接关联。不管我们如何解释这两种梯度，它们的存在和相互独立都是多维标度图中非常清晰的规律。

到目前为止，我们所讨论的规律都清晰地呈现在维度一和维度二构成的图中，我们还不需要观察这个立方体的其他面。在图 23.9 维度二和维度三构成的图中可以很清晰地看到，拥有高比例海贝的家户聚集在一起。在维度一和维度二构成的图中，它们聚集成不太清晰的一团，因为并不是所有的家户都有高比例的海贝。同时，这种规律表明图 23.7 和图 23.8 中的两个梯度之间有所关联，又相互独立。图 23.10 维度二和维度三的构图中，一些拥有高比例黑曜石的家户也聚集在一起，但是这种聚集和图 23.9 中拥有较高海贝比例的家户聚集位置不相同。拥有高比例黑曜石的家户也在维度一和维度三的构图中形成了聚集。而在维度一和维度二的构图中，拥有高比例黑曜石的家户集中在图的左上方，但是它们和拥有黑曜石比重低的家户混合在了一起。如果高比例的海贝和黑曜石被看作是与遥远的区域有强烈关联的代表，那么与黑曜石原料地有关系的家户似乎和与海边有关系的家户之间的

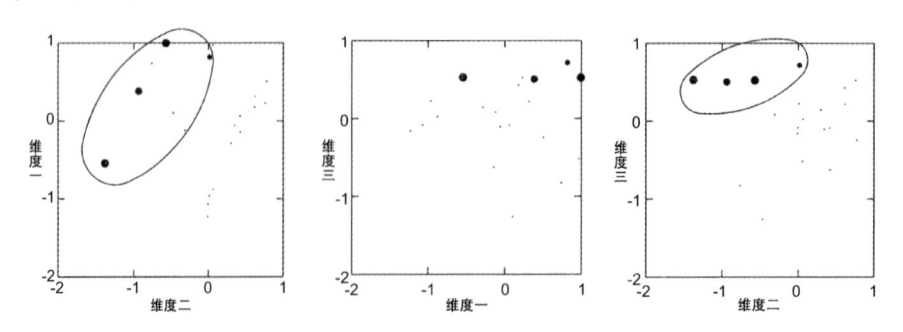

图 23.9　Ixcaquixtla 遗址家户数据的三维标度图（较大的圆点代表较高比例的海贝）

第二十三章 多维标度（Multidimensional Scaling）

关联并不是很强。这两个聚集和代表财富的梯度也没有任何关联，但是它们都分布于代表权威的梯度的一端。综合这些解释可以发现，对于 Ixcaquixtla 遗址的居民来说，不同家户各自独立保持着与边远地区的联系，并且这种联系与财富没有关系，但它们的确与"权威"存在些许关联。

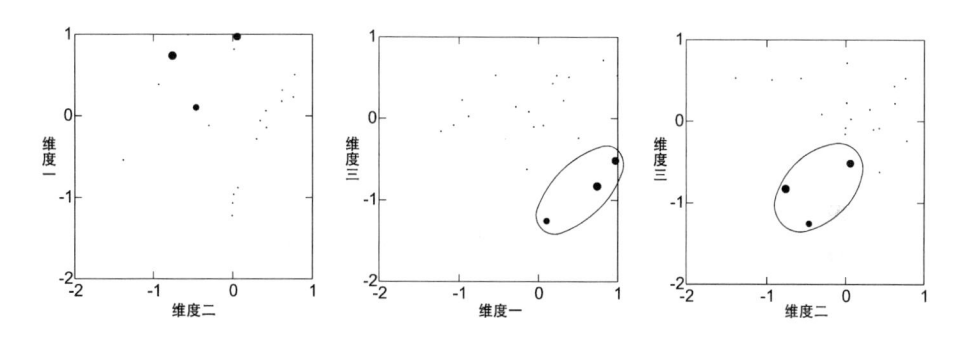

图23.10 Ixcaquixtla 遗址家户数据的三维标度图（较大的圆点代表较高比例的黑曜石）

图 23.11 展现了聚集在一起的拥有高比例烧窑废弃物的家户。这个聚集在维度一和维度三的构图中格外清晰。这个角度的构图在图 23.12 中也展现了拥有较高比例石片废料的家户的聚集。这两个聚集在空间中的分布不同，表明它们是两组不同的、有各自特定类型的高比例人工制品的家户。在维度一和维度二中，无论是石片废屑还是烧

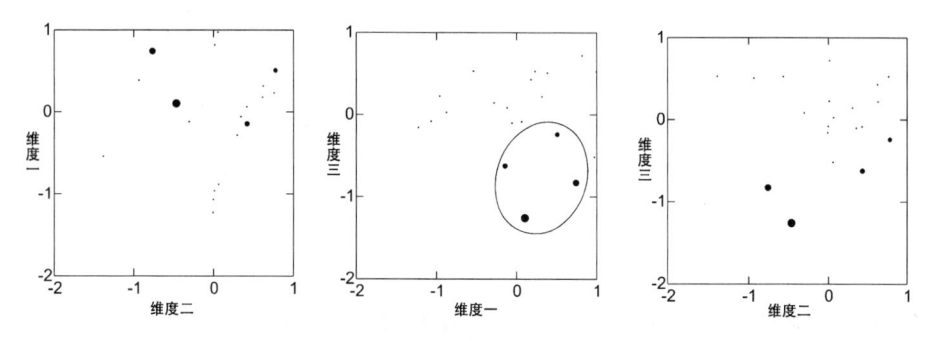

图23.11 Ixcaquixtla 遗址家户数据的三维标度图（较大的圆点代表较高比例的烧窑废弃物）

· 331 ·

第V部分 多变量分析 ◆◆◆

窑废弃物都没有形成梯度。在维度一和维度三的构图中,烧窑废弃物和石片废屑的聚集部分重合,表明这两者之间可能存在某种联系。

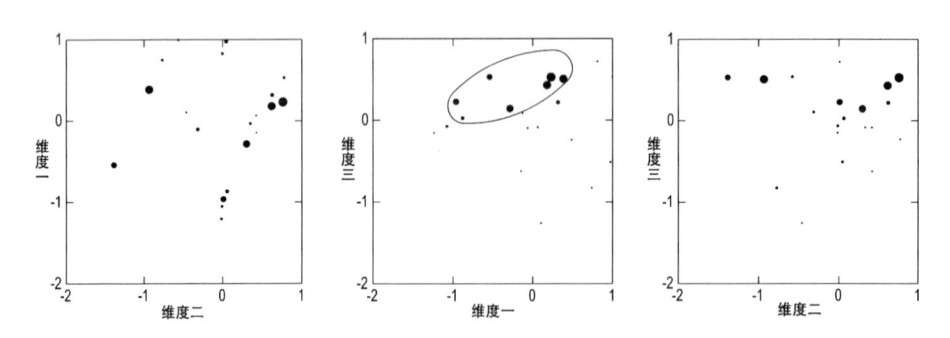

图23.12 Ixcaquixtla遗址家户数据的三维标度图(较大的圆点代表较高比例的石器废料)

图23.13总结了三维图中观察到的规律,并标注了一些可能的解释。需要再次强调的是,多维标度法并不能保证这些解释全都是正确的。它只是展示了这个数据集中家户在不同方面趋向于聚集的特点(这些特征来自Ixcaquixtla遗址家户的数据集,它们包括建造墓葬的能量投入、高比例的碗、带装饰的陶片,以及动物遗存)。从一种特定的角度观察可以看到,它们同时在构型中十分强烈地聚集成明显的梯度(如图23.12最左侧)。这个规律可以被描述为一种横跨空间的梯度,而不是独立的四个高变量值的聚集。它并不代表这些家户之间的显著差别,而是一种平缓渐进的变化。如果我们把这个规律看作与财富相关,那么我们就可以看到Ixcaquixtla遗址家户财富分配的本质。

多维标度图还展现了带平台房子和有权杖头墓葬之间的关系(图23.13左侧)。这两个变量趋向于靠近的趋势,并且它们更倾向于构成一种梯度而非聚集。这个梯度和上一段讨论的完全没有关联。多维标度图只能表明这个梯度的确存在,并不能证明这个梯度和威望有关。如果我们认为这代表威望,那么我们就可以了解到Ixcaquixtla地区威望的本质,也可以知道它和财富的分布并不相关。

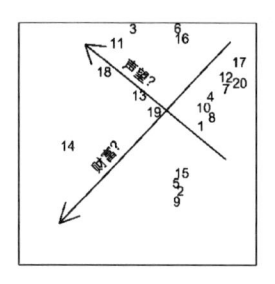

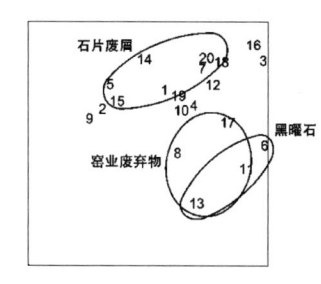

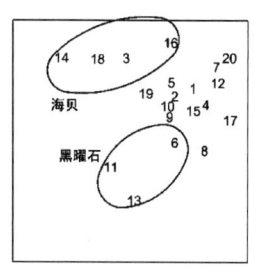

第二十三章 多维标度（Multidimensional Scaling）

图 23.13 Ixcaquixtla 遗址家户数据的三维标度图所显示的特征和可能的理解（数字代表家户编号）

统计软件和结果汇报

多维标度分析曾经是一个专业领域，靠一些专门的程序来执行。现在，很多大型的多用途统计软件都可以进行多维标度分析，但是并不是所有软件自带的程序目录中都包含多维标度运算。有时候，运算案例之间的相似系数被视为多维标度程序自身的一部分；有时候被当作一个独立的任务。不论用哪一种方法完成，相似性的测量在概念上都是与多维标度区分开的。如第十二章中提到，在汇报多维标度分析结果时，必须要指明计算案例之间相似性时所用的系数是什么。选择哪种系数计算相似度是对多维标度运算结果影响最大的因素。读者必须知道我们选择了哪种系数（以及具体的变量是什么），这样才能自己判断这种选择是否合适。

一旦完成相似性的测量，我们就可以运行多维标度的多次运算了，首先选择一维运算，之后选择二维，等等。这是获取不同数量维度构图最终压力值的唯一方法，只有这样才能决定了最终选择几维空间进行运算。我们要寻找的是低于 0.15 的压力值、压力值图中的"拐点"与维度空间的数量之间的平衡，它们决定我们最终采用几维空间的因素。然后在最终的分析中，决定选择几维空间最重要的因素是看构图能否展现清晰的规律。

第 V 部分　多变量分析 ◆◆◆

> 在软件结果输出中，对于多维标度分析来说，最核心的内容就是每个案例的坐标值。不管选择几维空间运算，每个点都有一个坐标值。通常软件都会把这些坐标值的列表保存为单独的数据文件，这个数据文件可以和原始变量数据相结合，然后再用统计软件进行运算，做出散点分布的构型。在这些构型中，如果可以使视觉更清晰，那么我们可以用案例的名字标注这些点。而在 Ixcaquixtla 遗址家户中，这些标注就对我们没有什么帮助。所以我们更倾向于根据图中点的大小所代表的变量值进行判断。大多数软件可以根据数据中一些变量的值来调节点的大小。在展示结果时，最基本的要素就是一个或者多个构型，这样读者就可以看清楚我们要表达的点之间的规律。
>
> 在多维标度法中，比较好的策略是将变量的数量限制为不超过案例数量的一半。如果变量的数量大于此，我们发现的特征就有很大风险是由数据本身随机干扰造成的。

多维标度图还展现了两组不同的聚集。它们是两组家户拥有不同的高比例稀有原料。这些原料来自遥远地区（黑曜石和贝壳，如图 23.13 的中间和右侧）。它们可以被很准确地描述为聚集，并清晰地与其他家户区分，而不是连续变化的梯度。它们在各自分布最清晰的地方并不重合。然而，这两个聚集在维度一和维度二的构图中分布十分模糊，而维度一和维度二的构图正是我们清晰地看到威望分布规律的地方。同样的，多维标度图还展现了两组聚集，这两组家户拥有高比例的与生产专业化相关的人工制品（烧窑废弃物和石片废料，如图 23.13 中间）。它们也更像聚集而非梯度，之间也互不重合，而且与维度一和维度二中的梯度没有任何关联。然而在维度一和维度三中，烧窑废弃物很大程度上与黑曜石聚集的分布相邻，并且这两者在一些家户中的确共存。

我们看到的也可能是另外一番结果。例如，多维标度图可能显示

◆◆◆ 第二十三章　多维标度（Multidimensional Scaling）

拥有高比例石片废屑的家户聚集与拥有高比例黑曜石的家户聚集之间很好地吻合。这本会让我们在一定程度上特殊关注这些家户对石器原材料获取和加工的不同方面。相反，我们实际看到的特征会让我们将二者想象为不同的活动地点，而不是共同存在于相同家户。

多维标度分析能够成功绘制 Ixcaquixtla 遗址家户多变量数据集差异特征的图像。这幅图引导我们对变量进行一系列观察，并对规律进行了总结。在多维标度中，聚集和梯度是两种最常见的规律，此外还有其他一些不同的规律。在多维标度分析中，能得到怎样的结果取决于分析者的想象力。这对于多维标度法来说，既是优点也是缺点。在多维标度图中寻找规律既不是自动的，也不简单。我们需要花足够的时间观察不同类型的构图。但最后，我们有可能观察到一大批差异显著的规律。我们也有可能在构图中什么规律都探索不到。最初这看起来可能是劣势，但实际上这是巨大的优势。如果我们在多维标度图中什么都没有发现，那就表明这个数据集中的确缺少显著规律。这并不是一个让人满意的结果，但确实是这个真实世界中存在的可能。如果多变量数据集中真的没有有意义的规律，那么我们的确需要一种可以辨别出这种情况的分析方法。

第二十四章　主成分分析

相关性和变量
提取成分
进行分析

从多维标度法转换到主成分分析，我们就从理论上最简单、最常见的方法转换到了最抽象、最数学的方法。掌握主成分分析的核心数学原理需要很多的工作——而这些工作可能最终并不会让运行成功可靠的运算变得更加简单。为了和本书中的整体方法保持一致，我们会简单介绍一下主成分分析的抽象数学原理，并把主要精力放在那些可以指导我们有效使用技术的原理和概念上。这种方法与其他常用方法非常不同。尽管如此，更多的考古学家似乎是通过常用方法更准确深刻又有效地理解主成分分析的原理，而不是通过抽象的数学解释。理解并有效运用多维标度法并不需要知道迭代实验步骤是怎么编程的。同样的，如果我们要理解什么是主成分，以及它们如何帮助我们理解多变量数据集的规律，也不需要明白这种运算背后具体的数学方法。

很多人会把主成分分析和因子分析相混淆。人们对这种混淆是否重要持有不同意见。显然这两种分析方法背后的逻辑有很大区别。但另一方面，它们对结果的呈现和解释方式基本相同。实际操作中，用同样的数据同时进行这两种分析，得到不同的结果是极其不常见的。不足为奇的是，统计软件通常都着眼于实际，主成分分析和因子分析

第二十四章　主成分分析

通常都被放在一个程序中，选择用哪个只需要设置一下即可。它们之间的差别显然对于本章的常识方法影响甚微。我们这一章用到的词汇将会是"主成分分析"，但是实际上这一章也可以是因子分析。事实上，唯一的区别就是用"因子"替换"主成分"或者"成分"。

虽然我们并没有这样讨论过，但是可以这样理解多维标度法——把 Ixcaquixtla 遗址家户的十个变量压缩归类为三个变量（也就是我们发现规律的构型中的三个维度）。在某种程度上，表格 21.1 中的主要因素的特点都被更简单紧凑地总结在了表格 23.1 中。这就是主成分分析背后更中心化和直接的概念。主成分分析可以被看作把一大堆变量压缩到一个非常小的数量，但是仍然能合理准确地（虽然并不是完美地）反映原始数据集的主要规律。

主成分分析致力于尽可能减少变量的数量，同时又不失去原始数据中的重要的能反映规律的信息。相似的，多维标度法致力于在尽可能少的维度中做出尽可能理想的构型。然而，主成分分析并不以测量案例之间相似度为完成目标的开端，而是首先看变量之间的关系。通常这可以通过我们第十五章所学的内容完成，也就是创建原始数据中所有变量之间关联的矩阵。这个矩阵可以告诉我们变量之间的关系，这和多维标度法所用案例之间相似度的相似分数矩阵是相同的。如果两个变量显示出很强的关联，那就说明它们很相似（有较大值的是同样的案例，有低值的是其他同样的案例）。

相关性和变量

主成分分析的总体理念是，如果一组变量之间有很强的联系，并且这种关联性对应同一潜在事物，那么在某种程度上，数据集中的这些变量就可以被一个单一变量所取代。这种取代并不会影响原始数据集中案例或变量之间的整体规律和关系。因此从某种意义上来说，这个数据集被以更少的变量重写了。在主成分分析的使用者看来，可以

第V部分　多变量分析 ◆◆◆

运行像多维标度法一样的迭代试验，虽然事实上这并不是主成分分析的运行原理。主成分是通过数学运算从变量之间关联的矩阵中提取出来的，目的是为了用一系列尽可能少的成分体现出原始数据之间的强烈关联。

　　主成分分析始于相关系数，这一点很重要。如我们在第二十二章中看到的一样，我们需要很多不同的相似系数来处理拥有不同类型变量的案例之间的相似性。如我们在第十五章中看到的一样，相关和回归建立在散点图的基础上，并且最适用于测量值。如果多变量数据集中的所有变量都是测量值，那么通过相关系数来看它们之间的关系是可行的。但是如果有的变量是等级或者类型，那么通过相关系数来看它们之间的关系就不太可行。在实际中，主成分分析通常都会产生合理且有效的结果，即使变量并不仅仅是由测量值组成。与测量值变量相比，等级变量并不会对主成分分析的结果造成威胁，这一点我们并不应该感到惊讶。如第十六章所讲，对于描述等级之间的关系来说，等级序列相关系数比回归和相关更理想。但是，相关系数（r）能够对等级变量之间关联的程度做出较为精准的评估。

　　对于非等级分类来说则有不同的建议。回归和相关的散点图意味着数值1和3不仅比1和2之间的差别更大，而且存在两倍的差距（1和3之间相差2，但是1和2之间相差1）。在第二十二章中，我们在考虑欧氏距离时也面临同样的问题。我们依然可以设定 Ixcaquixlta 遗址家户数据集中有一个关于墙面建筑的变量，类别分别是木骨泥墙、木板墙和泥砖墙。我们对其赋值1、2和3。如果这里我们认为1和3之间的差别比1和2之间更大，那么这就是不合理的。但是相关系数（就像欧氏距离一样）不可避免会这样处理。这种拥有多个非等级类型的变量极其不适合使用相关系数来测量与其他变量之间的关系。因此，它也不适合使用主成分分析处理。所以我们得出与当时讨论欧氏距离时一样的结论，以及相同的解决方法。墙面建筑的三个类型可以被重新整合为三个独立的存在/不存在变量。

　　当然，包含两个类型的分类变量（包括存在/不存在变量）也不

第二十四章 主成分分析

是最适合回归和相关的。如果问题仅仅是评估有两个类型的变量和其他变量之间关系的强度和显著性，我们也不会选择回归和相关。然而，主成分分析必须以相关为起始。我们发现相关虽然只能为评估包含两个类型变量的关系强度提供一种粗略的工具，但是它可以为我们提供一个可以接受的粗略近似值。

我们想象在散点图中绘制两个存在/不存在变量的关系。因为这两个变量的值会被限定为 0 和 1，所以在散点图中点只会落在四个地方：$x=0$、$y=0$ 处（散点图的原点，即左下角），$x=1$、$y=1$ 处（右上角），$x=1$、$y=0$ 处（右下角）和 $x=0$、$y=1$ 处（左上角）。如果这两个变量有很强的关联，那就意味着当 x 是 1 时，y 同时也是 1，当 x 是 0 时，y 同时也是 0，这样大多数点都会落在左下角和右上角。那么在散点图中，最佳拟合直线就会从左下角延伸到右上角，这两个变量之间的关系就是正相关。如果其他两个角落几乎没有点，那么相关系数就接近 1。如果这两个变量是很强的负相关，同样的事情也会发生，但是线会从左上角延伸到右下角，相关系数接近 -1。如果这两个变量之间的关联并不强烈，那么点会广泛分布在这四个角落内，最佳拟合直线就不能描述这个情况，相关系数将会接近 0。

总之，用相关系数评估存在/不存在变量之间关系强度的结果是粗糙的，但也是有效的——这使在主成分分析中使用存在/不存在变量（或者其他两个类型变量）成为可能。相关系数对于等级来说更适用。当然，它们最适用于真实的测量值。需要再次重申的是，在进行主成分分析时，数据集必须排除拥有多个非等级类型的变量。

提取成分

提取主成分的过程可以被看作是多维寻找最佳拟合直线的过程。我们知道如果两个变量之间有完美的相关性，那么散点图中所有的点都会分布在最佳拟合直线上。在这种情况下，散点图中变量所形成的

第V部分 多变量分析 ◆◆◆

两条坐标轴就可以被抛弃，并被沿着最佳拟合直线的轴所替代。沿着这条坐标轴我们可以完美地把点对应在散点图上，两维的变化性会被重写或者压缩为一维。如果两个原始变量之间的关联很强但并不完美，那么我们可以把散点图的两条轴减少为一条沿着最佳拟合直线的轴，然后重新产生虽并不完美但足够理想的散点图。如果两个原始变量之间的相关性很弱，那么将散点图减为单一轴上的坐标并不能概括图中点的规律。

首先，主成分分析可以通过散点图视觉化显示，并且原始数据集中有多少变量，就可以通过多少个维度展示出来。与最佳拟合直线相类似的线会展现在多维度散点图上，这就是第一个成分。这个成分会和一个或者多个原始变量相匹配，也就是说它会和一个或者多个原始变量强烈相关。如果在某种程度上几个原始变量之间有强烈的相关性，那么第一个成分同时也会展现出与之强烈的相关性。因为这第一个成分与最佳拟合直线是同类，所以我们可以用它来解释尽可能多的多样性以及残差。这个过程一直重复，当我们提取第二个成分时，它可以用来解释第一个成分产生的残差中的差异，同时也留下尽可能小的残差。我们继续分析，直到得出第三个、第四个成分，以此类推。

我们根据成分与每一个原始变量的关系来描述成分。它们之间的关系被称作成分负荷（component loadings）。因为在某种程度上这是为了尽可能地减小残差，所以对于原始数据中的很多数据来说，第一个成分都会有较大的负荷。负荷是成分和每个变量之间的相关系数（r），它们的平方（r^2）代表了每个原始变量可以被成分解释的差异部分。与一个成分相对应的所有原始变量负荷的平方通常全部相加，这个和（有原始变量的成分 r^2 之和）叫作特征值（eigenvalue）。因为特征值是每个变量的差异被解释的部分之和，这个特征值除以变量的数量就是原始数据集中可以被一个成分解释的差异的全部。

每一个成分都有一个特征值。第一个成分的特征值最高，第二个其次，以此类推。如果提取的成分数量和原始变量的数量一样，那么数据集中所有的差异都得到了解释。如果将所有的特征值除以变量的总数去表达每一个成分解释的总差异的比例，那么将这些特征值的每一个除以变量的数量，然后加起来和为1。这反映了这样一个事实，即所有成分加起来解释了原始变量百分之百的差异。如果许多变量之间强烈相关，那么最初的几个成分就可以解释原始数据集中差异的很大一部分。它们的特征值会相对较大，最后几个成分的特征值会很小。特征值最大的成分最有意义，因为它们解释了数据集中差异的最大一部分。

进行分析

在实际操作中，所有这些想法都会变得更加清晰。在 Ixcaquixtla 遗址家户中，七个变量是测量值，一个是一组等级数据，另外两个是存在/不存在变量（表格21.1）。因此，它们并非完美符合相关分析的要求，但是代表了真实情况和完美状态之间的折中，这种折中在主成分分析中是非常常见的。表格 24.1 显示了提取 10 个成分产生的一系列特征值。这些特征值之和除以变量的总数结果为 1。这就说明这 10 个成分解释了家户数据集中 100% 的差异。

表格 24.1　Ixcaquixtla 遗址家户数据所提取的主成分的特征值

成分	特征值	特征值/变量个数
1	3.511	0.3511
2	2.291	0.2291
3	2.100	0.2100
4	0.887	0.0887
5	0.473	0.0473
6	0.326	0.0326
7	0.213	0.0213
8	0.110	0.0110
9	0.063	0.0063
10	0.027	0.0027

第 V 部分　多变量分析 ◆◆◆

如表格 24.1 所示，与后面的成分相比，前三个成分解释了大部分的差异。前三个成分加在一起解释了数据集中 79% 的差异。而且，前三个成分可能传达了这些结果中大部分甚至是全部的意义。通常有必要观察这些值以外的更多信息，因此表格 24.2 展示了五个成分的负荷。

表格 24.2　Ixcaquixtla 遗址家户数据集的成分负荷（未旋转）

	成分 1	成分 2	成分 3	成分 4	成分 5
建造墓葬的能量投入	−0.944	0.173	0.052	0.063	0.054
动物群/陶片	−0.933	0.197	0.017	0.046	0.041
碗 %	−0.909	0.223	0.007	0.193	0.145
有装饰的陶片 %	−0.858	0.041	0.193	0.070	0.261
平台	0.205	0.905	0.111	0.251	0.067
权杖头	0.207	0.750	0.399	0.285	0.031
贝壳/陶片	0.108	0.683	0.640	0.171	0.118
烧窑废弃物 %	0.157	0.291	0.788	0.032	0.481
黑曜石 %	0.253	0.479	0.710	0.327	0.257
石器废料%	−0.051	0.086	0.593	0.747	0.249

对于第一个成分来说，四个变量有很高的负荷：建造墓葬的能量投入、动物群/陶片比、碗在总陶片中所占比重，以及有装饰的陶片比重。这四个变量是在多维标度法中被放在一起的类似变量，它们组成了维度一和维度二构成的图中的梯度。因此，这两个分析方法都显示了数据中同样的规律，在第二十三章中我们把它解释为财富的聚集。我们注意到，这四个变量的第一个成分负荷都为负数，但是这并没有影响。重要的是，这些负荷都很强烈，且这四个负荷都为负数。如果建造墓葬的能量投入是强烈的负数负荷，而动物群/陶片比是强烈的正数负荷，那就说明墓葬中的高能量投入和动物群/陶片比很低的比重同时与这个成分相关联，而这两个变量之间也相关联。对于这个成分而言，既然所有的符号都相同，那么建造墓葬的能量投入、动物群/陶片比、碗在总陶片中所占比重，以及有装饰的陶片比重这四

第二十四章 主成分分析

个变量互相都有紧密关联。这个成分中，没有其他变量显示出很强的负荷，说明其他变量都跟财富（或者数据集中的这个规律可能代表的其他因素）没有关联。

对于第二个成分来说，有三个变量有很强的负荷（并且符号也相同）：平台的存在、墓葬中权杖头的存在，以及贝壳/陶片总数的比重。我们在多维标度法中观察到了相似的平台与权杖头的关联，并且我们也注意到了这两个变量和高比重的海贝之间微妙的关联。贝壳/陶片比重在第二个成分上有很强的负荷，但是在第三个成分上的负荷也一样强。在第一个成分上有很高负荷的四个变量在第二个成分上的负荷很低，而在第二个成分上负荷很高的三个变量在第一个成分上负荷很低。这向我们传递的信息就是：第一和第二个成分之间彼此独立。因此，我们得出了和多维标度法一致的结果：这两个因素彼此之间是独立的。

对于第三个成分来说，烧窑废弃物和黑曜石有最强的负荷。在多维标度法的一个构型中我们看到，高比例的烧窑废弃物和黑曜石形成的聚集是部分重合的，但是在另一个角度的构型中这种重合似乎又不明显。贝壳/陶片比重在第三个成分上的负荷也较高。同时我们还发现一个很有趣的现象——黑曜石在第二个成分上也有相当比例的负荷。这与我们在多维标度法中发现的高比例黑曜石和被解释为威望的梯度之间的关联相一致。最后，尽管这四个变量在前两个成分上都没有极其高的负荷，但是它们在第三个成分上却有中等到很强的负荷。这个现象的产生，部分是因为这四个变量值较高的家户的另外六个变量值较低，而这六个变量在第一个和第二个成分上的负荷很高。

石器废料的比例在第四个成分上有较强的负荷。因此，主成分分析向我们展现了这个变量与其他变量之间是没有关联的。在多维标度法中，黑曜石和烧窑废弃物部分重合又部分分离，而黑曜石和海贝在被解释为威望的梯度两端分布着，似乎有相关的趋势。而石器废料，在多维标度法中不与其他任何变量重合或者建立联系，同样的，在主

第Ⅴ部分　多变量分析

成分分析中也单独存在着。

在主成分分析中，很多人对负荷旋转（rotation）持不同意见。一旦我们提取了主成分，我们就可以把它们看作多维空间中的坐标轴。这整个提取的坐标轴可以在空间中旋转，以满足原始数据之间关系不同标准的多样性。它们可以正交旋转（orthogonal rotation），就是坐标轴整体旋转，它们之间都保持90度（也就是它们之间互相没有关联）。它们也可以单独斜交旋转（oblique rotation），也就是它们失去了自身的独立性。在这两个大的旋转类型中，它们各自都有变体。

表格24.3中显示了Ixcaquixtla遗址家户分析直角旋转后的成分负荷情况。通常直角旋转后，每个成分最高负荷和最低负荷之间的对比被以最大化显示。在没有旋转的成分表中，在第一个成分上有负荷很高且符号相同的四个变量，旋转后显示出了同样的结果。在第二个成分上有很高负荷的三个变量结果也一样。在旋转后的结果中，由于在第三个成分上同时有很强的负荷，黑曜石似乎与平台的关联更紧密了。我们在多维标度法和没有旋转的成分中看到的黑曜石和烧窑废弃物之间的关联消失了。而且，石器废料和烧窑废弃物与其他变量毫无关联。就主要规律而言，这两组成分负荷之间互相吻合，有时候主要规律在旋转后的成分中更为突出。有些次要的因素在旋转后的成分中会展现出与之前不一样的地方，这也就解释了为什么有的分析者会担心成分旋转。

表格24.3　Ixcaquixtla遗址家户数据集的成分负荷（直角旋转后）

	成分				
	1	2	3	4	5
建造墓葬的能量投入	-0.960	-0.008	-0.044	0.068	0.047
动物群/陶片	-0.950	0.045	-0.061	0.020	0.068
碗 %	-0.937	-0.027	0.129	-0.127	0.151
有装饰的陶片 %	-0.854	-0.128	-0.164	0.022	-0.272
贝壳/陶片	0.002	0.946	-0.058	-0.151	0.103
权杖头	0.068	0.908	0.099	0.087	0.023

续表

	成分				
	1	2	3	4	5
平台	-0.008	0.597	0.743	-0.087	-0.156
黑曜石 %	0.089	-0.088	0.934	0.166	-0.238
石器废料 %	0.004	0.051	-0.097	-0.970	0.169
烧窑废弃物 %	0.041	-0.086	0.374	0.224	-0.874

当然，对于是否要进行旋转没有简单的答案，更没有一致的答案。大型统计软件都会运行主成分分析和因子分析，并且都提供旋转的选项。当然，同时观察旋转和非旋转的结果是没有任何害处的。如果两组结果中，主要因素呈现的规律都相吻合，那么就无所谓究竟选择哪一个。如果两者之间有细节的差别，那么也许我们应该用更谨慎的态度去观察这些细节。

统计软件和结果汇报

对于统计软件来说，与这里讨论的其他多变量分析方法相比，主成分分析是更直接的方法。虽然其他的选择也是可能的，但是主成分分析几乎都建立在计算变量之间相关系数的基础上。如果不特殊说明，那么读者就会默认。虽然这里认为主成分分析和因子分析并没有什么差别，但是一些读者可能还是会比较关心两者之间的差别。所以一定要注意统计软件中的选项，并且确定要准确地汇报你使用的是哪一种方法。提供成分的实际列表是报告结果中最重要的部分。仅仅描述你观察到的规律是远远不够的。

与多维标度法一样，在主成分分析中，变量数量应该不超过案例数量的一半。如果变量的数量远超出限定数，那么我们发现的规律就很有可能是数据随机干扰造成的虚假规律。

与回归分析一样，成分分析功能极其强大。这种强大来自于变量

第Ⅴ部分　多变量分析　◆◆◆

之间关系模型的特异性和严格性。除了旋转和非旋转成分之间可能无法解释的差异性，主成分分析的结果往往是十分清楚的。不管数据中是否有明显的规律存在，主成分分析总是能产生成分。从这个角度来说，它不会失败，不会像多维标度法那样有时可能会无法产生任何明显的规律。我们很容易忽视主成分分析中无意义规律的信号。如果在图上标注案例后，我们在直觉上发现了可能的规律，那么在多维标度法中发现规律就是非常直接的。另一方面，如果直觉上观察变量能找到有意义的规律，就像 Ixcaquixtla 遗址家户分析中那样，那么选择多维标度法就需要稍微多做一些工作。而主成分分析却恰恰相反。如果变量看上去提供了很直接的可以确认规律的信息，那么主成分分析显然比多维标度法要轻松许多，因为主成分分析展现规律的方法就是以变量为中心的。

第二十五章　聚类分析

最短距离算法聚类（Single Linkage Clustering）
最远距离算法聚类（Complete Linkage Clustering）
平均距离算法聚类（Average Linkage Clustering）
选择哪种距离算法
应该定义多少聚类
按照变量聚类
Ixcaquixtla 家户数据的聚类

聚类分析可能是探索性多变量分析中最为人所熟知的分析方法，虽然它通常并不被认为是和多维标度法及主成分分析类似的一种分析方法。但是，聚类分析和其他方法一样，也是寻找以不同变量为特征的案例之间的关系结构。如果案例之间极其相似，那么它们变量的值就会聚集在一起。而那些差异较大的案例就会被分在不同的组。聚类分析仿照人类思维中处理复杂差异性的最基本方法：归类，也就是把事物放入不同的组。考古学中的类型学分析就是这样的一种归类方法。因为虽然没有完全一样的两件遗物，但是有些会比其他的更相似，所以我们主观上把更相似的放在一组，并定义它们为一个类型。这种遗物类型学是分级的：首先将遗物按照大的类型（诸如陶片、石片石器、纺织品，等等）进行分类，然后在这种大的类型内部再根据具体的类型细分。比如，石片石器可以被分为工具和废料两类，而工具又可以被分为单面和双面；单面工具中又有刮削器、石叶、雕刻

第 V 部分　多变量分析 ◆◆◆

器，等等；刮削器又可以分为尖端刮削器和边刃刮削器，等等。

这种分级聚类法也可以通过统计学方法（而不是纯粹的主观判断）实现。分级聚类分析的第一步通常和多维标度法的第一步相同，即测量数据集中每对案例之间的相似性。第二十二章中讨论的相似（或差异）系数就可以应用在聚类中。一旦我们测量了相似性（或差异性或距离），就可以开始聚类分析了。

分级聚类分析通常呈现合并性（agglomerative），因为它是通过把个体案例结合为不同规模的聚类而运行。首先，我们把每个案例当作一个独立实体。在多步骤运算中，首先将两个最相似的案例结合为一个聚类。然后，要么将另外两个案例结合为第二个聚类，或者将第三个案例加入已有的聚类中。就这样一步步地，聚类达到层次中更高（或范围更广的）的层级，直到所有的案例都被包括进一个独立的大聚类中。

分层聚类有三种基本形式。这样的划分基于不同的聚类标准。这是因为，随着个体案例逐渐结合为更大的聚类，我们必须选择是将两个案例结合为一个新的聚类，或将一个案例加入到已有的聚类中，还是将两个已经存在的聚类结合在一起。由于所有案例之间的相似性都已经被测量，那么剩下的问题就是，在测量一个案例和一个已经存在的聚类之间的相似性；或者在测量两个已经存在的聚类之间的相似性时，该如何利用这些已知的相似性。比如可能存在这种情况，一个聚类中的一个案例和另一个聚类中的一个案例之间有很强的相似性，但是这两个聚类中的其他案例之间的相似度却很低。

最短距离算法聚类

最直接的方法就是最短距离算法聚类，也就是在每一步聚类的过程中，由案例之间最强的相似度分数控制。例如，根据表格 25.1 中的相似系数矩阵，最短距离算法聚类的顺序如下：

1. 表格中案例4和6之间的相似系数值最大,为0.96,所以这两个案例应该合为一个聚类。

2. 第二大的值是案例1和3之间的系数,为0.95,所以这两个案例应该合为一个聚类。

3. 第三大的值为案例2和5之间的系数,为0.90,所以这两个案例应该合为一个聚类。

4. 第四大的值为案例1和5之间的系数,为0.87。由于案例1已经属于一个聚类(和案例3合为一个聚类),而案例5也和案例2属于同一个聚类,所以这两个聚类结合为一个包含4个案例的聚类。

5. 下一个大的系数是案例1和7之间的系数,为0.86。由于案例1已经属于一个聚类(与案例2、3和5合为一个聚类),所以案例7加入这个聚类,使该聚类扩大为5个案例。

表格25.1　　　　　　　　七个案例的相似系数矩阵

	1	2	3	4	5	6	7
1	1.00						
2	0.34	1.00					
3	0.95	0.22	1.00				
4	0.69	0.04	0.11	1.00			
5	0.87	0.90	0.75	0.63	1.00		
6	0.12	0.15	0.37	0.96	0.27	1.00	
7	0.86	0.76	0.32	0.59	0.43	0.49	1.00

6. 下一个大的系数是案例7和2之间的系数,为0.76。由于这两个案例已经属于同一个聚类,所以对于这个系数值什么也不用做。

7. 下一个大的系数为案例3和5之间的系数,为0.75。这两个也已经属于同一个聚类。

8. 下一个大的系数为案例1和4之间的系数,为0.69。案例1已经属于一个聚类(和案例2、3、5和7合为一个聚类),案例4也已经和案例6合为一个聚类,所以这两个聚类结合为一个更大的包含7个案例的聚类。

第 V 部分　多变量分析

现在，所有的案例都合为了一个完整的聚类，运算过程结束。图 25.1 中的树状图（dendrogram）展现了整个结合的过程。结合过程可以从左到右读取。也就是说，最左边的竖线连接的两个案例代表了结合的第一步，依次向右根据连接的竖线可以读取结合过程的每一步。每一步结合的案例之间的系数可以通过树状图上端的横向标尺读取。

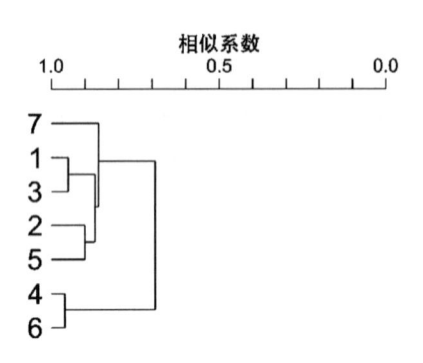

图 25.1　表格 25.1 中相似系数的最短距离算法聚类

即使有些聚类中一些案例之间的相似性很小，最短距离算法聚类也会把聚类结合起来。也就是说，一对案例之间很强的系数值可以使它们分别所在的聚类结合起来，即使聚类中其他案例之间的相似性很低。比如在上面用到的例子的第四步中，包含案例 1 和 3 的聚类与包含案例 2 和 5 的聚类由于案例 1 和 5 之间的强大相似性（0.85）而相结合，即使形成的新聚类里案例往往并不那么相似。案例 1 和 2 之间的相似系数仅为 0.34，而案例 2 和 3 之间的相似系数仅为 0.22，而这几对案例也包括在新形成的聚类中。这显然不太合理，因此其他非最短距离算法的聚类标准经常被使用。

最远距离算法聚类

最远距离算法聚类可以阻止那些包含差异性很大案例的聚类相互

第二十五章 聚类分析

结合。在最远距离算法定义中，除非相似性最弱的两个案例之间的相似度仍然大于矩阵中其他尚未加入聚类的案例之间的相似度，否则两个聚类是不会结合的。根据表格 25.1 中的相似系数，最远距离算法聚类的顺序如下：

1．—3. 和最短距离算法一致。

4．下一个较大系数为案例 1 和 5 之间的系数，为 0.87。案例 1 已经属于一个聚类（和案例 3 合为一个聚类），案例 5 也已经属于一个聚类（和案例 2 合为一个聚类），所以我们需要检测两个已有聚类中其他案例之间的相似度。案例 3 和 5 的相似度为 0.75，案例 1 和 2 的相似度为 0.34，案例 2 和 3 的相似度为 0.22。除非在这一步中其他所有可能的组合之间需要的相似系数都比这两个聚类之间的小（即比 0.22 小），否则这两个聚类将不会被结合。所有的可能的组合（以及它们包含的最低相似性）如下：

1/3 和 7（3 和 7 之间的相似系数为 0.32）；

1/3 和 4/6（3 和 4 之间的相似系数为 0.11）；

1/3 和 2/5（2 和 3 之间的相似系数为 0.22）；

2/5 和 7（5 和 7 之间的相似系数为 0.43）；

2/5 和 4/6（2 和 4 之间的相似系数为 0.04）；

以及 4/6 和 7（6 和 7 之间的相似系数为 0.49）。

因为其他组合之间的系数值都小于 0.49，所以第四步应该选择案例 7 和聚类 4/6 相结合。

5．在这一阶段，我们有三组聚类，分别是案例 1/3、2/5 以及 4/6/7。首先我们不会选择将聚类 1/3 与聚类 2/5 结合，因为案例 2 和 3 之间的相似系数较小，为 0.22。然而，剩下两个可能的结合之间有更弱的相似系数阻止它们相结合。案例 3 和 4 之间的相似系数为 0.11，阻止了聚类 1/3 和 4/6/7 相结合；而案例 2 和 4 之间的相似系数为 0.04，阻止了聚类 2/5 和 4/6/7 相结合。因此，0.22 成了下一个最强系数，第五步就是使聚类 1/3 和 2/5 相结合。

6．最后一步是使聚类 1/2/3/5 和聚类 4/6/7 相结合，它们之间的相似系数最弱，为0.04（案例2和4之间）。

图25.2的树状图展现了聚类的过程和结果。我们可以看出，最远距离算法与最短距离算法完全相反。最远距离算法聚类并不像最短距离算法聚类那样依赖于聚类之间最强的相似系数，而根据最弱的相似系数来判定要不要结合。当我们把每一个聚类想象成一个俱乐部，由这个俱乐部的成员来决定哪些"申请者"有加入的资格时，其实这两种算法可以同时兼顾。最远距离算法聚类的效果和申请会员时的"一票否决"制很相似。当两个案例之间的相似系数过低时，任何案例都可以阻止这两个案例之间的结合。就像在一个俱乐部里，任何会员都有资格否决一个他不喜欢的申请者。然而，最短聚类算法聚类正相反。不管其他会员给这个申请者的分数有多低，都会依据任意现任会员给出的最高相似度分数纳入新会员。

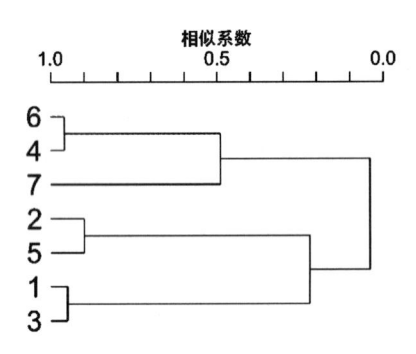

图25.2 表格25.1中相似系数的最远距离算法聚类

平均距离算法聚类

平均距离算法聚类正如俱乐部通过采用以上两个极端之间的中和标准来录取新会员一样，是最短距离算法和最远距离算法的中和。在平均距离算法聚类中，每一次结合后，都把每一个聚类当作一个单独的案例，重新计算一次相似系数。将已经存在的聚类和案例之间的相似系数作为这个案例和这个聚类中每个成员相似系数的均值。根据表格 25.1 中的相似系数,平均距离算法聚类的计算过程如下:

1. 案例 4 和 6 之间的系数为 0.96,所以二者相结合。然后重新计算相似系数,结果如表格 25.2 所示。例如,聚类 4/6 和案例 1 之间的相似度分数将会是案例 1 和 4 以及案例 1 和 6 之间的相似系数的均值,即 (0.69 + 0.12)/2 = 0.41。

2. 案例 1 和 3 之间的系数为 0.95,所以二者相结合。然后重新计算相似系数,结果如表格 25.3 所示。聚类 1/3 和 4/6 之间的相似系数将会是它们包含的四组案例之间系数的均值(1 和 4、1 和 6、3 和 4 以及 3 和 6)。

表格 25.2　　平均距离算法聚类第一步的相似系数矩阵

	1	2	3	4/6	5	7
1	1.00					
2	0.34	1.00				
3	0.95	0.22	1.00			
4/6	0.41	0.10	0.24	1.00		
5	0.87	0.90	0.75	0.45	1.00	
7	0.86	0.76	0.32	0.54	0.43	1.00

表格 25.3　　平均距离算法聚类第二步之后的相似系数矩阵

	1/3	2	4/6	5	7
1/3	1.00				
2	0.28	1.00			
4/6	0.32	0.10	1.00		
5	0.81	0.90	0.45	1.00	
7	0.59	0.76	0.54	0.43	1.00

3. 案例 2 和 5 之间的系数为 0.90,所以二者相结合。然后重新计算相似系数,结果如表格 25.4 所示(平均距离算法的前三步和最短距离以及最远距离算法一致)。

表格 25.4　　　平均距离算法聚类第三步之后的相似系数聚类

	1/3	2/5	4/6	7
1/3	1.00			
2/5	0.56	1.00		
4/6	0.32	0.27	1.00	
7	0.59	0.60	0.54	1.00

4. 案例 7 加入聚类 2/5，基于相似系数 0.6，然后再一次重新计算相似系数，结果如表格 25.5 所示。

表格 25.5　　　平均距离算法聚类第四步之后的相似系数矩阵

	1/3	2/5/7	4/6
1/3	1.00		
2/5/7	0.56	1.00	
4/6	0.32	0.36	1.00

5. 新的矩阵中最高相似系数为 0.56，这样使得聚类 1/3 和聚类 2/5/7 相结合，最后一次重新计算相似系数，结果如表格 25.6 所示。

表格 25.6　　　平均距离算法聚类第五步之后的相似系数矩阵

	1/2/3/5/7	4/6
1/2/3/5/7	1.00	
4/6	0.35	1.00

6. 最后两个聚类相结合，相似系数为 0.35。

图 25.3 中的树状图展现了聚类过程和结果。计算相似系数的不同方法可能会导致平均距离算法聚类结果的微小差异。例如，用相似系数的中位数代替均值来计算，或者其他计算中心分数（有时候也叫重心）的指数。

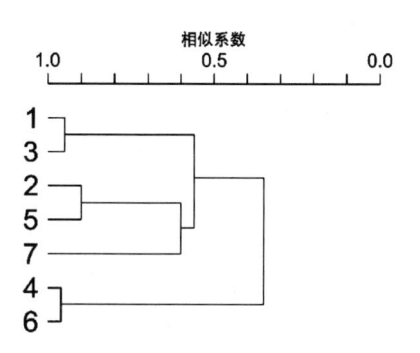

图 25.3　表格 25.1 中相似系数的平均距离算法聚类

选择哪种距离算法

图 25.1—图 25.3 中的三个树状图展示了三个不同算法标准的不同顺序。有时候这种差异性很大。这就自然而然地涉及我们到底应该选择哪种算法的问题。但是这个问题并没有一个简单的准则。

有时候数据集的性质决定了某一种算法是最合适的。比如说，在原材料产地的研究上，我们经常选用层级聚类。这种研究涉及的案例通常为遗物的化学分析，而变量通常为不同化学成分的含量。层级聚类可以用来给原材料来自同一产地的遗物分组。如果我们猜测来自某个产地的原材料有相同的成分组合，那么最远距离算法聚类是最好的选择。因为最远距离算法聚类不会轻易将一件遗物分到一个聚类，除非这件遗物和这个聚类中的每一件遗物都相似。如果我们希望一个聚类代表的是原材料产地的一致性，那么我们应当坚持这个小组里的每一个成员都是相似的，正如最远距离算法聚类所计算的那样。事实上，最远距离算法聚类在原材料产地研究中的结果通常是让人信服的。

我们最关心的应当是一个算法标准是否能够给出理想的结果。我们希望产生的聚类对数据的解释有帮助。如果一个算法标准能够产生合理的聚类，那么它就是最好的，即使其不同的算法可能会产生不同的结果，并且也有其合理的原因。庆幸的是，一旦我们得到了满意的相似度分数，那么用统计软件根据不同的算法标准产生层级聚类再进行比较就是很简单的事情了。

应该定义多少聚类

由于层级聚类开始于每个聚类中的每个案例，结束于将所有案例合并为一个聚类，因此确定结果中有多少个聚类十分必要。事实上，这是一个为了最终的合理解释判断该在聚类的哪一步停下来的过程。如果我们认为在上文的平均距离算法聚类中，第五步之后所有的有效结果都已经显现出来了，那么最终我们就有两个聚类（1/2/3/5/7 和 4/6）。另一方面，如果我们觉得三个聚类 1/3、2/5/7 和 4/6 更能有效地解释结果，那我们也可以在第四步终止运算。我们并不需要在分析时就设置好这一项，而是在读取结果的时候自行判断。正如多维标度法中我们选择维度的数量，抑或是主成分分析中选择成分的数量，最终有多少个聚类也取决于怎样能更有效地给出解释结果。对于这一点来说，聚类的定义没有具体的标准，而是取决于分析者的先验知识、直觉以及创造性。

按照变量聚类

通常层级聚类都是按照案例进行聚类，我们上文所涉及的所有聚类都是按照案例进行聚类的。然而，有时候按照变量进行层级聚类也是有效且有启发性的。变量的层级聚类始于测量变量之间的相似度。在我们习惯于考虑案例之间的相似度时，考虑变量之间的相似度则需要我们进行思维转换。变量之间的相似度指的就是不同案例之间变量的相似程度。对于数据集中的案例来说，如果有两个变量一起变化，那么这两个变量就十分相似。如果变量都是测量值，那么相关系数（r）就是测量变量相似度的好方法。毕竟这是主成分分析（也是根据变量的分析）中首先要做的事。在许多情况下，采用相关性的绝对值而非带有正负号的值则更有用处。这是因为对于两个变量之间的相似性来说，一个很强的负关联可能和一个很强的正相关一样有意义。因此，那些相互关系很弱的变量就是不相似的变量。什么时候用相关值、什么时候用相关的绝对值，这取决于具体的数据集中变量的具体内容和具体情况。

如果变量并不都是测量值，还包括等级或者存在／不存在变量，那么相关系数仍然是一个较优的选择，原因仍然是这些变量通常都不会对主成分分析产生实质性的阻碍。如果有的变量包含非等级类别，那么相关系数就不适合用了。如果所有的变量都是类别型的，我们可以使用 V、Φ 或 Φ^2，即卡方检验使用的强度测量指数（见第十四章）。

不论使用哪种方法，变量之间的聚类都始于变量与变量之间的分数（r 值或者 V 值）方形对称矩阵。然而整个矩阵必须选择一致的测量方式，因为 r 值和 V 值没有可比性。矩阵的排列方式和上文测量案例之间相似性的矩阵一样。当我们选择了一个算法标准之后，就可以开始聚类了。

Ixcaquixtla 遗址家户数据的聚类

表格 22.9 中的相似系数矩阵是 Ixcaquixtla 遗址家户案例的聚类起始点。图 25.4 中的树状图展示了最短距离算法聚类。我们有几种方法读取它。有时候我们可能发现一小组家户形成了有意义的聚类。例如家户单位 15、9、2 和 5 形成了一个聚类，共享墓葬中大规模的能量投入、高比例的碗、有装饰的陶片以及动物遗存这些在之前的数据解释中被认为财富象征的特征。在其他聚类中，家户 20、7 和 1 有高比例

第Ⅴ部分　多变量分析 ◆◆◆

的石器废料，家户 12、4 和 10 虽然也出现在这个聚类中，但是并不共享这个特征。然而这六个家户似乎都有相似程度的财富聚集。家户 6、11 和 13 拥有高比例的黑曜石。家户 8 和 17 拥有高比例的烧窑废弃物。家户 11 和 13 拥有高比例的烧窑废弃物和黑曜石。家户 14 和 18 的墓葬中有权杖头，并且家户都位于平台上，但是它们却没有很好地聚合在一起，即使它们在列表上紧挨着彼此。家户 3 和 11 也有上述这些特征，却相距甚远。因此，虽然大部分特征都呈现破碎状态而非完整结合在一起，但是之前在数据中观察到的一些规律这里也能看到。

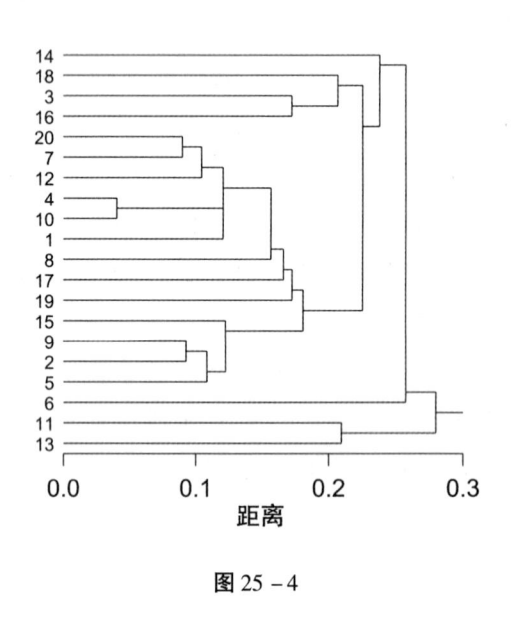

图 25-4

以上观察是我们目前针对这个数据集所做的分析中最不满意的结果。其原因很清楚：我们所看到的 Ixcaquixtla 遗址家户数据的规律并不能通过把家户简单分成几个互斥的聚类而很好地表现出来，但这又是层级聚类所能划分出的唯一规律。如果考虑到成组的家户，那么这样的数据集可能会有更复杂的规律，可能会包含多个重叠或者交叉的群组。如果我们希望能发现这类规律，那么最好不要选择层级聚类作为分析方法。然而，当互斥的组合准确地描述了我们需要寻找的规律时，层级聚类的确提供了一种有效的方法。这就是为什么层级聚类在

第二十五章 聚类分析

原料产地研究中极其有效。在原料产地研究中，每一件遗物都需要加入且只加入一个组，这个组代表了一个特定的原料产地，而这正是层级聚类一定会产生的规律。

Ixcaquixtla 遗址家户按变量聚类（图 25.5）仅仅比按案例聚类理想一些。用于分析的变量之间的相似度通过相关系数（r）来测定。所以分析的起始点和主成分分析一样。现在有一组很清晰的聚类，它包含四个变量，它们在多维标度法的维度一和维度二构图中也形成了一种梯度的规律，并且在主成分分析的第一个成分中也有很强的负荷。石器废料的比例这个变量没有和任何变量聚类，直到聚类过程快结束的时候才与其他变量结合，这一点和我们看到的其他几个分析相一致。其他五个变量的聚类情况更不令人满意。我们之前已经看到权杖头的存在和高比例海贝之间的关系，所以这两个变量聚集在一起是合理的。然而，平台这个变量并没有出现在这个聚类中，而是和黑曜石的比例聚集在一起。我们之前看到过这样的关系，但是黑曜石和烧窑废弃物的结合使得聚类更贴近烧窑废弃物而不是贝壳和权杖头。横向交互关系的复杂性再一次打乱了层级聚类所产生的树状图结构。和案例聚类一样，当变量属于多个群组时，聚类很可能产生过于简单的关系结构，以至于很难给出令人满意的结果。

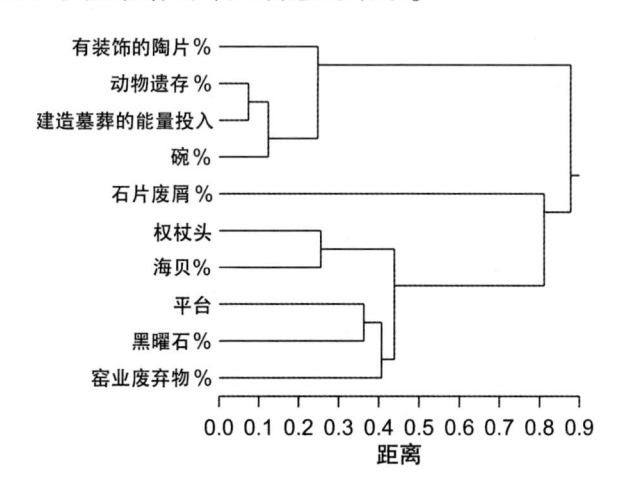

图 25-5

第V部分　多变量分析

因此，我们用作例子的数据集中的规律和层级聚类所产生的结构不相符。从这个角度来看，层级聚类分析是我们考虑到的所有方法中应用范围最窄的一种。多维标度法和主成分分析为多变量数据集的规律探索提供了一种更广阔的视角，因此可以应用在更广阔的范围内。对于规律结构简单清晰的互斥群组来说，层级聚类就可能是较好的选择。因为无论和多维标度法相比还是和主成分分析相比，它都会更清晰有效地划分出聚类。

最后，后面这几章描述的多变量分析方法是探索多变量数据集，并寻找规律的工具。尝试不同的方法和选项（包括多维标度法和聚类分析的不同相似系数）总是会有回报的。对于具体的数据集来说，我们通常不太可能预知哪种方法是最合适的，因而尝试不同的方法可能会带来意想不到的收获。

统计软件和结果汇报

和多维标度法一样，很多（但不是所有）大型统计软件都可以运行聚类分析。相似性测量（不管是变量之间还是案例之间）有时候会成为聚类过程中的选项。然而，它在概念上还是独立的一步，并且在统计软件的其他地方或者其他独立的程序内可能会提供更多测量相似性方法的不同选项。无论如何，在报告结果时表述清楚变量的性质、使用的相似系数，以及所选择的聚类的算法标准都是很重要的。树状图是呈现你所发现规律的最重要的结果。

和多维标度法以及主成分分析一样，在聚类分析中限制变量的数目不超过案例数目的一半是非常有益的。如果变量的数目远比这个大，那么我们发现的规律就很可疑，有很大风险是由数据本身的干扰造成的。

阅读书目推荐

为了简化叙述，本书中没有引用书目，因为对这里所讨论的许多观点和技术的知识谱系的仔细追溯本身就是一种学术努力，且这与本书所介绍的它们在考古学中的应用也不能很好地结合。不过，下面列出的文章和专著可以提供关于考古统计学的更多信息。这类文献数量巨大，本书所列出的很少。因此，大量极好的参考文献未能囊括其中——因为文献的选择偏专题性，而非综合性。有的相对较新，有的则不然。有的文献被选入是因为它们与本书的总体观点相符（某些情况下实际上启发了本书）；有的则是因为对本书观点进行了补充（即他们提出了不同的观点）。

综合性的统计学著作

Exploratory Data Analysis, by John W. Tukey, (Reading, M: Addison - Wesley)，这本书是关于探索性数据分析的经典著作之一，也是本书中许多统计学方法的来源。该书作者是此法的创始者。毫不意外，有关探索性数据分析（EDA）的内容远远多于本书所呈现的，想要直接到源头探寻这种方法的读者，应该去读 Tukey 的书——一本全面介绍 EDA 的教材。尽管 EDA 已经有 40 多年历史了，但仍然还只有部分 Tukey 制定的 EDA 规范在考古学中得到较多应用，（而且即使是那些被应用的部分，在考古学文献中也仍未形成"规范的"统计学方法）。Tukey 在他的书中提到的许多方法本是用铅笔和纸就能够完成的，或者至多用到一部计算器，而在通用电脑统计程序中更广泛地

阅读书目推荐 ◆◆◆

使用，无疑会促使 EDA 方法在考古学和其他领域中发挥更大的作用。

Exploratory Data Analysis, by Frederick Hartwig and Brian E. Dearing, (Beverly Hills, CA: Sage, 1979), 是 EDA 基础方法的简述。尽管如此，它还是包含了一些本书未涉及的 EDA 的论题。

Applications, Basics, and Computing of Exploratory Data Analysi, by Paul F. Velleman and David C. Hoaglin, (Boston, MA: Duxbury Press, 1981), 是另一本介绍 EDA 技术的书，它不如 Tukey 的书那么难，比 Hartwig 和 Dearing 的书更具综合性。

Understanding Data, by Bonnie H. Erikson adn T. A. Nosanchuk, (Toronto: McGraw-Hill Ryerson, 1977), 结合了 EDA 与更传统的统计方法，是一本介绍性的统计教材。它主张用两种互异而互补的方法来处理数据（探索性的和验证性的），保持二者的高度分离，并强调他们的目标之间的差异。这本书的表达特别通俗易懂，而且没有专业术语和抽象的数学运算。

Introduction to Contemporary Statistical Methods, by Lambert H. Koopmans, (Boston, MA: Duxbury Press, 1987), 也将 EDA 与更传统的统计方法相结合。它涵盖了非常广泛的方法，而且与这里列出的大多数其他书籍相比，它会以更抽象的数学术语来表达方法背后的逻辑。Koopmans 并没有把整本书的重点放在探索和验证的区别上，而是一开始就使用统计探索，然后用广泛且稳健的技术来补充对常见的检验方法的讨论，这些技术适用于出现常见技术问题的数据。

Nonparametric Statistics for the Behavioral Sciences, by Sidney Siegel, (New York: McGraw-Hill, 1956), 是一套完整而又稳健的评估技术的经典展示——也就是说，这些指标不太受非常不对称形状的数组的影响。对于这些数组，均值和标准差是没有用的。这些技术中有许多需要特殊的表来查找结果，Siegel 提供了这些表。

Sampling Techniques, by William G. Gochran, (New York: Wiley, 1977), 将自己（相当准确地）描述为"对抽样理论的全面阐述"。它

可能是这个专题的根本来源。估算平均值和比例、样本选择、分层抽样、整群抽样、重置和不重置抽样、确定必要的样本量以及许多其他专题。这本书所介绍的方法背后的全部逻辑都是用数学术语表示的。

Elementary Survey Sampling，by Richard L. Scheaffer，William Mendenhall and Lyman Ott，（Boston，MA：Duxbury Press，1986），涵盖了大量与 Cochran 相同的领域。这本书的表达主要是用抽象的数学方法，但远不如 Cochran 的详尽，并且读起来更难懂。

为考古学家介绍的统计学（通常由考古学家推荐）

Sampling in Archaeology，by Clive Orton，（Cambridge：Cambridge University Press，2000），对考古学中的采样进行了详尽的探讨。这本书的重点是在不同环境下对考古资料整理时，合理运用取样理论，尤其是广泛的田野调查采样的处理，这通常意味着基于空间的采样。例子来自于真实的考古数据集。

Quantifying Archaeology，by Stephen Shennan（Edinburgh：Edinburgh University Press，1997），是专门针对考古学家的介绍性统计学专著。主要介绍了传统的统计方法，也包括一些 EDA 技术的介绍。作者超越了基本的统计原理来进行多元分析（强调了多元回归、聚类、主成分和因子分析）。提出了估计总体均值和比例的方法（这在入门级的统计学书籍中不常见），并讨论了抽样在考古学中新增的特殊问题。

Statistics in Archaeology，by Michael Baxter，（London：Arnold，2003），非常简洁地回顾了基本的统计技术（包括 EDA 的基础技术），并从考古学的角度出发研究了许多专题。这些方法包括多元方法：空间分析、放射性碳测年、系列化和组合多样性。Baxter 较早的著作 *Exploratory Multivariate Analysis in Archaeology*（Edinburgh：Edinburgh University Press，1994），更深入地研究了多元分析。对主成分分析、对应分析、聚类分析和判别分析进行了拓展，并且将大量的实际考古数据的多变量分析示例纳入了说明中。

Digging Numbers：Elementary Statistics forArchaeologists，by Mike

阅读书目推荐 ◆◆◆

Fletcher and Gary R. Lock，（Oxford：Oxford University Committee for Archaeology，2005），将基本的统计技术（传统的和 EDA）具体应用于考古。该呈现是非正式的，避免了使用专业术语，并且设计得非常易于理解，特别是对于那些有数学焦虑的人。

Refiguring Anthropology：*First Principles of Probability and Statistics*，by David Hurst Thomas（Prospect Heights，IL：Waveland Press，1986），是专门为人类学家（包括考古学家）准备的介绍性统计学书籍。这本书的方法属于纯粹的传统方法（也就是说，它不包含 EDA 观点或技术），并且制定了一些本书所反对的规则，但讨论了许多可靠的方法。本书运用大量实例说明了将这些技术应用于考古学、文化人类学和生物人类学的真实数据的情况。

考古学家眼中的统计学

"The Trouble with Significance Tests and What We Can Do About It"，by George L. Cowgill（*American Antiquity* 42：pp. 350 – 368，1977），阐明了对待显著性检验的态度，极大地启发了本书中这一专题的观点。这种观点与介绍性的统计学书籍中经常采用的观点截然不同——实际上，根据介绍性统计文本中常见的规则，它常被视作异端。这篇文章对于那些对更完整的论证感兴趣的人来说是基础的，考古学家通常会发现直接使用样本来估计总体数量是很有用的，而将显著性检验强加于"是或否"的决定模式通常是错误的。Cowgill 提出的关于处理这些考古学问题的最有用的方法，远远超出了本书中所介绍的方法，本书对计算机统计软件的介绍内容有限。

"A Selection of Samplers：Comments on Archaeo – statistics"，by George L. Cowgill［In *Sampling in Archaeology*，edited by James W. Mueller（Tucson：University of Arizona Press，1975）］，Cowgill 在他后来的论文（上述）中更充分地论述了一些问题，并特别侧重于抽样，还对同一书中其他论文中出现的许多他认为是错误的观点进行了批判。

"On the Structure of Archaeological Data"，by Mark S. Aldenderfer

◆◆◆ 阅读书目推荐

[*In Quantitative Research in Archaeology*：*Progress and Prospects*，edited by Mark S. Aldenderfer（Newbury Park，CA：Sage，1987）]，讨论了考古学中数据的基本性质，在这些分析数据中数字所占的地位以及这对我们如何思考和分析数据的影响。这本书中的其他四篇文章也特别注意到了这些内容。"Quantitative Methods Designed for Archaeological Problems"，by Keith W. Kintigh，探讨了标准统计技术和直接从其他学科借用的技术在多大程度上满足考古学特殊需要的问题。"Simple Statistics"，by Robert Whallon，强调了在进行更复杂的分析之前，对批量模式进行探索的重要性以及"Archaeological Theory and Statistical Methods：Discordance，Resolution，and New Directions"，by Dwight W. Read 和"Removing Discordance from Quantitative Analysis"，by Christopher Carr，试着把考古资料分析放在更广阔的背景下。两位作者都担心，数据分析往往是被构想出来的，并常常与旨在回答的理论问题脱节。因此，数据、分析和理论之间的不一致，出现并严重妨碍了考古工作。

"Statistics for Archaeology"，also by Aldenderfer [In *Handbook of Archaeological Methods*，edited by Herbert G. D. Machsner and Christopher Chippindale（Lanham，MD：Altamira Press，2005）]，回顾了考古学中统计分析的历史，并思考了一系列特别重要的课题，包括空间分析、EDA 技术和贝叶斯分析。

多变量分析

因为本书有关多变量分析只是一系列简单的解释，关于这些技术的进一步阅读就特别重要了。上面列出的几本考古学统计资料也提供了介绍性的处理，有些比本书的最后几章更详细。此外，下面的资料可能会有帮助。

Multidimensional Scaling（Quantitative Applications in the Social Sciences，Paper 11，Beverly Hills，CA：Sage，1972），Joseph B. Kruskal and Myron Wish 在本书中提供了清楚的多变量分析方法的介绍。

阅读书目推荐 ◆◆◆

Kruskal 还写了一篇专门针对考古学家的文章 ["Multi – Dimensional Scaling in Archaeology: Time Is Not the Only Dimension." In *Mathematics in the Archaeological and Historical Sciences*, edited by F. R. Hodson, D. G. Kendall, and P. Tautu, eds., Edinburgh: Edinburgh University Press, 1971]. *Multidimensional Scaling: Theory and Applications in the Behavioral Sciences*, edited by Roger N. Shepard, A. Kimball Romney, and Sara Beth Nerlove (2 volumes, New York: Seminar Press, 1972), 这是一本社会科学各个领域运用多维尺度研究的汇编。Ingwer Borg 和 Patrick J. F. Groenen 在 *Modern Multidimensional Scaling: Theory and Applications* (New York: Springer, 1997) 一书中使这个主题更有新意。

George H. Dunteman 所写的 *Principal Components Analysis* (Quantitative Applications in the Social Sciences, Paper 69. Newbury Park, CA: Sage, 1989) 是一本容易理解的书, 其中非常全面地包含了很多案例。其他两本同一系列书的作者是 Jae – On Kim 和 Charles W. Mueller。他们二人非常直观地讨论了因子分析。这两本著作分别是: *Introduction to Factor Analysis: What It Is and How to Do It* (Quantitative Applications in the Social Sciences, Paper 13. BeverlyHills, CA: Sage, 1978) 和 *Factor Analysis: Statistical Methods and Practical Issues* (Quantitative Applications in the Social Sciences, Paper 14. Beverly Hills, CA: Sage, 1978)。

另一本容易上手的书是有关相似性和聚类分析的基本原则: *Cluster Analysis* (作者是 Mark S. Aldenderfer 和 Roger K. Blashfield (Quantitative Applications in the Social Sciences, Paper 44. Newbury Park, CA: Sage, 1984))。此外, Peter H. A. Sneath 和 Robert R. Sokal 所著的 *Numerical Taxonomy* (San Francisco, CA: Freeman, 1973) 是有关层序聚类分析的经典之作。MichaelR. Anderberg 所写的 *Cluster Analysis for Applications* (NewYork: Academic, 1973) 也是有关层序聚类的经典作品。两本书还详细介绍了案例之间的相似性测量。